논어순역 上

論語順逆

논어순역 上

발행일 2012년 8월 30일 발행인 정상철 지은이 이현중
펴낸 곳 충남대학교출판문화원 주소 대전광역시 유성구 대학로 99
전화 042-821-6045 홈페이지 cnupress.cnu.ac.kr E-mail cnupress@cnu.ac.kr

ISBN 978-89-7599-451-7 94150
정가 25,000원

논어순역 上

論語順逆

이현중

충남대학교출판문화원

시작하는 말

어린 시절 주위의 고통스럽게 살아가는 모습을 보면서 참된 세상, 아름다운 세상, 진실한 세상을 간절하게 염원念願하였고, 그것이 참나를 찾는 긴 여정을 시작하게 만들었다. 그 과정에서 철학이라는 학문을 만나게 되면서 유학儒學과 불교佛敎, 노장老莊을 비롯한 여러 통로가 있음을 알게 되었다.

그리고 학문과 더불어 다양한 수기修己, 수행修行, 수련修練의 과정을 겪으면서 학문이란 실천이 수반될 때 학문답게 됨을 알게 되었고, 지난 날 구속과 고통의 원인이라고 생각하였던 모든 것들이 나를 존재하게 하는 소중한 것들일 뿐만 아니라 본래 모든 존재가 자유로움을 알게 되면서 비로소 모든 것들을 담담한 눈으로 볼 수 있게 되었다.

공자께서 "마음이 하고자 하는 대로 행行하여도 법도에 어긋남이 없어서(從心所欲 不踰矩).", "무엇을 하겠다는 의도적인 것이 없고, 반드시 하겠다는 마음이 없으며, 어느 것에도 고착됨이 없어서, 내가 없기 때문에(子絶四 毋意毋必毋固毋我)", "가함도 없고, 불가함도 없다.(我則異於是無可無不可)"고 한 말씀이 새롭게 다가온다.

인간의 모든 활동이 본성本性의 현현顯現이라는 점에서 보면 『논어論語』에 관한 다양한 이해 자체를 옳고 그름의 잣대로 평가할 필요는 없다. 오히려 형이상形而上과 형이하形而下를 자유자재自由自在하여 필요에 따라서 여러 관점에서 다양하게 드러낼 때 비로소 『논어』의 가치가 드러나고, 그것이 『논어』를 가장 『논어』답게 이해하는 것이 아닐까 생각된다.

그동안 『논어』를 공부하면서 그 내용이 모두 스스로 체득體得한 진실한 말씀, 실천으로 나타나는 지혜智慧의 말씀일 뿐만 아니라 모든 존재가 그 안에서 행복하기를 바라는 간절한 마음이 담겨 있음을 느꼈다. 『논어』를 통하여 느꼈던 그 분의 간절함이 『논어』를 읽는 모든 사람들로 하여금 그 내용을 단순한 지식으로 여겨 시비是非를 논하려는 마음을 내려놓고 한마디의 말씀이라도 실천하여 생활 가운데서 그 묘미妙味를 맛볼 수 있기를 바라는 마음으로 사족蛇足이 될지도 모르는 이 글을 쓰게 만들었다.

『논어』가 오랜 세월 동안 우리 곁을 떠나지 않는 것은 그 말씀이 일상의 삶을 벗어나지 않는 비근한 일들을 소재로 하여 근본문제인 도道를 쉽게 펼쳐 보이기 때문이 아닐까 생각된다. 이론을 위한 이론이 아닌 삶 가운데서 나타나는 실천을 위주로 한 말씀, 그것이 『논어』만의 매력이라고 할 수 있을 것 같다. 『논어』의 향당鄕黨을 비롯하여 곳곳에서 공자孔子의 일상적인 모습을 사실적으로 묘사하고 있는 내용이 많은데 도道 자체의 관점에서 보면 그것이 그대로 도道의 현현일 따름이어서 도道에 관하여 다양하게 언급한 다른 부분의 내용과 다르지 않다.

『논어』에서 강조하고 있는 내용은 실천實踐이다. 고상하고 아름다운 말이 중요한 것이 아니라 단한번이라도 실천實踐하는 것이 중요하다. 나만이 아닌 우리를 위하여, 가정을 위하여, 국가를 위하여, 천하를 위하여, 인류를 위하여, 우주를 위하여, 모든 존재를 위하여 손짓하나 마음 한 조각을 사용하는 것이 중요하다. 『논어』에서는 그것이 사람다운 사람인 군자가 걸어가야 할 길임을 밝히고 있다.

삶이 고통스러운 사람과 마음을 열어 함께 해주고, 인류의 미래를 위하여 함께 걱정하며, 삶의 기쁨을 함께 하여 모두가 행복하기를 바라는 따뜻한 마음이 필요하다. 그 진실한 마음이 세상을 바꾸고, 인류를 바꾸며, 우주宇宙를 바꿀 수 있기 때문이다. 『논어』에서는 "자기를 닦아서 남을 행복하게 한다(修己安人)."고 하여 자신이 먼저 변한 후에 세상을 바꾸고자 하였을 뿐 남더러 변하라고 하거나 세상으로 하여금 변하라고 하지 않았다.

사람답게 살아가는 방법이 무엇인지 『논어』에서 밝히고 있는 이상적인 인격체인 군자君子의 삶이 무엇인지를 살펴보기 위하여 먼저 한대漢代 이후의 유학사儒學史의 흐름과 경학經學의 흐름을 통하여 유학儒學의 본질과 그것이 변화 발전하는 과정을 살펴보았다. 이를 통하여 오늘날의 유학자들이 어떻게 유학을 연구할 것인지 그 방향과 방법을 모색하여 보았다. 이어서 제이부에서는 한국 역학易學의 전적인 『정역』에서 밝히고 있는 천도天道의 내용인 역수원리曆數原理를 바탕으로 앞에서 모색했던 유학의 연구 방법에 관하여 살펴본 후에 제삼부에서는 『논어』를 연구하는 구체적인 방향과 방법에 대하여 살펴보았다. 마지막으로 제사부에서는 『논어』의 원문들을 중심으로 앞에서 제기한 연구 방법을 적용하여 그 의미를 나름대로 정리해보는 작업을 진행하였다.

이 책이 비록 한 사람의 손에 의하여 쓰였지만 수많은 인연因緣들이 한 사람의 몸을 통하여 집약集約되어 나타난 결과일 뿐 특정한 사람의 공功이라고 할 수 없다. 부모, 형제 그리고 부부夫婦, 자녀子女로 맺어진 가족이라는 인연들, 수많은 스승님들이 베풀어 주신 가르침들을 비롯하여 유형有形, 무형無形의 수많은 인연因緣들이 이 책의 완성으로 나타난 것이다. 살아오면서 맺은 모든 인연들에게 진심으로 감사하며, 더불어 수많은 인연으로 나타나기 이전의 근본자리에 감사하는 마음으로 그 공을 돌린다.

당신들의 몸을 나누어 인간의 몸을 가질 수 있도록 은혜恩惠를 베풀어 주신 부모父母님께 감사를 드리며, 『주역周易』과 『정역正易』을 통하여 유학儒學에 접근하는 하나의 통로를 열어준 관중觀中 선생님과 일상의 생활과 수행이 둘이 아님을 보여줌으로써 학문과 일상이 하나가 될 때 비로소 진정한 학문이 됨을 깨닫도록 해준 대행大行 스님 그리고 근원으로 돌아가서 그와 하나가 되어 살아가도록 길을 제시해 준 그 분께 진심으로 감사를 드린다.

매 순간 참 존재를 놓치지 않도록 이끌어주고 때로는 채찍이 되어준 함께 한 모든 도반들께도 감사의 마음을 전한다. 그리고 힘들게 만나 어려운 시절을 함께 하면서 묵묵히 기다려주고 힘이 되어 주었을 뿐만 아니라 지금은 도반道伴으로 같은 길을 걸어가고 있는 아내 정해靜海와 자식으로 와서 한 가족이 되어 제 몫을 잘해내고 있는 든든한 두 아들 주연周淵, 찬澯에게도 사랑하는 마음을 전한다.

임진년壬辰年 칠월七月 십오일十五 이정재以正齋에서

이현중李鉉中 근서謹書

목 차

제 일 부

『논어』의 현대적 이해를 위한 제안

- 제일부 -

『논어』의 현대적 이해를 위한 제안

오늘날 우리가 만나는 『논어』는 공자에 의하여 편집된 것이 아니라 공자의 사후死後에 직전 제자弟子 또는 재전再傳 제자弟子들에 의하여 편집된 것이다. 그러나 전한前漢 말기末期에 이르러 원본이 일실되면서 『노론魯論』, 『제론齊論』, 『고론古論』의 이본異本이 존재하였다. 그 때 안창후安昌侯 장우張禹가 노론을 중심으로 제론과 합쳐서 경정更定하였는데 제론의 「문왕問王」, 「지도知道」의 두 편을 삭제하였다. 그 뒤 동한東漢 말의 정현鄭玄이 『노론』을 중심으로 제론과 고론을 교정하여 주를 내었는데 이것이 연변演變하여 현행본의 『논어』가 되었다.[1)]

『논어』가 여러 대에 걸쳐서 오랜 시간동안 여러 사람들에 의하여 편집되었을 뿐만 아니라 전승 과정에서 형성된 이본을 통합하는 편집의 과정을 거쳤기 때문에 그것이 곧 공자의 사상 자체를 그대로 담고 있는 논리적 정합성을 가진 이론체계로 보기는 어렵다.[2)]

---

1) 김영호, 『논어의 주석과 해석학』, 서울, 문사철, 2010, 24쪽에서 25쪽 참조.

2) 그렇기 때문에 현존하는 『논어』의 어느 정도가 공자의 사상을 담고 있는 것인지가 문제가 된다. 김영호는 崔述의 『洙泗考信錄』의 내용을 바탕으로 『논어』의 20편 가운데서 앞의 15편은 비교적 의심할 것이 없고 다만 15편의 끝부분에 한 두장이 의심할 만한 부분이 있으며, 끝부분의 5편은 오직 「子張

또한 『논어』의 구성 형식 자체가 대화체여서 얼핏 보면 각 편의 내용이 일관된 주제를 중심으로 논리적으로 엄밀하게 연결된 이론체계라고 하기가 어렵다. 이처럼 『논어』가 한 사람에 의하여 일시에 저작되지 않았기 때문에 구성 자체가 체계적이지 않을 뿐만 아니라 『순자荀子』의 '성악편性惡篇第二十三', '비십이자편非十二子篇第六'과 같이 하나의 주제를 중심으로 주장을 전개하고 있는 것도 아니어서 오늘날 우리가 『논어』를 대할 때 그 내용을 체계적으로 이해하기가 쉽지 않다.

그런데 비록 『논어』의 일부분이 공자의 사상을 담고 있는 것인지 그 진위眞僞 여부를 가릴 수 없을지라도 그것 자체가 이미 많은 사람들에 의하여 오랜 세월 동안 연구되어져 왔다는 점에서 하나의 연구 대상으로서의 의미를 갖는다고 하지 않을 수 없다.

사실 『논어』를 공자 자신의 저작이라고 할지라도 오늘날 우리가 『논어』를 통하여 공자 자신의 생각을 이해한다는 것은 어려운 일이라고 하지 않을 수 없다. 오히려 『논어』는 하나의 텍스트일 뿐 그것을 읽는 독자의 다양한 의견에 따라서 『논어』가 때와 장소에 알맞게 다양한 모습으로 드러난다고 하는 것이 타당할 것이다. 그러면 오늘날 우리가 『논어』를 어떻게 이해할 것인가?

『논어』라는 텍스트는 문학과 역사 그리고 철학을 비롯하여 여러 방면에서 그 가치를 찾을 수 있다. 그러나 예로부터 동북아 사회에서 『논어』가 주목을 받아왔던 까닭은 그것이 공자孔子라는 성인聖人의 사상을 담고 있는 전적이라고 여겼기 때문이다.[3] 송대宋代의 성리학자性理學者들

篇」만이 의심할 것이 없으나 나머지 「季氏」, 「陽貨」, 「微子」, 「堯日」 4편 가운데는 의심할 만한 것이 많다고 하였다. 이러한 내용에 관하여서는 위의 책 26쪽에서 27쪽을 참고하기 바란다.

3) 『논어』를 경전의 관점에서 접근하는 방법에 대하여 이론을 제기할 수 있다. 중국의 趙紀彬은 『논어』를 당시의 계급사회를 중심으로 일종의 역사적 관점에서 분석하고 있다(趙紀彬 지음, 조남호 신정근 옮김 『反논어』, 서울 예문서원, 1999. 원제목은 『論語新探』). 뿐만 아니라 『논어』를 어학이나 문학 또는 민속학의 관점 등 다양한 관점에서 연구할 수 있을 것이다(그 한 예로

은 『논어』를 사서四書로 부르면서 삼경三經과 같이 경전으로서의 가치를 인정하였다.

『논어』의 가치가 경전이라는 점에 있다고 할 때 그것을 연구하는 방법 역시 경전이라는 특성에 알맞은 연구방법이어야 할 것이다. 따라서 『논어』를 연구하는 방법을 찾기 위해서는 먼저 경전이 무엇인지를 살펴보지 않을 수 없다.

경전經典의 '경經'이라는 개념은 '도道'를 의미한다. '전典' 역시 법法의 의미도 있지만 책, 서적을 가리킨다. 이렇게 보면 경전은 도道를 나타낸 전적典籍이라는 의미가 된다. 그러면 경전의 내용인 도는 무엇인가?

도道라는 개념은 우주에 존재하는 모든 것들의 존재 근거가 되는 근원적인 존재를 가리키는 개념이다. 그런 점에서 보면 도를 나타내는 경전과 천문학이나 의학, 물리학과 같이 현상의 일부를 탐구 대상으로 하여 그 법칙을 나타내는 서적들과는 성격이 다르다고 하지 않을 수 없다.

경전의 내용인 도는 근원적인 존재이기 때문에 그것을 나타내는 사람의 관점에 따라서 다양하게 나타낼 수 있다. 그렇기 때문에 동일한 존재를 그것을 나타내는 사람의 관점에 따라서 중도中道, 역도易道, 불도佛道, 삼재三才의 도道, 군자君子의 도道, 성인聖人의 도道와 같은 다양한 개념을 통하여 나타내고 있다.

도를 나타내는 다양한 의미의 내용에 따라서 그것을 담고 있는 전적들을 각각 달리 표현한다. 유가儒家에서는 삼경三經, 사서四書, 오경五經, 육경六經, 십삼경十三經 등으로 부르고, 도가道家에서는 도덕경道德經, 남화경南華經과 같이 부르며, 불가佛家에서는 아함경阿含經, 원각경圓覺

김영호외 지음, 『논어의 종합적 고찰』, 서울 심산, 2003.을 들 수 있다. 이 책에서는 『논어』를 주석사, 철학, 종교, 정치, 윤리, 교학, 문학, 예악, 역사관 등의 다양한 관점에서 고찰하고 있다.). 따라서 『논어』에 관한 다양한 연구 자체를 가치상의 우열로 논할 수는 없다. 다만 본고에서는 『논어』를 통하여 공자의 사상을 도출함으로써 철학적 의의 내지는 경학적 의의를 밝히고자 한다.

經, 금강경金剛經, 화엄경華嚴經, 법화경法華經과 같이 다양한 이름으로 부르고, 기독교에서는 성경聖經으로 부른다.[4]

사서四書 가운데 하나인 『논어』에서는 "누가 능히 문을 통하지 않고 밖으로 나갈 수 있겠는가? 어찌 이 도道를 말미암지 않는가?"[5]라고 하여 사람이 문을 통하여 출입을 하듯이 사람답게 살아가기 위해서는 도를 근거로 해야 함을 밝히고 있다. 그렇기 때문에 "아침에 도道를 들으면 저녁에 죽어도 좋다."[6]고 할만 큼 목숨을 버려서라도 간절하게 추구하는 마음이 있어야 함을 밝히고 있다. 그리고 "군자는 도道를 도모할 뿐 음식을 도모하지 않는다."[7]고 하여 도를 추구하는 존재를 군자로 규정하고 있다.

도道는 근원적 존재이기 때문에 현상 사물과 같은 존재가 아니라 현상을 초월한 형이상적 존재이다. 그런 점에서 보면 비록 『논어』가 문학, 역사, 민속학, 철학 등과 같은 다양한 측면에서 연구되어질 수 있지만 일차적으로는 형이상적 존재를 탐구하는 방법을 통하여 연구되어야 함을 알 수 있다. 형이상적 존재를 연구하는 학문은 형이상학形而上學이다. 형이상학은 형이하적 존재인 만물을 연구대상으로 하는 과학科學과 다를 뿐만 아니라 문학文學 또는 역사학歷史學과도 다르다.

현대 우리나라에서 이루어지고 있는 『논어』에 대한 연구 성과들을 보면 양적으로는 매우 풍부하다. 2000년부터 지금까지 한국에서 출판된 『논

---

4) 사실 성인의 말씀을 담고 있는 글이라거나 성스러운 말씀이 담긴 책이라는 의미로서의 聖經은 儒家의 경전이나 佛經을 막론하고 모두 해당되는 보통명사일 뿐 기독교의 교리를 담고 있는 전적을 가리키는 고유명사가 아닐 뿐만 아니라 성경이라는 개념 자체도 동양의 여러 경전에 나타난 개념을 차용한 것일 뿐이다. 그럼에도 불구하고 오늘날의 우리사회에서는 성경을 基督教의 教理를 담은 책만을 가리키는 개념으로 錯覺하고 있다. 특히 하나님이라는 개념도 본래 우리나라의 전통적인 고유개념임에도 불구하고 기독교의 신앙대상을 가리키는 고유명사처럼 사용되고 있다.

5) 『論語』 雍也篇, "子曰 誰能出不由戶 何莫由斯道也?"

6) 『論語』 里仁篇, "子曰 朝聞道 夕死可矣."

7) 『論語』 衛靈公篇, "子曰 君子謀道不謀食 耕也餒在其中矣 學也祿在其中矣 君子憂道不憂貧."

어論語』와 관련된 자료들을 살펴보면 주로 주자朱子의 주석註釋을 중심으로 한 번역물들이 많다. 그리고 『논어』에 관한 학위논문이나 학회지를 통하여 발표된 연구논문들을 살펴보면 주로 교육의 측면이나 서지적書誌的 측면, 어학적 측면, 문학적 측면에서 연구하는 것이 많고, 『논어』의 내용 자체를 연구한 것은 많지 않다. 또한 『논어』의 내용을 연구한 결과들도 내용 전체를 유기적으로 연구하기 보다는 성인, 군자, 인仁과 같이 특정한 개념을 중심으로 한 연구가 주를 이루고 있다.

이에 본장에서는 『논어』의 특성에 알맞은 연구 방법을 찾기 위하여 먼저 지금까지 유학이 어떻게 변화하며 발전해왔는지 그 역사적 흐름을 고찰하고, 그것을 바탕으로 『논어』의 형이상적 연구방향과 방법에 대하여 살펴보고자 한다.

1. 한대漢代 이후의 유학儒學의 흐름

『논어』가 공자의 말씀을 기록하고 있는 전적임은 주지의 사실이다. 그리고 공자에 의하여 선진先秦유학儒學이 집대성되었기 때문에 『논어』는 유학의 근본이라고 할 수 있는 선진유학을 이해하는데 중요한 전적임에는 틀림이 없다.

그런데 유학이라는 학문을 하는 주체는 사람이다. 사람이 비록 개체적 측면에서는 시간의 제약을 받지만 사람과 사람의 삶이 이어지면서 그것이 역사를 이룬다. 그렇기 때문에 인간에 의하여 계승된 유학이라는 학문 역시 역사를 이루지 않을 수 없다.

유학의 역사로서의 유학사儒學史는 그 역사정신이라고 할 수 있는 유학의 근본, 유학의 본질이 시간적으로 다양한 모습으로 나타나는 현상의 연속이라고 할 수 있다. 그렇기 때문에 유학의 역사를 고찰함으로써 유학의 본성本性이 무엇이며, 그것이 시대에 따라서 어떻게 변화하여 발전하였는지를 알 수 있다.

유학의 역사를 통하여 본질과 변화 현상을 알 수 있다는 것은 바꾸어 말하면 오늘날이라는 시대에 알맞은 유학의 형태가 무엇인지를 파악할 수 있음을 뜻한다. 그것은 다시 말하면 유학을 역사적 관점에서 고찰함으로써 오늘날이라는 시대의 시의성時義性에 알맞은 유학이 무엇인지를 알 수 있다는 의미이다. 그러면 현대라는 시대가 갖는 의미로서의 시의성에 알맞은 유학은 어떻게 형성되는가?

그것은 이론 체계의 관점에서 언급되는 것일 뿐 본질적인 측면에서 언급되어질 수 있는 것은 아니다. 왜냐하면 시대의 흐름에도 불구하고 유학의 본질은 변함이 없고 단지 그것이 시대에 따라서 다양한 이론체계로 나타날 뿐이기 때문이다. 그리고 다양한 이론체계는 유학을 연구하는 다양한 연구 방법의 차이에서 비롯된 것이라고 할 수 있다. 따라서 현대라는 시대의 시의성에 알맞은 유학은 현대라는 시대의 시의성에 알맞은 연구방법에 의하여 이론 체계화된 유학이라고 할 수 있다.

그런데 유학은 소의所依 경전에 대한 다양한 해석을 중심으로 발전하여 왔다. 그런 점에서 보면 유학의 역사는 곧 경전에 대한 해석의 역사라고 할 수 있다. 그렇기 때문에 유학의 중심은 경經에 관한 연구로서의 경학經學의 역사라고 할 수 있다. 따라서 경학사를 중심으로 경학의 연구방법이 어떻게 변화하면서 발전하였는지를 고찰함으로써 오늘날 유가의 경전을 연구할 때 어떤 방법으로 연구를 하는 것이 필요한 것인지를 확인할 수 있을 것이다.

유학은 선진先秦시대에 공자에 의하여 집대성되고, 맹자에 의하여 계승되면서 발전하였다. 그러나 진대에 이르러서 분서갱유焚書坑儒[8]를 당

---

8) 秦의 始皇帝가 책을 불태우고(焚書), 학자를 생매장한 일(坑儒)을 함께 指稱하는 말이다. 商鞅, 韓非子 등의 法家는 우민 정책과 법에 의한 획일적인 사회 통제를 주장하기 때문에 법치 노선을 비판할 수 있는 일체의 학문과 사상을 배격하였으며, 특히 선왕의 道를 내세워 현실 정치를 비판하는 儒家를 배척하였다. 秦나라는 商鞅 變法 이래 法治 노선을 堅持하였고, 천하 통일

하면서 일부의 전적을 제외하고 대부분의 유학의 전적을 소실하게 되었다. 이로 인하여 한대漢代에 이르러서 유학의 급선무는 전적의 복원이었다. 그렇기 때문에 한대漢代에는 경전이라는 전적 자체에 매달려서 그것을 복원하는데 치중하게 되었다.

진대秦代에는 관청을 통하지 않고는 개인이 책을 소장하고 연구할 수 없었기 때문에 사제師弟 간에 암송暗誦을 통하여 은밀하게 전승되었던 경전을 한대漢代에 이르러서 문자화함으로써 이른바 금문今文경전經典이 형성되었으며, 이와 더불어 공자의 고택古宅에서 발견된 고어체古語體로 된 고문古文경전經典을 중심으로 텍스트를 확정하는 작업이 중심을 이루었다. 이것이 소위 훈고학訓詁學으로 한대의 훈고학자들은 경전의 내용을 통하여 군자의 도를 밝히는 것이 아니라 객관적 대상으로서의 책을 중심으로 그것을 구성하는 언어와 문자가 중심이 된 점에서 가장 객관화된 연구 방법에 의하여 유학을 연구하였다고 할 수 있다.

이후에도 이 정책은 변하지 않았다. 始皇 34년(BC 213년)에 博士 淳于越이 秦帝國의 철저한 郡縣制 강행을 반대하고 封建制 復活을 주장함으로써 불행한 사태가 시작되었다. 始皇帝는 일단 그 의견을 조정의 공론에 붙였으나 철저한 法家로 일관한 丞相 李斯는 그에 반대하는 데 그치지 않고, 차제에 私的인 학문으로 정치를 비판하는 일체의 행동을 본원적으로 봉쇄하기 위하여 秦记 이외의 史書는 모두 불태우고『詩』,『書』, 百家语를 수장한 자는 30일 이내에 모두 관에 신고하여 불태우며, 이를 어긴 者는 官奴로 삼아서 성단(城旦)으로 삼으며, 감히『詩』,『書』를 논한 자는 棄市에 처하고, 옛것을 들먹이며 현실 정치를 비방한 자는 族刑에 처할 것이며, 단 의약 · 점복 · 농업 관계 서적은 제외할 것을 건의하자 시황제는 이를 재가하였다. 이듬해(BC 212년) 不老長生藥을 구하는데 실패한 方士들이 달아나자 始皇帝는 咸陽에 있는 儒生을 체포하여 결국 460여 명이 구덩이에 매장되는 형을 받았다. 이것이 역사상 악명 높은 始皇帝의 焚書坑儒이다. 그러나 處刑 규모도 크지 않고 실제 儒生이라기보다는 사기성이 농후한 일부 方士를 겨냥한 것이라는 점을 들어 儒家 탄압을 과장할 필요가 없다는 주장도 있다. 또 焚書도 그 실제적인 효과에 의문을 제기하는 사람도 있다. 그러나 秦帝國에서 儒家가 환영받지 못한 것은 명백하며, 한제국이 BC 191년에 挾書律(禁書所持를 禁하는 법)을 폐지할 때까지 원칙상 儒家의 古典이 자유롭게 학습될 수 없던 것도 사실이라고 볼 때 焚書坑儒가 儒家를 일시나마 크게 위축시킨 것은 사실이다.

그런데 텍스트의 구성 요소인 문자만을 중심으로 이해하면 텍스트 자체의 내용을 이해하는데 한계를 갖게 된다. 왜냐하면 경전의 내용은 도道이기 때문에 형식적인 측면에서 그것을 나타내는 문자를 해독할 수 있는 능력을 갖추어야할 뿐만 아니라 그와 더불어 형이상적 존재를 이해할 수 있는 의식의 차원 역시 갖추어야 하기 때문이다. 그런 점에서 한대漢代의 경학經學은 경전의 글자와 문장 자체에 얽매여서 그것이 나타내고자 하는 의미를 파악하는 데는 부족함이 있었다. 경전이라는 특성이 형이상적 차원에서 인간과 세계의 본성에 관한 형이상학적 진리로서의 도道를 담고 있음에도 불구하고 그것을 담고 있는 도구인 문자와 문장의 연구에 치중하였을 뿐 그 내용을 밝히는 데는 한계를 안고 있는 것이 한대의 경학이었고 유학이었던 것이다.

그러나 그것은 한대 경학經學의 한계라기보다는 시대적 사명이라고 할 수밖에 없다. 왜냐하면 한대의 경학가經學家들에 의하여 경전의 복원이 이루어지면서 비로소 송대宋代에 이르러 경전 자체가 갖는 의미를 파악하는데 주력할 수 있게 되었기 때문이다. 따라서 한대의 훈고학과는 달리 송대에는 그 내용을 중심으로 의미를 파악하고자 하는 의리학義理學이 발달하지 않을 수 없었다.

송대에는 한대의 훈고학을 바탕으로 유가의 경전에 담겨 있는 의미를 파악하는 과정에서 그 결과를 새로운 이론체계에 담아서 표현하였는데 그것이 바로 성리학이다. 주지하다시피 성리학을 집대성한 사람의 주희朱熹이다. 그는 정이천程伊川의 이기론理氣論과 장횡거張橫渠의 심통성정론心統性情論 등 이전의 송대의 성리학자들의 이론을 집대성하였다.

성리학은 선진 유학에서 세계에 대한 접근 범주로 사용하였던 형이상과 형이하 그리고 천지인天地人의 삼재三才라는 범주를 응용하여 형이상적 세계의 존재근거를 이理로 그리고 형이하적 존재 세계의 근거를 기氣로 하여 이기론理氣論을 수립하였다. 그리고 인간의 본성과 사물의 이理가 하나라는 성즉리性卽理를 주장하였다.

주희를 비롯한 성리학자들의 경전 연구 방법은 일정한 이론체계를 중심으로 텍스트 자체 뿐만 아니라 그것을 연구하는 인간과의 관계를 중심으로 연구하였다. 그들은 경전을 연구하는 주체로서의 마음과 연구 대상인 사물의 관계를 중심으로 경전이라는 텍스트를 연구한 것으로 한대의 훈고학과 비교하면 한 단계 내면화한 것이라고 볼 수 있다.

그러나 송대의 성리학자들도 여전히 텍스트라는 객관적 대상과 그것을 연구하는 주체로서의 마음이라는 이원론적 관계를 벗어나지 못하였다. 그것은 텍스트나 대상 사물이라는 객관적 대상 세계에서 벗어나서 형이상의 근원적 존재인 본성 자체의 관점에서는 논의가 이루어지지 않았음을 뜻한다. 주희는 스승인 이연평의 가르침을 통하여 학문의 방향을 정하였다고 볼 수 있는데 그의 다음과 같은 말은 그가 어떤 관점에서 학문을 하였는지를 파악할 수 있는 좋은 자료라고 할 수 있다.

> 나는 처음 학문할 때 역시 분명하지 않고 크고 넓은 것을 말하는 언설에 힘써서 같음을 좋아하고 다름을 싫어했으며, 큰 것을 기뻐하고 작은 것에 대하여 부끄러워했다. 연평 선생의 말에 대해서는 "어찌하여 일들이 많음이 이와 같은가? 천하의 리理는 하나일 뿐이다."라고 여겨서 마음속으로 의심하여 불복하였다. 동안현同安縣의 남은 관직 생활동안 연평의 말을 반복하여 생각하니 비로소 그가 나를 속이지 않았음을 알게 되었다. 대개 연평의 말은 "우리 유학이 이단異端과 다른 까닭은 이일분수理一分殊일 뿐이다. 그 리理는 하나가 아님을 걱정할 필요는 없으니 어려운 것은 분수分殊일 뿐이다."라고 하였으니 이것이 그 요체이다.[9]

위의 내용을 살펴보면 주회암이 스승인 연평의 가르침을 통하여 유학

---

9) 『延平答問』(『中國思想叢書10』, 서울, 中央圖書, 1988, 27쪽), "余之始學 亦務爲儱侗宏闊之言 好同而惡異 喜大而恥於小 於延平之言 則以爲何爲多事若是 天下之理一而已 心疑而不服 同安官餘 以延平之言 反復思之 始知不我欺矣 蓋延平之言曰 吾儒之學 所以異於異端者 理一而分殊也 理不患其不一 所難者分殊耳 此其要也"

과 다른 학문과의 차이가 분수리分殊理에 있음을 알고 자신의 학문 방향을 분수리分殊理에 치중하여 다양한 관점에서 하나로 일치시켜가는 치일致一에 두었음을 알 수 있다. 다시 말하면 주회암은 만물의 관점에서 그 존재근거인 도를 찾아가는 방향을 평생의 학문 방향으로 정하였던 것이다.

주회암이 만물을 통하여 그 존재근거인 도를 찾아가는 관점에서 그의 성리학을 전개하고 있기 때문에 성즉리性卽理는 주장하지만 심즉리心卽理는 주장하지 않았다. 그것은 그들이 철저하게 심心과 성性을 구분하여 심心을 중심으로 성性을 찾아가는 관점에서 논의를 전개하고 있음을 뜻한다.

반면에 명대明代의 왕양명王陽明은 심즉리心卽理를 주장하고 치양지致良知를 주장하였다. 그는 주희가 격물치지格物致知를 사물에 나아가서 사물의 이치理致를 궁구하여 나의 앎을 지극하게 함으로 주장하는 것과 달리 내 본성의 내용인 양지良知를 사물에 확충擴充하여 사물을 바로잡는 것으로 이해하였다.

그가 본성을 중심으로 양지를 논하였음은 그의 관점이 본성이라는 형이상적 차원이 위주가 되었음을 뜻한다. 그는 양지를 인간의 주체성이면서 동시에 천리天理로 밝히고 있다. 그렇기 때문에 양지를 발현하는 치양지致良知를 격물치지格物致知의 내용이라고 하였다. 치양지의 관점에서 보면 성리학자들이 주장한 성즉리性卽理일 뿐만 아니라 심즉리心卽理가 된다.

그런데 심학자心學者들이 형이상의 근원적 존재로서의 양지良知를 밝히고 있지만 형이상의 근원적 존재는 현상 사물을 떠나서 존재하는 것이 아니다. 다시 말하면 천리天理로서의 양지良知가 작용할 현상세계가 없다면 그것은 관념적 존재에 불과하다. 양명陽明 이후에 좌파左派에 이르면서 광선狂禪으로 흐른 것이 이점을 보여준다.

청대淸代에 이르게 되면 다시 한대의 경학으로 회귀하면서 고증학考證學이 발달하게 되었다. 이는 성리학이나 심학이 경전 자체를 연구하기

보다는 이론적인 측면에서 자유롭게 의리를 추구하여 자칫 자신들의 이론 틀에 경전을 꿰어 맞추는 천착穿鑿으로 나타나게 됨을 비판한 결과 나타난 현상이라고 할 수 있다.

청대淸代의 고증학考證學은 앞 시대의 성리학과 심학을 교훈으로 삼아서 하나의 이론체계나 마음에 얽매여서 천착穿鑿하는 잘못을 범하지 않기 위하여 객관 존재로서의 경전을 중심으로 경전을 연구하였다. 그러나 한대의 훈고학과 같이 객관적 사물 중심의 한계를 벗어나지 못하였다. 따라서 성리학과 심학의 한계를 벗어났지만 반면에 양자의 장점을 한계로 안고 있다고 할 수 있다.

정다산鄭茶山은 한대漢代의 고증학자들과 송대의 성리학자들이 경전을 해석하는 방법을 학學과 사思의 두 관점에서 비판하고 있는데 그 내용을 살펴보면 다음과 같다.

> 한대의 유학자들은 경經을 주석하면서 옛 것을 상고詳考함을 법法으로 삼았으나 명변明辯이 부족한 까닭에 참위讖緯사설邪說까지도 함께 수록하는 것을 면하지 못하였으니 이는 "배우기만하고 생각하지 않음學而不思"의 폐단弊端이다. 후유後儒는 경經을 말하면서 궁리窮理를 위주로 하여 간혹 고거考據에는 소원疎遠하여 제도, 명물名物과 어긋남이 있었으니 이는 "생각하기만 하고 배우지 않음思而不學"의 폐단弊端이다.10)

인용문에서 다산이 한대 이후의 유학자들을 비판하는데 사용한 "학이불사學而不思"와 "사이불학思而不學"은 『논어』에서 공자가 밝힌 학문의 방법을 밝히는 과정에서 사용된 개념이다.

공자는 "생각하기만 하고 배우지 않으면 위태롭다.(思而不學則殆)"고 하여 자신의 생각만을 위주로 학문하면 올바른 방향을 잡을 수 없음을

---

10) 丁若鏞, 『論語古今註』, "漢儒注經以考古爲法而明辨不足故讖緯邪說未免俱收此學而不思之弊也後儒說經以窮理爲主而考據或疎故制度名物有時違舛此思而不學之咎也."

나타내고 있다. 그렇다고 하여 그와 반대로 "배우기만 하고 생각하지 않으면 자신의 것으로 남은 것이 없다.(學而不思則罔)"[11]이라고 하여 배우기만 하고 자신이 스스로 체득하는 과정이 없으면 학문의 결과가 없음을 밝히고 있다. 따라서 배움과 사려를 함께 하는 것이 바람직한 학문 방법임을 알 수 있다.

다산이 한대 이후의 유학사를 비판하고 있는 까닭 역시 학문의 대상으로서의 텍스트 자체에 얽매여서 자신의 주체성을 놓쳐버리거나 그와 반대로 자신의 생각에 얽매여서 텍스트를 무시하여 객관성을 놓쳐버리는 극단적인 태도를 비판한 것이라고 할 수 있다.

다산은 한대의 훈고학들을 "학이불사學而不思"로 비판하고 있다. 이는 훈고학이 경전 자체에 얽매여서 정작 자신의 주체성을 놓쳐버리고 연구대상에 함몰되었음을 비판한 것이라고 할 수 있다. 이와 대척점에 있는 학파가 송대의 의리학파라고 할 수 있다. 따라서 다산이 "사이불학思而不學"의 관점에서 비판하고 있는 대상은 송대의 성리학자들이라고 할 수 있다. 그들이 궁리를 위주로 하다 보니 비록 경전에 근거한다고 하면서도 자신들의 이론체계에 스스로 함몰되어 자신들의 생각에 경전을 꿰어 맞추는 결과를 초래하였음을 비판한 것이다. 지금까지 살펴본 내용을 정리하여 도표로 나타내면 다음과 같다.

시대時代	유학儒學의 내용(방법)	연구 주체	연구대상
한대漢代	훈고학訓詁學	마음	대상으로서의 경전
당송唐宋	성리학性理學	마음	사물의 존재근거인 리理
명대明代	심학心學	본성	본성의 작용인 마음
청대淸代	고증학考證學	마음	대상으로서의 경전

11) 『論語』 爲政篇, "子曰 學而不思則罔, 思而不學則殆."

위의 도표를 살펴보면 시대에 따라서 각각 마음이 중심이 되기도 하고, 대상 사물이 중심이 되기도 하고, 객관적 존재로서의 이치가 대상이 되기도 하였음을 알 수 있다.

앞에서 간략하게 살펴본 중국의 유학사, 경학사를 통하여 두 가지 점을 확인할 수 있다. 그 첫째는 한대 이후의 유학사가 유학을 하는 주체인 인간이 자신의 존재근거인 천天으로부터 인간 자신의 내면으로 점차 깊숙이 파고든 역사라는 점이다.

공자에 의하여 집대성되고 맹자에 의하여 계승된 유학이 한대에 이르면 전적典籍이라는 객관적 대상사물에 매달려 연구를 진행하였으며, 송대宋代에 이르러서는 경전이라는 전적을 대상으로 연구하는 나와 대상사물 자체의 관계를 중심으로 연구하게 되었다. 따라서 송대宋代의 성리학性理學은 한대漢代의 경학經學보다는 인간의 내면으로 한걸음 깊이 들어간 방향이라고 할 수 있다.

그러나 심학자心學者들의 비판과 같이 성리학자들은 나와 사물을 나누어 둘로 보는 한계를 드러내게 되었다. 그것은 달리 말하면 송대의 성리학자들이 성즉리性卽理를 주장하였지만 성性 자체의 차원에서 유학을 연구한 것이 아니라 심心의 차원에서 사물과의 관계를 중심으로 유학을 연구하였음을 뜻한다.

반면에 명대의 왕양명을 비롯한 심학자心學者들은 본성의 차원에서 유학을 연구하였기 때문에 사물의 물리物理와 내 본성이 일체임은 물론 본성이 드러난 마음과 본성이 일체일 뿐만 아니라 사물의 이치 역시 일체라고 하였다. 그렇기 때문에 심즉리心卽理라는 주장을 하지 않을 수 없었다. 따라서 한대 이후의 유학사를 보면 밖의 대상 사물로부터 인간 자신의 내면을 향하여 한발 한발 다가온 역사라고 할 수 있다.

인간이 자신의 존재근거인 천天을 인간 주체화하여 이해했다는 것은 긍정적인 측면과 부정적인 측면이 있다. 긍정적인 측면에서는 인간이 천天으로부터 자신을 분리하여 자신의 정체성을 갖게 되었다는 점이다. 자신이 인간임을 자각自覺하고 자신과 다른 존재를 구분하여 자의식自意識을 갖게 됨으로서 비로소 인간의 삶, 인간의 역사가 시작되었다고 할 수 있다.

그런 점에서 현대의 학자들은 공자가 이전의 은대殷代에서 천天, 상제上帝에 매달렸던 한계를 벗어나서 천天을 인간에 내재화시켜서 이해한 점에서 인문적인 발전이라고 이해하고 있다. 더 나아가서 천도天道를 이理로 이해한 송대의 성리학 역시 인격적 존재인 상제上帝나 천天을 제거한 점에서 학문적 발전으로 이해한다.

그런데 유가철학이 추구하는 제일第一명제命題가 천인합일天人合一임은 주지의 사실이다. 유가의 어떤 전적이나 어떤 유학자의 이론을 막론하고 대전제는 천인합일天人合一을 벗어나지 않는다. 천인합일을 인간의 본성을 중심으로 이해하면 천도天道, 천명天命이 내재화된 존재가 성품이라는 점에서 성품의 세계는 천天과 인人이 다르지 않기 때문에 이미 천인합일이 되었다고 할 수 있다. 그것을 이미 합일이 된 측면에서 보면 이연已然의 천인합일이라고 할 수 있다.

다만 현실적 측면에서는 본성대로 살아가는 것이 아니라 본성 자체가 있는지도 모를 뿐 만 아니라 본성을 어기고 살아가는 사람들이 대부분이다. 학문을 통하여 자기가 어떤 존재인지를 알고 그것을 바탕으로 천天과 합일된 삶을 살아가는 것이 인간의 삶의 길이다. 이처럼 인간이 마땅히 이루어야할 천인합일이라는 점에서 응연應然의 천인합일이라고 할 수 있다.

천인합일을 해야 할 존재는 인간이며, 그 기준이 천天이기 때문에 인간이 천天과 합일하는 것이지 천天이 인간과 합일하는 것이 아니다. 그런 점에서 보면 천天을 인간 주체적 관점에서 이해한다고 할 때 만약 천天과 멀어져서 인간 자신만의 세계를 구축한 것으로 오해하면 그것은 오히려 천인합일과 벗어나는 결과를 초래할 것이다. 그것이 천을 인간 주체적 관점에서 이해할 때 나타날 수 있는 부정적인 측면이다.

오늘날의 과학자들은 천天을 인간이 통제할 수 있는 물리적인 대상으로 인식할 뿐 인간을 비롯하여 모든 존재의 존재근거로 이해하지 않는다. 그것은 자신의 존재근거를 부정하는 것으로 곧 인간이 천天을 대신하여 천天의 노릇을 함을 뜻한다. 그런 점에서 오늘날의 인간은 천天에 대하여 참으로 교만驕慢하고 방자放恣하기 이를 데 없다고 할 수 있다.

인간이 마치 자신이 천상天上의 존재인 신神인 것처럼 착각하고 살아갈 때 인간 이외의 다른 존재를 무시하게 된다. 인간 사회가 본래 평등平等할 뿐만 아니라 우주의 모든 존재는 천天에 근거하여 존재하는 점에서 가치가 동일하다. 그럼에도 불구하고 인간이 천天, 신神이라는 존재가 없는 것처럼 무시하고 자신이 신처럼 행동하여 자신 이외의 동물이나 식물 그리고 사물을 불평등하게 대하고 그들 위에서 군림하고자 한다.[12)]

천天을 인간 심성 내면으로 내면화하여 이해할 때 나타나는 부정적 측면은 천天을 인간 자신을 중심으로 오직 인간의 관점에서 일방적으로 이해하기 때문에 나타나는 현상이다. 이러한 관점을 『주역』의 개념을 빌려서 나타내면 역逆의 관점이다. 이러한 역逆의 관점에서 벗어나서 다시 천天 자체가 되어 인간을 비롯하여 사물을 바라보는 순順의 관점에서 보아야 한다. 그것이 바로 『주역』에서 제시하고 있는 천인합일된 경지로서의 순천順天응인應人의 경지이며, 성명性命의 이치에 순응하는 경지이다.[13)]

---

12) 『周易』의 重地坤卦 上爻에서는 陽이 존재하지 않는다고 착각하는 陰을 통하여 자신을 근원적 존재인 神으로 착각하고 살아가는 인간의 驕慢한 마음을 나타내고 있다. 重地坤卦의 上爻 文言에서는 "陰이 陽을 의심하면 반드시 싸우니 陽이 없는 것으로 의심하기 때문이다. 그러므로 龍이라고 칭하지만 오히려 (陰이라는) 자신의 무리를 벗어나지 못한다. 그러므로 피라고 말한다. 대저 玄黃이라고 하는 것은 天地의 본성이 합덕된 것을 나타내니 天은 玄하고 地는 黃하는 것이다.(陰疑於陽必戰. 爲其嫌於无陽也, 故稱"龍"焉, 猶未離其類也, 故稱"血"焉. 夫玄黃者, 天地之雜也, 天玄而地黃.)고 하였다. 이는 "龍이 들에서 싸우니 그 피가 검고 누렇다.(龍戰于野, 其血玄黃.)"는 上六爻의 爻辭를 敷衍하여 說明한 것이다.

13) 順逆을 『주역』에서 언급된 내용을 중심으로 살펴보면 天에서 地를 향하는 것이 順이며, 地에서 天을 향하는 것이 逆이다. 이를 형이상과 형이하를 중심으로 살펴보면 형이상의 세계에서 형이하를 향하는 것이 順이며, 형이하

역逆방향에서 현상적 측면 곧 시간과 공간을 중심으로 세계를 바라보면 역사가 있고, 이런 저런 다양한 관점이 중심이 되어 서로 다른 이론이 제기된다. 그러나 시공時空의 차원을 넘어서서 근원적 세계에서 보면 곧 순順방향에서 세계를 보면 본래 사물과 사람의 본성이 둘이 아닐 뿐만 아니라 본성과 마음 역시 별개의 존재가 아니다. 그러므로 본성과 사물의 이치가 합덕合德된 본래의 관점을 바탕으로 양자를 구분하여 본성에서 사물을 향하는 관점, 또는 사물의 이치로부터 본성을 향하는 관점에서 이해하는 것이 필요하다.

그것은 응연의 천인합일의 측면만을 볼 것이 아니라 이연의 천인합일의 측면을 함께 보아야함을 뜻한다. 사실 응연의 천인합일 역시 이연의 천인합일의 현상적 자기 전개에 불과하다고 할 수 있다. 그런 점에서 보면 합일이라고 표현하였지만 천天과 인人이 본래 둘이 아니기 때문에 합일이라고 할 수도 없고 그렇다고 하여 천天과 인人이 하나가 아니기 때문에 하나라고 할 수도 없다. 그렇기 때문에 둘로 나누어서 인간 중심으로 되거나 천天 중심으로 되는 것도 일방적인 것이며, 합合하여 본래 하나라고 하는 것도 현상적인 측면을 올바로 보지 못하는 편협偏狹된 시각이라고 할 수 있다.

2. 경전의 연구방향과 연구방법

앞에서 한대漢代 이후의 유학사와 경학사를 살펴보면서 각 시대의 학

의 세계에서 형이상을 향하는 것이 逆이다. 그리고 시간상의 측면에서는 미래에서 과거를 향하는 것이 順이며, 과거에서 미래를 향하는 방향이 逆이다. 이렇게 보면 본래 세계는 형이상과 형이하, 天과 地, 과거와 미래가 合德되어 있기 때문에 본래의 세계를 나타내기 위하여 양자를 구분하여 나타내었다면 양자가 하나가 된 관점에서 세계를 살펴볼 때 비로소 그 본래면목이 드러남을 알 수 있다.

문의 특성과 한계를 살펴보았다. 그 과정에서 유가儒家의 제일第一 명제命題인 천인합일天人合一을 순역順逆의 관점에서 이해하여야함을 살펴보았다. 그러면 한대 이후의 경학 연구 방법을 중심으로 오늘날 우리가 경전을 어떻게 연구할 것인지 살펴보자.

먼저 오늘날의 시의성과 관련하여 요구되는 학문의 방향을 살펴보자. 오늘날에는 자연과학의 발달에 힘입어 물질문명이 극도로 발전하였다. 그러나 물질문명의 발전만큼 정신문화가 함께 발전하지 못하였기 때문에 양자가 조화를 이루지 못하고 있다.

정신문화와 물질문명의 부조화는 인간의 모든 삶에서 극심한 대립과 갈등을 초래한다. 인간과 인간, 인간과 자연, 인간과 만물, 인간과 신神, 인간과 진리가 대립과 갈등을 이루고, 인간과 학문이 갈등을 이룬다.

그리고 양자의 부조화가 학문과 학문의 갈등으로 이어져서 철학과 과학, 종교와 과학, 문학과 철학, 철학과 역사, 역사와 예술과 같은 다양한 학문들이 서로 대립과 갈등을 이루고 있다. 따라서 오늘날에 절실하게 요구되는 것은 물질문명과 정신문화의 회통會通과 합덕合德이라고 할 수 있다.

사실 엄밀하게 말하면 그것은 양자의 회통과 합덕의 문제가 아니라 인간 자신이 정체성을 상실하고 인간 중심의 이기주의적인 삶을 살아가기 때문에 나타나는 현상이다. 지구에서 중심 역할을 하고 살아가는 인간이 제 구실을 못하기 때문에 지구가 여러 가지 어려운 문제에 부딪치게 된 것이다.

그런데 여기서 유의할 점이 있다. 부정적 측면에서 보면 모든 것이 인간의 문제라고 할 수 있지만 마치 어린 아이가 성장하는 과정에서 잘못을 저지르면서 자라듯이 인류의 역사 역시 궁극적으로는 이상적이 세계를 향하여 끊임없이 진화하고 있다. 그리고 그러한 진화의 과정에서 하나의 마디가 끝나고 새로운 마디가 시작되기 위하여 나타나는 현상이 오늘날 다방면에서 일어나는 난관이다.

역학易學[14]적 관점에서는 혼란과 무질서, 부조화, 어둠을 세계를 선천先天으로 부르고, 그것이 끝나고 열리는 조화와 광명의 도덕적 세계를 후천後天이라고 부른다. 그러므로 오늘날의 세계는 온갖 부정적인 요소들이 노정露呈되었던 성장의 시대가 가고 아름답고 가치있는 완숙된 새로운 세계가 시작되는 교체와 시작이 함께 하는 시대이다.

정신문화와 물질문명의 조화도 모든 존재의 회통과 합덕도 진정한 의미의 천인합일天人合一에 의하여 이루어진다. 그리고 천인합일은 인간이 자신의 정체성을 찾아서 인간답게 살아갈 때 비로소 이루어진다. 결국 오늘날의 시의성에 따른 회통과 합덕이라는 요청도 인간이 자신의 본래성을 찾아서 인간답게 살아가는 것이라고 할 수 있다.

인간의 다른 존재와 다른 삶의 특성은 학문에 있다. 인간 이상의 존재인 신명은 지혜를 갖고 있기 때문에 학문이 필요하지 않다. 마찬가지로 인간 이하의 존재인 동물이나 식물 그리고 무생물 역시 학문이 필요하지 않다. 이는 역설적으로 표현하면 인간 이외의 다른 존재가 학문을 통하여 진화하기 위해서는 인간의 모습으로 살아야한다는 의미이기도 하다.

이제 문제를 유학의 역사, 경학의 역사를 중심으로 살펴보면 오늘날 경학經學의 연구는 과거의 훈고학訓詁學, 고증학考證學과 성리학性理學 그리고 심학心學을 회통會通하여 합덕合德시키는 것이 시대적 요청이라고 할 수 있다. 본래 형이상과 형이하가 둘이 아니며, 인간의 심성 내면

---

14) 지금까지는 일반적으로 易學은 易經으로서의 『周易』을 탐구 대상으로 하여 형성된 학문을 가리키는 것으로 이해하여 왔다. 그런데 『주역』이라는 전적이 표상하는 내용은 변화의 道인 易道이다. 다시 말하면 변화의 도인 易道를 탐구과제로 하는 학문이 易學이라고 할 수 있다. 그런 점에서 보면 역도를 人道를 중심으로 밝히고 있는 『周易』과 달리 역도를 天道를 중심으로 밝히고 있는 전적인 『正易』 역시 易經이라고 할 수 있다. 따라서 역학을 그 텍스트를 중심으로 이해하면 『주역』과 『정역』을 텍스트로 하여 형성된 학문이라고 할 수 있다. 그런데 후대에 이르러서 『주역』을 바탕으로 그것을 다시 해석하는 수많은 전적이 발생하였고, 『정역』에 관한 연구 역시 이루어져 왔기 때문에 『주역』과 『정역』 그리고 두 典籍에 대한 연구 성과들에 대한 연구를 易學으로 규정할 수 있을 것이다.

과 외면 역시 둘이 아니다. 다만 그것을 분석하여 양자의 관계를 중심으로 분석하기 이전의 근원적인 세계를 밝히고자 다양한 이론체계가 형성되었던 것이다.

심학心學의 형이상적 관점, 본성, 천리天理의 관점과 성리학性理學의 심心과 물物의 관계를 바탕으로 한 형이하적 관점 그리고 훈고학, 고증학의 대상 중심의 관점과 성리학의 주체 내면 중심의 관점은 별개의 것이 아니라 본래 일체적 존재인 근본유학根本儒學을 여러 관점에서 분석하여 다양하게 나타낸 것이다. 따라서 과거의 경학사를 통하여 표출된 여러 이론 체계들을 회통하여 합덕合德시킴으로써 비로소 선진유학의 본래 면목을 밝힐 수 있다.

일반적으로 유학을 유가철학이라고도 부른다. 그것은 유학이 현대의 학문 분류상으로 철학이라는 학문에 속함을 뜻한다. 그리고 유가 철학은 크게는 서양철학과 다른 동양철학으로 구분하여 나타낸다.

유가철학을 서양철학과 구분하여 동양철학으로 나타내는 것은 양자의 학문적 특성이 다름을 뜻한다. 그러면 동양철학과 서양철학이 어떤 점에서 서로 다른가?

동양철학을 서양철학과 구분하여 나타낼 때 학문의 주체인 서양인과 동양인의 본성이 다를 수 없으며, 철학이라는 학문의 대상인 세계 자체가 다를 수 없다. 그렇다면 양자의 특성은 학문 방법에서 기인하는 것이라고 하지 않을 수 없다.

동양철학과 서양철학을 구분할 때 언급되는 것들이 앎과 행함의 일치라는 지행합일知行合一, 배움과 행의 일치라는 학행합일學行合一 그리고 말과 행동의 일치라는 언행합일言行合一이다. 이는 달리 말하면 천인합일을 여러 측면에서 다양하게 나타낸 것이라고 할 수 있다. 존재와 당위의 합일, 존재와 가치의 합일 역시 천인합일에 포함되는 의미이다.

이 때 문제가 되는 것은 동양철학과 서양철학의 학문 방법이 구체적으로 어떻게 다르냐이다. 사실 오늘날 유가철학, 동양철학을 연구할 때 사용하는 방법은 언어분석적인 방법으로 그것은 동양철학만이 아니라 서양 철학자들 역시 사용하는 학문방법이다.

서양 현대의 분석철학자들의 주장을 중심으로 철학의 학문방법을 살펴보면 그 특성이 분명하게 드러난다. 분석철학자들은 철학의 목표를 개념, 의미의 명료화에 둔다. 이는 철학이 세계 자체를 탐구 대상으로 하는 것이 아니라 이미 이루어지는 세계에 관한 언급들을 대상으로 함을 뜻한다. 철학이 세계 자체를 탐구 대상으로 하는 것이 아니라 세계에 관한 이론을 탐구대상으로 하는 점에서 일차질서를 대상으로 하는 것이 아니라 이차질서를 대상으로 한다는 것이다.[15)]

사실 오늘날의 유가철학, 동양철학을 연구하는 학자들 역시 분석철학자들이 주장하는 학문의 방법을 떠나서 동양철학만의 고유한 학문방법을 따로 사용하지 않는다. 오늘날 유가철학을 하는 우리들도 선현들이 이미 언급한 여러 주장들을 중심으로 그들의 이론체계 안에서 모순이 없는지 겉으로 드러나지 않는 의미는 없는지 그 의미가 정확하게 무엇인지를 밝히는 언어분석적인 방법을 주로 사용하고 있다.

오늘날 대부분의 한국 성리학을 연구하는 학자들이 퇴계退溪와 율곡栗谷의 성리학을 연구할 때 그 방법은 그들의 이론체계를 언어분석적인 방법을 통하여 고찰하고 양자가 서로 다른 점이 무엇인지 그리고 양자 가운데 어느 것이 주희朱熹의 이론체계 더 나아가서 정이천程伊川의 이론체계와 정합성을 갖는지를 밝히는 것으로 생각하고 있다.

일부의 학자들은 퇴율退栗이 모두 성리학자라는 기존의 틀을 벗어나서 율곡학을 성리학이 아닌 다른 학문으로 규정하기도 하고, 퇴계학을 주희와 다른 새로운 성리학으로 규정하기도 한다. 뿐만 아니라 기존의 영남성리학이 성리학의 정통이냐 기호성리학이 성리학의 정통이냐 하는 문제를 벗어나서 양자를 회통적인 관점에서 이해할 수 있는 새로운 이론체계

---

15) 분석철학의 학문 방법에 대하여서는 J.F. 로젠버그 지음, 이재훈 옮김, 『철학은 이렇게 한다』, 서울, 서광사, 1987을 참고하기 바란다.

를 구축하고자 시도를 하기도 한다.[16)]

그런데 퇴계나 율곡의 성리학 이론체계가 아무리 정교하여도 빈틈이 없이 완벽할 수 없다. 본래 분석하여 언어로 나타낼 수 없는 세계를 언어에 의하여 나타낼 때 필연적으로 한계를 가질 수밖에 없기 때문이다. 그것이 인간의 학문이 갖는 한계이면서 동시에 때와 장소에 따라서 끊임없이 다양하게 나타날 수 있는 장점이라고 할 수 있다.

보다 근본적인 문제는 퇴율退栗의 이론이 정이천程伊川과 주희朱熹의 이론에 정합整合한다고 할지라도 그것이 곧 진리성을 보장하는 것은 아니라는 점이다. 다시 말하면 주희의 이론체계 자체가 반드시 옳다고 할 수 없을 뿐만 아니라 그것이 공자孔子의 이론체계에 부합하느냐하는 것은 별개의 문제이다.

그런 점에서 보면 오늘날의 성리학 연구자가 아무리 이론체계를 정밀하게 분석하고 그 내면의 드러나지 않는 의미를 재구성하여 새로운 이론체계를 창출해 낸다고 할지라도 그 이론체계 자체의 진리성을 보증하는 문제는 여전히 남아 있다. 사실 성리학자들이 생각하는 이理와 기氣라는

---

16) 대동철학회에서는 지난 2011년 5월 13일에 "조선 유학사의 해석과 반성"이라는 주제로 일제 시대에 식민지 정책을 정당화하려는 私心에 의하여 한국성리학을 연구하여 이후 오늘에 이르기까지 많은 영향을 미친 高橋亨의 연구 성과를 중심으로 한국 성리학을 비판적 관점에서 돌아보는 학술대회를 개최하고 그 결과를 『대동철학』 제55집에 실었다. 필자는 원칙적으로 여러 발표자들이 高橋亨의 주장과 그의 주장을 수용한 후대의 한국 성리학자들의 주장을 비판적 관점에서 이해하고 그것을 극복하고자 하는 노력에 동의한다. 그리고 2011년 7월 15일과 16일에 충남대학교에서는 국제퇴계학회에서 주관한 제23회 국제학술대회가 개최되어 많은 한국성리학의 연구자들의 연구 성과가 발표되었다. 필자 역시 이 학술대회에 참가하여 논문을 발표하면서 진지한 발표와 열띤 토론 그리고 방청객들의 질문을 보면서 우리 사회에서 아직도 성리학, 유학에 대한 관심이 사라지지 않았음을 느꼈다. 그러나 한편으로는 『대동철학』과 퇴계학국제학술대회를 통하여 발표된 논문을 보면서 이미 지나간 시대의 성리학, 유학이 오늘날을 살아가는 우리들에게 어떤 의미를 가질 수 있는가를 새삼스럽게 생각하게 되었다. 사실 공자가 제시한 삶의 길을 살고자 하는 뜻을 세우고 그 길을 걸어가지 않는다면 오늘날 우리에게 유학, 성리학이 무슨 의미가 있겠는가?

개념 자체가 세계를 올바로 나타내는 개념이라고 어떻게 보증하겠는가?

이제 오늘날의 유학자들이 어떻게 유학을 해야 할 것인가의 문제로 되돌아 생각해 보자. 사실 유학의 모든 이론체계는 공자가 밝힌 이론체계를 다시 해석하여 나타낸 것에 불과하다. 그렇기 때문에 후대의 사람들은 성인聖人인 공자에 의하여 쓰인 글들을 성경聖經으로 그리고 성경聖經을 연구하여 그 결과를 나타낸 현인賢人들의 글을 현전賢傳으로 구분하여 나타내고 있다.

설사 성인과 현인, 경과 전을 구분하여 이해하는 것에 동의하지 않는다고 할지라도 유학이 공자에 의하여 형성되었고 그 후의 유학의 여러 학파들이 공자의 이론을 부연하여 새롭게 해석하고 설명한 것이라는 점은 부인할 수 없을 것이다.

그것은 공자는 자신이 체험한 세계를 나타내었지만 그 이후의 연구자들은 공자의 말을 연구하여 자신들의 이론체계를 세운 점에서 마치 오늘날의 연구자들이 언어 분석적인 방법만을 사용하는 것과 같음을 뜻한다. 따라서 공자 이후의 학자들이 선현들의 이론체계를 아무리 연구하여도 그들이 공자의 경지에 이른다는 보장이 없다.

공자에 의하여 형성된 선진유학의 이론체계가 일차질서를 나타낸 것이라면 그 이후의 유학자들의 이론체계는 이차질서에 관한 연구결과라고 할 수 있다. 그러므로 공자 이후의 유학자들의 연구결과의 진리성은 일차질서에 대한 이론체계로서의 공맹의 이론체계에서 확보된다는 점에서 오늘날 서양철학자들이 대전제의 진리성 자체를 개별학문들로부터 확보하려고 하는 것과 같다.

오늘날의 성리학을 연구하는 사람들이 단순하게 언어분석적인 방법만을 통하여 학문을 하면 아무리 퇴율의 성리학을 연구하여도 그들의 차원에 이를 수 없을 뿐만 아니라 공자가 제시한 이상적 인격체인 군자가 될 수 없다. 다시 말하면 이차질서에 관한 연구를 아무리 진행하여도 학문과 자신의 차원은 별개의 존재가 되어 학문과 실천, 학문과 삶이 일치될 수 없다. 뿐만 아니라 보다 근본적인 문제는 자신이 학문하는 내용에 대하여 진리성을 확보할 수 없다는데 있다. 그러면 이 문제를 앞에서 살펴본 경학사, 유학사를 중심으로 좀 더 구체적으로 살펴보자.

유학사를 통하여 유학의 흐름을 살펴보면 학문을 하는 주체인 나와 세상 자체 그리고 세상에 대한 언급으로서의 선현先賢들의 연구 성과를 중심으로 이해할 수 있다. 오늘의 내가 선현들의 연구 성과를 연구하는 것은 세계 자체에 대하여 직접 만나는 것이 아니라 다른 사람의 연구 성과를 바탕으로 이루어지는 간접적인 접촉에 불과하다.

그런데 『논어』를 비롯하여 『주역』 그리고 여러 유가의 전적들을 보면 언어와 문자로 표현된 내용을 배우는 것은 학문의 시작일 뿐으로 반드시 그것을 스스로 체득體得할 것을 요구하고 있다. 그것은 유가철학에서 제시하는 학문의 방법상 언어분석적인 방법은 학문의 일부과정일 뿐 전체가 아님을 뜻한다.

『논어』에서는 "널리 문장을 배워서 예禮로 묶는다."[17]고 하여 배움의 내용을 자신의 본래성과 일체화시켜서 체득함으로써 자신의 주체성을 세우는 것을 학문으로 정의하였으며, 『주역』에서도 "배워서 이치를 내면화하고 스스로 물어서 변별한다."[18]고 하여 배움을 통하여 익힌 이치를 내면화하여 본래성을 체득하고, "관유寬裕함으로 살며, 인仁으로 행한다."[19]고 하여 인仁과 예禮라는 본래성을 주체로 하여 그것을 실천해야함을 밝히고 있다. 또한 "군자는 덕을 쌓고 왕천하王天下의 사업을 닦는 사람으로 충신忠信을 통하여 덕德을 향상시키고 경전의 말씀을 닦아서 성誠을 세운다."[20]고 하여 글을 통하여 자신의 주체성을 체득하여 덕을 쌓는 일을 학문의 내용으로 밝히고 있다.

---

17) 『論語』 雍也, "子曰 君子博學於文, 約之以禮, 亦可以弗畔矣夫!"

18) 『周易』 重天乾卦 文言, "君子 學以聚之, 問以辯之,"

19) 『周易』 重天乾卦 文言, "寬以居之, 仁以行之."

20) 『周易』 重天乾卦 文言, "子曰 君子 進德脩業 忠信所以進德也, 脩辭立其誠 所以居業也."

『논어』에서는 학문을 자신과 남을 중심으로 나타내어 자신을 닦는 수기修己와 그것을 바탕으로 남을 행복하게 해주는 안인安人으로 밝히고 그것을 이상적 인격체인 군자의 삶으로 규정하고 있다. 『대학』에서도 자신의 본래성을 자각하고 그것을 천하에 펼쳐서 모든 존재가 지선에 머물게 하는 것을 군자의 삶으로 제기하고 있다.

앞에서 살펴본 바와 같이 공자가 제시한 학문의 방법은 다른 사람의 주장을 대상으로 언어분석인 방법을 통하여 이론체계가 논리적인 정합성을 갖는지, 나타내고자 하는 내용이 무엇인지를 살펴보는 것으로부터 시작하여 그것을 통하여 학문을 하는 주체인 자신이 어떤 존재인가를 알고 자신의 정체성에 합당하게 인간답게 살아가는 것이다. 다시 말하면 공자의 글을 통하여 그 속에 담긴 군자의 도로서의 수기안인이 무엇인지를 파악하는 것으로부터 시작하여 자신이 수기修己하여 본성本性을 자각하고 더불어 천명天命을 자각하여 그것을 봉행함으로써 안인安人하여 군자의 도를 실천하는 것이 유가철학에서 제시하는 학문의 내용이자 방법이다.[21)]

그런 점에서 보면 공자 이후 오늘날에 이르기까지 많은 유학자들이 자신이 공자의 학문을 계승하였을 뿐만 아니라 자신의 이론체계가 정통이라고 주장할지라도 누가 공자의 학문을 계승하였고 어떤 것이 정통인가는 그가 제시한 이론체계에 있는 것이 아니라 공자가 제시한 학문의 방법을 통하여 이상적 인격체인 군자의 경지境地에 오른 사람이 정통이고 공자의 계승자이다. 만약 공자가 제시한 이상적 인격체인 군자의 덕을 갖추지 못하였다면 그가 아무리 공자를 비롯하여 선현先賢들의 이론을 잘 알고 자신의 이론체계를 정교하게 세웠어도 모두 사사私事로운 욕심을 나타낸 것에 불과하다.

예나 지금이나 학문을 하는 사람들을 보면 겉으로는 학문을 한다고 말하지만 진정한 의미의 학문을 하는 사람은 많지 않다. 더구나 오늘날 유

---

21) 『논어』에서 제시하고 있는 학문의 정의와 방법의 구체적인 내용인 이 책의 제삼부에서 밝히고자 한다.

가철학을 하는 사람들은 학문을 일종의 직업으로 생각한다. 학문은 인간이면 누구나 해야 할 삶 자체이다. 왜냐하면 인간은 학문을 통하여 진화하는 존재로 그것이 인간의 특성이기 때문이다. 그러므로 학문이 근본이며, 삶은 이차적인 문제이다. 따라서 인간은 한 순간을 살더라도 학문을 해야 한다. 반면에 직업은 물리적 생명을 위하여 필요한 것이다. 그렇기 때문에 학문을 직업으로 여기는 것은 근본根本과 지말支末이 뒤바뀐 생각이다.

공자가 "아침에 도를 들으면 저녁에 죽어도 좋다."[22]고 말하고 "군자는 도를 도모할 뿐 음식을 도모하지 않는다."[23]고 말한 까닭은 인간은 물리적인 생명을 연장하기 위하여 존재하는 것이 아니라 형이상적 생명으로서의 본성을 구현하기 위하여 살아가는 존재임을 밝히고자 한 것이다. 맹자가 "천작天爵을 닦은 후에 인작人爵을 찾아라."[24]고 말한 것도 인간의 물리적 생명이 근본이 아니라 형이상적 생명으로서의 본성이 근본이기 때문이다.

형이상적 생명을 탐구대상으로 하는 학문이 유가철학이다. 그렇기 때문에 유학을 통하여 자신이 어떤 존재이며, 어떻게 살아야할 것인지를 추구하는 것은 옳다. 그러나 오직 유가철학만이 정통이고 불가佛家와 도가道家와 같은 사상은 이단異端이라거나 그밖에 서양의 기독교나 서양철학 역시 정통이 아니라거나 그 한계가 있다고 한다면 그것도 역시 그릇된 사고이다.

학문의 결과는 다양한 개념들을 통하여 다양한 이론체계로 나타나지만 세계 자체는 그 어느 것도 아니다. 본래 이 세상은 이理와 기氣의 세

---

22) 『論語』 里仁, "子曰 朝聞道, 夕死可矣."

23) 『論語』 衛靈公, "子曰 君子謀道不謀食. 耕也, 餒在其中矣, 學也, 祿在其中矣. 君子憂道不憂貧."

24) 『孟子』 告子章句上, "孟子曰 有天爵者, 有人爵者. 仁義忠信, 樂善不倦, 此天爵也, 公卿大夫, 此人爵也. 古之人修其天爵, 而人爵從之. 今之人修其天爵, 以要人爵, 既得人爵, 而棄其天爵, 則或之甚者也, 終亦必亡而已矣."

계도 아니고 양지良知의 세계도 아니다. 유학의 세계만도 아니고 불교의 세계만도 아니며, 노장이나 기독교의 세계만도 아니다. 과학의 세계만도 아니고 종교의 세계만도 아니다. 그렇기 때문에 다양한 관점에서 다양한 방법으로 나타낼 수 있는 것이다.

지도地圖가 그대로 현지現地가 아니듯이 학문의 모든 이론체계는 단지 이론체계일 뿐 세계 자체가 아니다. 지도는 오직 그것을 통하여 현지에 도달할 때 비로소 그 가치가 드러난다. 유가철학이라는 학문을 통하여 인간으로서의 내가 어떤 존재인지를 깨닫고 인간답게 살아갈 때 비로소 유가철학이라는 학문의 존재의의가 드러날 뿐만 아니라 그것이 바로 진정한 의미의 학문함이다.

왜 동양철학의 특성을 서양철학과 구분하여 언행일치言行一致, 학행일치學行一致, 지행일치知行一致라고 하였겠는가? 유학철학의 특성이 왜 현실을 벗어나지 않는다고 하였겠는가?

유가철학을 하고자 하는 사람이라면 유가철학에서 제시하는 이상적 인격체인 군자가 되려는 뜻을 세워야 한다. 유가철학을 하려면 자신이 어떤 존재인지를 알고자하는 진지함이 있어야하고, 자신을 버려서 세상을 구하고자 하는 어진 마음이 있어야하며, 자신의 뜻을 반드시 이루고자하는 간절懇切하고 순수純粹한 마음이 있어야하며, 어떤 상황에 처하여서도 학문을 위하여 매진할 수 있는 사람, 학문을 위하여 자신의 목숨마저도 버릴 수 있는 용기가 있는 사람이라야 유가철학을 할 수 있는 자격을 갖춘 사람이라고 할 수 있다.

한때 우리나라에서 인문학이 위기에 처했다는 목소리들이 터져 나온 때가 있었다. 인문학을 연구하는 사람들은 하나같이 인문학의 위기가 인문학의 가치를 모르고 인문학을 하는 사람들을 존중할 줄 모르는 세상 때문에 발생했다고 하였다. 오늘날 유가철학을 하는 사람들 역시 같은 생각을 하고 있다. 요즈음 사람들은 유가철학을 하는 사람들을 버려야할 구시대의 유물遺物을 붙들고 넋두리 하는 사람들로 생각한다. 유학을 하는 사람들 역시 세상을 향하여 그들이 자신들의 생각을 바꾸기를 바라고 있다.

그러나 인문학이든 철학이든 유학이든 학문을 하는 사람의 문제이지 세상이나 학문이 문제를 안고 있는 것이 아니다. 유학儒學에서 제시하고 있는 이상적인 삶을 스스로 살아감으로써 세상 사람들로 하여금 변화하도록 하는 것이 유학을 하는 사람의 사명使命이자 존재의의이다.

유학儒學에서는 먼저 수기修己한 후에 안인安人하라고 하여 자신이 먼저 도덕적인 존재로 변화한 후에 세상으로 하여금 자신을 본받아서 변화하도록 하라고 하였지 자신은 변화하지 않고 남들로 하여금 변화하고 세상을 변화시키라고 하지 않았다.

오늘날 유가철학을 하는 사람 가운데 공자처럼 치열하게 자신을 알고 천天을 알아서 인간답게 살려고 노력하는 사람이 과연 몇 명이나 있을까? 참으로 맹자처럼 목숨을 버려서라도 유학儒學을 하고자하는 열정과 사명의식을 갖고 유학을 하는 사람이 있는가? 아니면 조선朝鮮 시대의 유학자들처럼 몸소 유학을 실천하고자 하는 용기와 당당함을 가지고 유학을 하는 사람이 있는가?

사실 공자가 밝힌 유가철학에서는 본래 세계가 이미 회통會通되어 있고, 합덕合德되어 있으며, 정신문화와 물질문명이 조화調和를 이루고, 형이상과 형이하가 일체이며, 인간의 심성내면과 외면이 하나임을 밝히고 있다. 그것이 바로 앞에서 살펴본 이연已然의 천인합일天人合一이다.

그러나 천인합일의 다른 면, 다시 말하면 이연의 천인합일에 대응하는 응연應然의 천인합일이 있다. 응연應然의 천인합일은 이연의 천인합일의 나타남으로 이연의 천인합일이 바탕이 되어 응연의 천인합일이 이루어진다. 따라서 양자는 일체적이면서 구분되어지는 관계라고 할 수 있다.

응연의 합일과 이연의 합일의 관계는 그대로 천인天人의 관계로 드러난다. 현상적 측면에서 보면 인간은 인간으로서의 할 일이 있고, 하늘은 하늘로서의 할 일이 있어서 인간이 하늘의 일을 할 수 없고, 하늘이 인간의 일을 할 수 없다. 그렇기 때문에 각각 해야 할 일을 해야 한다. 그런 점에서 인간으로서 마땅히 이루어야할 천인합일, 회통과 합덕이 문제가 되는 것이다.

형이상과 형이하, 인간이 심성 내면과 외면을 회통하여 합덕시키는 것은 학문의 방법과 관련된 문제이다. 『논어』에서는 학문을 통하여 형이하의 세계에서 형이상의 세계에 도달하는 것을 하학이상달下學而上達[25]로 규정하였다. 그리고 『맹자』에서는 하학이상달下學而上達을 본성과 천도를 중심으로 마음을 다하여 본성을 알고, 본성을 앎으로써 천天을 안다고 하였다.[26] 이는 인간 주체를 중심으로 형이하의 세계로부터 형이상의 세계에 도달하는 방법을 나타낸 것이라고 할 수 있다.

『주역』에서도 천도天道가 인간의 본래성으로 주체화하였음[27]을 밝히고 있을 뿐만 아니라 완전한 존재로서의 본성을 보존하고 보존하는 것이 도의道義의 세계에 들어가는 문[28]이라고 하여 본성을 주체로 형이상의 근원적 세계에 도달하는 동시에 형이하의 만물의 세계에 도달함을 밝히고 있다.

『중용』에서는 사물과 인간의 관계를 본성을 중심으로 밝히고 있다. 즉 본성의 내용인 인성仁性이 사람을 완성시키는 원리이며, 지성智性이 사물을 완성시키는 원리라고 하고 양자가 곧 성性의 덕德임을 밝히면서 그것이 바로 내외를 합덕시키는 원리[29]라고 하였다. 따라서 인간의 본성을

---

25) 『論語』 憲問, “子曰 莫我知也夫! 子貢曰, “何爲其莫知子也?” 子曰, “不怨天, 不尤人, 下學而上達. 知我者其天乎!”

26) 『孟子』 盡心章句上, “孟子曰 盡其心者, 知其性也. 知其性, 則知天矣. 存其心, 養其性, 所以事天也. 殀壽不貳, 修身以俟之, 所以立命也.”

27) 『周易』 繫辭上篇 第五章, “一陰一陽之謂道. 繼之者善也, 成之者性也. 仁者見之謂之仁, 知者見之謂之知, 百姓日用而不知, 故君子之道鮮矣.”

28) 『周易』 繫辭上篇 第七章, “子曰 易其至矣乎! 夫易 聖人所以崇德而廣業也. 知崇禮卑, 崇效天, 卑法地. 天地設位, 而易行乎其中矣. 成性存存, 道義之門.”

29) 『中庸章句』 第二十五章, “誠者 非自成己而已也 所以成物也 成己仁也 成物知也 性之德也 合內外之道也 故 時措之宜也.”

중심으로 내면과 외면을 합덕시킬 수 있다.

형이상과 형이하의 회통과 합덕이 본성을 중심으로 이루어지며, 인간의 내면과 외면의 사물이 회통하여 합덕하는 것도 본성을 중심으로 이루어진다. 따라서 현대라는 시대의 시의성에 합당하는 유학의 연구방향과 방법은 자신의 본성을 바탕으로 그 존재근거인 천지의 본성과 사물의 관계를 종합적으로 밝히는 것이 필요하다. 그러면 오늘날 우리가 경전을 연구하는 방법은 구체적으로 무엇인가?

유가의 경전 가운데서 공자의 생각을 가장 잘 드러내고 있는 전적이 『논어』이다. 『논어』의 특징은 천天과 인人을 구분하여 인간의 세계, 인간으로서의 마땅히 해야 할 일을 밝히면서도 그 존재근거인 천天을 언제나 앞세우고 있다. 천인합일天人合一을 추구하면서도 천天과 인人을 구분하여 각자의 정체성을 확고하게 제시하고 있는 것이 『논어』인 것이다.

오늘날 우리가 목표로 해야 할 과제는 여전히 천인합일이다. 그것이 이미 밝힌 바와 같이 회통과 합덕이 절실하게 필요한 시대적 요청의 구체적인 내용이다. 사실 언제나 인간의 삶의 목표는 천인합일이다. 다만 오늘날 그것이 더욱 절실한 까닭은 인간이 자신의 정체성을 상실하고 천과 자신을 동일시하는 지경에 이르렀기 때문이다.

천인합일은 인간이 자신의 존재근거인 천을 알고 천에 의하여 살아감으로 그것은 곧 자신의 한계와 역할을 분명하게 인식하고 그 범위를 벗어나지 않음을 뜻한다. 오늘날의 인간은 자신이 신神인양 착각錯覺을 하고 세상을 지배와 복종의 불평등의 세계로 만들었을 뿐만 아니라 인간 이외의 다른 존재를 마치 자신의 소유인양 지배하려 들고 있다. 그 결과 이 세상이 마치 오직 인간의 세상인 것으로 착각하게 되었다.

인간은 물리적 세계를 벗어날 수 없을 뿐만 아니라 시간적 세계도 벗어날 수 없다. 인간은 끊임없는 생사生死의 반복 속에서 자신의 삶을 살아야 한다. 다시 말하면 자신의 몸속에 갇혀서 밖으로 나가지 못하고 평생을 살 뿐만 아니라 대기권大氣圈이라는 울타리에 갇혀서 평생을 벗어나지 못하고 살아가는 것이 인간의 삶이다.

인간이 비록 과학의 발달에 힘입어서 우주선을 타고 달나라에 가기도 하지만 이 우주가 아닌 다른 우주로 가는 일은 아직은 생각에서나 가능한 일일 뿐이다. 그럼에도 불구하고 겨우 이 세상을 바라볼 수 있는 작은 안목으로 우물 안의 개구리가 되어 골목대장처럼 다른 사람위에 군림하고 동물이나 식물 또는 무생물들을 지배하는 것이 당연한 일인 것처럼 착각하고 살아간다.

이제 인간은 단지 하나의 피조물에 불과함에도 불구하고 마치 자신이 제일第一원인原因인양 착각하는 아집我執과 미망迷妄에서 벗어나서 인간답게 살아야 한다. 『논어』에서는 인간이라고 불리는 존재가 그 이름에 걸맞게 인간답게 살아가는 것을 정명正名[30]으로 규정하고 있다. 그 이름에 맞는다는 것은 그 이름과 부합한다는 것으로 인간이 자신을 신神으로 착각하거나 동물로 착각하지 않고 인간으로 살아감을 뜻한다.

정명正名된 삶을 살아가기 위해서는 자신의 정체성整體性을 올바로 파악할 수 있는 지혜가 열려야 한다. 지혜와 덕德이 천지, 일월, 사시四時, 귀신鬼神과 함께 할 수 있어야 비로소 천도天道에 따라서 인사人事에 응하는 이상적인 삶을 살아갈 수 있다. 그것은 천天과 내가 본래 일체적 존재이면서도 각각 구분되는 존재임을 알고 그렇게 살아감을 뜻한다. 그것이 이른바 천인합일의 내용이다.

인간 자신은 비록 천지의 본성을 본성으로 할지라도 스스로가 어떤 존재인지를 알 수 없다. 왜냐하면 몸이라는 시공상의 점유물을 갖고 있고, 몸에는 각각 살아온 경력으로서의 업業이 각 세포마다 덕지덕지 붙어 있어서 스스로 몸을 벗어날 수도 없고 공기주머니인 지구도 벗어날 수 없기 때문이다. 사고가 자신의 몸도 벗어날 수 없는데 어떻게 우주의 끝을 알며, 시간의 태초를 알 수 있겠는가?

---

30) 『論語』 顔淵, "齊景公問政於孔子 孔子對曰 君君, 臣臣, 父父, 子子 公曰 善哉! 信如君不君, 臣不臣, 父不父, 子不子, 雖有粟, 吾得而食諸?"

인간은 자신보다 높은 차원의 존재로부터 가르침을 받아야 비로소 자신이 어떤 존재인지를 알고 그것을 추구하게 된다. 『주역』에서는 인간을 천天에 근본을 둔 사람과 지地에 근본을 둔 사람으로 구분하여 나타내고 있다.[31] 천天에 근본을 둔 사람을 성인聖人이라고 하고, 지地에 근본을 둔 사람을 그 이상적 상태를 가리켜서 군자라고 한다.

성인은 생각하지 않아도 진리를 얻고 힘쓰지 않아도 시의성에 적중하여 종용하게 도道와 일체하게 된다.[32] 그렇기 때문에 성인을 태어나면서부터 아는 존재라고 표현하기도 하였다.[33] 『논어』에서 언급한 생각하는 바를 좇아서 행하여도 법도에 어긋나지 않음[34]은 바로 이러한 사람의 상태를 나타내는 것이다.

반면에 군자는 성인이 제시한 선善을 택하여 견고堅固하게 지켜야할 사람[35]이다. 그는 성인의 가르침을 통하여 배움으로써 비로소 자신이 어떤 존재인지를 알게 된다. 그는 성인을 스승으로 하여 학문함으로써 자신을 닦아서 주체성을 세우고 그것을 바탕으로 다른 사람을 행복하게 해야 할 존재이다. 그렇기 때문에 그의 삶은 언제 시작하여 언제 끝이 날지도 모르면서 자신의 삶이 본성에 어긋나지 않도록 마치 얇은 얼음을 밟고 있듯이 항상 전전긍긍하며 살아야 한다.

일반적으로 지칭하는 인간이라는 존재는 땅에 근본을 둔 존재이다. 반면에 천상에 속하는 성인은 본래 시공을 초월할 뿐만 아니라 오욕五慾과 칠정七情을 벗어난 존재이다. 그는 시공상을 점유하는 몸이 없기 때문에

---

31) 『周易』 重天乾卦, "九五曰 飛龍在天, 利見大人 何謂也? 子曰 同聲相應, 同氣相求, 水流濕, 火就燥, 雲從龍, 風從虎, 聖人作而萬物覩, 本乎天者親上, 本乎地者親下, 則各從其類也."

32) 『中庸章句』 第二十章, "誠者 天之道也 誠之者 人之道也 誠者 不勉而中 不思而得 從容中道 聖人也"

33) 『中庸章句』 第二十章, "或生而知之 或學而知之 或困而知之 及其知之 一也 或安而行之 或利而行之 或勉强 而行之 及其成功 一也"

34) 『論語』 爲政, "七十而從心所欲, 不踰矩."

35) 『中庸章句』 第二十章, "誠之者 擇善而固執之者也"

생사生死의 윤회輪廻를 벗어나서 영원한 존재이다. 그러한 존재가 인간들을 가르치기 위하여 인간의 몸을 빌어서 인간 세상에 내려온 것이다. 그렇기 때문에 성인은 하늘로부터 내려온다고 표현한다.[36)]

성인이라는 천상의 존재로부터의 가르침을 통하여 비로소 인간이 자신이 어떤 존재이며, 어떻게 살 것인가를 알 수 있기 때문에 천지의 본성을 자각하는 것이 인간의 본성을 아는 것이 된다. 『맹자』에서 본성을 알면 천을 안다[37)]고 한 것이나 『논어』에서 천명을 알아야 비로소 인간다운 인간인 군자가 될 수 있다[38)]는 것 그리고 『중용』에서 천명을 일러서 인간의 본성이라고 규정한 것[39)]이 모두 인간의 존재근거가 천天에 있음과 더불어 천天의 본성을 아는 것이 지혜로움임을 나타낸 것이다.

『주역』에서는 천지天地의 본성을 아는 것을 신명神明의 덕德에 통하는 것[40)]으로 규정하고 있다. 신명은 예로부터 막연하게 천상天上의 존재를 가리키는 개념으로 사용하여 왔다. 하늘과 땅의 신들 또는 우주를 주관하는 신령神靈이라는 의미로 사용되기도 하고, 인간의 마음과 관련하여 생명활동의 기능, 정신의식과 사유 활동을 일컫는 말로 사용되었다. 『주역』에서는 신명이라는 개념을 성인을 가리키는 말로 사용하고 있다. 선천先天에 신명이라는 천상의 존재가 인간을 교화하기 위하여 인간 세상에 인간의 모습으로 내려온 것을 성인이라고 부르는 것이다.

유가 철학이나 도가 철학 또는 불가 철학에서는 성인을 중심으로 그가 밝힌 도道의 전수계통을 중심으로 성통聖統을 논하고 있다. 『주역』을 비롯하여 유가의 모든 전적에서 성인의 도의 전수계통을 성인을 중심으로

---

36) 金恒, 『正易』 第二張, "天地之理는 三元이니라. 元降聖人하시고 示之神物하시니 乃圖乃書로다."

37) 『孟子』 盡心章句上, "孟子曰 盡其心者, 知其性也. 知其性, 則知天矣. 存其心, 養其性, 所以事天也. 殀壽不貳, 修身以俟之, 所以立命也."

38) 『論語』 堯曰, "孔子曰 不知命, 無以爲君子也"

39) 『中庸章句』 第一張, "天命之謂性"

40) 『周易』 繫辭下, "子曰 乾坤 其易之門邪 乾陽物也 坤陰物也 陰陽合德而剛柔有體 以體天地之撰 以通神明之德."

밝히고 있다. 그리고 불가 철학에서는 부처로부터 전하여지는 불도의 전승 계통을 밝히고 있다. 그러면서 성통을 중심으로 서로 자가의 가르침이 정통임을 주장하고 있다.

신명의 입장에서 보면 그들이 속한 천상天上이 어디냐에 따라서 달라질 뿐 우주 자체가 다른 것이 아니다. 그렇기 때문에 사람들이 성통聖統을 중심으로 정통과 이단을 논하는 것은 마치 사람들이 어떤 파의 족보만이 옳고 다른 성씨, 다른 파의 족보는 그르다고 주장하는 것과 같다. 성씨와 파가 다르다고 하여 인간이 아니며, 다른 우주에서 사는 것은 아니지 않는가.

인간이 땅을 딛고 살아가면서 의식이 지구에 갇히고 몸에 갇혀서 한 순간도 벗어나지 못하다가 천상의 존재인 신명이 내려와서 성인이라는 스승이 되어 가르침을 베풀었을 때 비로소 인간이 윤회를 반복하면서 영생을 누리는 존재임을 알고 의식이 생사의 구속에서 벗어나서 자유로워지면서 무지無知, 무심無心, 무아無我의 세계에 도달했을 때 그것은 그에게 새로운 세계가 열리는 것이다.

인간이 자신의 정체성을 파악하고 그 위상에 걸맞은 지혜를 갖추어 살게 되는 것은 곧 사람에게 있어서는 커다란 변화이다. 지혜를 깨닫기 이전의 삶의 태도와 지혜를 갖춘 이후의 삶의 태도는 180도 다르다. 그러므로 인간의 삶은 자신이 어떤 존재인가를 알아서 삶의 태도를 바꾸는 변화에 그 요점이 있다. 그것을 일러 진화라고도 하고, 성장하였다고도 하고, 철이 들었다고도 하고, 비로소 사람이 되었다(成人)고도 한다. 이처럼 성인, 신명의 가르침을 통하여 자신이 어떤 존재인가를 알고 인간답게 살아가는 존재를 군자라고 한다.

사람의 삶이 질적으로 바뀌는 변화는 우주 자체의 변화와 함께하는 것으로 그것을 역학易學에서는 선천에서 후천으로 변화하는 선후천변화[41]

---

41) 先天과 后天은 宇宙를 시간적 관점에서 두 마디로 구분하여 나타낸 것으로 先天은 앞의 세계를 그리고 후천은 뒤의 세계를 나타낸다. 이는 과거와 미

라고 한다. 인간에게 있어서 선후천 변화는 세계를 바라보는 자신의 안목을 바꾸는 것이다. 그것은 세상을 바라보는 안목이 육안肉眼에서 심안心眼을 거쳐서 혜안慧眼, 도안道眼으로 진화하였음을 뜻한다.

『주역周易』에서는 "건도乾道가 변화하면 각각 성명性命이 바르게 된다."[42]고 하였다. 여기서 건도는 글자그대로 천도天道를 나타낸다. 천도가 변화하기 때문에 그에 따라서 인간의 삶의 방식도 변화해야한다. 그것이 바로 인간의 본질인 성명에 그대로 맞는 정성명正性命이다. 정성명은 달리 말하면 정명正名이 된다. 인간이라는 이름을 가진 존재의 본성을 나타내는 개념이 바로 성명이다. 그러므로 정성명은 곧 정명이다.

그런데 건도, 천도의 변화를 인간의 입장에서 이해하면 생각의 패턴, 사고의 패턴을 바꿈을 뜻한다. 개체적 사고, 형이하적 사고, 형이상적 사고, 전체적 사고의 어느 일면에 치우쳤던 사고를 버리고 양면에 다 밝으면서도 그 어느 일면에서 얽매여 집착이 없는 상태가 바로 그것이다.

형이하나 형이상의 어느 일면에 집착이 없을 때 비로소 인간이 인간답게 살아갈 수 있게 된다. 그것을 『논어』에서는 집중執中과 중용中庸[43]으로 표현하고 있다. 집중은 본체의 상태로 어느 일면에도 걸림이 없는 상태로 그것은 인간이 자신의 본성을 주체로 했을 때이다. 그것은 또한 자신의 존재근거인 천도를 본성으로 삼았을 때 곧 천도를 자신의 주체성으로 확립하였을 때를 가리킨다.

반면에 중용은 집중을 작용의 측면에서 나타낸 것이다. 천도를 주체로

래와 상응하는 개념이라고 할 수 있으나 과거와 미래가 단순하게 시간의 관점인 것과 달리 天을 중심으로 나타내고 있는 점에서 차이가 있다. 『정역』에서는 先天을 閏曆의 시대로 그리고 后天을 陰陽의 曆이 合德된 中正曆으로서의 正曆의 세계로 규정하고 있다.

42) 『周易』 重天乾卦 彖辭, "乾道變化 各正性命"

43) 『논어』의 요왈에서는 "天之曆數在爾躬 允執其中. 四海困窮, 天祿永終."라고 하여 군자가 먼저 해야 할 자기 주체성을 확립하는 문제를 집중으로 제시하고 있고, 雍也에서는 "子曰 中庸之爲德也 其至矣乎 民鮮久矣."라고 하였으며, 子路에서는 "子曰 不得中行而與之 必也狂狷乎 狂者進取 狷者有所不爲也."라고 하여 中庸이 실천의 근본원리임을 밝히고 있다.

하였을 때 시의성에 적중한 언행이 된다. 그리고 본성이 그대로 드러난 성의誠意가 되고, 정심正心이 된다. 그것을 그대로 시공 상에서 드러내면 제가齊家가 되고, 치국治國이 되며, 평천하平天下가 된다.

경전의 연구 방법이란 도를 연구하는 방법 곧 학문하는 방법인 동시에 삶을 영위하는 방법이다. 그러므로 경전의 연구방법 역시 집중과 중용이라고 하지 않을 수 없다. 집중은 삶의 측면에서는 인간으로서의 자신의 정체성을 파악할 수 있는 지혜를 갖추어서 형이상과 형이하, 천상과 인간 이하의 모든 존재에 대하여 어느 일면에도 걸림이 없음을 나타내며, 학문의 방법의 측면에서 대상화된 성인의 가르침을 자신의 심성 내면으로 주체화하여 본성의 차원에서 자각함이라고 할 수 있다.

반면에 중용은 삶의 측면에서는 천상의 존재인 신명의 삶과도 다르고 인간 이하의 생물과 무생물의 삶과도 달리 오직 인간답게 살아가는 것이 중용으로 그것이 다름 아닌 정명이다. 그리고 언행의 측면에서는 시의성에 적중하는 언행을 실천하는 것이 바로 중용이다. 학문의 방법의 측면에서는 모든 이론체계를 형이상과 형이하의 측면에서 같음과 다름을 동시에 보고 그 어느 일면에도 걸림이 없어서 모든 존재의 그 가치를 드러내어 밝힘을 뜻한다.

형이상과 형이하, 집중과 중용, 같음과 다름(同而異), 정성명正性命과 같은 다양한 개념을 하나로 나타내면 곧 천天과 인人이 하나가 된 천인합일天人合一의 상태가 된다. 천인합일을 형形을 중심으로 상하의 구조를 통하여 나타낸 것이 형이상과 형이하이며, 중도를 중심으로 본체와 작용의 측면에서 나타낸 것이 집중執中과 중용中庸이고, 형상을 중심으로 형이상과 형이하의 특성을 나타낸 것이 동同과 이異이며, 각각의 본성을 중심으로 나타낸 것이 정성명正性命이다.

그 밖에 유가儒家의 전적들을 통하여 제시되고 있는 수많은 개념들뿐만 아니라 불가佛家와 도가道家의 이론체계 안에서 사용되고 있는 개념들도 결국은 천인합일天人合一이라는 대명제로 집약하여 이해할 수 있다. 그것은 유가의 이론 체계 안에 다른 사상들을 포괄할 수 있기 때문에 유가가 최고라는 의미가 아니라 그 어떤 사상이나 이론체계를 막론하고 각각의 관점에서는 나름의 존재의의가 있음을 전제로 말하는 것이다. 물론 그런 점에서 보면 유가만이 정통이고 다른 사상은 이단異端이라거나 불가만이 정통이고 다른 사상은 이단이라는 주장마저도 나름의 의의가 있다.

제이부

『정역正易』과 『논어』

- 제이부 -

『정역正易』과 『논어』

앞에서 살펴본 바와 같이 오늘날은 물질문명이 고도로 발달한 반면에 정신문화가 상응하여 발전하지 못한 결과 양자의 부조화不調和가 인간의 삶 전체에 대립對立과 갈등葛藤을 야기惹起하였으며, 양자를 회통하여 합덕하는 것이 시대적 요청으로 삼경과 사서를 비롯한 유가 전적에서 밝히고 있는 방법은 집중과 중용임을 살펴보았다.

정신문화와 물질문명의 합덕은 형이상과 형이하, 인간의 심성 내면과 외면의 회통과 합덕을 뜻한다. 그런데 양자의 합덕은 형이상의 측면에서는 이미 이루어진 것이라고 할 수 있다. 왜냐하면 형이상의 측면에서 보면 본래 모든 사람의 본성이 동일할 뿐만 아니라 만물의 본성 역시 사람의 본성과 같기 때문이다.

오늘날의 경학 역시 과거의 다양한 이론체계를 회통하여 합덕하는 것이 필요하다. 그것은 새로운 이론체계를 통한 합덕이 아니라 경학을 연구하는 사람이 자신의 본성을 자각하고 천도를 자각함으로써 인간의 본성을 매개로 하여 이미 모든 존재가 합덕되고 회통되어 있음을 확인하고 그러한 차원에서 경전을 재해석하여 경전이 현대에도 의미를 갖도록 생명을 부여하는 동시에 다른 사람으로 하여금 그러한 세계로 가도록 안내

하여주는 것이다.

본래 형이상과 형이하, 심성 내면과 외면은 인간의 사고에 의하여 구분한 것이다. 그렇기 때문에 형이상과 형이하를 구분하여 나타내면서도 "형이상의 존재를 일러(謂之) 도道라고 한다."[1]고 하여 인간이 그것을 말한 것임을 밝히고 있다. 이는 회통과 합덕의 문제가 인간 자신의 문제임을 뜻한다.

회통과 합덕은 구체적으로는 인간의 사고와 그 결과로서의 실천의 문제이다. 회통과 합덕이 이루어지지 못한 사고는 실천을 통하여 자신과 남에게 해를 끼치게 된다. 개체적 관점에서 사욕私慾에 의하여 사심私心으로 사고하고 행동하는 것과 본성을 주체로 사고하고 언행言行하는 것은 천양의 차이가 있다.

개체적 관점에서 욕심에 의하여 이루어지는 사고와 언행은 그대로 자신과 남을 구속하는 업業이 되어 몸이라는 감옥에서 벗어나지 못하고 지구라는 감옥에서 벗어나지 못함으로 인하여 끊임없이 갈등과 번민의 고통 속에서 부침하게 만든다.

그러나 본성을 자각하고 그것을 주체로 하여 이루어지는 사고는 형이상形而上과 형이하形而下, 심성 내면과 외면이 회통하여 합덕이 되기 때문에 그 어느 것에도 얽매임이 없어서 자유롭다. 그러므로 그의 삶 자체가 항상 밝아서 근심과 걱정 그리고 두려움이 없을 뿐만 아니라 남도 역시 밝고 자유롭게 한다. 그것이 바로 다른 사람을 평안하게 해주는 안인安人이며, 천하를 도道로 제도하는 것[2]이다. 그렇다면 오로지 회통과 합덕만이 필요한가?

본래 이것과 저것으로 구분하여 나타낼 수 없는 형이상의 세계와 이것과 저것으로 구분하여 나타낼 수 있는 형이하의 세계가 일체이다. 그것은 『주역』에서 "같으면서도 다르다."[3]라고 한 것과 같이 회통과 합덕을

---

1) 『周易』 繫辭上篇 第十二章, "是故 形而上者謂之道, 形而下者謂之器."

2) 『周易』 繫辭上篇 第四章, "知周乎萬物而道濟天下"

전제로 하여 이루어지는 구분이 필요함을 뜻한다.

그런데 형이상의 세계가 근원이 되어 형이하적 세계가 전개된다. 그렇기 때문에 인간이 회통과 합덕된 세계를 전제로 구분된 사고를 하기위해서는 먼저 형이상의 세계에 도달해야 한다. 다시 말하면 형이상적 세계를 바탕으로 형이하의 세계를 향할 때 비로소 회통과 합덕을 전제로 이루어지는 분별의 사고가 가능한 것이다.

인간의 사고가 형이상과 형이하 그 어느 일면에 대하여 과불급過不及이 없음을 집중이라고 하고, 행위가 형이상과 형이하 그 어느 일면에 대하여 과불급이 없는 사고를 바탕으로 이루어지는 것을 중용이라고 한다.

사고는 곧 마음의 작용이고, 마음은 성품의 작용이다. 그러므로 집중은 본성을 주체로 이루어지는 사고로 드러나고, 중용은 본성을 주체로 이루어지는 사고의 결과로 나타나는 언행으로 드러난다. 따라서 집중과 중용을 이루기 위해서는 사고의 전환이 이루어져야 한다.

형이상과 형이하를 연결하는 사다리는 시간과 공간이다. 다시 말하면 인간의 사고를 분별적 사고에서 회통과 합덕의 사고로 변화시킬 수 있는 매개는 공간적 세계의 물건과 시간적 세계의 사건이라는 것이다.

이것과 저것을 구분하는 사고는 물리적 세계, 공간적 세계가 중심이 된 것이다. 물리적 세계, 공간적 세계에 존재하는 물건은 끊임없이 변화한다. 이로부터 물건의 본질을 파악하기 위해서는 시간의 관점에서 시종始終을 중심으로 한 이해가 요청된다. 시종적始終的 사고는 곧 사건 중심의 사고이다. 이처럼 물건 중심의 사고에서 사건 중심의 사고로 전향이 형이상의 근원적 세계를 찾는 관문이 된다.

『대학』에서는 물건과 사건을 중심으로 도道의 세계에 도달하는 방법을 밝히고 있다. 이를 통하여 물질문명과 정신문화 곧 형이상과 형이하, 인간의 심성 내면과 밖의 대상 사물, 천天과 사람이 회통과 합덕할 수 있는 방법을 살펴볼 수 있다.

---

3) 『周易』 火澤睽卦 大象, "君子以 同而異."

이에 제이부에서는 먼저 『대학』에서 밝히고 있는 사건과 물건의 관점에서 도에 이를 수 있는 방법의 고찰을 통하여 회통과 합덕의 방향을 살펴본 후에 『정역』을 중심으로 회통과 합덕의 구체적인 방법을 고찰하기로 한다.

1. 본말本末, 시종始終과 도道

『대학』에서는 대학의 도道를 밝히고 있다. '대학'은 대인이 되는 학문을 가리키는 동시에 대인이 되기 위한 학문을 가르치는 학문 기관을 뜻하기도 한다. 그러나 결국 대인의 학문을 가르치는 학문 기관이 대학이기 때문에 그 내용은 대인의 학문이라고 할 수 있다.

대인의 학문으로서의 대학의 내용은 대인이 되는 길로서의 대인의 도이다. 대인은 소인과 대응하는 개념이다. 맹자는 대체大體를 따르는 사람을 대인大人이라고 하고, 소체小體를 따르는 사람을 소인小人으로 규정하였다.[4]

대체는 사람이면 누구 갖고 있는 선천적이면서도 고유한 성품을 가리키는 개념이며, 소체는 사람의 육신을 가리키는 개념이다. 그러므로 대인은 본성을 주체로 살아가는 사람이며, 소인은 육체를 주체로 살아가는 사람이라고 할 수 있다.

대인[5]은 주어진 천명天命에 따라서 성인과 군자로 구분하여 나타낼

---

4) 『孟子』 告子章句上, "公都子問日 鈞是人也, 或爲大人, 或爲小人, 何也. 孟子日 從其大體爲大人, 從其小體爲小人. 日 鈞是人也, 或從其大體, 或從其小體, 何也 耳目之官不思, 而蔽於物. 物交物. 則引之而已矣. 心之官則思, 思則得之, 不思則不得也. 此天之所與我者. 先立乎其大者, 則其小者不能奪也. 此爲大人而已矣."

5) 대인은 좁은 의미에서는 군자와 상응하는 개념으로 지위를 얻은 성인을 가리킨다. 이는 군자가 지위를 얻은 현인을 가리키는 것과 같다. 그러나 넓은 의미에서는 군자와 지위를 얻은 성인을 함께 지칭하는 개념으로 사용되기도

수 있다. 성인은 천지의 도를 자각하여 그것을 인간의 관점에서 인간의 삶의 길인 인도人道로 천명闡明하는 존재이다. 군자로 하여금 성명에 순응하며 살아가는 것이 바로 사람답게 살아가는 것임을 밝혀주는 존재가 성인인 것이다. 반면에 군자는 성인이 밝힌 사람다운 삶을 실제로 살아가는 존재이다.

『대학』에서는 대인의 도의 내용을 명명덕明明德과 친민親民 그리고 지어지선至於至善으로 나타내고 이어서 명명덕明明德의 과정으로 지지知止, 유정有定, 능정能靜, 능안能安, 능려能慮, 능득能得[6]을 밝히고 이어서 능득能得을 위한 능려能慮의 범주範疇와 방법方法을 밝히고 있다.[7]

『대학』에서 사려를 통한 궁리의 범주와 방법으로 제시하고 있는 내용은 곧 학문의 방법과 범주를 제시한 것이라고 볼 수 있다. 그렇기 때문에 『논어』의 연구를 위해서도 중요한 의미를 갖는다. 먼저 『대학』에서 궁리의 범주와 방법으로 제시하고 있는 내용을 살펴보면 다음과 같다.

> 물건에는 본말本末이 있고, 사건에는 종시終始가 있으니 그 선후先后하는 바를 알면 도道에 가깝다.[8]

위의 내용을 보면 궁리는 물건과 사건을 중심으로 이루어져야함을 알 수 있다. 다만 선후 하는 바를 알아야 도에 가깝다는 것은 물건과 사건의 관계를 알아야 비로소 도의 세계에 도달할 수 있음을 뜻한다.

먼저 물건에는 근본과 지말이 있다고 하였다. 그러면 근본과 지말 가운데서 선후는 무엇인가? 당연히 근본이 선이며, 지말이 후이다. 따라서 물건의 관점에서는 지말로부터 근본에 나아가야함을 알 수 있다. 『주역』

한다. 왜냐하면 진리를 천명하는 존재로서의 성인과 성인이 밝힌 진리를 실천하는 존재인 군자가 일체적 관계이기 때문이다.

6) 朱晦菴 『大學章句』, 經第一章, "知止而后有定 定而后能靜 靜而后能安 安而后能慮 慮而后能得"

7) 그 구체적인 내용은 이현중의 『대학순역』을 참고하기 바란다.

8) 朱晦菴 『大學章句』, 經第一章, "物有本末 事有終始 知所先後 則近道矣"

에서는 모든 존재를 형이상과 형이하로 구분하여 도道와 기器로 나타내고 있다. 이 때 근본은 도이며, 지말은 기이다. 따라서 형이하의 도가 선이며, 형이하의 기는 후임을 알 수 있다.

도를 근본으로 하여 그것을 담고 있는 그릇과 같은 존재, 도가 현현된 존재가 기이다. 이처럼 도를 근본으로 형성된 존재가 만물이다. 그러므로 기는 만물 곧 모든 현상적 존재가 지말이고 그 근본이 도임을 나타내기 위하여 사용한 개념이라고 할 수 있다.

근본과 지말이 선후라는 것은 지말이 근본을 바탕으로 이루어지는 것이기 때문에 근본을 중심으로 지말을 연구하라는 것이다. 우리가 하나의 생명체를 튼튼하게 만들고자 한다면 줄기나 가지 또는 나뭇잎을 아무리 가꾸어도 튼튼해 질 수 없다. 오직 뿌리를 튼튼하게 가꾸었을 때 비로소 줄기와 가지 그리고 잎이 모두 무성하게 된다.

개체적 존재로서의 사람과 전체 세계로서의 천天의 관계 역시 본말의 관계이다. 다시 말하면 개체적 존재의 근본은 일체적 세계로서의 천天이다. 그렇기 때문에 천天의 관점에서 삶을 영위해야 올바른 삶이라고 할 수 있다.

학문 역시 개체적 관점에서 사람의 근본을 찾아가고, 그것을 바탕으로 천天에 이르는 과정을 벗어날 수 없다. 맹자는 "그 마음을 다하면 본성을 알고, 성품을 알면 곧 천天을 안다."[9]고 하였다. 사람의 몸 그리고 사고 작용은 지말이며, 근본은 성품性品이다. 그렇기 때문에 지말인 마음을 통하여 근본인 본성의 세계에 도달하게 되는 것이다.

공간적 관점, 물건적 관점에서 그 근본을 찾았을 때 문제가 되는 것은 그것을 다시 시간적 관점, 사건적 관점에서 이해하여야 한다는 점이다. 다시 말하면 물건과 사건 역시 일체적이면서도 선후관계이다. 그렇기 때문에 양자를 일체적으로 여기는 관점에서 보면 시간적 관점에서의 선후

---

9) 『孟子』 盡心章句上, "孟子曰 盡其心者, 知其性也. 知其性, 則知天矣. 存其心, 養其性, 所以事天也. 殀壽不貳, 修身以俟之, 所以立命也."

를 궁리하는 것을 소홀하게 할 수 있다. 『대학』에서 먼저 물건을 언급하고 이어서 사건을 언급한 까닭도 여기에 있다.

물건적 관점에서 근본과 지말은 사건적 관점에서는 시종始終이 된다. 그것은 다시 말하면 사건의 시종이 물건의 본말로 나타난 것이라고 할 수 있다. 물건적 관점에서 지말로부터 근본을 찾아간다고 할 때 그 근본은 죽어 있는 것이 아니라 다양하게 줄기와 가지 그리고 잎을 내는 살아 있는 존재이다. 그것은 뿌리가 고정되어 있는 것이 아니라 다양하게 변화하여 그 모습을 드러냄을 뜻한다. 그렇기 때문에 물건의 관점에서의 본말을 시간의 관점에서 시종으로 전환하여 이해할 필요가 있다.

시종은 시간적 관점에서 물건을 나타낸 것으로 고정된 물건을 변화하는 과정으로 나타낸 것이라고 할 수 있다. 하나의 사건의 시작은 다른 사건의 끝으로부터 시작이다. 다시 말하면 시종은 종시를 바탕으로 이루어지는 것이다. 그렇기 때문에 『대학』에서 시종을 언급하지 않고 종시를 밝히고 있다.

그런데 본말이 사건의 관점에서는 시종이라고 하였고, 시종은 곧 종시를 바탕으로 이루어진다고 하였다. 이는 근본과 지말이 서로 시초始初가 되고 종말이 되는 일체적 관계임을 뜻한다. 다시 말하면 근본은 항상 근본으로 존재하는 것이 아니라 근본으로부터 시작하여 지말에서 완성되고, 지말에서 다시 시작하여 근본에서 완성되는 것으로 곧 근본과 지말이 일체적 관계인 것이다.

근본과 지말이 일체적 관계라는 것은 근본과 지말이 별개의 존재가 아님을 뜻한다. 다시 말하면 그것은 근본도 없고, 지말도 없음을 뜻한다. 그렇기 때문에 근본으로 표현하기도 하기도 하고, 지말로 표현하기도 하여 양자의 관계가 일체임을 밝히는 것이다. 마찬가지로 시종이 존재하기 위해서는 시종이 없는 종시가 전제되어야 한다. 그러므로 종시와 시종이 둘이 아니라 일체적 존재이다.

시종과 종시를 시간의 관점에서 살펴보면 시종은 시간의 차원이라면 종시는 시간의 존재근거로서의 시간성의 차원이라고 할 수 있다. 유가儒家의 경전인 삼경三經과 사서四書에서는 물리적 시간과 물리적 시간의 존재근거가 되는 형이상적 존재로서의 시간성時間性을 하나의 "시時"라는 개념으로 나타내기도 하고, 양자를 구분하여 "시時"와 "시의時義"로 나타내기도 한다.[10]

형이상과 형이하의 관점에서 보면 근본인 형이상에서 시작하여 지말인 형이하에서 완성되는 시종도 변화하는 사건이며, 지말인 형이하에서 시작하여 근본인 형이상에서 완성되는 시종도 변화하는 사건이다. 『주역』에서는 양자를 모두 생生으로 규정하여 생생生生이라고 하였을 뿐만 아니라 그것을 다시 역易으로 규정하고 있다.[11]

본말과 시종 그리고 종시의 문제를 인간을 중심으로 이해하면 인간의 근본은 본성이며, 마음과 몸은 지말이다. 그러므로 근본인 본성을 아는 것이 학문의 방법으로서의 궁리窮理이다. 그런데 개체적 존재의 성품은 자신의 성품일 뿐만 아니라 모든 존재의 성품이고, 사람의 성품일 뿐만 아니라 천지天地의 성품이다. 그렇기 때문에 맹자는 사람이 자신의 성품을 알면 곧 천의 성품을 안다고 하였다.

만약 자신의 성품만을 알고 그것이 모든 존재의 성품임을 모르면 안 된다. 그렇기 때문에 그것을 확충擴充하는 과정이 필요하다. 나의 성품과 남의 성품이 둘이 아니며, 사람의 성품과 사물의 성품이 둘이 아니고 내 성품과 천지의 성품이 둘이 아니다. 그렇기 때문에 나로부터 시작하여 남을 나처럼 대하고, 사물을 나와 같이 대하며, 천지를 나와 같이 대하는 것이 필요하다. 이처럼 나와 모든 존재가 일체임을 알고 모든 존재를 나와 같이 대하는 실천을 확충擴充이라고 한다.

---

10) 『周易』의 雷地豫卦 彖辭에서는 "豫之時義大矣哉."라고 하여 時義를 언급하고 있고, 澤雷隨卦의 彖辭에서는 "隨時之義大矣哉!"라고 하여 時를 언급하고 있으며, 重水坎卦의 彖辭에서는 "險之時用大矣哉!"라고 하여 時用을 언급하고 있다.

11) 『周易』 繫辭上篇 第五章, "富有之謂大業 日新之謂盛德 生生之謂易"

『논어』에서 수기修己와 더불어 그것을 바탕으로 안인安人할 것을 군자의 도로 제시한 것이나 『주역』에서 천지, 일월, 사시, 귀신과 더불어 덕과 지혜, 차례, 길흉을 함께 하여 선천과 후천을 막론하고 언제나 천과 합일하는 삶을 살아가는 존재를 대인으로 규정한 것 그리고 『중용』에서 군자가 자신의 성품을 다하고 더 나아가서 다른 사람의 성품을 다하며, 사물의 성품을 다하고 더 나아가서 천지의 화육化育에 동참하여 결국 천지와 합일合一하여야 함을 밝히고 있는 것이 모두 확충擴充을 언급한 것이라고 할 수 있다.

그리고 『맹자』에서는 사단의 마음을 확충하여 나의 양친 부모를 대하는 마음을 미루어서 남의 부모도 내 부모처럼 대하는 것으로 시작하여 사해에 가득 차고 천지에 가득하게 해야 한다고 하였으며, 『대학』에서도 자신을 출발점으로 하여 가정과 국가 그리고 천하로 그 외연外延을 넓혀 가는 확충을 군자의 도道로 제시하고 있다.

지금까지 살펴본 내용을 정리하면 공간적 관점에서의 본말과 시간적 관점에서의 시종을 회통하고 합덕할 수 있는 세계는 본성의 세계로 군자가 학문을 통하여 자기를 닦아서 본성을 자각하고 그러한 본성을 주체로 하여 다른 사람, 다른 생명, 다른 우주로 외연外延을 넓혀가면서 회통會通하고 합덕合德하는 것이 군자의 삶의 길인 도道이다.

2. 『정역正易』과 일관지도一貫之道

앞에서 물건적 관점에서 지말로부터 근본을 찾고, 근본을 바탕으로 지말을 이해하는 사고로는 한계가 있으며, 그것을 다시 사건적 관점에서 종말로부터 시초를 찾고, 시초로부터 종말을 찾아서 시종이 일체여서 시종으로 구분하여 나타낼 수 없는 종시의 세계에 도달하는 것이 도道의 세계에 도달하는 방법이며, 그것을 통하여 근본과 지말, 형이상과 형이하, 시초와 종말이 회통과 합덕이 가능함을 살펴보았다.

그런데 군자의 삶 자체가 회통과 합덕을 통한 확충이라고 할 때 회통, 합덕의 세계와 확충의 세계는 둘이 아니다. 그것은 본말과 시종, 종시가 둘이 아닐 뿐만 아니라 근본과 지말, 시초와 종말이 본래 둘이 아님을 뜻한다.

『논어』에서는 회통, 합덕의 세계와 확충의 세계가 둘이 아님을 나타내기 위하여 일관의 도를 언급하고 있다. 형이상과 형이하, 도와 사물의 세계를 언급하면서도 "나의 도는 하나로 꿰어져 있다.(一以貫之)"[12]라고 하여 군자의 도가 모든 현상적 존재를 일관하고 천지를 일관하는 존재임을 밝히고 있다.

『주역』에서는 공간적 관점, 물건적 관점에서 근본과 지말을 일관하는 도와 시간적 관점에서 종말과 시종을 일관하는 도를 언급하고 있다. 공간적 관점에서 세계를 천天과 지地 그리 인人의 삼재三才로 규정하고 삼재를 일관하는 존재가 바로 삼재의 도道임을 밝히고 있다. 삼재의 도의 내용은 천도와 지도 그리고 인도이다.

또한 시간적 관점에서 삼극을 일관하는 존재로서의 삼극三極의 도道를 언급하고 있다. 다만 『주역』에서는 하나의 중괘重卦를 구성하는 육효六爻가 삼재의 도를 표상한다고 하면서도 육효六爻의 변화가 삼극三極의 도道를 표상한다[13]고 하여 삼재의 도와 삼극의 도가 다르지 않음을 밝히고 있을 뿐 삼극의 도의 내용이 무엇인지는 밝히고 있지 않다.

그런데 『대학』에서 밝히고 있는 것과 같이 사건과 물건이 일체적이지만 본말의 관점에서 시종으로 그리고 시종에서 종시로 관점을 변화하는 것이 도의 세계에 나아가는 방법이다. 그러므로 삼재의 도를 이해하기 위해서는 삼극의 도를 이해하여야 함을 알 수 있다. 그것은 삼극의 도를

---

12) 『論語』 衛靈公, "子曰 賜也 女以予爲多學而識之者與 對曰 然非與 曰 非也 予一以貫之."

13) 『周易』 繫辭上篇 第二章, "六爻之動, 三極之道也."

통하여 삼재의 도를 이해함으로써 양자를 모두 이해할 수 있음을 뜻한다.

삼경三經과 사서四書를 비롯하여 중국 유학儒學의 소의所依 경전經典에서는 삼극의 도의 내용을 밝히고 있지 않지 않으나 그 표상체계가 하도河圖와 낙서洛書이고 그것을 구성하는 형식이 천지의 수數임을 밝히고 있다. 그것을 통하여 삼경과 사서를 소의경전으로 하여 형성된 중국 유학의 근본 문제가 천도天道 자체가 아니라 그것을 바탕으로 형성된 인도人道임을 알 수 있다.

공자는 "배워서 천명天命을 자각하면 기쁘지 않겠는가? 벗이 있어서 먼 곳에서 찾아오면 즐겁지 않겠는가? 다른 사람이 알아주지 않아도 화를 내지 않으면 군자가 아니겠는가?"[14] 라고 하여 학문을 통하여 도달해야할 이상적인 인격체가 군자임을 밝히고 있다. 그리고 자로가 군자가 어떤 존재인지를 묻자 "자신을 닦아서 백성들을 편안하게 하는 사람"[15] 이라고 하였다. 이를 통하여 중국 유학의 학문적 탐구 과제가 인도인 군자의 도임을 알 수 있다.

그런데 『논어』에서는 "천天의 역수曆數가 인간의 본래성으로 주체화하였기 때문에 진실로 중도中道를 자각自覺하여 천명天命을 자각自覺하고 그것을 실천하여야 한다. 사해四海가 곤궁困窮하면 천록天祿이 영원히 끊어질 것이다."[16]라고 하였다. 이는 천도가 역수원리이며, 그것이 인간의 본래성으로 주체화하였고, 군자가 학문을 통하여 본성을 자각하고 더불어 천명을 자각하여, 그것을 왕도정치를 통하여 실천해야함을 밝힌 것이다. 다만 실천의 문제를 정치를 중심으로 밝힌 것은 대화의 당사자가 요와 순이라는 통치자이기 때문이다.

---

14) 『論語』 學而, "子曰 學而時習之, 不亦說乎 有朋自遠方來, 不亦樂乎? 人不知而不慍, 不亦君子乎?"

15) 『論語』 憲問, "子路問君子 子曰 脩己以敬 曰 如斯而已乎 曰 脩己以安人 曰 如斯而已乎 曰 脩己以安百姓. 脩己以安百姓, 堯舜其猶病諸?"

16) 『論語』 堯曰, "堯曰 咨 爾舜 天之厤數在爾躬, 允執其中. 四海困窮, 天祿永終."

한국 유학자인 일부一夫 김항金恒에 의하여 저작된 『정역』은 중국 유학의 경전에서 밝힌 신도神道, 천도天道의 내용인 역수원리曆數原理를 천명闡明한 역경易經이다. 『정역』에서는 그 내용을 다음과 같이 요약하여 나타내고 있다.

> 역도易道는 역수원리曆數原理이다. 역수원리가 없다면 성인이 존재할 수 없으며, 성인이 아니면 역학易學이 존재할 수 없다."[17]

위의 내용을 보면 역도가 역수원리이며, 그것에 근거하여 성인이 존재하고, 성인에 의하여 형성된 학문이 역학임을 밝히고 있다. 뿐만 아니라 『정역』에서는 역수원리의 구체적인 내용을 간지도수干支度數와 도서상수圖書象數[18]를 통하여 밝히고 있다. 따라서 역수원리와 군자의 도를 비교하는 것은 천도인 역수원리를 바탕으로 『논어』를 이해하는 것이며, 역수원리를 바탕으로 군자의 도를 이해하는 것을 의미하는 동시에 한국역학, 한국유학을 바탕으로 중국유학을 이해하고, 『논어』를 이해함을 뜻한다.

『정역』에서는 『논어』에서 밝히고 있는 군자의 도와 역수원리의 관계를 밝히고 있는데 그 내용을 살펴보면 다음과 같다.

> 아, 지극하다. 무극无極의 무극无極이여, 공자가 말씀하지 않은 바로다. 비록 말씀하지 않았지만 믿은 까닭은 그것이 공자孔子의 도道이기 때문이다."[19]

---

17) 金恒 『正易』 大易序, "聖哉라 易之爲易이여 易者는 曆也니 無曆이면 無聖이오 無聖이면 無易이라 是故로 初初之易과 來來之易이 所以作也시니라."

18) 간지도수는 天干과 地支에 의하여 구성된 六十 가지의 상징체계로 이른바 六甲이라고 불리는 것이다. 그런데 六甲은 천간의 甲을 중심으로 그것이 들어간 干支가 여섯 번 돌아서 다시 처음으로 돌아오기 때문에 붙여진 이름이라고 할 수 있다. 천간과 지지라는 구성요소 및 양자의 관계 그리고 그 성격을 드러내기 위해서는 간지도수라고 하는 것이 타당할 것으로 생각된다. 그리고 圖書象數는 河圖와 洛書를 가리키는 것으로 그 성격을 나타내기 위하여 하도와 낙서를 나타내는 圖書라는 개념에 그 성격을 상수라는 개념을 결합하여 형성된 것이다. 『정역』에서는 하도와 낙서의 도서는 물론 천간과 지지의 결합으로 형성된 간지도수가 모두 천도, 신도를 상징적으로 나타낸 체계임을 밝히고 있다.

위의 내용을 보면 비록 공자가 무극无極의 무극无極원리를 말씀은 하지 않았지만 이미 자각하고 믿었으니 그것이 공자의 도이기 때문이라고 하였다. 그것은 공자가 비록 천도를 자각하였지만 그것을 직접 밝힐 天命은 주어지지 않았으며, 인도를 밝힐 천명天命이 주어졌음을 밝힌 것이다.

그러나 김일부金一夫에게는 신도, 천도를 천명闡明할 천명天命이 주어졌기 때문에 『정역』의 저작을 통하여 간지도수干支度數, 도서상수圖書象數를 중심으로 역수원리를 밝힌 것이다. 그러므로 그는 "다른 성인들께서 말씀하지 않은 역수원리를 어찌 감히 일부一夫가 말하겠는가마는 때가 되었고, 천명天命이 있기 때문이다."[20]고 하여 그 점을 분명하게 밝히고 있다. 그러면 구체적으로 역수원리와 『논어』의 내용이 어떤 관계인지 살펴보자.

무극의 무극원리는 근원적 존재인 도를 형이상적 특성을 중심으로 나타낸 것이다. 무극은 다함(極)이 없음(无)의 의미로 도의 영원성을 무극으로 나타낸 것이다. 그리고 근원적 존재를 무극의 무극으로 나타낸 것은 그것이 절대무가 아니라 양면으로 작용함을 나타낸 것이다. 무극에 의하여 이루어지는 양면 작용을 『주역』에서는 양지작용[21]이라고 하였고, 『정역』에서는 그것을 도생역성倒生逆成과 역생도성逆生倒成[22]으로 규정

---

19) 金恒 『正易』 第二張, "嗚呼至矣哉라 无極之无極이여 夫子之不言이시니라. 不言而信은 夫子之道시니라. 晩而喜之하사 十而翼之하시고 一而貫之하시니 儘我萬世師신져."

20) 金恒 『正易』 金火五頌, "聖人所不言이시니 豈一夫敢言이리오마는 時오 命이시니라."

21) 『周易』에서는 "易之爲書也 廣大悉備하야 有天道焉하며 有人道焉하며 有地道焉하니 兼三才而兩之라 故로 六이니 六者는 非他也라 三才之道也니" 라고 하였을 뿐만 아니라 "是以 立天之道曰陰與이오 立地之道曰柔與剛이오 立人之道曰仁與義니 兼三才而兩之라."라고 하여 陰陽, 剛柔, 仁義의 兩之作用을 언급하고 있고, 『正易』에서는 "圖書之理는 后天先天이오 天地之道는 旣濟未濟니라. 龍圖는 未濟之象而倒生逆成하니 先天太極이니라. 龜書는 旣濟之數而逆生倒成하니 后天无極이니라."라고 하여 倒逆의 生成作用을 언급하고 있다.

22) 逆生倒成과 倒生逆成은 『周易』에서 언급된 順逆作用을 生成과 결합하여

하고 있다.

도생역성倒生逆成은 무극无極에서 시작하여 그 결과가 현상에서 드러나는 것으로 그 결과를 태극太極이라고 한다. 그러므로 도생역성倒生逆成은 무극에서 시작하여 태극에서 완성되어지는 작용이다. 태극 역시 근원적 존재인 도를 나타내는 개념으로 무극을 현상적 측면에서 나타낸 것이다. 역생도성은 현상적 측면에서 근원적 세계를 향하는 작용으로 태극에서 시작하여 무극에서 완성되어지는 작용이다.[23)]

그런데 무극과 태극의 작용이 합덕하는 곳이 황극皇極이다. 그것은 바꾸어 말하면 황극皇極을 매개로 하여 무극을 지향志向한 역생도성逆生倒成의 작용과 태극을 지향한 도생역성倒生逆成의 작용이 이루어짐을 뜻한다. 『정역』에서는 무극과 태극을 본체와 작용의 관계로 규정하고, 체용이 합덕된 존재를 황극으로 규정하고 있다.[24)]

황극과 무극 그리고 태극은 『주역』에서 삼극의 도로 규정하였을 뿐 드러내지 않는 것을 『정역』에서 제시한 내용이다. 삼극을 중심으로 천도를 나타내면 삼극의 도가 된다. 그것을 인도를 중심으로 나타내었을 때 비로소 삼재의 도가 된다. 그렇기 때문에 삼극의 관점에서 보면 천天과 지

나타낸 것이다. 倒逆은 順逆을 그대로 나타내는 개념으로 여기에 生成이라는 개념을 더하여 始終을 나타낸 것이라고 할 수 있다. 그러므로 逆生倒成은 逆에서 시작하여 倒에서 완성되는 작용이며, 倒生逆成은 倒 즉 順에서 시작하여 逆에서 완성되는 작용이다. 倒逆을 공간적 관점에서 나타내면 形而上, 天이 倒라면 形而下, 地가 逆이라고 할 수 있다. 그러므로 逆生倒成은 地에서 시작하여 天에서 완성되는 작용이며, 倒生逆成은 天에서 시작하여 地에서 완성되는 작용이다. 이를 인간의 존재구조를 통하여 나타내면 형이상적 존재는 本性이며, 형이하적 존재는 몸이다. 따라서 몸으로부터 시작하여 본성에 이르는 것이 逆生倒成이며, 본성으로부터 마음을 거쳐서 몸으로 작용하는 것이 倒生逆成이다.

23) 金恒, 『正易』 第二張, "龍圖는 未濟之象而倒生逆成하니 先天太極이니라. 龜書는 旣濟之數而逆生倒成하니 后天无極이니라."

24) 金恒, 『正易』 第一張, "擧便无極이시니 十이니라. 十便是太極이니 一이니라. 一이 无十이면 无體요 十이 无一이면 無用이니 合하면 土라 居中이 五니 皇極이니라."

地 그리고 인人의 구별이 없다.

그러나 인간의 관점에서는 인간만의 삶의 길이 있다. 그것을 나타내기 위하여 천과 지와 더불어 인人의 세계의 본성을 나타낸 것이 삼재의 도이다. 삼재의 도는 도를 천과 지地 그리고 인人의 관점에서 구분하여 나타낸 것이다.

삼극의 도를 내용으로 하는 역수원리를 인간의 관점에서 주체적으로 이해하면 인도가 밝혀지는 동시에 삼재의 도가 밝혀지기 때문에 인도의 근거는 삼극의 도가 되지 않을 수 없다. 삼극의 도를 작용의 관점에서 나타낸 도역倒逆작용원리는 그대로 인도에 있어서는 군자의 삶의 원리가 된다.

도역 작용은 도생역성과 역생도성의 작용을 함께 나타내는 개념으로 『주역』에서는 그것을 순역順逆으로 규정하고 있다. 그것은 시간을 중심으로 역도易道를 밝힌 삼극의 도를 공간적 관점에서 삼재를 중심으로 삼재의 도로 밝혔음을 뜻한다. 『주역』에서는 도생역성을 하늘에서 시작하여 땅에서 완성되어지는 순順작용으로 규정하고, 역생도성을 땅에서 시작하여 하늘에서 완성되는 역逆작용으로 규정하고 있다.

중국 유학의 경전에서 밝히고 있는 이상적 인격체인 군자는 자신의 본성을 자각하고 그것을 실천하며 살아가는 존재이다. 이러한 군자의 삶은 천도의 도역원리에 근거하여 이루어진다. 도역원리를 바탕으로 군자의 삶을 살펴보면 도생역성은 군자의 실천원리가 되고, 역생도성은 군자의 학문원리가 된다.

천도天道와 지도地道, 천도天道와 인도人道가 체용의 관계이듯이 도생역성이 하늘의 작용이고, 역생도성이 땅의 작용이기 때문에 양자는 체용의 관계가 된다. 그렇기 때문에 『중용』에서 군자가 장차 실천해야할 천명을 먼저 언급하고 그것을 중심으로 천명이 곧 성품이라고 하였다.

그러나 현실적 측면에서는 역생도성의 학문이 먼저이고 그 결과를 바탕으로 실천이 가능하게 된다. 『대학』에서는 명명덕明明德을 먼저 언급하고 이어서 친민親民을 언급하였고, 『논어』에서도 수기修己를 먼저 한 후에 안인安人을 하라고 하여 그 점을 밝히고 있다.

역생도성의 관점에서 이루어지는 학문은 형이하의 세계에서 형이상의 세계에 도달함이 된다. 그것을 『논어』에서는 하학이상달下學而上達로 규정하고 있다. 하학이상달은 형이하적 차원에서 학문을 통하여 형이상의 차원에 도달함을 뜻한다.

하학이상달은 군자가 학문을 통하여 자신의 본성을 자각하고 더불어 천명을 자각함이다. 사람이 자신의 본성을 자각하고 천명을 자각하는 것은 곧 자신의 중심인 주체성을 확립하는 것으로 그것을 집중執中이라고 한다. 그러므로 하학이상달을 한마디로 나타내면 집중이 된다. 집중은 자신의 주체성을 세움인 동시에 형이상과 형이하의 어느 일면에서 얽매임이 없이 자유로움을 뜻한다.

학문을 통하여 집중하는 구체적인 방법은 여러 문장을 통하여 그 가운데 담긴 성명性命의 이치를 배우고 그것을 다시 자신의 본성인 예禮로 주체화하는 박문약례博文約禮[25]이다. 학문을 통하여 자신의 본성을 자각하고 그것을 주체로 하는 것이 바로 학문의 방법인 것이다.

학문의 방법인 박문약례는 학문을 하는 주체인 나를 중심으로 이해하면 비본래적 자기를 이겨서 본래적 자기를 회복하는 극기복예위인克己復禮爲仁[26]이 된다. 박문약례가 대상을 중심으로 학문의 방법을 나타낸 것인 반면에 그것을 학문을 하는 나를 중심으로 나타내면 극기복례위인克己復禮爲仁이 되는 것이다.

역생도성의 관점에서 집중이 이루어지면 본성을 주체로 그것을 실천하게 되는데 그것이 바로 정명正名이다. 정명은 본성이 천시天時에 순응順應하여 현현顯現됨으로 부모가 되어야할 때는 부모로 자신을 드러내는

---

25) 『論語』 雍也, "子曰 君子 博學於文 約之以禮 亦可以弗畔矣夫"

26) 『論語』 顔淵, "顔淵問仁 子曰 克己復禮爲仁. 一日克己復禮, 天下歸仁焉. 爲仁由己, 而由人乎哉 顔淵曰 請問其目 子曰 非禮勿視, 非禮勿聽, 非禮勿言, 非禮勿動 顔淵曰 回雖不敏 請事斯語矣."

것이다. 정명은 도생역성의 관점 곧 순順의 관점에서 군자의 도를 나타낸 것이라고 할 수 있다.

정명을 때를 중심으로 나타내면 시중時中이 된다. 때의 의미인 시의성時義性에 적중的中하는 언행이 바로 시중인 것이다. 그것을 본체인 중도를 중심으로 나타내면 중도中道에 적중하는 것이며, 그것은 곧 정도正道를 실천함이다. 그러므로 중용中庸인 동시에 행정行正인 것이다.

앞에서 삼극의 구조를 중심으로 천도의 내용을 살펴보고, 그것을 다시 삼재의 구조를 중심으로 삼재의 도를 살펴왔다. 삼극과 삼재는 각각 시간과 공간의 측면에서 도를 고찰한 것으로 이를 통하여 삼극과 삼재 곧 시간과 공간의 세계를 일관하는 근원적인 존재가 도임을 알 수 있었다.

그런데 삼극과 삼재, 형이상과 형이하, 무無의 세계와 유有의 세계를 일관하는 근원적 존재인 도가 인간에 있어서 근원적인 존재인 본성이 된다. 인간의 존재근거인 본성과 근원적 존재인 도는 별개의 존재가 아니라 각각 인간과 세계, 우주라는 관점에 따라서 달리 표현된 존재라고 할 수 있다.

『정역』에서는 삼극을 언급하면서 무극과 태극이 황극에서 하나가 된다고 하였고, 『주역』에서는 음陰과 양陽으로 작용하는 근원적 존재가 도이며, 그것이 내재화한 존재가 인간의 본성임을 밝히고 있으며, 『서경書經』에서는 정치의 대범이 되는 홍범구주洪範九疇를 언급하면서 정치의 중심을 천자天子가 아닌 황극으로 밝히고 있다. 이를 통하여 인간의 본래성을 삼극적 관점에서 나타내면 황극으로 그것이 바로 인간에 있어서는 도가 됨을 알 수 있다.

삼극의 중中인 황극, 형이상과 형이하의 중中, 유有와 무無의 중中, 삼재의 중中인 인간, 인간의 중中인 본성을 각각 삼극, 삼재적 구조를 중심으로 분석하여 나타낼 때 도역倒逆, 순역順逆의 양면 작용, 음양陰陽의 양지兩之작용으로 나타낼 수밖에 없고, 양지작용, 양면작용으로 나타낼 때 양자가 일체一體임을 나타내지 않을 수 없다.

삼극의 도역과 삼재의 순역이 모두 체용관계의 일체적 존재인 것이다. 이처럼 양자가 일체인 점을 나타내는 것이 양자가 일관되어 있다는 언급이다. 도倒와 역逆, 순順과 역逆, 천天과 지地, 천天과 인人이 일관되어 있는 것이다. 『논어』에서는 "내 도道는 하나로 꿰어져 있다.(吾道一以貫之)"[27]고 하여 그 점을 밝히고 있다.

"일이관지一以貫之"의 일관一貫은 도생역성과 역생도성의 도역, 천에서 지에서 완성되는 순작용과 지에서 시작하여 천에서 완성되는 역작용, 형이상의 세계에서 시작하여 형이하의 현상에서 나타나는 양적작용과 형이하의 세계에서 시작하여 형이상의 세계에서 완성되는 음적 작용과 같은 양면작용, 양지작용이 하나임을 뜻한다. 『정역』에서는 일관의 양면적인 특성을 공자와 관련하여 다음과 같이 밝히고 있다.

> 아, 지극하다. 무극의 무극이여, 부자께서 말씀하지 않은 것이니 말씀은 하지 않았지만 믿었으니 그것이 부자의 도이다. 늦게 기뻐하여 열로 날개를 달았고, 일로 꿰었으니 진실로 우리 만세의 스승이로다.[28]

위의 인용문에서 "십이익지十而翼之 일이관지一以貫之"는 각각 공자가 『주역』의 십익과 『논어』를 저작하였음을 나타내는 동시에 도생역성의 순적 작용과 역생도성의 역적 작용을 나타낸다.

십이익지十而翼之는 십으로부터 시작하여 구九, 팔八, 칠七에서 일一로 이어지는 것으로 그것을 통하여 도생역성작용을 표상하고, 일이관지는 일一로부터 시작하여 이二, 삼三, 사四에서 십十으로 이어지는 역생도성 작용을 표상한다.

또한 일이관지一以貫之는 십十에서 일一로의 작용과 일一에서 십十으

---

27) 『論語』 里仁, "子曰 參乎 吾道一以貫之 曾子曰 唯. 子出 門人問曰, 何謂也 曾子曰 夫子之道, 忠恕而已矣."

28) 金恒, 『正易』 第二張, "嗚呼至矣哉라 无極之无極이여 夫子之不言이시니라. 不言而信은 夫子之道시니라. 晩而喜之하사 十而翼之하시고 一而貫之하시니 儘我萬世師신져."

로의 작용이 모두 일一의 끊임없는 연속 작용임을 뜻한다. 이는 다시 말하면 양자가 체용의 관계로 일체적이면서도 서로 구분되어지는 관계임을 나타낸다. 이를 통하여 십익十翼을 통하여 밝힌 역도易道가 『논어』에서 밝히고 있는 일이관지一以貫之의 근거임을 알 수 있다.

공자가 『논어』에서 밝히고 있는 일관지도의 내용은 군자의 도이다. 그것은 천과 인, 천과 지, 형이상과 형이하, 유와 무와 같은 모든 존재들을 회통하여 합덕시킬 수 있는 원리라는 점에서 일관의 도이다. 그것을 달리 말하면 역생도성逆生倒成, 역逆의 수기修己, 하학이상달, 집중執中, 정명正名과 도생역성倒生逆成, 순順의 안인安人, 중용中庸, 정명正命을 회통하여 합덕하는 원리이다.

그런데 이 세상의 모든 존재는 고정되어 있지 않고 항상 변화한다. 그런 점에서 보면 어떤 것이라는 이름을 나타내는 개념 자체는 하나의 방편적인 기능은 있을지라도 실재하는 것은 아니다. 다시 말하면 고유명사가 가리키는 고유한 대상이 존재하지 않을 뿐만 아니라 명사가 가리키는 대상 자체가 존재하지 않는 것이다. 그것은 무엇을 의미하는가?

지금까지 논의되었고 앞으로 논의될 모든 개념들이 사실은 하나의 방편일 뿐으로 그 어떤 것도 고정불변의 실체가 아니라는 것이다. 그러므로 매 순간 이루어진 담화나 글의 내용은 그 순간의 소통의 도구의 구실만 하면 될 뿐 그 이상의 무엇이 되어서는 안 된다.

모든 것은 변화한다. 그것이 바로 우주의 실상이다. 그렇기 때문에 우리들이 대상을 만나 그것을 보는 마음 역시 거울에 사물이 비춰지듯이 그냥 무심하게 보고 무심하게 대하여야 한다. 그러나 그것은 아무것도 함이 없어야 함을 나타내는 것이 아니라 무심으로 함이 없이 해야 함을 뜻한다.

만유를 변화의 현상으로 파악하고 그 원리인 변화의 도를 밝히고 있는 경전이 『주역』이다. 『주역』에서는 변화의 도를 역도로 규정하고 만물이 끊임없이 생하고 생하는 것을 역으로 규정하고 있다. 그것은 매 순간 새로운 존재로 끊임없이 변화하는 것이 만물의 실상임을 나타낸 것이다.

군자의 수기도 변화이고, 안인도 변화이며, 집중도 변화이고, 중용도 변화이다. 학문을 하는 것도 변화이며, 실천을 하는 것도 변화여서 군자의 삶 자체가 그대로 변화일 뿐이다. 그러므로 삶의 과정에서 벌어지는 모든 일들 역시 변화일 뿐이다.

그런데 변화하는 현상 가운데는 변화하는 원리가 있고, 그것은 인간의 삶과 관계없는 어렵고 복잡한 것이 아니라 쉽고 간단한 것이다. 예로부터 하나의 역이라는 개념에는 변역變易, 불역不易, 이간易簡이라는 세 개념을 포함한 것으로 이해한 까닭도 여기에 있다. 현상은 고정되어 있지 않고 변화하고 있으며(變易), 그 가운데 변화의 원리가 있는데(不易), 그것은 쉽고 간단함(易簡)을 나타낸 것이다. 결국 역이라는 개념 가운데는 변역이라는 형이하적 측면과 불역, 이간의 형이상적 측면을 함께 포함하고 있음을 알 수 있다.

『논어』도 시대와 장소에 따라서 다양하게 드러나는 부분이 있고, 그 이면에서 변하지 않는 본질적인 부분이 있다. 그것은 쉽고 간단해서 누구나 알 수 있는 부분이라고 할 수 있다. 따라서 양면을 함께 고찰하는 것이 곧 회통과 합덕의 관점에서 『논어』를 이해하는 방법이라고 할 수 있다. 결국 『논어』는 언제나 『논어』 자체를 바탕으로 보아야 한다. 『논어』에서 제시되어진 방법으로 『논어』를 보고 이해하고 연구하는 것이 가장 『논어』를 정확하게 보는 방법이다. 아니 정확한 것이라기보다는 그냥 『논어』로 『논어』를 보는 것이 가장 『논어』적이라고 할 수 있을 것이다.

제 삼 부

『논어』의 삼층적 구조와 구성체계

- 제삼부 -

『논어』의 삼층적 구조와 구성체계

우리는 앞에서 『논어』를 비롯한 유가철학의 경전을 연구하는 현대적인 방법이 회통과 합덕이며, 그것이 인간 본래성이라는 형이상적 세계를 중심으로 이루어질 때 가능함을 살펴보았다. 그리고 그러한 회통과 합덕을 통하여 밝혀진 세계는 다양한 이론체계나 형식을 통하여 다양하게 드러낼 수 있어서 어느 것이 옳고 어느 것이 옳지 않는 시비是非의 문제나 이단異端과 정통正統이라는 문제가 발생하지 않음도 살펴보았다.

또한 『논어』를 가장 잘 이해할 수 있는 방법은 『논어』에서 제시된 학문의 방법, 실천의 방법에 관한 이론과 원리인 군자의 도를 중심으로 하는 것이며, 그것이 구체적으로 이원적二元的 구조나 삼원적三元的 구조 등의 여러 방법으로 분석하였을 때 그러한 구성요소들을 일관하는 도임도 살펴보았다. 그러면 구체적으로 『논어』의 구조가 무엇이며, 그러한 구조를 일관하는 원리로서의 도道가 무엇인지 살펴보자.

오늘날 우리가 『논어』를 연구하고자 할 때 당면하는 문제는 구성 체계 자체가 하나의 주제를 제시하고 그것을 논증해가는 형식으로 구성되어 있지 않기 때문에 『논어』를 일관하는 주제가 무엇인지를 파악하기 어렵다는 점이다. 이러한 문제는 후대後代의 사람들로 하여금 『논어』를 이상적 인격체인 군자의 도道를 제시하고 있는 유가儒家의 경전經典으로 존숭하는 입장으로부터 일종의 처세술을 나타내고 있는 일반적인 책으로 비하卑下하여 보는 입장에 이르기까지 다양한 관점을 갖게 하였다.

『논어』를 비롯하여 이른바 유학儒學의 소의所依 경전經典이라고 일컬어지는 삼경三經과 사서四書의 내용들을 보면 주로 언급되고 있는 내용들이 현실적인 문제들이 대부분이며, 형이상적인 문제를 논하는 경우가 많지 않다. 그리고 인간의 삶의 존재근거인 천天을 논하더라도 천天 자체를 논하지 않고 다만 하나의 대전제로 제시하고 있을 뿐이다. 또한 시간상으로도 죽음이나 그 이후의 세계 곧 미래나 사람으로 태어나기 이전의 과거를 언급하지 않고 오직 현재의 삶을 중심으로 언급이 이루어지고 있다.

유가의 전적들에서 논의되고 있는 주제들을 살펴보면 유학에는 형이상적 세계가 없는 것처럼 보인다. 만약 유학에 형이상적 세계가 없다면 그것은 형이상학形而上學이 아니다. 그렇다면 유가儒家의 경전에서 아무리 도道를 논하고 있을지라도 그 도는 형이상적 존재의 존재원리가 아니다. 따라서 유학은 진리를 담고 있는 철학이 아니라 단지 세상을 현명하게 살아가는 방법으로서의 일종의 처세술을 나타낼 뿐이어서 학문이라고조차 할 수 없게 된다.

그런데 "형이상形而上"이라는 개념 자체도 삼경三經 가운데 하나인 『주역周易』에서 제시된 개념이다. 『주역』에서는 형이상과 형이하가 따로 없는 세계 자체를 형이상과 형이하로 구분[1]하여 각각 도道와 기器로 나타내고 있다. 따라서 형이상의 세계가 없는 형이하의 세계는 존재할 수 없다. 만약 형이하의 세계를 언급하고자 한다면 그것은 이미 형이상의 세계를 전제로 하고 논하고 있음을 뜻한다.

---

1) 『周易』의 繫辭上篇 第十二章에서는 "形而上者謂之道 形而下者謂之器"라고 하여 形而上과 形而下를 구분하여 나타내는(謂之) 존재가 인간임을 밝히고 있다.

우리는 노장老莊과 『주역周易』을 연구하였던 배휘裵徽와 왕필王弼의 다음과 같은 대화를 통하여 하나의 시사점을 얻을 수 있다. 왕필이 20세에 당시에 노장과 역에 밝았던 배휘裵徽를 찾아갔다. 그러자 배휘가 왕필에게 다음과 같이 물었다.

> "대저 무無라고 하는 것은 진실로 만물이 근거하는 것이나 성인은 즐겨 말하지 않았다. 그러나 노자老子는 거듭 말하여 그침이 없었으니 어떤 까닭인가?"

이에 대하여 왕필이 다음과 같이 대답하였다.

> "성인은 무無를 체득하였을 뿐만 아니라 무는 또한 가르칠 수 없습니다. 그러므로 말을 하면 반드시 유有를 언급했던 것입니다. 그러나 노자와 장자는 유有로부터 벗어나지 못하였기 때문에 항상 그 부족한 것을 가르쳤습니다."[2]

이때의 성인은 공자孔子를 가리키며, 무無와 유有는 형이상과 형이하를 가리키는 것으로 생각할 수 있다. 이를 통하여 유가와 노장의 관점이 서로 다를 뿐으로 근본적으로는 형이상과 형이하의 양면을 전제로 하고 있음을 알 수 있다.

형식적인 측면을 중심으로 『논어』를 보면 단편적이고 선언적인 문장으로 구성되어 있어서 겉으로 보면 논리적인 체계가 없는 것처럼 보인다. 그것은 『논어』가 공자 자신이 하나의 일정한 주제를 가지고 그것에 대하여 다양한 관점에서 논증한 이론체계를 정리하여 책으로 나타낸 것이 아니기 때문이다.

공자의 사후에 제자弟子나 재전再傳 제자들은 자신들이 기록하였거나 기억한 공자의 말들을 정리하였는데 그것이 전해지는 과정에서 다시 수차례의 편집과정을 거쳐서 오늘날 우리가 볼 수 있는 『논어』를 형성하였다. 그렇기 때문에 『논어』의 구성체계가 체계적이지 않다고 할 수도 있

---

2) 『世說新語』 文學 第四, "王輔嗣弱冠詣裵徽, 徽問曰 夫無者, 誠萬物之所資, 聖人莫肯致言, 而老子申之無已, 何邪? 弼曰 聖人體無, 無又不可以訓, 故言必及有;老莊未免於有, 恒訓其所不足"

다. 그럼에도 불구하고 비록 공자 자신이 기록하지 않았을지라도 공자의 말을 기록한 점에서는 그 순도의 차이는 있을지라도 공자의 뜻이 담겨 있음에는 틀림이 없다.[3)]

보다 근본적인 문제는 동일한 문제에 대하여 다양하게 말하고 있을 뿐만 아니라 심지어는 서로 모순되는 것처럼 보이는 답을 제시하고 있는 부분도 있다는 점이다. 예를 들면 인仁에 대하여 물었을 때 어떤 때는 "다른 사람을 사랑함愛人"[4)]이라고 하였고, 어떤 때는 "어진 사람은 어려움을 남보다 앞서하고 얻음을 뒤에 하니 인이라고 말할 수 있다.(仁者先難而後獲可謂仁矣.)"[5)]라고 하고, 어떤 때는 "자기를 이겨 예로 돌아가는 것을 인이라고 한다.(克己復禮爲仁)"[6)]라고 하였다. 공자의 지知에 관한 언급 역시 다양한데 어떤 곳에서는 지知와 부지不知를 구분하여 논하고[7)], 어떤 곳에서는 무지無知를 논하고 있다.[8)]

그러면 왜 『논어』에서는 동일한 문제에 대하여 다양한 답을 제시하고 있는가? 동일한 주제에 대한 물음에도 불구하고 공자의 답이 서로 다른 것은 묻는 사람의 학문의 정도와 묻는 의도가 서로 다르기 때문이다. 하나의 주제에 대한 공자의 다양한 언급은 말하는 차원이 서로 다름을 뜻한다. 그렇기 때문에 공자는 "나의 도道는 하나로 꿰뚫어져 있다."[9)]고 하

---

3) 『論語』를 보면 孔子의 弟子들의 말을 기록한 부분도 있고, 弟子들의 弟子들이 弟子들의 말을 기록한 부분도 있어서 모두 공자의 말이라고 하기는 어렵다. 그러나 弟子들의 말일지라도 孔子의 가르침을 바탕으로 이루어진 것이기 때문에 孔子의 말과 서로 크게 어긋나지 않는다는 점에서 보면 결국 『論語』의 모든 내용은 孔子의 말을 기록한 것이라고 할 수 있다.

4) 『論語』 顔淵, "樊遲問仁 子曰 '愛人.' 問知. 子曰, '知人.'"

5) 『論語』 雍也, "問仁 曰 '仁者先難而後獲 可謂仁矣.'"

6) 『論語』 顔淵, "顔淵問仁. 子曰, "克己復禮爲仁. 一日克己復禮, 天下歸仁焉. 爲仁由己, 而由人乎哉?"

7) 『論語』 爲政, "子曰 '由 誨女知之乎 知之爲知之, 不知爲不知, 是知也.'"

8) 『論語』 子罕, "子曰 '吾有知乎哉? 無知也. 有鄙夫問於我, 空空如也. 我叩其兩端而竭焉.'"

9) 『論語』 衛靈公, "子曰 賜也 女以予爲多學而識之者與 對曰 然非與 曰 非也 予一以貫之."

였다. 이는 자신이 어떤 말을 하더라도 그 주제는 하나의 문제로 일관되어 있음을 뜻한다. 바꾸어 말하면 『논어』에서 언급되고 있는 다양한 말들은 서로 관련이 없는 단순한 나열이 아니라 공자가 때와 장소에 따라서 알맞게 하나의 근본적인 문제를 논한 결과임을 뜻한다.

『논어』의 내용이 일정한 주제에 대하여 다양한 차원에서 언급되고 있다면 오늘날 우리가 『논어』를 연구하는 방법 역시 일관된 하나의 주제를 중심으로 다른 차원에서 조명해보는 것이 필요하다.

『논어』에서는 학문을 논하면서 "하학이상달下學而上達"[10]이라고 하였고, 군자와 소인을 구분하여 각각 "상달上達"과 "하달下達"로 나타내고 있다.[11] 또한 "그 양단을 두드려서 다함(竭其兩端)"[12]을 논하고, 집중執中과 중용中庸[13]을 논하고 있다.

상달과 하달, 군자와 소인, 집중과 중용의 양단을 두 부류로 구분하여 나타내면 하달, 소인, 집중의 세계는 형이하의 세계를 나타내거나 형이하의 세계가 위주이며, 상달, 군자, 중용의 세계는 형이상의 세계를 나타내거나 형이상의 세계가 위주이다. 이로부터 형이상과 형이하라는 두 차원이 『논어』를 체계적으로 이해할 수 있는 범주範疇가 될 수 있음을 알 수 있다.

형이상과 형이하의 두 차원을 중심으로 양자의 관계를 나타내면 "하학이상달下學而上達", "상달上達", "집중執中"과 같이 형이하의 세계로부터 형이상의 세계를 향하는 관점과 "하달下達", "중용中庸"과 같이 형이상의 세계에서 형이하의 세계로 향하는 관점으로 구분하여 나타낼 수 있다. 그리고 본래의 형이상과 형이하로 구분하기 이전의 세계 곧 형이상과 형

---

10) 『論語』 憲問, "子日, '不怨天, 不尤人, 下學而上達. 知我者其天乎'"
11) 『論語』 憲問, "子日 '君子上達, 小人下達.'"
12) 『論語』 子罕, "子日 '我叩其兩端而竭焉.'"
13) 『論語』의 堯日에서는 "咨 爾舜 天之厤數在爾躬, 允執其中. 四海困窮, 天祿永終."라고 하여 執中을 언급하고 있으며, 雍也에서는 "中庸之爲德也 其至矣乎 民鮮久矣."라고 하여 中庸을 언급하고 있다.

이하가 합덕合德된 관점으로 구분하여 나타낼 수 있다.[14)]

이에 제삼부에서는 『논어』를 체계적으로 이해하기 위하여 형이상과 형이하의 관계를 중심으로 세 관점에서 『논어』를 고찰하고자 한다. 이를 위하여 먼저 형이상과 형이하의 의미가 무엇이며, 양자의 관계가 무엇인지를 살펴보고, 이어서 형이하의 세계에서 형이상의 세계를 향하는 관점에서 『논어』의 내용을 고찰하며, 다음에는 형이상의 세계에서 형이하의 세계를 향하는 관점에서 『논어』를 고찰한 후에 마지막으로 형이상과 형이하가 합덕된 관점에서 『논어』의 내용을 고찰하고자 한다.[15)]

1. 상달上達과 하달下達 그리고 일이관지一以貫之

『논어』에서는 "배우고 때로 익히면 또한 기쁘지 않겠는가? 남이 알아주지 않더라도 성내지 않으면 또한 군자가 아니겠는가?"[16)]라고 하였을 뿐만 아니라 "군자가 널리 문장을 배우고"[17)], "안회顔回가 학문을 좋아하더니"[18)]라고 하여 학습學習, 학문學問을 언급하고 그 주체가 군자君子임

---

14) 李基東 교수는 「孔子思想의 根本構造」에서 공자가 殷代 이전의 宗教文化와 周代의 人文文化의 調和를 이룩했다고 말하고, 그것이 공자 사상에서 形而上學的 志向性과 形而下學的 志向性을 조화시킨 中庸으로 나타난다고 하였다.

15) 형이상과 형이하에 관한 언급은 『周易』에서 이루어지고 있으며, 天地人의 三才的 세계관을 바탕으로 三才의 道와 三極의 道를 언급하고 있다. 그리고 한국 儒學者인 金恒에 의하여 저작된 『正易』에서는 三極의 道의 내용을 밝히고 있다. 이에 본고에서는 『주역』과 『정역』에서 밝히고 있는 易道의 내용인 삼재의 道, 삼극의 道를 바탕으로 『논어』의 내용을 三層的 구조를 통하여 체계적으로 고찰하고자 한다.

16) 『論語』 學而, "子曰 學而時習之, 不亦說乎 有朋自遠方來, 不亦樂乎? 人不知而不慍, 不亦君子乎"

17) 『論語』 雍也, "子曰 君子博學於文, 約之以禮, 亦可以弗畔矣夫"

18) 『論語』 先進, "季康子問 弟子孰爲好學 孔子對曰 有顔回者好學, 不幸短命死矣, 今也則亡."

을 밝히고 있다. 이를 통하여 『논어』에서 제시하고 있는 이상적인 인격체인 군자는 학문을 통하여 도달하는 경지임을 알 수 있다. 그러면 군자가 학문을 통하여 추구하는 것이 무엇인가?

『논어』에서는 "군자는 도道를 도모할 뿐 음식을 도모하지 않는다."[19] 고 하여 군자가 추구해야할 존재가 도임을 밝히고 있다. 뿐만 아니라 "아침에 도를 들으면 저녁에 죽어도 좋다."[20]고 하여 도道가 군자가 온 생애를 통하여 추구해야할 근본적인 문제임을 밝히고 있다.

그런데 『논어』에서는 군자의 도道를 밝히면서 상하上下의 구조를 바탕으로 양자의 관계를 통하여 논하고 있다. 공자는 "아래로 학문을 통하여 위로 통달하니 나를 알아주는 존재는 오직 하늘뿐이로구나."[21]고 하였을 뿐만 아니라 학문을 완성한 군자와 아직 완성하지 못한 소인을 구분하면서도 "군자는 상달하며, 소인은 하달한다."[22]고 하여 상하를 언급하고 있다. 그러면 도를 논하면서 상하의 구조를 통하여 밝힌 까닭이 무엇인가?

『주역』에서는 "형이상적 존재가 도이며, 형이하적 존재가 기器이다."[23] 고 하였다. 이를 통하여 세계를 양자로 구분하여 형이상의 세계와 형이하로 나누었을 때 형이상의 세계를 도로 규정하고, 형이하의 세계를 기器로 규정하였음을 알 수 있다. 기器는 도道와 형이하적 존재의 관계를 나타내기 위한 개념이다. 도를 담고 있는 그릇과 같은 존재가 형이하적 존재임을 나타낸 것이다. 따라서 "하학이상달下學而上達"과 "상달上達", "하달下達"의 상하는 형이상과 형이하의 세계를 가리킴을 알 수 있다.

---

19) 『論語』 衛靈公, "子曰 君子謀道不謀食. 耕也, 餒在其中矣, 學也, 祿在其中矣. 君子憂道不憂貧."

20) 『論語』 里仁, "子曰 朝聞道 夕死可矣."

21) 『論語』 憲問, "子曰 莫我知也夫 子貢曰 何爲其莫知子也 子曰 不怨天 不尤人 下學而上達 知我者其天乎."

22) 『論語』 憲問, "子曰 君子上達, 小人下達."

23) 朱子, 『周易本義』 繫辭上篇 第十二章, "是故 形而上者謂之道, 形而下者謂之器,"

형이상은 형상을 초월한 무형無形의 세계를 나타내며, 형이하는 형상 이내以內의 존재로 곧 형상形狀을 가진 모든 유형적 존재를 가리킨다. 다만 무형적 존재일지라도 시간과 같은 존재도 역시 물리적 존재로서의 형이하적 존재이다. 그러므로 구분하여 나타내면 사물이 모두 형이하적 존재인 기器이고 총체적으로 나타내면 만물이 곧 형이하적 존재라고 할 수 있다.

그런데 형이상적 존재는 도로 규정하면서도 형이하적 존재를 만물이나 사물로 직접 규정하지 않고 오직 기器로만 규정하고 있다. 이는 형이상과 형이하 자체가 일체적 관계임을 나타내기 위한 것이다. 도와 기器를 나타내는 형이상과 형이하가 '형形'을 중심으로 '이하而下'와 '이상而上'으로 연결되어 있듯이 형이상과 형이하의 관계는 일체적 관계이면서 구분되어지는 관계이다.[24] 기器라는 개념을 중심으로 양자의 관계를 살펴보아도 그 점이 드러난다. 그릇은 내용인 도를 담고 있을 때 비로소 그 가치가 드러난다. 그러므로 내용, 근본, 존재근거로서의 도와 기器로서의 표상表象, 지말支末, 현상적 존재인 만물萬物이 일체一體인 것이다.

공자는 "나의 도는 하나로 꿰어져 있다."[25]고 하여 도와 만물, 형이상과 형이하가 일체임을 "일이관지一以貫之"로 밝히고 있다. 이는 형이하의 세계를 논하더라도 그 이면에는 형이상의 세계가 전제되어 있고, 형이상의 세계를 논하더라도 그 이면에는 형이하의 세계가 전제되어 있음을 나타낸 것이다. 그렇기 때문에 형이상의 세계를 논하여도 공허空虛하지 않

---

24) 이때 형이상과 형이하가 上과 下의 개념만이 다르기 때문에 形을 중심으로 이해하여 모두 形의 내에서 이해할 수 있다. 그럴 경우 형이상 역시 物의 屬性에 불과하여 道 역시 물리적인 존재의 운동 법칙이 되고 만다. 만약 사람에 있어서도 형이상적 존재인 본성을 몸을 중심으로 이해하면 형이상적 존재인 본성 역시 본능에 불과하게 된다. 그러나 본능은 몸의 屬性일 뿐 본성은 아니다. 본능과 본성을 오해하여 混同한 경우가 荀子의 性惡說이라고 할 수 있다. 형이상과 형이하는 形 자체에 관점이 있는 것이 아니라 "以上"과 "以下"에 중심이 있다.

25) 『論語』 衛靈公, "子曰 賜也 女以予爲多學而識之者與 對曰 然非與 曰 非也 予一以貫之."

고, 형이하의 세계를 논하여도 거짓되지 않아서 진실眞實하다.

"일이관지一以貫之"는 세 관점에서 구분하여 나타낼 수 있다. 첫째는 형이상을 중심으로 그것이 형이하와 일관됨을 나타낼 수 있고, 둘째는 형이하를 중심으로 그것이 형이상과 일관됨을 나타낼 수 있으며, 셋째는 형이상과 형이하, 도道와 기器로 나누어 나타내기 이전의 양자가 일체화된 관점에서 나타낼 수 있다.[26]

그런데 세 관점은 그것을 문제로 삼는 존재인 인간을 중심으로 논하지 않을 수 없다. 왜냐하면 형이상과 형이하 그리고 양자의 일관을 논하는 존재가 인간이기 때문이다. 『주역』에서 도道와 기器를 구분하여 나타내면서 그것을 "일러~라고 말한다.(謂之)"라고 하여 인간이 그것을 구분하여 나타낸 것임을 분명히 하고 있다. 『논어』에서는 두 관점을 이상적 인격체인 군자를 중심으로 나타내고 있다.[27]

군자를 중심으로 앞의 두 관점을 살펴보면 학문을 통하여 형이상의 세계에 도달함과 형이상의 세계를 바탕으로 형이하의 세계에서 실천함의

---

26) 이러한 세 관점은 存在論的 측면에서는 三才의 道, 三極의 道에 그 근거가 있다. 人道를 중심으로 易道를 밝히고 있는 『周易』에서는 이 세계를 天地人의 三元的 구조를 통하여 天道와 地道 그리고 人道의 三才의 道로 밝히고 있다. 그리고 "六爻之動은 三極之道也"라고 하여 三才의 道와 더불어 三極의 道 역시 논하고 있다. 天道인 曆數原理를 중심으로 易道를 밝히고 있는 『正易』에서는 三極의 道의 내용을 无極, 太極, 皇極의 三極을 중심으로 밝히고 있다. 형이상의 차원에서 형이하를 향하는 관점은 天道가 중심이 되어 地道를 향하는 관점이며, 형이하의 차원에서 형이상을 향하는 관점은 地道가 중심이 되어 天道를 향하는 관점이고, 양자가 合德된 세계는 人道가 중심이 된다. 三極의 道의 관점에서는 无極이 바탕이 되어 太極을 향하는 이른바 後天的 관점이 형이상의 차원을 바탕으로 형이하를 향하는 관점이며, 太極이 바탕이 되어 无極을 향하는 이른바 先天的 관점이 형이하를 바탕으로 형이상을 향하는 관점이다. 그리고 无極과 太極이 合德된 皇極의 관점이 형이상과 형이하가 合德된 본래의 세계를 나타내는 관점이다.

27) 『論語』에서는 曾子의 말을 통하여 忠恕를 一貫之道의 내용으로 밝히고 있다. 그러나 『正易』에서는 "十以翼之 一以貫之"라고 하여 一以貫之를 三極의 道를 작용의 관점에서 나타낸 倒生逆成과 逆生倒成으로 밝히고 있다. 본고에서는 시간성의 관점에서 『正易』에서 밝힌 順逆原理를 바탕으로 형이상과 형이하의 두 차원의 관계를 나타내는 형식으로 이해하고자 한다.

두 가지 일이 된다. 형이하의 차원에서 형이상의 세계를 향하여 나아감은 군자가 학문을 통하여 삶의 주체인 자신이 어떤 존재인지를 파악하는 동시에 그것을 바탕으로 세계의 본성을 파악하는 문제이다.

반면에 형이상의 차원에서 형이하를 향하는 관점은 형이상의 도道를 현실에서 구현俱現하는 것이다. 그것은 이미 파악한 자신의 본성과 세계의 본성을 주체로 하여 삶을 살아감으로 구체적으로는 군자가 자신의 언행을 세계의 본성에 따라서 행하면서 가정을 다스리고, 국가를 다스리며, 천하를 평안하게 하는 일이다.

『논어』에서는 학문을 통하여 형이상의 세계에 나아가는 것을 수기修己로 그리고 도道를 실천하는 것은 안인安人, 안백성安百姓으로 규정하고 있다. 그리고 수기修己와 안인安人이 군자의 도의 내용임을 밝히고 있다. 이는 수기와 안인의 문제가 둘이 아니라 하나임을 뜻한다.[28] 왜냐하면 형이상의 세계와 형이하의 세계가 본래 둘이 아니라 일체이기 때문이다. 그렇다면 왜 수기와 안인을 구분하여 나타낸 것인가?

그것은 『논어』에서 제시하고 있는 내용인 군자의 도의 전모를 밝히기 위해서이다. 왜냐하면 둘로 나누어 나타낼 수 없는 부분을 구분하여 나타낸 후에 양자가 일체임을 밝힘으로써 둘로 구분하여 나타내기 이전의 본래의 세계를 나타낼 수 있기 때문이다. 따라서 『논어』에서 밝히고 "일이관지"하는 주제인 군자의 도의 전모를 밝히기 위해서는 그것을 수기와 안인의 두 부분으로 구분하여 고찰하는 동시에 양자가 일체인 측면을 함께 고찰함으로써 양자를 구분하여 나타내기 이전의 본래의 세계를 세 측면에서 입체적이고 종합적으로 살펴보는 것이 필요하다.[29]

---

28) 『論語』 憲問, "子路問君子 子曰 脩己以敬 曰 如斯而已乎 曰 脩己以安人 曰 如斯而已乎 曰 脩己以安百姓. 脩己以安百姓, 堯舜其猶病諸"

29) 수기와 안인, 학문과 실천과 관련하여 삼원적 구조를 이해하면 양자는 유학의 학문방법이라고 할 수 있지만 양자가 합덕된 본래의 관점은 양자를 아우르는 통합적 차원이라는 점에서 셋을 같은 차원에서 논의할 수 있는가라는 문제가 제기되어질 수 있다. 그런데 양자는 본래 合德된 세계를 바탕으로 그것을 구분하여 나타낸 것이기 때문에 같은 차원에서 논의가 이루어질 수

2. 하학이상달下學而上達과 집중執中

앞에서 『논어』에서는 이상적인 인격체인 군자를 중심으로 형이하의 차원에서 형이상을 향하는 관점과 형이상의 차원에서 형이하를 향하는 관점 그리고 양자가 합덕된 본래의 관점에서 군자의 도를 밝히고 있음을 살펴보았다.

그러면 먼저 형이하의 차원에서 형이상을 향하는 관점을 중심으로 그 내용이 무엇인지 살펴보자. 『논어』에서는 "군자는 물리적 생명을 도모하지 않고, 도道를 도모한다."[30]고 하여 형이상의 도의 세계에 뜻을 두고 살아가는 존재가 군자임을 밝히고 있다. 그리고 "아래로 학문을 통하여 위에 도달한다."[31]고 하여 학문學問을 통하여 형이상의 도의 세계에 도달함을 밝히고 있다. 그러면 학문의 내용과 방법은 무엇인가?

『논어』에서는 학문의 가능근거와 내용 그리고 방법에 대하여 언급하고 있는데 그 내용을 살펴보면 다음과 같다.

> 천天의 역수曆數가 네 몸에 있으니 진실로 그 중中을 잡으라. 사해四海가 곤궁困窮하면 천록天祿이 영원히 끊어질 것이다.[32]

위의 인용문은 그 내용에 따라서 세 부분으로 구분하여 이해할 수 있다. 처음 부분은 "천지역수재이궁天之曆數在爾躬"이며, 둘째 부분은 "윤집기중允執其中"이고 마지막 부분은 "사해곤궁四海困窮, 천록영종天祿永終"이다.

처음 부분을 보면 역수를 어떤 차원에서 이해하는가에 따라서 이 문장

있을 뿐만 아니라 합덕의 차원은 단순한 양자의 통합이 아니라 본래의 세계라는 점에서 삼원적 구조를 통하여 표상이 가능할 것으로 생각된다.

30) 『論語』 衛靈公, "子曰 君子謀道不謀食."

31) 『論語』 憲問, "子曰 不怨天, 不尤人 下學而上達. 知我者其天乎"

32) 『論語』 堯曰, "堯曰 咨 爾舜 天之厤數在爾躬 允執其中 四海困窮 天祿永終."

전체의 의미가 달라질 뿐만 아니라 인용문 전체의 의미가 달라진다.[33] 우선 역수를 형이하적 관점에서 기수朞數로 이해하면 "천지역수天之曆數"는 운수運數가 되고, "천지역수재이궁天之曆數在爾躬"은 네가 천자天子가 될 차례가 되었다는 의미가 되어 운명론적인 언급이 되고 만다.

역수를 형이상적 차원에서 이해하면 천도의 내용인 시간성의 원리를 나타내는 것이 된다. 그렇기 때문에 "천지역수天之曆數"는 천도의 내용인 역수원리가 된다. 이 때 역수원리를 단순하게 역수라고만 하지 않고 "천지역수天之曆數"라고 하였음을 통하여 역수원리가 천도의 내용임을 알 수 있다.

"천지역수"를 천도인 역수원리로 이해하고 있는 전적은 김항金恒에 의하여 저작된 『정역正易』이다. 『정역』에서는 "역도는 역수원리이다. 역수원리가 없으면 성인이 없으며, 성인이 없으면 역학이 없다."[34]고 하였을 뿐만 아니라 역수원리의 구체적인 내용인 간지도수干支度數, 하도河圖와 낙서洛書를 중심으로 밝히고 있다.[35]

"천지역수天之曆數"를 천도의 내용인 역수원리로 이해하면 다음 부분 역시 형이상적 관점에서 이해하지 않을 수 없다. "재이궁在爾躬"을 형이상적 관점에서 이해하면 "너의 몸에 있다."는 것은 "너의 존재근거이다." 또는 "너의 본성本性이다."를 의미한다. 이를 개념화하여 나타내면 천도

---

33) 모든 존재는 본래 현상적 측면과 그 존재근거의 양면을 함께 갖고 있다. 그렇기 때문에 曆數라는 개념 역시 형이상적 관점과 형이하적 관점의 양면을 갖고 있다. 형이하적 관점에서 보면 역수는 日月의 運行度數를 가리킨다. 그런 점에서 역수와 朞數는 동일한 의미를 갖는다. 그러나 형이상적 관점에서는 역수는 기수의 존재 근거인 曆數原理를 뜻한다.

34) 金恒, 『正易』 大易序, "易者曆也 无曆无聖 无聖无易"

35) 『정역』에서 천도의 내용인 역수원리를 밝히고 있고, 인도인 군자의 도를 밝히고 있는 전적이 『논어』이기 때문에 『논어』를 존재론적으로 이해하기 위해서는 『정역』에서 밝히고 있는 역수원리를 바탕으로 이해하는 것이 필요하다. 또한 삼원적 구조로 드러나는 본래의 세계가 會通과 合德의 세계이기 때문에 이를 바탕으로 군자의 도의 내용인 집중과 중용을 회통하여 합덕함으로써 드러나는 본래의 세계, 도 자체의 세계를 이해할 수 있기 때문이다.

가 인간의 본래성으로 주체화하였음을 밝히는 천도의 인간 주체화원리를 나타내고 있다고 할 수 있다.

천도인 역수원리는 형이상적 존재이다. 그렇기 때문에 그것이 주체화된 인간 본래성 역시 형이상적 존재라고 하지 않을 수 없다. 그리고 형이상적 존재는 유무有無의 상대적 개념을 통하여 나타낼 수 없기 때문에 "주체화主體化"라고 하여 어느 하나가 다른 존재로 변화하였음을 뜻하는 것은 아니다. 그것은 천도와 본성이 일체임을 의미한다. 그렇다고 하여 천도와 본성이 일체이기만 한 것이 아니라 둘이다. 그렇기 때문에 천도와 본성은 둘도 아니고, 하나도 아니며, 하나이면서 둘인 것도 아니라고 할 수밖에 없다.

두 번째 부분인 "윤집기중允執其中"은 글자 그대로 이해하면 중심을 잡는다는 의미이다. 그러나 이 문장의 앞부분에서 이미 천도와 인간의 본성의 관계를 밝혔기 때문에 이 부분 역시 형이상적 관점에서 언급되고 있으며, 인간의 본성을 중심으로 언급되고 있음을 알 수 있다. 이는 동일한 내용을 『서경書經』에서 언급하면서 "윤집기중允執其中"에 관하여 "인심人心은 위태롭고, 도심道心은 은미하니 오직 정일精一해야 진실로 그 중中을 잡을 것이다."[36]라고 부연敷衍하여 설명한 부분을 보면 알 수 있다. 인심과 도심을 언급한 것으로 보아 이 부분이 마음과 관련이 있으며, 집중執中 역시 마음의 본체인 본성과 관련된 것임을 알 수 있는 것이다.

집중을 이해하기 위하여 먼저 중中이 무엇인지 살펴보자. 중中은 천도와 인도의 관계를 중심으로 나타내면 천도를 가리키며, 인도는 정正이 된다. 그러므로 천도와 인도를 함께 나타내어 중정의 도라고 할 수 있다. 그리고 중中을 인도를 중심으로 나타내면 인간 본래성을 가리킨다. 그렇기 때문에 『중용』에서는 기뻐하고, 화를 내고, 슬퍼하고, 즐거워하는 감정이 발하기 이전을 중中으로 규정하고 있다.[37]

---

36) 『書傳』 虞書 大禹謨, "人心惟危, 道心惟微, 惟精惟一, 允執厥中,"

37) 朱子, 『中庸章句』 經一章, "喜怒哀樂之未發 謂之中 發而皆中節 謂之和

중中이 천도와 인간 본래성을 나타내기 때문에 집중은 학문을 통하여 자신의 본성을 자각함으로써 천도를 자각함을 뜻한다.[38] 그런데 천도는 자각의 주체인 인간에게는 천명으로 자각된다. 그렇기 때문에 "윤집기중允執其中"은 진실로 자신의 본성을 자각함으로써 천명을 자각함의 의미가 된다. 자신의 본성을 자각하여 천도를 천명으로 자각함을 법칙화法則化하여 나타내면 천도의 인간 주체적 자각원리라고 할 수 있다. 천도의 인간 주체적 자각은 천도를 본성의 차원에서 천명으로 자각함이다.[39]

마지막 부분의 "사해곤궁四海困窮, 천록영종天祿永終"은 실천의 관점에서 논한 것으로 자각한 천명을 봉행奉行하지 않으면 천명이 끊어질 것임을 밝힌 것이다. 이 대화의 주객은 천자天子인 요堯와 장차 그의 나라를 물려받아 정사政事를 행해야할 순舜이다. 그렇기 때문에 정치의 관점에서 실천을 논한 것이다. 만약 천명을 받들어 올바른 정치를 행하지 않아서 백성들이 어려움에 처하면 천명이 끊어질 것이라고 한 것이다.

그런데 천명을 자각한 군자는 그것을 실천하지 않을 수 없다. 자신이 자각한 본성의 세계, 천도의 세계가 진실하고, 선善하며, 아름다운 세계임을 알며, 그것이 본래의 세계이며, 모든 존재가 살아야할 세계이기 때문에 그러한 세계로 모든 존재를 인도하지 않을 수 없다. 그것이 바로 왕

中也者 天下之大本也 和也者 天下之達 道也"

38) 執中을 학문을 위주로 생각하면 本性을 자각하고 天命을 자각함이 된다. 그러나 實踐의 관점에서 보면 執中은 中을 發用함이 되어 中道를 正道로 실천하는 中庸이 된다. 朱子는 『論語或問』에서 "盖聖賢所言中有二義 大本云者 喜怒哀樂未發之時之理 其氣象如此也 中庸云者 理之在事 而無過不及之地也 此曰夂執其中 盖以其在事者而言 若天下之大本 則不可得而執矣 且聖人之道 時止時行 夫豈専以塊然不動者為是 而守之㢤 故 程子以事事物物言之 而又曰夂執厥中 所以行之"라고 하여 執中을 作用의 관점에서 論하였다.

39) 본래 천도와 천명 그리고 본성이 형이상적 존재이기 때문에 그 가운데는 天이나 人이라는 구분이 없다. 그렇기 때문에 본성의 자각이 天의 관점에서는 천도의 자각이며, 천명의 자각이 된다. 또한 天人의 구분이 없는 그 자리에는 自他가 없으니 自覺이니 他覺이니 하고 구분할 수 없다. 뿐만 아니라 覺과 不覺으로 구분하여 나타낼 수 없다.

도정치이다. 천명을 실천하는 수단을 국가사회의 관점에서 나타내면 정치이기 때문에 왕도정치를 통하여 천명의 실천을 밝힌 것이다.

앞에서 살펴본 바와 같이 인용문의 내용은 천도와 인간의 관계를 중심으로 군자의 도를 밝힌 것으로 천도가 인간의 본성으로 주체화하였기 때문에 그것이 군자의 존재근거임을 밝힌 후에 본성을 자각하는 집중과 집중을 통하여 천명을 자각하고 그것을 실천함이 군자의 도의 내용임을 밝힌 것이다. 따라서 처음 부분은 학문의 가능근거와 내용을 나타내며, 둘째 부분은 학문의 방법을 나타내고, 세 번째 부분은 학문의 결과로 나타나는 실천을 언급하고 있다고 할 수 있다.

군자의 도의 내용인 집중執中과 천명天命의 실천은 두 가지 문제이면서도 하나이다. 왜냐하면 집중이 되지 않으면 천명을 자각할 수 없으며, 천명을 자각할 수 없으면 그것을 실천할 수 없을 뿐만 아니라 실천이 이루어지지 않으면 집중을 통한 천명의 자각은 아무런 의의가 없기 때문이다. 다만 논리적 관점에서 보면 집중이 되어야 비로소 실천이 가능하다는 점에서 집중과 실천을 구분하여 이해할 수 있다.

그런데 앞에서 살펴본 바와 같이 집중이 학문원리라고 할 때 그 구체적인 방법이 무엇인지 고찰하지 않을 수 없다. 『논어』에서 밝히고 있는 집중의 구체적인 방법은 마음을 쓰는 용심用心의 문제이다. 그것은 구체적으로는 학문을 하는 사람이 학문을 통하여 얻은 이치나 지식을 바탕으로 자신의 내면을 살펴보는 것이다.

『논어』에서는 "어진 사람을 보면 그와 같아질 것을 생각하고, 어질지 아니한 사람을 보면 안으로 자신을 살핀다."[40]고 하였다. 어진 사람의 말이나 행동을 보면 그것을 기준으로 자신도 그와 같아지고자 하고, 어질지 아니한 사람의 말과 행동을 보면 그것을 기준으로 자신의 말과 행동을 살펴서 고치는 것이 학문의 방법이다.

앞에서 어진 사람의 말과 행동을 보고 그와 같아질 것을 생각함도 배

---

40) 『論語』 里仁, "子曰 見賢思齊焉 見不賢而內自省也."

우고 그것에 대하여 생각함이며, 어질지 못한 사람의 말과 행동을 보고 그것을 기준으로 자신을 살펴보는 것도 역시 배움과 생각함이다. 결국 학문을 하는 사람은 배움과 배움의 내용을 자신의 것으로 익히는 과정으로서의 생각함의 두 가지 일을 함께 해야 한다. 그렇기 때문에 『논어』에서는 배움과 더불어 그것을 생각함이 중요함을 다음과 같이 밝히고 있다.

> 배우기만 하고 생각하지 않으면 얻음이 없고, 생각만 하고 배우지 않으면 위태롭다.[41]

배움의 내용을 익힘이 중요함은 아무리 강조해도 지나침이 없다. 배움의 내용을 익히는 것이 중요한 까닭은 배움의 내용을 익혔을 때 그것이 자신의 것으로 체득體得되면서 덕德이 되기 때문이다. 따라서 배움에 이어서 그것을 익히지 않으면 덕德을 버리는 것이라고 할 수 있다. 『논어』에서는 단지 배우기만하고 그것을 익히는 과정이 없을 때 그것이 곧 덕을 버리는 것과 같음을 다음과 같이 밝히고 있다.

> 공자가 말하였다. "길에서 듣고 길에서 말하면 그것은 덕을 버리는 것이다."[42]

위의 내용을 보면 길에서 듣고 길에서 말함은 배움의 내용을 스스로 익히는 과정이 없이 그대로 남에게 전달하는 것을 뜻한다. 배움의 내용은 스스로 익힌 후에 그것을 실천하는 과정을 통하여 체득함으로써 자신의 것이 된다. 그것은 본래 갖고 있는 본성을 자각함으로써 본성의 내용인 사덕四德을 체득하게 됨을 뜻한다.

『주역』에서는 사덕의 내용인 인仁을 체득體得하였을 때 비로소 사람을 인격적인 존재로 기를 수 있는 지도자가 될 수 있음을 밝히고 있을 뿐만 아니라 사덕을 실천하는 존재가 군자[43]라고 하여 본성의 자각을 통

---

41) 『論語』 爲政, "子曰 學而不思則罔, 思而不學則殆."
42) 『論語』 陽貨, "子曰 道聽而塗說, 德之棄也."

하여 사덕이 체득됨을 밝히고 있다.

배움은 문장을 통하여 그 가운데 담긴 이치를 궁구함으로써 이루어진다. 그것은 구체적으로 말하면 배움이란 문장 가운데 담겨 있는 여러 이치들을 아는 과정을 뜻한다. 『논어』에서는 학문의 구체적인 방법을 박문약례博文約禮로 제시하고 있다. 박문약례博文約禮는 공자孔子가 안연顔淵을 비롯하여 자신을 따르는 제자들에게 제시한 학문의 방법으로 그 내용은 다음과 같다.

> 널리 학문을 배워서 예禮로 검속한다.44)

위의 내용은 박문博文과 약례約禮의 두 부분으로 구분할 수 있다. 양자는 동등한 관계가 아니라 박문은 약례를 위한 선결조건이다. 박문은 약례를 위한 것으로 약례가 이루어지지 않으면 박문의 의미가 없게 된다. 맹자는 그 점을 분명하게 밝히고 있는데 그 내용을 살펴보면 다음과 같다.

> 맹자孟子가 말하였다. "널리 배우고 상세하게 말하는 것은 장차 돌이켜서 간략함을 말하고자 함이다."45)

위의 내용을 보면 널리 배우고 그것을 상세하게 말하는 것은 장차 간략함을 말하기 위함이라고 하였다. 맹자 역시 약례를 위하여 박문이 필요한 것으로 이해하였음을 알 수 있다. 그런 점에서 보면 약례의 '예禮'가 무엇인가의 문제와 '약約'이 무엇인가가 중요한 문제로 부각됨을 알 수 있다. 그러면 먼저 박문약례博文約禮를 이해하기 위하여 박문博文이 무엇인지 살펴보자.

---

43) 『周易』 重天乾卦文言, "文言曰 元者善之長也 亨者嘉之會也 利者義之和也 貞者事之幹也 君子 體仁足以長人, 嘉會足以合禮, 利物足以和義, 貞固足以幹事. 君子 行此四德者 故曰 乾元亨利貞."

44) 『論語』 雍也, "子曰 君子博學於文, 約之以禮, 亦可以弗畔矣夫."

45) 『孟子』 離婁章句下, "孟子曰 博學而詳說之 將以反說約也."

"박문博文"에서 '박博'의 내용은 '문文'이다. 그렇기 때문에 '문文'이 무엇인지가 중요하지 않을 수 없다. 『논어』를 보면 "젊은 사람이 집에 들어가면 부모님께 효도하고 밖으로 나가면 윗사람을 공경하며 언행을 삼하고 믿음이 있으며, 널리 여러 사람을 사랑하고 인을 가까이 하되 남은 힘이 있으면 곧 글을 배운다."[46]고 하여 학문을 언급하고 있다. 주희朱熹는 이때의 학문에 대하여 "문文은 시서詩書와 육예六藝의 문文을 이른다."[47]고 하였다. 이를 통하여 학문은 육예의 문장을 배우는 것임을 알 수 있다. 『논어』에서도 "선생님께서 항상 하는 말은 시서와 예에 관한 말씀이다."[48]고 하였다.

그런데 『논어』에서 『주역周易』의 내용 역시 언급되고 있는 것[49]으로 보아 『주역』의 내용 역시 가르침의 대상이었음을 알 수 있다. 이렇게 보면 시서詩書, 역易과 예학禮學에 관한 내용이 그 내용임을 알 수 있다.[50] 『주역』에서는 천문天文과 인문人文을 구분하여 인간의 본성인 도덕성道德性을 통하여 밝혀진 세계를 인문人文으로 규정하고 있다. 따라서 박문

---

46) 『論語』 學而, "子曰 弟子入則孝 出則弟 謹而信 汎愛衆 而親仁 行有餘力 則以學文"

47) 朱子, 『論語集註』, "文謂詩書六藝之文."

48) 『論語』 陽貨, "子所雅言 詩書執禮 皆雅言也."

49) 『論語』 가운데서 『周易』의 卦爻辭, 十翼을 직접 인용하고 있는 부분들이 매우 많은데 그 가운데서 일부를 예로 들면 다음과 같다. 重天乾卦의 文言에서 언급된 "主忠信"이 學而篇과 顔淵篇 등의 여러 편에서 인용되고 있다. 鄕黨篇에서는 "是故 君子有大道 必忠信以得之 驕泰以失之"라고 하였고, 學而篇에서는 "主忠信 無友不如己者 過則勿憚改"라고 하였으며, 公冶長에서는 "十室之邑 必有忠信 如丘者焉 不如丘之好學也"라고 하였으며, 顔淵篇에서는 "主忠信 徙矣 崇德也"라고 하였다. 그리고 述而篇에서는 澤風大過卦를 중심으로 學易에 대하여 논하고 있는데 그 내용을 보면 "子曰 加我數年 五十以學易 可以無大過矣"이다. 한편 子路篇에서는 "不恒其德 或承之羞"라고 하여 雷風恒卦의 九三爻 爻辭를 인용하고 있을 뿐만 아니라 澤火革卦에서는 "子曰 不占而已矣"라고 하여 五爻의 爻辭를 인용하고 있다. 그리고 憲問篇에서는 "君子 思不出其位"라고 하여 重山艮卦의 大象을 인용하고 있다.

50) 何晏注에서는 "古之遺文者 則詩書禮樂易春秋六經是也"라고 하였다.

博文의 '문文' 역시 천문과 더불어 인문을 포괄한 넓은 의미의 '문文'과 좁은 의미의 '인문人文'을 함께 의미한다고 할 수 있다.

앞에서 살펴본 내용을 중심으로 박문의 의미를 이해하면 넓은 의미에서의 '박학어문博學於文'은 문자에 의하여 구성된 문장뿐만 아니라 세상의 모든 존재를 통하여 배움을 뜻한다. 그것은 구체적으로는 모든 존재의 본성, 근원을 파악하는 것이라고 할 수 있다. 그리고 좁은 의미에서는 인간의 본성을 통하여 밝혀진 세계에 대한 배움을 뜻한다. 그러면 이어서 "약예約禮"에 대하여 살펴보자.

예는 형이하적 관점과 형이상적 관점에서 이해할 수 있다. 그 점은 주희朱熹의 예禮에 관한 이해를 통하여 확인할 수 있다. 주희는 예禮를 이理와 사事의 두 측면에서 이해하였다.51) 형이상적 측면에서의 예禮는 이理이며, 형이하적 측면에서의 예禮는 사事인 것이다.

형이상적 측면에서 보면 예는 인간의 본성을 구성하는 내용이다. 맹자는 인간의 본성을 논하면서 그 내용이 인예의지仁禮義智임을 밝히고 있다.52) 『주역』에서도 군자는 인예의지의 사덕四德을 실천하는 존재라고 하였다.53) 그리고 인간의 본성을 성명性命, 성명지리性命之理로 규정하고 있다.54) 성명은 인간의 본성을 과거와 미래적 관점에서 나타낸 것으로 과거적 본성과 미래적 이상理想으로서의 천명天命, 사명使命을 구분하여 함께 나타낸 것이다.

『중용』에서는 성誠이 천도와 인도를 일관하는 내용으로 그것을 인간

---

51) 『朱子語類』 學一, 小學, 7:1, "古者初年入小學, 只是教之以事, 如禮樂射御書數及孝弟忠信之事. 自十六七入大學, 然後教之以理, 如致知·格物及所以爲忠信孝弟者. 驤(60·65세)."

52) 『孟子』 盡心章句上, "君子所性, 仁義禮智根於心, 其生色也睟然, 見於面, 盎於背, 施於四體, 四體不言而喻."

53) 『周易』 重天乾卦, 文言, "文言曰, 元者, 善之長也, 亨者, 嘉之會也, 利者, 義之和也, 貞者, 事之幹也. 君子體仁足以長人, 嘉會足以合禮, 利物足以和義, 貞固足以幹事. 君子行此四德者, 故曰"乾, 元, 亨, 利, 貞."

54) 『周易』 重天乾卦 彖辭, "彖曰 乾道變化, 各正性命,"

의 본성을 중심으로 나타내면 성性이며, 구체적으로는 인仁과 지知(智)임을 밝히고 있다.[55] 이를 통하여 사덕四德 가운데서 예禮와 의義가 명命임을 알 수 있다. 그러면 "약례約禮"는 어떻게 이해할 것인가?

예를 형이하적 측면에서 이해하면 "약례"는 "예로 검속하다."는 의미가 된다. 형이상적 측면에서 예는 사덕을 하나로 묶어서 나타낸 것으로 곧 본성을 가리킨다. 그러므로 "약례約禮"는 "예를 통하여 나와 앎의 대상인 지식을 묶어서 일체화하다."로 이해할 수 있고, 이는 결국 "예를 통하여 앎의 대상인 지식과 내가 회통會通하다."의 의미가 된다. 공자는 자공子貢에게 "사賜야, 너는 내가 많이 배워서 그것을 기억하는 사람으로 생각하느냐?"라고 묻고는 "그렇습니다."라고 말하자 "아니다. 나는 하나의 이치로 모든 것을 꿰뚫었다."[56]고 하였다. 이를 통하여 공자가 제시한 학문의 방법은 곧 박문을 통하여 습득된 이치를 자신의 본성과 일체화시키는 것임을 알 수 있다.[57] 따라서 약예約禮는 본성과 지식의 회통會通과 합덕合德으로 앎과 행行을 일체화시키는 과정인 동시에 본래 갖추고 있는 지혜智慧의 자득自得을 뜻한다.

『주역』에서는 학문의 방법을 사덕과 관련하여 밝히고 있는데 그 내용을 살펴보면 다음과 같다.

> 배워서 모으고, 물음으로 구분하고, 관대함으로 거처하고, 인仁으로 행한다.

위의 내용을 보면 학문의 과정을 두 측면으로 구분하여 학문과 그 내용을 실천의 주체로 체득함으로 나타내고 있음을 알 수 있다.

위의 내용 가운데 관유함은 곧 예禮의 구체적인 절목이라고 할 수 있

---

55) 朱子, 『中庸集註』 第二十五章, "誠者 非自成己而已也 所以成物也 成己 仁也 成物 知也 性之德也 合內外之道也 故 時措之宜也."

56) 『論語』 衛靈公, "子曰 賜也 女以予爲多學而識之者與 對曰 然, 非與 曰 非也 予一以貫之."

57) 이는 아는 나와 앎의 내용이 일체화하는 것으로 그것은 아는 나를 버리고 앎과 하나가 되는 것인 동시에 앎이 나와 일체가 되는 것이라고 할 수 있다.

다. 따라서 "관이거지寬以居之"는 "박문약례博文約禮"의 경우와 같이 학문을 통하여 얻어진 이치를 예禮와 더불어 회통하여 그것을 주체로 함의 의미가 된다. 그리고 다음의 내용은 예禮의 본체本體인 인仁을 중심으로 "인이행지仁以行之라고 하여 인仁을 주체로 하여 실천을 함을 밝히고 있다. 따라서 뒷부분의 내용은 학문의 결과를 사덕의 내용인 인과 예를 중심으로 나타낸 것임을 알 수 있다.

그런데 학문의 과정을 배움을 통하여 습득한 지식을 자신과 일체화시켜서 회통하는 주체화의 과정이라고 할 때 그 과정은 이차로 구분하여 나타낼 수 있다. 일차적인 주체화는 앞에서 살펴본 "박문博文"의 과정으로 그것은 배움을 통하여 습득한 지식을 자신의 마음 가운데 담아서 보존하는 일차적인 내면화, 주체화의 과정이라고 할 수 있다. 일차적인 내면화, 주체화의 특징은 아는 나와 앎의 대상으로서의 지식 또는 앎의 내용이 여전히 둘인 상태이다. 그것은 다시 말하면 아직 학문의 내용을 실천하는 단계가 아님을 뜻한다.

학문의 완성은 실천을 할 수 있을 때 비로소 이루어진다. 그러므로 학문의 완성은 곧 이차적인 내면화, 주체화를 거쳐야 비로소 이루어진다. 이차적인 주체화는 아는 나와 앎의 내용이 일체화가 됨으로써 실천으로 드러날 때 비로소 이루어진다. 그것은 앎을 스스로 얻었다는 점에서 체득인 동시에 지식이 지혜로 변화한 점에서는 지혜를 이룸을 뜻한다.

이차적인 내면화와 일차적인 내면화를 구분하여 별개로 볼 수 없지만 이차적인 결과를 위해서는 일차적인 과정을 거치지 않을 수 없다. 그것을 나타내는 것이 배워서 앎의 내용을 내면화하는 "학이취지學以聚之"와 스스로 묻고 답하는 과정을 통하여 앎과 알지 못함을 변별하는 "문이변지問以辨之"이다.

그런데 인예仁禮와 상대적인 사덕은 지와 의이다. 『주역』을 보면 인仁과 예禮는 사람과 사회를 중심으로 언급하고 있고, 지智와 의義를 사물을 중심으로 언급하여 인예仁禮와 지의智義를 구분하여 나타내고 있다. 이는 인과 예, 지와 의가 각각 본체와 작용의 체용 관계임을 뜻한다. 이러한 관계를 앞의 인용문에 적용하면 학문은 지와 의를 중심으로 언급되고 있음을 알 수 있다. 배움은 지를 주체로 이루어지는 것이며, 이치를 궁구하여 익히는 과정은 의를 주체로 하여 이루어짐을 밝힌 것이다.

앞에서 『논어』에서 밝히고 있는 학문의 방법으로서의 "박문약례"를 인간의 본래성의 내용인 사덕을 중심으로 구체적으로 살펴보았다. 그 과정에서 학문은 결국 인간 본래성의 내용인 사덕을 주체로 이루어지는 것임도 확인하였다.

그런데 학문을 나와 앎의 이원적인 구조를 중심으로 나타내면 다음과 같은 두 경우로 구분할 수 있다. 먼저 지식을 중심으로 이해하면 내가 지식을 배워서 익히는 것이라고 할 수 있을 뿐만 아니라 나를 중심으로 나타내면 내가 앎의 내용과 하나가 되는 것이라고 할 수 있다. 다시 말하면 나와 앎의 내용이 일체화하여 회통하는 과정 곧 나와 지식이 합일合一하여 지혜로 변화하는 과정이 학문인 것이다.

『논어』의 다른 부분에서는 "박문약례"와 달리 앎의 주체인 나를 중심으로 학문을 하는 방법을 밝히고 있다. 그것은 나를 버려서 대상으로서의 앎과 일체가 되는 나와 앎의 합일의 방법이라고 할 수 있다. 그것은 안연顔淵의 인仁에 관한 물음에 대한 공자孔子의 대답을 통하여 확인할 수 있는데 그 내용은 다음과 같다.

> 안연顔淵이 인仁에 관하여 묻자 공자가 대답하였다. "자기를 이겨서 예禮를 회복함으로서 인仁을 주체로 한다. 하루에 자기를 이겨서 예로 돌아가면 천하가 인으로 돌아간다. 인을 행함이 자기로 말미암으니 남으로 말미암겠는가?" 안연이 말하였다. "그 조목을 묻겠습니다." 공자가 말하였다. "예가 아니면 보지 말며, 예가 아니면 듣지 말고, 예가 아니면 말하지 말며, 예가 아니면 움직이지 마라." 안연이 말하였다. "제가 비록 명민하지 못하지만 청컨대 이 말씀에 종사하겠습니다."[58)]

---

58) 『論語』 顔淵, "顔淵問仁 子曰 克己復禮爲仁 一日克己復禮, 天下歸仁焉.

위의 내용을 보면 '극기복예'와 '위인유기'의 '기己'를 어떻게 이해할 것인가가 문제로 부각된다. 주희는 정이천程伊川의 주장을 수용하여 '극기복예'의 '기己'를 '자신의 사욕私慾'[59]으로 규정하고 있다. 그리고 '극克'을 '승勝'으로 이해하였다.[60] 주희의 주석과 같이 원문을 이해하면 사욕을 이기는 주체와 사욕 그리고 '위인유기'의 '기己'가 어떤 관계인가가 문제가 된다.

형이하의 관점에서 보면 '극기복예'의 '기己'는 극복의 대상이지만 '위인유기爲仁由己'의 '기己'는 주체적인 존재가 되어 양자가 별개의 존재가 된다. 다시 말하면 사욕을 극복하는 주체와 인仁을 실천하는 주체는 동일한 존재가 되지만 사욕으로서의 '기己'는 극복의 대상이 되어 별개의 존재가 되는 것이다. 그러면 사욕으로서의 '기己'는 어디로부터 나타난 것인가?

인용문의 내용을 보면 사욕으로서의 자신도 기己이며, 인을 실천하는 주체도 역시 기己이다. 이는 극복의 주체도 자기이며, 극복의 대상도 자기임을 뜻한다.[61] 그렇다면 사욕을 극복의 주체를 중심으로 살펴보면 극복의 대상이 아니라 주체가 된다.

형이상의 관점에서 보면 '극克'은 '능能'이 되고, '기己'는 본래의 나로서의 본성이 되어 '극기克己'는 '능히 본래의 자신이 되어'가 된다. 따라서 이런 관점에서 보면 '극기복예'는 '능히 본래 자신이 되어 예로 돌이켜서 인을 실천한다.'가 되어 '인仁을 실천함은 자기로 말미암는다.'는 '기己'와 동일한 존재가 된다. 따라서 이러한 경우에는 극복의 대상으로서의 사욕

爲仁由己, 而由人乎哉 顔淵曰 請問其目 子曰 非禮勿視 非禮勿聽, 非禮勿言, 非禮勿動 顔淵曰 回雖不敏, 請事斯語矣."

59) 朱子, 『論語集註』 顔淵, "己謂身之私欲也"

60) 朱子, 『論語集註』 顔淵, "克勝也"

61) 이처럼 내가 극복해야할 대상과 주체의 둘로 나누어지는 것 때문에 이 부분을 先賢들이 이해한 것과 같이 형이하의 관점에서 형이상을 향하는 下學而上達의 일면만을 고찰할 것이 아니라 형이상의 관점에서 형이하를 향하는 관점 및 양자가 하나인 본래의 관점에서 고찰할 필요가 있다.

이 존재하지 않는다.

능히 자기가 되어 예로 돌아가서 인을 실천함은 곧 본성을 주체로 사덕을 실천함이 된다. 그러므로 박문약례는 널리 문장을 배워서 그것을 자신의 본성과 합덕시킴이라고 할 수 있다. 극기복예위인이 자신의 본성을 주체로 사덕을 실천함이라고 할 때 그것을 분명하게 파악할 수 있는 부분이 다음의 내용이다. 인용문의 인仁의 조목에 대하여 언급한 부분을 보면 정자를 비롯하여 주희는 "물勿"을 금지사禁止辭의 의미로 이해하였다.[62]

그러나 형이상의 관점에서 보면 '물勿'은 금지사가 아니라 '무無'[63]의 의미가 되어 "예가 아니면 봄이 없고, 예가 아니면 들음이 없으며, 예가 아니면 말함이 없고, 예가 아니면 움직임이 없다."는 의미가 된다. 그것은 보고 듣고 말하고 움직이는 언행言行이 본래 본성을 주체로 사덕四德을 실천함임을 뜻한다.[64]

앞에서 『논어』에서 제시한 학문 원리인 집중의 구체적인 방법을 객관적 대상으로서의 학문과 그 주체인 나를 중심으로 살펴보았다. 먼저 학문을 위주로 밖으로부터 얻어진 이치를 내면화하여 내 주체성과 일체화함으로써 지혜로 변화시키는 방법인 박문약례와 주체를 중심으로 나라고 여겼던 과거의 모든 고정된 생각들을 버려서 도덕 주체성을 확립하는 방법인 극기복예위인을 살펴보았다.

그런데 『주역』에서는 나와 이치의 두 측면을 동시에 조망하여 종합적으로 집중의 방법을 밝히고 있다. 그 내용을 살펴보면 입지立志와 궁리窮理, 진성盡性, 지명至命으로 구분하여 나타낼 수 있는데 구체적인 내용

---

62) 朱子, 『論語集註』 顔淵, "非禮者 己之私也 勿者 禁止之辭 是 人心之所以爲主而勝私復禮之機也 私勝則動容周旋 無不中禮 而日用之間 莫非天理之流行矣"

63) 단국대학교 동양학연구소, 『漢韓大辭典』 권2, 勿, "② 없다, 있지 아니다. '廣韻, 物韻' 勿無也", 735쪽.

64) 이러한 관점에서의 執中은 이미 上達된 次元에서 언급된 것이다. 그러므로 形而上의 관점에서 形而下를 향하는 中庸의 의미와 그대로 일치된다.

은 다음과 같다.

> 도덕에 조화롭게 순응하여 의리를 연구하여, 이치를 궁구하고 본성을 다하여 명命에 이른다.[65)]

위의 내용은 크게 네 부분으로 나누어서 이해할 수 있다. 화순어도덕이이어의和順於道德而理於義와 궁리窮理, 진성盡性, 이지어명以之於命이 그것이다.

화순어도덕이이어의和順於道德而理於義는 전체의 내용을 요약한 것이라고 할 수 있다. 도덕원리에 조화롭게 따르고자하는 뜻을 세우고 그러한 뜻으로 의리를 연구함은 곧 학문에 뜻을 세움을 뜻한다.

『주역』에서도 유가철학의 대원리라고 할 수 있는 천인합일天人合一은 그대로 전제가 된다. 그렇기 때문에 인간의 궁극적인 목적인 천인합일을 도덕에 화순함으로 나타낸 것이다. 도덕은 천지의 본성을 나타내는 개념으로 천도와 지덕을 합하여 나타낸 것이다. 그러므로 도덕에 화순한다는 것은 도덕을 주체로 하여 살아간다는 의미가 된다.

도덕원리에 화순하고자하는 뜻을 세우면 그것을 실천하는 과정이 필요하다. 그것을 한마디로 요약하여 나타낸 것이 다음의 이어의理於義이다. 이는 역逆의 관점에서는 의리를 연구함이 되지만 순順의 관점에서는 의義를 통하여 다스림이 된다. 의義는 구체적으로는 재물을 다스리고, 언사를 바르게 하여 백성들로 하여금 비인간적인 살지 않도록 하는 것이다.

입지가 되어야할 필요성은 사람은 본래 천지의 본성을 근거로 태어났을 뿐만 아니라 그것이 주체이지만 그것을 알고 실천할 수 있는 지경에 이르기까지의 과정이 필요함으로부터 찾을 수 있다. 그것은 또한 비록 실천은 이루어지지 않더라도 마음을 인간, 몸, 형이하가 아닌 하늘, 본성, 형이상의 세계에 서도록 하는 것이다.

---

65) 『周易』 說卦 第一章, "和順於道德而理於義하며 窮理盡性하야 以至於命하니라."

입지立志가 되면 비로소 학문이 시작된다. 뿐만 아니라 그것은 학문이 끝날 때까지도 일관된다는 점에서 학문의 시작이자 끝이라고 할 수 있다. 그렇기 때문에 『논어』에서 군자君子는 도道에 뜻을 두어야함[66]을 밝히고 있고, 학문의 과정을 자신의 삶의 과정을 통하여 나타내면서 십오十五에 학문에 뜻을 두었음[67]을 밝히기도 하였다. 그러면 구체적으로 입지는 어떻게 이루어지는가?

『논어』에서는 학문의 시종始終을 진실한 믿음을 위주로 함[68]으로 규정하고 있다. 그것은 학문에 뜻을 세우는 입지 역시 믿음이 바탕이 되어야 함을 나타낸 것이다. 『주역』에서 밝히고 있는 입지의 구체적인 내용은 다음과 같다.

> 하늘이 도와주는 존재는 하늘을 따르는 사람이며, 사람이 도와주는 존재는 믿는 사람이다. 믿음을 딛고 따를 것을 생각하며, 또한 어진 사람을 숭상한다. 그러므로 하늘이 도와서 길하여 이롭지 않음이 없다.[69]

위의 내용은 성인이라는 스승을 매개로 하여 군자가 학문에 뜻을 세우고 스승인 어진 사람 곧 성인의 말씀을 숭상하는 것을 밝히고 있다. 이는 앞에서 제시한 화순어도덕이이어의和順於道德而理於義의 내용과 같은 것으로 다만 성인을 군자와 하늘의 매개로 밝히고 있는 점에서 차이가 있을 뿐이다. 위의 내용을 보면 성인이 밝힌 진리에 대한 믿음을 바탕으로 하늘에 순응할 뜻을 세우는 것이 입지이며, 다음의 성인의 말씀을 숭상하는 것이 곧 이어의理於義의 구체적인 방법임을 알 수 있다.

그런데 성인의 말씀을 믿어야할 까닭은 그가 하늘의 뜻을 하늘을 대신하여 밝혔기 때문이다. 그렇기 때문에 성인의 말씀을 믿고 그것을 따르

---

66) 『論語』 述而篇, "子曰 志於道 據於德 依於仁 遊於藝."
67) 『論語』 爲政篇, "子曰 吾十有五而志于學."
68) 『論語』 學而篇 및 子罕篇, "子曰 主忠信 毋友不如己者 過則勿憚改."
69) 『周易』 繫辭上篇 第十二章, "天之所助者順也오 人之所助者信也니 履信思乎順하고 又以尙賢也라 是以自天祐之吉无不利也니라."

는 것이 학문의 요체라고 할 수 있다. 『주역』에서는 군자는 덕을 향상시키고 천하를 제도하는 사업을 닦는 존재라고 하면서 덕을 향상시키는 매개는 진실한 믿음이며, 사업을 닦는 매개는 성인의 말씀을 닦아서 성誠을 자신의 주체성으로 세우는 것[70]이라고 하였다.

성인이 말씀으로 밝힌 내용은 인간은 본래 천지의 본성을 본성으로 하는 존재이기 때문에 군자는 자신의 타고난 성명의 이치에 순응하는 것이 이상적인 삶으로 성명의 내용인 인예의지의 사덕을 실천하는 것이 곧 군자적 삶이라는 것이다.

학문을 하고자 하는 사람, 학문을 통하여 자신이 어떤 존재인지를 파악하고 인간답게 살아가고자 하는 뜻을 세운 사람은 성인이 밝힌 인간의 본성과 삶의 원리를 믿지 않을 수 없다. 왜냐하면 믿음이 없이 그러한 삶을 살겠다는 뜻을 세울 수 없기 때문이다. 믿음은 모든 대립적인 장애, 마음의 장벽을 없애고 직접 하늘의 입장, 형이상의 입장, 본성의 입장에 서는데 결정적인 역할을 한다.

입지가 이루어지면 성인의 말씀 가운데 담긴 이치를 궁구하지 않을 수 없다. 그것이 이른바 궁리窮理이다. 궁리의 구체적인 방법과 범주는 『대학』에서 자세하게 밝히고 있다. 『대학』에서는 "물物에는 本末이 있고, 사事에는 종시終始가 있으니 선후先后하는 바를 알면 도道에 가까울 것이다."[71]라고 하였다.

사와 물은 궁리의 범주를 나타내는 것으로 사事는 시간을 그리고 물物은 공간을 나타낸다. 그리고 본말과 종시는 사물의 존재근거를 나타내는 개념이다. 그러므로 사물에 본말과 종시가 있음을 밝히고 그 선후하는 바를 알면 도에 가까울 것이라고 한 것은 사물에 나아가서 그 존재근거인 본말과 종시를 궁구하는 것이 곧 도에 나아가는 방법임을 밝힌 것이다.

---

70) 『周易』 重天乾卦 三爻 文言, "子曰 君子 進德修業하나니 忠信이 所以進德也오 修辭立其誠이 所以居業也라."

71) 『大學』 經一章, "物有本末 事有終始 知所先後 則近道矣."

사물의 내용이 본말, 시종 그리고 종시성終始性이기 때문에 사물에 나아가서 그 이치를 궁구함으로서의 즉물궁리卽物窮理는 곧 사물의 존재근거인 종시원리를 궁구함을 뜻한다. 그리고 종시원리를 『논어』와 『서경』에서는 물리적 시간을 표상하는 형식인 역수를 통하여 역수원리로 밝히고 있다. 따라서 격물의 즉물궁리는 역수원리曆數原理를 궁구함을 뜻한다.

입지와 궁리는 동일한 마음의 차원이라고 할 수 있지만 그 성격이 다르다. 일단 입지가 되면 비록 인위적인 궁리窮理가 이루어지지 않더라도 저절로 자신의 성품을 그대로 발현시키는 진성盡性이 이루어진다. 그리고 궁리의 결과는 천명天命을 자각하고 그것을 실천하는 지명至命에 이르게 된다. 그러므로 입지와 진성이 순적順的인 관점이라면 궁리와 지명은 역적逆的인 관점이라고 할 수 있다.

진성盡性은 성품을 그대로 발현시키는 것이다. 처음에는 욕심에 의하여 본성이 그대로 발현되기가 어렵지만 입지가 된 이상 모든 일의 주체가 본성임을 자각하고 항상 본성의 발현이 이루어지도록 마음 가운데서 본성을 주체로 함, 본성에게 맡김, 본성으로 돌림을 뜻한다.

지명至命은 자신에게 주어진 천명天命을 자각함을 뜻한다. 천명은 태어나면서 자신의 존재근거인 하늘로부터 받은 임무, 사명인 동시에 자신의 입장에서는 하늘과의 약속이라고 할 수 있다. 다면 천명은 상황에 따라서 태어난 이후에 약속과 달리 새롭게 부여될 수도 있다.

그런데 입지立志가 궁리窮理와 진성盡性 그리고 지명至命을 일관一貫하지만 양자를 구분하여 나타내면 입지立志를 바탕으로 진성盡性이 이루어지고, 궁리窮理를 바탕으로 지명至命이 이루어진다. 입지立志와 진성盡性이 실천의 측면이라면 궁리窮理와 지명至命은 앎의 측면이라고 할 수 있다. 그러므로 立志가 학문을 함에 있어서 땔감과 같다면 땔감을 불로 태우는 것이 궁리窮理이다. 그리고 땔감에 불이 붙어서 땔감으로서의 기능을 하는 것이 진성盡性이며, 땔감이 불에 타서 환하게 빛나는 것이 지명至命이다.

진성盡性을 통하여 본성의 자각이 이루어지고 더불어 천명天命의 자각이 이루어진다. 그리고 천명天命의 자각自覺을 통하여 천명天命을 봉행하는 지명至命이 이루어지게 된다. 이를 상하上下의 차원을 중심으로 나타내면 형이하의 세계에서 형이상의 세계에 도달하는 하학이상달下學而上達이며, 비본래적 자기를 극복하여 본성을 자각함으로써 사덕을 주체로 하는 극기복예위인克己復禮爲仁이 된다. 그러면 『논어』에서 밝히고 있는 학문의 방법으로서의 박문약례를 통하여 도달하는 상달의 경계는 어떤가?

공자는 오십에 천명天命을 자각하고, 육십에 귀에 들려오는 모든 소리가 마음에 거슬림이 없었으며, 칠십에 마음이 하고자 하는 바를 좇아도 법도를 어긋남이 없다고 하였다.[72] 이순에 대한 언급과 칠십에 대한 언급은 그 내용이 다르지 않다. 감각 기관에 의하여 수용된 감각자료를 수용한 마음이 흔들림이 없음을 나타내는 것이 이순이며, 그것을 적극적인 관점에서 표현한 것이 칠십에 이르러서 갖게 된 경계를 밝힌 부분이라고 할 수 있다.

안으로 마음이 일어나는 대로 행동하여도 법도에 어긋남이 없을 뿐만 아니라 밖에서 어떤 사물과 만나도 마음이 흔들림이 없이 고요하다는 것은 나와 남, 옳음과 그름, 선善과 불선不善의 그 어느 것에도 흔들림이 없음을 뜻한다. 이처럼 마음이 고요한 상태를 나타내는 것이 무지無知이다. 『논어』에서 무지에 관하여 언급하고 있는 부분을 살펴보면 다음과 같다.

> 공자가 말하였다. 나에게 앎이 있는 줄 아느냐? 나는 앎이 없다. 비록 비루한 사람이 물음을 제기할 때 질문의 내용이 없는 듯 여겨질지라도 나는 그 양단을 살펴서 다 드러낸다.[73]

---

72) 『論語』 爲政, "子曰 吾十有五而志于學, 三十而立, 四十而不惑, 五十而知天命, 六十而耳順, 七十而從心所欲, 不踰矩."

73) 『論語』 子罕, "子曰 吾有知乎哉 無知也 有鄙夫問於我, 空空如也. 我叩其兩端而竭焉."

위의 내용을 보면 무지는 공자가 남과 접촉이 없이 홀로 있는 고요한 때를 가리키며, 질문에 대하여 대답을 하는 것은 사물과 접촉하는 상태를 나타낸 것으로 이해할 수 있다. 그것은 본성 자체가 되어 고요한 상태를 나타낸 것이 무지이며, 외물과의 접촉을 통하여 본성이 작용한 때를 나타내는 것이 비루한 사람의 질문을 만났을 때에 관한 언급임을 뜻한다.

사람이 생각을 일으키지도 않고 언행을 행하지도 않아서 고요한 상태를 무지로 나타낸 것은 그러한 상태가 나와 남을 구분하고 가치를 부여하여 집착하는 마음의 작용이 없음을 뜻한다. 그것을 『주역』에서는 "역易은 생각이 없고, 움직임이 없어서 고요할 때 비로소 천하의 연고然故를 감통感通한다."[74]고 하였다.

생각이 없고, 움직임이 없는 상태는 본성 그 자체이다. 그러므로 무지의 상태에서는 나와 남을 구분하여 인식하는 인식작용이 없을 뿐만 아니라 그렇기 때문에 분별지分別智로서의 지식知識이 없다는 의미가 된다. 그것은 앎과 알지 못함의 차원을 넘어선 경계를 나타낸 것이다.

실천이 수반되지 않은 지식이 없다는 것은 지혜가 없음을 뜻하는 것은 아니다. 그렇기 때문에 비록 비루한 사람이 질문을 하지라도 그 질문을 양단의 관점에서 살펴서 다하여 어느 일면에도 부족함이 없게 드러내어 주는 것이다. 그러면 양단兩端은 무엇인가?

형이상의 도道의 세계와 형이하의 만물의 세계가 바로 양단兩端이다. 아무리 비루한 사람이 일상적인 차원을 질문을 함으로써 그것이 형이상적 관점에서 아무런 의미가 없는 것처럼 보일지라도 형이상적 의미와 형이하적 의미를 모두 밝혀서 남김이 없이 제시해주는 것이다. 그것은 곧 지혜의 작용이라고 하지 않을 수 없다.

학문을 통하여 도달한 무지의 세계를 개체적 관점에서 나타내면 무아無我의 경계이다. 앎知과 알지 못함不知의 경계를 넘어서 있는 것이 무지

---

74) 朱子, 『周易本義』 繫辭上 第八章, "易无思也, 无爲也, 寂然不動, 感而遂通天下之故."

無知라는 것은 앎의 주체인 내가 없음을 뜻한다. 만약 아는 내가 있다면 앎의 내용인 지식이 없지 않을 수 없다. 그것을 나타내는 개념이 무아이다. 『논어』에서는 무지와 더불어 무아가 이루어졌을 때 나타나는 특성을 밝히고 있는데 그 내용을 살펴보면 다음과 같다.

> 공자는 네 가지를 넘어섰다. 인위적인 의도意圖가 없으며, 기필期必함이 없고, 고루固陋함이 없고, 내가 없다.[75]

위의 네 가지 가운데서 무아는 개체적 관점에서 남과 구분되는 주체를 내세움이 없음을 뜻하며, 나머지 셋은 무아의 상태를 나타낸 것이다. '무의毋意'는 개체적 관점에서 자신이 무엇을 하겠다는 의도적인 마음이 없음을 뜻하고, '무필毋必'은 내가 반드시 무엇을 하겠다는 기약期約하는 마음이 없음을 뜻하며, '무고毋固'는 특정한 사건이나 물건에 집착하여 부자연스러움이 없음을 뜻한다.

무아가 되면 무의와 무필 그리고 무고가 모두 이루어진다. 그러므로 비록 네 가지이지만 본래는 하나의 무아에 불과하다. 무아의 상태일 때 그는 무엇이 옳다거나 그르다는 시비是非의 어느 일면에 얽매임이 없게 된다. 다시 말하면 다른 사람의 언행이나 사물에 대하여 어느 일면에 집착執着하지 않고 오직 모든 존재가 이롭도록 지혜롭게 대하는 것이다. 그것을 공자는 무가무불가無可無不可를 통하여 밝히고 있는데 그 내용을 살펴보면 다음과 같다.

> 초탈한 사람은 백이伯夷와 숙제叔齊, 우중虞仲, 이일夷逸, 주장朱張, 유하혜柳下惠, 소련少連이다. 공자孔子께서 말씀하였다. "그 뜻을 굽히지 않고 그 몸을 욕되게 하지 않는 사람은 백이伯夷와 숙제叔齊이다." 유하혜柳下惠와 소련少連을 평評하여 말하였다. "뜻을 굽히고 몸을 욕되게 하였으나 말이 윤리에 합당하며, 행실이 생각에 합당하니 그러할 따름이다." 우중虞仲과 이일夷逸을 평評하여 말하였다. "숨어 살면서 말을 함부로 하였으나 몸은 깨

---

75) 『論語』 子罕, "子絕四 毋意 毋必 毋固 毋我."

끗함에 맞았고, 벼슬을 하지 않는 것은 권도權度에 합당合當하였다. 나는 이와 달라서 가可함도 없고 불가不可함도 없다.[76]

위의 내용을 보면 공자가 그 어떤 것도 마다하지 않고 오직 백성들을 구하고자 하는 하나의 생각으로 설사 폭군일지라도 나아가서 벼슬을 하였던 이윤伊尹을 비롯하여 유하혜, 소련과 같은 사람들을 들어서 가함에 얽매여 있는 사람으로 규정하고, 비록 천하의 백성들을 도탄에서 구하기 위하여 폭군인 주紂를 정벌한 무왕일지라도 신하臣下의 의리義理를 지키지 않았다고 비난하고 수양산에서 굶어죽은 백이와 숙제는 불가不可함에 얽매여 있는 사람으로 규정하고 있음을 알 수 있다.

그리고 공자는 가可함도 없고, 불가不可함도 없다고 하여 자신의 상태를 무가무불가無可無不可로 규정하고 있다. 이는 소극적인 관점에서 무아와 무지의 상태를 나타낸 것이라고 할 수 있다. 가함에 얽매인 이윤과 유하혜, 소련 같은 사람들은 형이상의 세계에만 얽매여서 현실을 무시한 사람으로 곧 형이상의 세계에 지나치고, 형이하의 세계에 미치지 못한 사람이라고 할 수 있다. 반면에 백이와 숙제는 형이하의 세계에 얽매여서 형이상의 세계를 무시한 사람으로 곧 형이하의 세계에는 지나치고, 형이상의 세계에는 미치지 못한 사람이라고 할 수 있다.

공자가 밝히고 있는 무지, 무아, 무가무불가의 세계를 『논어』에서 밝히고 있는 개념을 중심으로 나타내면 집중[77]이 된다. 집중은 어떤 상태의 중간이나 과불급過不及이 없음을 나타내는 것이 아니다. 왜냐하면 무가무불가가 형이상과 형이하의 양면을 모두 드러내는 것이듯이 무아와 무지 역시 형이하의 관점에서 단순하게 개체적 존재의 절대무絕對無를 나타내는 것이 아니기 때문이다.

---

76) 『論語』 微子, "逸民伯夷叔齊虞仲夷逸朱張柳下惠少連 子曰 不降其志 不辱其身 伯夷叔齊與 謂柳下惠少連 降志辱身矣 言中倫 行中慮 其斯而已矣 謂虞仲夷逸 隱居放言 身中淸 廢中權 我則異於是 無可無不可."

77) 『論語』 堯曰, "堯曰 咨 爾舜 天之厤數在爾躬 允執其中 四海困窮 天祿永終."

3. 상달이하행上達而下行과 중용中庸

앞에서 학문을 통하여 형이하의 차원에서 형이상의 차원에 도달하는 "하학이상달下學而上達"을 『논어』에서는 집중으로 규정하고 있음을 살펴보았다.

그런데 학문을 통하여 중中을 주체로 하는 집중은 곧 중도를 본체로 함의 의미이다. 이처럼 집중된 상태에서는 형이하의 세계나 형이상의 근원적인 세계에 모두 밝아서 그 어느 일면에 얽매임이 없어서 자유롭게 된다. 그것은 중도를 본체로 이루어지는 작용이 형이상과 형이하의 양면에 두루 하면서도 어느 일면에 걸림이 없음을 뜻한다.

『논어』에서는 집중된 상태에서 이루어지는 중도의 작용을 중용中庸으로 규정하고 있다. 중용은 형이하를 바탕으로 형이상을 향하는 관점에서 언급되고 있는 집중과 달리 형이상을 바탕으로 형이하를 향하는 관점이라고 할 수 있다. 『논어』에서는 중도의 작용에 관하여 언급하고 있는데 그 내용을 살펴보면 다음과 같다.

> 공자가 말하였다. "중도를 행하는 사람을 얻어서 함께할 수 없다면 반드시 광견狂狷과 함께 할 것이다. 광자狂者는 나아가 취함이 있고, 견자狷者는 하지 않는 바가 있다."78)

인용문 가운데서 중행中行은 중도를 실천하는 존재를 가리키며, 광자와 견자는 중도가 아닌 일면에 치우쳐 있는 사람을 가리킨다. 광자狂者는 적극적으로 나아가는 사람이며, 견자狷者는 소극적으로 행하지 않는 사람이다.

광자와 견자는 모두 일면에 치우쳐 있을 뿐 중도를 실천하지 못하는 사람이다. 중도를 실천할 수 있는 사람은 무아, 무지여서 의도적으로 무

---

78) 『論語』 子路, "子日 不得中行而與之, 必也狂狷乎! 狂者進取, 狷者有所不爲也."

것을 하겠다는 생각이 없고, 반드시 하겠다는 기필하는 마음이 없어서 그 어떤 것에도 얽매임이 없어야 한다. 그렇기 때문에 의도적으로 선善을 실천하고자 하는 광자나 불선不善을 행하지 않으려고 하는 견자는 모두 일면에 얽매어 있어서 중도를 실천할 수 없는 것이다.

견자의 소극적 태도 역시 중도에서 벗어난 것임을 분명하게 살펴볼 수 있는 부분은 공자孔子와 자공子貢의 빈부貧富에 처하였을 때의 삶의 태도에 관한 문답으로 그 내용은 다음과 같다.

> 자공이 말하였다. "가난하여도 아첨阿諂하지 않으며, 부유하여도 교만驕慢하지 않으면 어떻습니까?" 공자가 말하였다. "옳다. 그러나 가난하여도 즐겁고, 부유富裕하여서도 예禮를 좋아하는 것만 같지 않다."79)

위의 내용을 보면 자공이 소극적인 관점에서 가난하여도 아첨하지 않고, 부유하여도 교만하지 않음을 말하자 공자는 옳기는 하지만 그것에서 더 나아가야함을 밝히고 있다. 이는 자공의 태도는 견자狷者와 같은 태도로 중도中道가 아니며, 적극적으로 가난하여서도 도道를 즐기고, 부유하여도 예禮를 행하여 언제나 중도를 주체로 하는 삶이 되어야함을 밝힌 것이다.

중도를 주체로 하여 그것을 실천하는 중용은 군자의 삶에 있어서 가장 근본적인 요소이다. 그렇기 때문에 공자는 중용의 덕德됨을 극찬極讚하고 있는데 그 내용을 살펴보면 다음과 같다.

> 공자가 말하였다. "지극하구나, 중용中庸의 덕德됨이여! 백성들이 중용中庸을 드물게 씀이 오래 되었구나."80)

주희는 인용문의 "선鮮"을 "드물다."의 의미를 중심으로 전체의 내용이

---

79) 『論語』 學而, "子貢曰 貧而無諂, 富而無驕, 何如? 子曰 可也 未若貧而樂, 富而好禮者也 子貢曰 詩云, 如切如磋, 如琢如磨 其斯之謂與 子曰 賜也, 始可與言詩已矣, 告諸往而知來者."

80) 『論語』 雍也, "子曰 中庸之爲德也, 其至矣乎 民鮮久矣."

공자가 중용中庸을 실천하는 백성들이 드문 것이 오래되었음을 한탄하는 것으로 이해하였다.[81] 이는 중용을 "하학이상달"의 관점에서 이해한 것이라고 할 수 있다.

형이상의 관점, 중도 자체의 관점에서 보면 그 의미가 달라진다. 형이상적 관점에서 보면 '선鮮'은 "아름답다."는 의미가 된다. 그러므로 뒷부분의 내용은 "백성들이 아름답게 여김이 오래되었다."의 의미가 되어 전체의 내용은 중용의 덕德을 찬탄하는 것이 된다. 중용이 영원함을 나타내는 것이 인용문의 내용인 것이다.

앞에서 집중의 중도가 천인天人의 관점에서는 천도를 나타내고, 인도의 관점에서는 본성을 나타냄을 고찰하였다. 따라서 중도의 작용으로서의 중용은 천도와 인도를 관련하여 고찰하는 것이 필요하다. 천도를 중심으로 중용을 살펴보면 중도인 시간성의 작용은 매 순간에 있어서는 그 존재근거인 시의성時義性으로 드러난다.

군자는 시의성을 천명으로 자각한다. 그러므로 천명을 자각한 군자는 시의성에 적중한 언행을 하게 된다. 『논어』에서는 "말을 해야 할 때 말을 하지 않으면 사람을 잃고, 말을 하지 말아야할 때 말을 하면 말을 잃는다. 지혜로운 사람은 말도 잃지 않고, 사람도 잃지 않는다."[82]고 하여 군자는 시의성에 적중하는 언행을 해야 함을 밝히고 있다. 『중용』에서는 "군자의 중용은 군자의 시중時中이다."[83]고 하여 중용을 시중으로 밝히고 있다. 시중은 시의성에 적중함으로 그것을 군자를 중심으로 현상적 측면에서 나타내면 군자의 언행言行이 시의성에 적중함을 뜻한다.

---

81) 朱子, 『論語集註』, "中者 無過不及之名也 庸 平常也 至 極也 鮮 少也 言民少此德 今已久矣 程子曰 不偏之謂中 不易之謂庸 中者 天下之正道 庸者 天下之定理 自世教衰 民不興於行 少有此德 久矣"

82) 『論語』 衛靈公, "子曰 可與言而不與言, 失人, 不可與言而與之言, 失言. 知者不失人, 亦不失言."

83) 朱子, 『中庸集註』 第2章, "君子之中庸也 君子而時中 小人之中庸也 小人而無忌憚也"

『논어』에서는 중용中庸을 실천하는 군자의 언행言行이 시의성時義性에 적중的中함을 정명正名으로 규정하고 있다. 정명은 "이름을 갖추다.", "이름에 바로 맞다."는 의미로 곧 명名과 실實이 부합符合되는 명실상부名實相符의 의미가 된다. 그러나 사건적 관점, 시의성의 관점에서 보면 "어떤 존재가 되어야할 때 그가 됨"의 의미가 된다. 다시 말하면 때에 따라서 그 시의성에 맞게 자기를 드러냄의 의미가 정명인 것이다.

공자는 정명을 국가사회의 관점에서 정치를 중심으로 밝히고 있다. 그는 계강자季康子가 정치가 무엇인지 묻자 "정치라는 것은 바로함, 일치함(正)이다. 그대가 백성을 바르게 이끌면 누가 감히 바르지 않겠는가?"[84] 라고 하였을 뿐만 아니라 자로子路가 공자孔子에게 "위衛나라의 제후가 선생님을 초대하여 정사政事를 베풀도록 하면 선생님께서는 무엇을 가장 먼저 시행하시겠습니까?"라고 묻자 "반드시 정명正名하리라."[85]라고 하여 정치의 근본을 정명正名으로 밝히고 있다. 『논어』에서는 정명의 구체적인 내용을 밝히고 있는데 그 내용은 다음과 같다.

> 제경공齊景公이 공자孔子에게 정치에 관하여 묻자 공자孔子가 대답하여 말하기를 "군주君主는 군주君主답고 신하臣下는 신하臣下다우며, 부모父母는 부모父母답고 자식子息은 자식子息다워야 한다."고 하였다. 공公이 말하기를 "선善하다. 진실로 군주君主가 군주君主답지 못하고, 신하臣下가 신하臣下답지 못하며, 부모父母가 부모父母답지 못하고, 자식子息이 자식子息답지 못하면 비록 곡식이 있어도 내가 어찌 먹을 수 있겠는가?"라고 하였다.[86]

인용문에서 정명을 설명하기 위하여 언급된 군신, 부자는 일종의 관계개념이다. 그것은 군신과 부자가 물리적 존재를 가리키는 것이 아니라 인격적 존재를 가리킴을 뜻한다. 부자는 어미와 새끼의 생물학적인 관계

---

84) 『論語』 顔淵, "季康子問政於孔子 孔子對曰 政者正也 子帥以正 孰敢不正"

85) 『論語』 子路, "子路曰 衛君待子而爲政 子將奚先 子曰 必也正名乎"

86) 『論語』 顔淵, "齊景公問政於孔子 孔子對曰 君君臣臣 父父子子 公曰 善哉 信如君不君 臣不臣, 父不父, 子不子, 雖有粟, 吾得而食諸"

를 가리키는 것이 아니라 자식의 부모에 대한 효도와 부모의 자식에 대한 자애慈愛를 내용으로 하는 예禮가 구체화하여 드러난 관계를 가리키는 것이다. 그러므로 군君과 신臣 그리고 부父와 자子는 곧 본성의 현현태顯現態라고 할 수 있다.[87)]

군신, 부자가 본성의 현현태라고 할 때 "군군신신君君臣臣 부부자자父父子子"는 본성本性이 때에 따라서 다양하게 드러남을 뜻한다. 아버지가 되어야할 때 아버지로 자기를 드러내는 것이 정명이며, 자식으로 자신을 드러내야 할 때 자식이 되어 자식으로 자신을 드러내는 것이 정명이다. 그렇기 때문에 정명은 곧 시간성의 관점에서는 시의성에 적중的中하는 시중이 되는 것이다.

군신과 부자는 하나의 존재가 여러 상황에서 서로 바꾸어서 나타날 수 있는 현상이다. 그러므로 정명은 그 현상적 측면에서 보면 군주에서 신하로 바뀌고, 신하에서 군주로 바뀌며, 부모에서 자식으로 바뀌고, 자식에서 부모로 바뀌는 것이 된다. 이처럼 바뀌어 나타남에는 부모가 바뀌는 변화와 자식이 되는 생생生生이 포함되어 있다. 그것을 『주역』에서는 역易으로 규정하고 있다.[88)]

그런데 정명이 시의성에 따라서 자기를 드러냄이라고 할 때 그것은 곧 인간이 자신의 본성을 시의성에 따라서 발현함이 된다. 그것은 다시 말하면 정명正名의 다양한 명名을 그 본체를 중심으로 나타내면 성명이 되어 정성명正性命이 된다. 『주역』에서는 천도와 관련하여 정성명正性命을 다음과 같이 밝히고 있다.

> 건도乾道가 변화變化하면 각각 성명性命이 바르게 된다."[89)]

---

87) 『周易』의 風火家人卦 彖辭에서도 "家人 女正位乎內 男正位乎外 男女正天地之大義也 家人有嚴君焉 父母之謂也 父父子子兄兄弟弟夫夫婦婦而家道正 正家而天下定矣"라고 하여 正名을 언급하고 있다.

88) 『周易』 繫辭上篇 第五章, "生生之謂易"

89) 『周易』 重天乾卦 彖辭, "乾道變化 各正性命"

인용문에서 건도乾道는 천도를 그것을 표상하는 중천건괘를 중심으로 나타낸 것이다. 그러므로 건도의 변화는 천도의 변화를 뜻한다. 천도의 변화는 선천에서 후천으로의 변화이다. 역수원리의 관점에서 선천은 윤역閏曆의 세계이며, 후천은 정역正曆의 세계이다. 그러므로 건도가 변화한 후의 세계는 정역正曆의 세계이다.[90)]

그런데 윤역과 정역은 모두 본체인 원역의 작용이다. 그러므로 건도의 변화는 곧 작용의 변화를 뜻한다. 그것은 다시 말하면 선천에서 후천으로서의 변화는 원역原曆의 작용 양태가 윤역閏曆에서 정역正曆으로 변화함을 뜻한다. 그러면 윤역이 정역으로 변화하는 천도의 변화를 인도의 관점에서 어떻게 이해할 것인가?

『정역』에서는 선천과 후천을 학學과 도道, 심법心法과 성리性理를 관련하여 논하고 있는데 그 내용을 살펴보면 다음과 같다.

> 음陰을 누르고 양陽을 받드는 것은 선천先天의 심법心法의 학學이고, 양陽을 고르고 음陰을 본받는 것은 후천의 성리性理의 도道이다.[91)]

인용문의 내용을 보면 심법의 학에서 성리의 도로 변화하는 것이 선천에서 후천으로의 변화임을 알 수 있다. 다시 말하면 심법을 중심으로 학문을 하는 때가 선천이며, 성명지리性命之理를 주체로 사덕을 실천하는 때가 후천인 것이다.

그런데 심법心法을 중심으로 학문하는 방법을 밝히면서 음陰을 누르고 양陽을 받든다고 하였다. 이처럼 음을 누르고 양을 받드는 것은 음양을 조율하기 위함이다. 그리고 음양이 조율調律되었을 때 비로소 성명지리性命之理에 순응하게 된다. 따라서 음과 양을 조율하는 것이 선천의 심법의 학임을 알 수 있다. 그러면 억음존양抑陰尊陽의 심법心法은 무엇인가?

---

90) 金恒, 『正易』「先后天 正閏度數」, "先天은 體方用圓하니 二十七朔而閏이니라. 后天은 體圓用方하니 三百六旬而正이니라. 原天은 无量이니라."

91) 金恒, 『正易』 第八張, "抑陰尊陽은 先天心法之學이니라. 調陽律陰은 后天性理之道니라."

선천은 윤역의 시대로 윤역閏曆은 음陰과 양陽으로 구분되어 양자가 합덕하지 못한 상태이며, 후천은 정역의 시대로 음력陰曆과 양력陽曆이 합덕하여 형성된 중정력中正曆의 시대이다.[92] 따라서 이를 용심用心의 문제를 중심으로 살펴보면 음陰은 소인, 소인의 도를 나타내고, 양陽은 군자, 군자의 도를 나타낸다. 그러므로 "억음존양"은 소인적인 사고를 버리고, 군자적인 사고를 갖는 것이다. 그것은 이원론적二元論的 사고를 버리고 일원론적一元論的 사고를 갖는 것이다.

선천적 사고, 소인적 사고는 이원론적 사고이다. 이러한 사고는 인간의 본성에 이르지 못하고 사고의 차원에서 그대로 몸을 통하여 희노애락喜怒哀樂의 정情으로 드러나게 된다. 다시 말하면 나와 남을 구분하여 가치를 부여하고 그것에 집착함으로서 갈등을 야기하게 된다.

그러나 후천적 사고, 군자적 사고, 일원론적 사고는 사고 자체와 몸을 통하여 나타나는 언행이 모두 하나의 근원적 존재인 본성으로부터 나고 드는 것임을 아는 것이다. 사고와 언행을 하나의 근원처根源處로 몰아가는 일심一心으로의 귀체歸體가 일원론적一元論的 사고思考로 일심一心이 깊어지면 무심無心이 되고, 무심無心이 깊어지면 무심마저도 없는 경계에 이르게 된다.

억음존양抑陰尊陽은 사고를 통하여 몸을 움직이는 것이 아니라 본성을 움직여서 그것으로 하여금 사고와 언행으로 드러나게 하는 것이다. 그렇기 때문에 억음존양의 결과는 성명지리性命之理가 그대로 인도로 드러나게 된다. 음양이 조율된 후천을 성리性理의 도道가 행하여지는 세계로 규정한 까닭이 여기에 있다.

사고가 주체가 되어 몸을 움직일 뿐 본성과 몸이 괴리된 세계가 선천이며, 본성을 주체로 그것이 마음과 몸으로 드러남으로서 본성과 몸이 합덕된 세계가 후천이다. 그러므로 억음존양의 학문의 세계에서 성명을 주체로 인도를 실천하며 살아가는 삶으로의 변화가 인도의 관점에서 선

---

92) 硏經院 編著,『周・正易經合編』「天之曆數原理圖說」, 109쪽에서 118쪽 참조.

천에서 후천으로의 변화이다.

억음존양의 심법을 통하여 무지, 무아의 상태에 이르게 된다. 무지는 개체아個體我를 본래적 존재로 아는 지식이 없음을 뜻하지만 그것은 지혜를 갖추었음을 뜻한다. 그것은 개체적 아我가 없는 점에서 무아이지만 본성이라는 형이상적 존재를 주체로 하는 도덕아道德我는 존재한다. 그렇기 때문에 무아, 무지의 상태는 형이상적 존재인 성명이 주체인 상태이다. 그것을 앞의 인용문에서는 성명이 바르게 된다고 하였다.

무아, 무지의 상태에 이르면 곧 성명지리性命之理에 순응順應하여 성명의 내용인 사덕을 실천하게 된다. 그것을 백성을 중심으로 나타내면 정치를 통하여 백성들을 편안하게 하는 안백성安百姓이 된다. 『논어』에서는 "백성들을 정치로 이끌고 형벌로 가지런히 하면 백성들은 형벌을 면하고자 할 뿐 부끄러움을 모르지만 덕德으로 백성들을 이끌고 예禮로 가지런히 하면 부끄러움도 알 뿐만 아니라 바르게 된다."[93]고 하여 백성을 편안하게 함이 사덕에 의하여 이루어짐을 밝히고 있다.

군자가 학문을 통하여 성명을 자각하고 그것을 주체로 하였을 때 사덕을 실천하게 되는 까닭은 성명지리性命之理에 순응하는 삶이 자신에게 주어진 역사적 사명, 사회적 사명임을 자각하게 되기 때문이다. 그렇기 때문에 후천적 관점에서는 천명이 인간의 본래성이 되었다고 할 수 있다. 『중용』에서는 "천명을 일러 본성이라고 한다."[94]고 하여 그 점을 밝히고 있다.

천명天命을 중심으로 정명正名을 이해하면 정명正名은 곧 정명正命이 된다. 맹자는 군자의 시중時中을 천명을 중심으로 정명正命으로 규정하고 있는데 그 내용을 살펴보면 다음과 같다.

> 맹자孟子가 말하였다. "천명天命이 아님이 없으니 오직 그 바름을 순順하게

93) 『論語』 爲政, "子曰 道之以政, 齊之以刑, 民免而無恥, 道之以德, 齊之以禮, 有恥且格."

94) 朱子, 『中庸集註』 第一章, "天命之謂性 率性之謂道 脩道之謂教."

받아들일 따름이다. 그러므로 천명天命을 아는 사람은 무너지는 담장 밑에 서지 않는다. 그 도道를 다하여 죽는 것은 정명正命이며, 죄를 지어 형틀에 매여 죽는 것은 정명正命이 아니다."[95]

위의 내용을 보면 군자는 자기에게 주어진 모든 상황을 역사적 사명으로 자각하고 그것을 시의성에 부합하도록 실천함을 알 수 있다. 도道를 다하여 죽는다는 것은 시의성에 부합하도록 죽는 것을 뜻한다. 죽어야 할 때 죽는 것이 정명正命이며, 죽지 말아야 할 때 죽는 것은 정명正命이 아니다. 그것은 군자의 삶 자체가 그대로 매 순간 시의성에 적중하는 사고와 언행이 되어야함을 뜻한다.

정명正命을 행하는 군자의 삶은 부귀와 빈천을 막론하고 어느 상황에 처하더라도 항상 중용을 잃지 않는다.[96] 그것이 바로 천명을 바르게 받아들이는 것인 동시에 명命을 바르게 행하는 정명正命이다.

군자가 어떤 상황에 처하더라도 시의성을 알고 그것을 천명으로 받아들여 행하는 정명正命을 사덕을 중심으로 나타내면 예의禮義의 명命을 실천함이 된다. 그렇기 때문에 공자는 자공이 "가난하면서도 아첨하지 않고, 부유하면서도 교만하지 않으면 어떠냐?"고 묻자 "가난해도 즐거워하며, 부유해서는 예禮를 좋아하는 것만 같지 않다."[97]고 하여 군자는 항상 예禮를 잃지 않아야함을 밝히고 있다.

---

95) 『孟子』 盡心章句上, "孟子曰 莫非命也 順受其正 是故 知命者不立乎巖牆之下 盡其道而死者正命也 桎梏死者, 非正命也"

96) 朱子, 『中庸集註』 第14章, "君子 素其位而行 不願乎其外 素富貴行乎富貴 素貧賤行乎貧賤 素夷狄行乎夷狄 素患難行乎患難 君子 無入而不自得焉"

97) 『論語』 學而, "子貢曰 貧而無諂 富而無驕 何如 子曰 可也 未若貧而樂 富而好禮者也."

4. 형이상·하가 없는 본래 세계와 정명正名

앞에서 군자의 도를 형이하를 바탕으로 형이상을 향하는 관점에서 집중을 중심으로 살펴보고, 형이상을 바탕으로 형이하를 향하는 관점에서 중용을 중심으로 살펴보았다.

그런데 형이상과 형이하가 일체이듯이 집중과 중용 역시 일체이다. 그렇기 때문에 중용을 바탕으로 할 때 집중이 언급되어질 수 있고, 집중을 바탕으로 할 때 중용이 언급되어질 수 있다. 그것은 다시 말하면 본래의 세계는 집중과 중용이라는 규정마저도 존재할 수 없음을 뜻한다.

『논어』 역시 집중과 중용마저도 언급할 수 없는 근원적인 세계를 언급하고 있다. 먼저 양면을 함께 논하고 있는 부분을 살펴보자. 『논어』에서 正名을 밝히고 있는 부분을 살펴보면 양면을 함께 밝히고 있는데 그 내용을 살펴보면 다음과 같다.

> 제나라의 경공이 군자에게 정치에 대하여 묻자 공자가 대답하여 말하였다. "임금이 임금답고, 신하가 신하다우며, 부모가 부모답고 자식이 자식다워야 한다." 공이 말하기를 "선하다, 진실로 임금이 임금답지 않고, 신하가 신하답지 않으며, 부모가 부모답지 않고, 자식이 자식답지 않으면 비록 곡식이 있어도 내가 먹을 수 있겠는가"[98]

위의 내용은 공자의 "군군君君 신신臣臣 부부父父 자자子子"와 경공의 "군불군君不君, 신불신臣不臣, 부불부父不父, 자불자子不子"의 두 부분으로 구분하여 나타낼 수 있다.

앞부분은 정명이 행하여지는 후천의 세계이며, 뒷부분은 정명이 행하여지지 못하는 선천을 나타낸다. 앞부분을 바탕으로 뒷부분을 논하는 것은 형이상의 관점에서 형이하를 향하는 것이며, 뒷부분을 바탕으로 앞부분을 논하는 것은 형이하의 관점에서 형이상을 향하는 것이다. 다시 말

---

98) 『論語』 顔淵, "齊景公 問政於孔子 孔子對曰, "君君, 臣臣, 父父, 子子 公曰 善哉 信如君不君, 臣不臣, 父不父, 子不子, 雖有粟, 吾得而食諸."

하면 학문을 통하여 집중함으로써 뒷부분에서 밝힌 세계에서 앞부분에서 밝힌 세계로 나아가게 되고, 중용을 실천하는 앞부분에서 밝힌 세계를 목표로 하여 뒷부분에서 밝힌 선천의 세계가 전개되는 것이다.

그러나 앞의 세계도 뒤의 세계도 본래 하나의 세계일 따름이다. 학문을 통한 수기修己도 안백성安百姓을 통한 실천도 모두 본성의 작용인 것이다. 그것은 천도의 관점에서 보면 선천이나 후천을 막론하고 원천原天이며[99], 윤역閏曆과 정역正曆을 막론하고 원역의 작용인 것과 같다.[100]

형이상과 형이하로 구분하여 나타내기 이전의 본래의 세계는 일상의 삶의 태도를 통하여 나타낼 수밖에 없다. 『논어』의 향당鄕黨에서는 공자의 일상적인 삶을 그대로 나타내고 있는데 그 가운데서 하나의 예를 들어보면 다음과 같다.

> 밥은 정미로 한 것을 싫어하지 않으며, 회膾는 가늘게 썬 것을 싫어하지 않았다. 밥이 상하여 쉰 것과 생선이 상하고 고기가 부패한 것을 먹지 않았다. 빛깔이 나쁜 것은 먹지 않고, 냄새가 나쁜 것은 먹지 않으며, 잘못 익인 것은 먹지 않고 때가 되지 않으면 먹지 않았다. 자른 것이 바르지 않으면 먹지 않고, 장醬이 갖추어지지 않으면 먹지 않았다.[101]

위의 내용은 지극히 일상적인 삶 자체를 그대로 나타내었을 뿐 형이상적인 원리나 이치를 상징적으로 나타낸 것이 아니다. 그렇다고 하여 형이상의 원리가 없는 것은 아니다. 왜냐하면 공자의 삶 자체가 그대로 본성의 작용이고, 본성의 현현이기 때문에 일상적인 삶 자체를 통하여 그 존재근거인 본성을 알 수 있기 때문이다.[102]

---

99) 金恒, 『正易』「先后天 正閏度數」, "先天은 體方用圓하니 二十七朔而閏이니라. 后天은 體圓用方하니 三百六旬而正이니라. 原天은 无量이니라."

100) 金恒, 『正易』「正易詩」, "天地之數는 數日月이니 日月이 不正이면 易匪易이라 易爲正易이라사 易爲易이니 原易이 何常用閏易고."

101) 『論語』 鄕黨, "齊必變食, 居必遷坐. 食不厭精, 膾不厭細. 食饐而餲, 魚餒而肉敗, 不食. 色惡, 不食. 臭惡, 不食. 失飪, 不食. 不時, 不食. 割不正, 不食. 不得其醬, 不食."

앞에서 우리는 『논어』를 체계적으로 이해하기 위하여 형이상과 형이하의 두 차원을 바탕으로 형이하를 중심으로 형이상을 향하는 하학이상달과 형이상을 중심으로 형이하를 향하는 상달이하행 그리고 양자가 합덕된 본래의 관점에서 각각 『논어』의 내용을 살펴보았다.

하학이상달下學而上達은 학문을 통하여 형이상의 세계에 도달함으로 형이상의 세계는 자신의 주체성인 본성이다. 인간의 본성은 천도인 중도가 내재화된 존재이다. 그러므로 하학이상달은 자신의 중심으로서의 중도를 주체로 하는 집중이 된다. 집중의 "집執"은 마음 가운데서 자신의 주체성을 확립함의 의미이다. 이를 『논어』에서는 자신을 닦는 수기修己로 규정하고 있다.

상달이하행上達而下行은 자신의 본성을 주체로 살아감을 뜻한다. 인간 본래성의 내용은 인예의지仁禮義智의 사덕이다. 그러므로 상달이하행은 사덕四德을 실천하며 살아감이다. 이를 집중과 관련하여 나타내면 집중된 상태에서 삶을 살아감을 뜻한다. 『논어』에서 중도中道를 그대로 발용發用하며 살아가는 중용中庸으로 규정하고 있다. 중용은 중도의 실천으로 중도인 천도天道를 중심으로 나타내면 시의성時義性에 따라서 시공時空에서 자신을 드러냄이 된다. 그것을 『논어』에서는 "부모가 되어야 할 때 부모로 자신을 드러내고, 자식이 되어야할 때 자식으로 자신을 드러냄"으로서의 정명正名으로 규정하고 있다.

그런데 형이상과 형이하는 본래 일체적 존재이다. 인간에 있어서도 형이상적 존재인 본성과 형이하적 존재인 몸 그리고 본성의 작용인 마음이 별개가 아니라 하나인 것과 같다. 그러므로 집중과 중용 역시 일체적 존

102) 형이상과 형이하의 문제를 인간을 중심으로 이해하면 내외의 문제가 된다. 형이상의 세계는 인간의 심성 내면의 문제로 집약이 되고, 형이하의 세계는 인간의 심성 밖의 대상 사물의 문제로 집약이 되는 것이다. 이러한 상하, 내외의 관계를 중심으로 朱熹의 格物致知論과 王陽明의 致良知說을 會通的 관점에서 이해할 수 있다. 다시 말하면 상하, 내외가 본래 일체인 관점에서 보면 양자가 모두 존재 의의가 있게 되는 것이다. 그 구체적인 내용에 관하여서는 다른 지면을 통하여 논하고자 한다.

재여서 본래의 관점에서 보면 집중과 중용도 언급할 여지가 없고, 형이상과 형이하도 언급할 여지가 없다. 『논어』에서 이러한 상태를 나타내고 있는 전형적인 부분이 향당편鄕黨篇이다. 향당에서는 공자의 일상적인 삶의 모습을 그냥 그대로 드러내고 있을 뿐 집중이나 중용中庸, 수기修己, 안인安人 등의 개념들이 없다.

앞에서 살펴본 세 관점을 중심으로 『논어』 전체의 내용을 나누어 이해하면 그 내용이 집중執中과 중용中庸 그리고 양자로 구분하여 나타내기 이전의 세계를 밝히고 있음을 알 수 있다. 집중執中은 수기修己의 문제이며, 중용中庸은 안인安人, 안백성安百姓의 문제로 양자를 『논어』에서는 군자의 도의 내용으로 규정하고 있다. 그리고 집중執中의 구체적인 방법으로 하학이상달下學而上達, 박문약례博文約禮, 극기복예위인克己復禮爲仁을 언급하고 있고, 중용의 구체적인 내용으로는 정명正名을 밝히고 있다.

여기서 오늘날 우리가 『논어』를 연구하는 방향 또는 목적에 관하여 유의할 점이 있다. 비록 『논어』가 공자孔子의 말씀을 기록한 경전經典이며, 군자君子의 도道를 담고 있는 전적典籍임에는 틀림이 없지만 『논어』의 내용이 학문을 중심으로 군자의 도를 밝히고 있기 때문에 도道 자체의 내용을 밝히고 있지는 않다.

또한 도道 자체의 특성상 그것을 그대로 모두 드러내어 밝힐 수 없는 점에서 『논어』의 말씀 역시 도道의 세계에 인도하는 하나의 사다리에 불과하다. 따라서 공자의 말씀을 이해하는 것에 그치지 않고 공자가 말씀을 하게 된 차원次元에 스스로 도달하는 것이 필요하다. 그것은 집중執中을 통하여 본성의 자각과 더불어 천명天命을 자각自覺하였을 때 비로소 『논어』의 내용을 모두 이해하였다고 할 수 있음을 뜻한다.

이제 유학儒學의 근본과제라고 할 수 있는 천인합일天人合一을 중심으로 『논어』의 내용이 무엇인지 앞에서 살펴본 내용을 정리하여 보자.

먼저 응연應然의 천인합일은 학문을 통하여 수기를 함으로써 이루어진다. 그런데 『논어』에서 제시하고 있는 수기의 방법은 집중이다. 그리고 집중의 구체적인 방법은 박문약례, 극기복예위인 등으로 나타내고 있다. 이 때 박문약례는 여러 문장 속에 나타난 주장들을 연구하여 시비是非를 논하는 것에 그치지 않고 그 근원인 마음 작용으로 연구의 방향을 돌리는 것이라고 할 수 있다.

본래 하나의 글을 접할 때 그 글에 나타난 주장의 시비是非를 가리는 것이 일반적인 학문의 방법이다. 그런데 연구자의 관심을 글이라는 객관적 대상을 떠나서 그것을 작성하고 자신의 주장을 내세우는 주체의 문제로 돌려서 생각하면 그것은 곧 글을 작성한 사람의 분별심分別心이라는 마음의 문제가 된다. 분별심分別心이 시비是非의 마음을 낳고 그것이 시비를 주장하는 글로 나타난 것이다. 그러므로 시비의 문제의 근원은 분별심이 없는 마음이라고 할 수 있다.

분별심은 구체적으로는 유有와 무無, 시是와 비非, 대大와 소小, 미美와 추醜, 선善과 악惡, 절대絕對와 상대相對, 형이상과 형이하, 도道와 만물萬物과 같은 대립적인 개념들로 표현된다. 따라서 대립적인 개념들에 의하여 표현된 대립적인 주장의 근저에는 분별심이 존재한다고 하지 않을 수 없다.

대립된 개념들은 실재하는 것이 아니라 인간의 사고에 의하여 구성된 것이다. 그것은 대립된 개념들 자체가 상대방의 개념에 의하여 존재하는 점에서 자성自性을 갖고 있지 않기 때문에 결국은 대립적인 개념으로 나타나는 다양한 생각들이 존재할 뿐이라는 점을 통하여 알게 된다. 그리고 다양한 생각 자체가 바로 실재하는 것이 아니라는 점에서 상대적인 생각이 있을 뿐으로 그 생각이 하나라는 점에서 일심一心의 지경에 이르게 된다.

수많은 다양한 생각들이 결국은 하나의 마음이 작용일 뿐이라는 점에서 보면 시是와 비非와 같은 상대적인 세계가 없음을 알게 된다. 그것을 『논어』에서는 "옳음도 없고 옳지 않음도 없다."고 표현하였다. 그것은 가可와 불가不可라는 양면을 떠났음을 뜻하는 것으로 마음이 이러한 상태를 무심無心이라고 한다. 무심이 되면 무엇에 마음이 고착되어 다른 것을 수용할 수 없는 집착執着이 없기 때문에 무엇을 하겠다는 의도적인 생각이나 그것을 반드시 하겠다는 생각이 없게 된다.

그러나 무심을 유심有心과 비교하여 상대적인 측면에서 머물러 있게 되면 안 된다. 그것은 유심과 대응하는 무심이 있는 것이 아니라 본래 모든 마음이 있다고 할 수 없는 무심인 것이다. 마음이란 존재가 고정되어 불변한 것이 아니라 매 순간 끊임없이 변화하여 있다고 할 수 없기 때문에 무심이라고 하는 것이다. 그것을 유심과 상대적인 측면에서 말하면 무심의 경지에 이르렀을지라도 스스로 무심이라는 생각마저도 없는 경지에 이르러야 한다.

무심하면서도 무심마저 놓아버린 측면에서 보면 상대방과 대응하는 나가 없는 무아無我의 상태이다. 그것은 개체적 존재 중심으로 나라는 관념을 버리는 점에서 자기를 초극하는 극기克己인 동시에 도덕적 주체성을 갖게 되는 측면에서는 예禮를 회복하여 인仁을 주체로 하는 복예위인이 된다. 그러므로 극기복예위인은 학문의 주체인 인간 자신을 중심으로 수기의 방법을 논한 것이라고 할 수 있다.

내가 없다는 것은 아는 나와 앎의 대상 그리고 앎의 내용으로서의 지식이 없음을 뜻한다. 그렇기 때문에 무아의 경지에서 보면 앎이 없는 무지無知가 된다. 무아, 무지의 상태는 절대무絕對無의 상태가 아니라 개체적 측면에서 아는 나와 앎의 내용이 없음을 뜻한다.

무지, 무아의 상태에 이르면 내 존재근거로서의 천天에 이르게 된다. 그것은 천의 이치로서의 천도天道를 자각하게 됨을 뜻하는 동시에 천과 더불어 살아가는 방법으로서의 천명天命을 알게 됨을 뜻한다. 이렇게 되면 이른바 응연應然의 천인합일이 이루어진 것이다.

그런데 천天과 인人이 합일合一이 되었다는 것은 양자의 관계가 하나이면서 둘임을 뜻한다. 본래 본성이 하나이기에 합하여 하나가 될 수 있고, 본래 둘이기에 합하여 하나이면서도 각각 둘이 되는 것이다. 이제 응연應然의 천인합일이 이루어졌다는 것은 곧 이연已然의 천인합일이 이루어졌음을 뜻한다. 그러면 이연已然의 관점에서 천인합일을 살펴보자.

이연의 천인합일의 측면에서 보면 천이 인간에 의하여 때와 장소에 따라서 다양한 모습으로 드러나게 된다. 그것을 도를 중심으로 나타내면 중도中道이고, 중도가 그대로 작용하는 중용中庸이며, 시간을 중심으로 나타내면 때에 맞게 드러나는 시중時中이다. 그리고 인간 중심으로 나타내면 부모가 되어야할 때 부모로 자신을 드러내는 정명正名이 되고, 시의성에 따라서 주어진 천명天命을 행하는 정명正命이 된다.

그런데 응연과 이연이라는 구분이나 천과 인이라는 구분 자체가 있다거나 없다거나, 있으면서도 없다거나, 있지 않으면서 동시에 없지 않지도 않다고 할 수 없다. 그것은 달리 말하면 필요에 의하여 다양하게 드러낼 수는 있어도 드러낸 그것이 그대로 드러내기 이전의 그것 자체라고는 할 수 없음을 뜻한다. 그러므로 있다거나 없다거나 옳다거나 틀렸다거나 등의 어느 일면에 얽매이거나 얽매임을 벗어났다거나 그것마저도 없다거나 하는 등의 언어를 붙일 수가 없다.

도를 천도와 인도 그리고 지도 구분하고 다시 인도에서도 성인의 도와 군자의 도를 구분하며, 군자의 도의 내용을 다시 집중과 중용으로 구분하여 나타내면서도 그것을 하나로 하여 다시 구분하여 나타내기 이전의 세계를 밝히고자 한 점에서 보면 결국 언어와 문자를 통하여 도를 나타내는 형식은 다양한 방면에서 다양한 개념으로 다양하게 드러내지만 그 내용은 하나로 모아지고 필경은 하나라고도 할 수 없는 경지에 이르는데 있음을 알 수 있다.

그것은 본래의 관점에서 보면 『논어』의 내용이 일정한 체계가 없다거나 선언적 문장이라거나 일상의 내용을 담고 있어서 형이상적 내용, 고상한 내용이 없다거나 혹은 있다거나하는 모든 문제는 그것 자체의 문제가 아니라 바로 그것을 읽고 해석하는 독자, 연구자, 자신의 문제임을 뜻한다. 따라서 필요에 따라서 다양한 차원에서 다양하게 읽고, 이해하고,

활용할 수 있는 전적, 종교, 철학, 문학, 역사 그 어느 측면에서 연구가 가능한 전적이 『논어』라고 할 수 있다.

만약 역逆의 관점, 형이하의 관점, 현상적 관점에서 『논어』라는 텍스트의 형성 과정을 보면 오랜 시간을 거치면서 다양한 사람에 의하여 다양한 사건이 다양한 시간에 묶여서 하나가 되어 형성된 것이다. 그 결과 『논어』의 구성 체계가 선언적이고 단편적인 여러 문장들을 아무런 통일성이 없이 무작위로 하나로 묶고 다시 그것들을 모아서 엮은 것에 불과한 것으로 보인다.

그러나 순順의 관점, 형이상의 관점, 도道의 관점에서 보면 『논어』의 구성체계가 하나의 주제를 중심으로 그것에 대하여 논리적이고 체계적으로 설명하는 이론체계와 다를 것이 없다. 사실 정교한 이론체계일수록 다양한 층차層次의 개념들을 중심으로 형성된 것이라는 점에서 단편적이고 선언적인 문장들의 나열과 다를 것이 없다.

오히려 도라는 존재의 특성상 있으면서도 없고, 없으면서도 있지만, 있다고 할 수도 없고, 없다고 할 수도 없고, 있으면서 없다고 할 수 없는 점에서 보면 일이관지一以貫之하는 일정한 주제가 있는 것 같으면서도 있다고 할 수 없고, 그렇다고 하여 그냥 나열한 무의미한 것이 아니라 군자의 도道로 일이관지한 점에서 『논어』와 같은 구성 체계가 군자의 도를 표상하기에는 적합한 형식이라고 할 수도 있다.

형이상과 형이하를 회통하여 일관되게 이해하는 관점에서 『논어』를 보면 20편이 별개의 내용이 아니라 서로 통하여 하나로 모아진다. 그것은 곧 군자君子의 본성本性이며, 그것을 객관화하여 나타내면 군자君子의 도道가 된다. 군자의 도는 때와 장소에 따라서 다양한 사건, 다양한 언행으로 드러난다. 도道 자체의 표상은 비록 일정한 때와 장소에 따라서 일정한 사건과 물건 그리고 언행을 중심으로 이루어지지만 그 결과는 다양한 사건, 다양한 언행으로 나타나게 되는 것이다.

『논어』 각 편 역시 하나의 편 속에 다양한 내용들을 담고 있기 때문에 그것 자체로 보아도 비록 이십편으로 나누었지만 내용상 서로 얽혀있다고 하지 않을 수 없다. 그럼에도 불구하고 이십편을 하나의 내용으로 요약하여 나타내면 다음과 같다. 『논어』의 수미首尾를 이루는 학이學而와 요왈堯曰에서는 학문의 방법으로서의 집중執中을 밝히고 있고, 위정爲政에서는 안인, 안백성의 관점에서 실천원리인 중용을 밝히고 있다. 팔일八佾에서는 예禮를 중심으로 중용을 논하고, 이인里仁에서는 인仁을 중심으로 중용을 논하고 있다. 공야장公冶長과 옹야雍也에서는 집중의 구체적인 방법에 대하여 논하고 있으며, 술이述而에서는 학문의 방법을 중심으로 집중을 밝히고 있고, 태백泰伯에서는 국가사회의 측면에서 중용의 내용을 밝히고 있다. 그리고 자한子罕에서는 집중이 되었을 때의 경지境地를 밝히고 있고, 향당鄕黨은 집중과 중용으로 나타낼 수 없는 본래의 세계를 그리고 있다. 그리고 양화陽貨는 술이述而의 확장이며, 미자微子는 태백泰伯과 호응한다. 자장子張은 자한子罕과 상응하며, 선진先進과 안연顔淵은 학이學而, 위정爲政, 이인편里仁篇의 주해註解이다. 자로子路는 위정爲政 이후의 내용을 설명하고 있으며, 헌문憲問은 이인편里仁篇의 내용을 확장하여 설명한 것이고, 계씨季氏는 옹야雍也와 관련이 있다.

제사부

삼층적 구조를 통한 『논어』의 회통적 이해

\- 제사부 -

삼층적 구조를 통한 『논어』의 회통적會通的 이해

우리는 앞에서 『논어』를 유기적 관점에서 이해할 수 있는 하나의 형식, 틀로 세 차원의 관점에서 살펴보는 삼층적 관점을 제시하였다. 이는 하나의 틀을 제시한 것뿐으로 마지막에는 그러한 틀이 본래 없었음을 알게 되면 틀을 제시한 목적은 달성된 것이라고 할 수 있다. 그것은 공자가 밝히고자 하는 도道 다시 말하면 이상적 인격체인 군자가 어떻게 살아갈 것인지를 밝히고 있는 군자의 삶의 길로서의 도의 내용을 살펴보는 하나의 방편에 불과한 것이다.

만약 시간을 과거로부터 미래를 향하여 흘러가는 직선적 관점에서 본다면 『논어』는 과거의 사람들의 삶을 배경으로 과거의 사람들이 살아가는 방법을 제시한 것으로 오해하기 쉽다. 그러나 본래 시간은 흘러가지 않을 뿐만 아니라 직선적直線的이지도 않다. 시간이라는 것은 단지 인간이 사유思惟에 의하여 구성한 개념에 불과하다. 그런 점에서 『논어』의 내용이나 군자라는 개념을 이제는 버려야할 과거의 유물遺物로 생각한다면 그 생각을 바꾸어야 할 것이다.

공자가 주周나라라는 지나간 과거를 붙들고 넋두리하는 사람이라는 인식도, 지극한 보수주의자保守主義者라는 인식도 사실은 하나의 생각에 불과할 뿐이다. 공자를 굳이 보통의 사람들과 다른 성인聖人이기 때문에 특별하게 대하거나 숭배崇拜할 필요는 없지만 그렇다고 하여 그를 아무렇게나 생각하는 것도 바람직하지 않다. 그 분의 삶 자체는 자신의 개인적인 모든 것을 버리고 인류를 위하여 살아간 점에서 인류에게 지남指南이 됨은 부정할 수 없기 때문이다.

사실 『논어』 자체의 내용을 보면 공자는 결코 보수주의자가 아니다. 뿐만 아니라 보수주의자가 과거에 집착하는 사람들이며, 그와 달리 미래를 향하는 진보주의進步主義와 반대에 서 있는 사람들을 가리키는 개념이라면 더욱 잘못된 것이다. 본래 과거와 미래가 하나이듯이 보수와 진보는 서로 상대방이 있어서 존재할 수 있게 된다. 그런 점에서 사실 보수와 진보라는 것도 하나의 개념일 뿐 가치상의 우열이 존재할 수 없다.

『논어』를 보면 "군자가 옛것을 익혀서 새로운 것을 알면 가히 그것을 스승으로 삼을 수 있다."[1]는 말이 있다. 이른바 온고지신溫故知新으로 널리 알려진 문장이다. 위의 내용을 이해할 때 요점은 '고故'와 '신新'을 어떻게 이해하느냐에 달렸다. 일단은 '온고溫故'는 조건이고 그것을 바탕으로 '지신知新'이 되어야함을 밝히고 있는 것이 위의 문장의 내용이다. 따라서 '온고'를 중심으로 과거에 매달리는 것만을 이해하는 것은 문제가 있다.

'온고'의 '고故'는 옛 것인데 이 때 옛 것 가운데서 가장 근원적인 것은 자신의 삶의 근거인 동시에 존재근거인 본성本性이라고 하지 않을 수 없다. 따라서 온고는 과거적 본성을 자각함을 뜻한다. 사실 아무리 사람의 형상을 가지고 태어났어도 사람으로서의 자신의 본성이 무엇인지를 모른다면 그가 쏟아내는 수많은 지식이 과연 어떤 의미를 가질 수 있는지, 진실한 것인지 의문이다.

'지신'의 '신新' 가운데 가장 근원적인 것, 근본적인 문제는 자신에게 주어진 역사적 사명, 사회적 사명이다. 그것은 자신이 장차 성취해야 할 미

---

1) 『論語』 爲政, "子曰 溫故而知新 可以爲師矣"

래적 사명으로 그것을 일러서 천명天命이라고 한다. 따라서 위의 내용은 맹자가 "자신의 마음을 다하면 본성을 알고 본성을 알면 곧 천명을 깨닫는다."[2]고 한 말과 같은 내용이다.

그리고 "스승으로 삼을 수 있다."는 이미 알고 있는 지식을 바탕으로 유추類推하여 새로운 제삼의 지식을 창출해 낼 수 있다면 그는 남의 스승 노릇을 할 수 있다는 것으로 이해할 수도 있다. 그러나 유가儒家의 전적에서는 지식을 중요하게 여기지 않으며 지혜智慧를 추구한다. 그렇기 때문에 도를 전해줄 수 있는 존재를 스승이라고 하지 지식을 전수해주는 존재를 스승이라고 하지 않는다. 따라서 이 부분은 스승을 가리키기보다는 삶의 준칙, 도道를 나타내는 것으로 이해하는 것이 타당하다.

앞에서 살펴본 바와 같이 공자의 관점은 보수나 진보의 일면에 서 있거나 현실과 이상의 어느 일면에 있는 것도 아니다. 이는 다시 말하면 『논어』를 이해할 때 역사, 철학, 종교, 문학과 같은 다양한 학문적 관점에서 연구할 수 있지만 이러한 각각의 관점을 중심으로 한 연구는 다양한 관점을 종합하여 입체적으로 이해하는 관점과 함께 이해하는 것이 필요함을 뜻한다.

『논어』가 종합적이고 입체적인 관점에서의 이해를 바탕으로 각각의 다양한 측면에서 연구되어질 필요가 있음은 그 내용을 보아도 알 수 있다. 『논어』를 통하여 공자가 주장하는 내용을 정리하여 나타내면 집중執中과 중용中庸이다. 집중과 중용은 두 개념이지만 하나의 개념으로 곧 중도中道가 구현된 세계를 나타내는 것이다.

중도의 세계는 유무有無, 형이상과 형이하, 옳음과 그름, 큰 것과 작은 것, 가난하고 천함과 부유하고 귀함과 같은 일체의 대립적인 개념들을 넘어서 있으면서도 그것을 포괄하고 있는 세계이다. 그것은 모든 존재가 본래 부족함도 넘침도 없는 조화調和와 균형均衡 속에서 살아가고 있음

---

2) 『孟子』 盡心章句上, "孟子曰 盡其心者, 知其性也. 知其性, 則知天矣. 存其心, 養其性, 所以事天也. 殀壽不貳, 修身以俟之, 所以立命也."

을 천명闡明한 것이다. 그러면 공자가 제시한 사회, 세계, 미래, 인간, 문화, 종교, 철학, 교육은 어떤 것인지 『논어』의 원문을 통하여 구체적으로 살펴보자.

제일장 학이學而

【원문】

子曰 "學而時習之면 不亦說乎아? 有朋이 自遠方來면 不亦樂乎아? 人不知而不慍이면 不亦君子乎아?"

【우리말】

공자孔子께서 말씀하셨다. "배우고 때로 익히면 또한 기쁘지 않겠는가? 벗이 있어서 먼 곳으로부터 오니 또한 즐겁지 아니한가? 남이 나를 알아주지 않아도 화를 내지 않으면 또한 군자가 아니겠는가?"

【논어순역】

이 부분은 『논어』 전편의 내용을 정리하여 한꺼번에 나타내고 있다. 『논어』는 학문學問의 방법을 제시하고 있는 경전으로 학문의 방법은 스승으로부터 배워서 그것을 주체화主體化하여 자신에게 주어진 천명天命을 자각自覺함으로써 군자君子가 되는 것이다. 그러므로 이 부분이 학이學而로 시작하여 군자君子로 끝나고 있다.

그런데 위의 내용은 『논어』의 시작 부분으로 『논어』의 마지막 편인 요왈편堯曰編의 마지막 부분과 수미首尾가 일관一貫한다. 『논어』의 시작과 끝이 모두 학문을 통하여 군자가 되는 것이 그 내용이다. 요왈편堯曰篇의 마지막 부분을 보면 "천명天命을 모르면 군자君子가 될 수 없으며,

예禮를 모르면 인격적 존재로 존재할 수 없고, 말을 모르면 사람을 알 수 없다."[3]고 하였다. 위의 내용을 보면 시작 부분에서는 배워서 군자가 되는 학문의 과정을 논하고 있으며, 마지막 부분은 군자를 중심으로 어떻게 군자에 이를 수 있는지를 논하고 있다. 그러면 먼저 『논어』의 마지막 부분을 분석하여 보자.

가) 천명天命을 자각하지 못하면 군자君子가 될 수 없다.(不知命 無爲君子)
나) 예禮를 모르면 인격적 존재가 될 수 없다.(不知禮 無爲立也)
다) 말씀을 모르면 사람을 알 수 없다.(不知言 無爲知人也)

군자君子는 성인聖人이 말씀을 통하여 밝힌 천지의 도를 인간 주체적으로 자각함으로써 자신의 역사적 사명을 자각하여 그것을 실천 구현하는 존재이다.

그런데 역사적 사명의 자각은 자신의 본성인 사덕을 자각하는 것과 더불어 동시에 이루어진다. 군자가 학문을 통하여 자신의 본래성의 자각과 더불어 그것과 일체화된 천지의 도를 자각함으로써 비로소 자신에게 주어진 역사적 사명을 자각하게 되는 것이다.

군자가 본성을 자각하였을 때 밝혀지는 것이 사덕이다. 사덕은 인예의지仁禮義智로 인지仁智의 성性을 자각하여 예의禮義의 명命으로 실천하는 것이다.

나)의 인격적 존재는 군자를 지칭하는 말로 군자는 예의를 실천 구현하는 존재이다. 그러므로 예를 모르면 인격적 존재로 존재할 수 없다는 것은 예를 모르면 군자가 될 수 없음을 말한 것이다.

다)의 "말을 모르면 사람을 알 수 없다."는 것은 성인의 도 즉 성인의 말씀을 모르면 인간의 본래성을 알 수 없음을 뜻한다. 그것은 다시 말하면 성인이 말씀을 통하여 밝힌 천지의 도와 인도를 학문을 통하여 익힘

---

3) 『論語』 堯日篇, "孔子曰 不知命, 無以爲君子也, 不知禮, 無以立也, 不知言, 無以知人也."

으로써 비로소 자신의 본래성을 자각할 수 있음을 뜻한다. 따라서 이 부분은 학이편의 처음 부분과 반대의 관점에서 논의를 전개하고 있음을 알 수 있다. 그러면 학이편의 처음 부분을 자세하게 살펴보자.

"학이시습지學而時習之"에서 배움의 내용은 일상적인 지식이나 자연과학의 법칙을 말하는 것이 아니다. 즉 군자가 되는 것을 목표로 학문을 하는 사람이 배워야 할 내용은 형이상적 존재인 도道인 것이다. 세상에 있는 모든 것들의 존재 근거가 되는 근원적 존재의 존재 진리가 바로 배움의 대상인 것이다. 그러므로 공자孔子는 "아침에 도道를 들으면 저녁에 죽어도 좋다"[4]하여 배움의 내용이 형이상의 도道임을 분명하게 밝히고 있다. 그러면 "시습지時習之"는 어떻게 이해할 것인가?

지금까지의 주석을 보면 배운 내용을 항상 익힌다는 것을 벗어나지 않는다. 『논어』를 비롯한 유가儒家 경전經典에서 '시時'라는 개념은 단순한 시간時間으로서의 물리적 시간을 의미하는 것이 아니라 시간의 존재 근거로서의 시간성時間性, 시의성時義性을 의미한다. 여기서 우리는 시간에 대한 새로운 이해를 필요로 한다.

시간성은 천도의 내용으로 그것이 물리적 시간에 있어서는 그 존재 근거로서의 시의성이 된다. 그러므로 "시습지時習之"는 배움의 내용인 도道를 시간성, 시의성으로 익히는 것을 뜻한다. 익힌다는 것은 자신의 심성心性 내면內面으로 주체화하여 주체성主體性과 일체화一體化시키는 것을 말한다.

그런데 학문하는 군자가 배움의 대상으로 하는 도의 내용은 구체적으로는 천도天道이며 그 내용은 역수원리曆數原理 즉 시간성時間性의 원리原理이다. 그러므로 도道를 배워서 그것을 주체화하여 시의성으로 익힌다고 하였다. 그렇기 때문에 『주역』에서 "앞서 살다간 성인의 말씀과 행동을 많이 알아서 그것을 주체화함으로써 덕을 쌓는다."[5]고 하고, "이처

---

4) 『論語』 里仁篇, "子曰, '朝聞道, 夕死可矣.'"

5) 『周易』 山天大畜卦 大象, "象曰天在山中이 大畜이니 君子以하야 多識前

럼 덕德을 쌓는 것은 시의성時義性에 의한다."[6]고 하였다.

자신의 주체성과 일체화되어 자각되어진 도는 자신에게 주어진 역사적 사명으로 자각된다. 시의성이 자각의 주체인 군자에게는 천명으로 자각되어지는 것이다. 도를 인간 주체적으로 자각하여 천명을 자각하였을 때 비로소 자신의 본성을 자각하는 것은 물론 자신의 존재 근거로서의 천지의 도道도 자각되어진다. 따라서 이 부분은 학문원리를 밝힌 것이라고 할 수 있다.

도의 자각을 통하여 느껴지는 즐거움을 나타내는 부분이 다음의 구절이다. "유붕자원방래有朋自遠方來"를 피상적으로 보면 자신과 같이 학문에 뜻을 둔 친구와 만나는 기쁨을 나타낸 것으로 이해하기 쉽다. 그러나 친구를 만나는 것이 학문을 익히는 것과 같이 즐겁다는 것은 무엇인가 앞의 내용과 논리적으로 맞지 않다. 더구나 학문이라는 심각한 문제를 논하다가 갑자기 친구와 만나는 문제를 논할 이유가 없다. 분명 이 부분 역시 앞에서 밝힌 학습의 내용과 관련하여 논의가 이루어져야 한다.

유가儒家 경전에서는 성인과 군자의 관계를 붕우朋友, 또는 부부夫婦에 비유하여 나타내고 있다. 『주역周易』에서는 성인과 군자를 상징하는 붕우, 부부가 합덕合德하여 성도成道하는 것이 중심 내용임을 밝히고 있다. 그러므로 여기서 붕朋은 우友의 상대로 학문하는 군자의 관점에서는 성인聖人을 상징한다. 그런데 성인은 이미 돌아가고 남아있는 것은 성인의 말씀을 기록한 경전이다. 그러므로 경전을 통하여 성인의 도와 하나가 되는 것을 벗이 있어서 멀리서 자신을 찾아오는 것에 비유한 것이다.

또한 이 부분을 천인 관계를 통하여 이해할 수 있다. 우는 천天을 상징하고, 붕은 군자를 상징한다. 그러므로 천인天人이 합덕合德된 관점에서 천天을 중심으로 인人과 하나가 됨을 상징적으로 나타낸 것이다. 천인이 이미 하나이기 때문에 붕우가 모두 즐겁게 된다. 따라서 이 부분은

言往行하야 以畜其德하나니라."

6) 『周易』 雜卦篇, "大畜은 時也오"

"학이시습지學而時習之"의 구체적인 방법을 밝힌 것이라고 할 수 있다.

『논어』에서 밝히고 있는 학문의 방법은 경전의 연구를 통하여 성인의 도道와 합덕合德하는 것이다. 따라서 이 부분은 학문을 하는 군자와 그 스승인 성인 또는 천을 중심으로 양자의 관계를 통하여 논한 것으로 성인과 군자의 합덕, 천인합덕이 학문임을 밝히고 있다.

다음에 "인부지이불온人不知而不慍이면 불역군자호不亦君子乎아?"는 군자를 정의하고 있는 부분이다. 군자는 경전의 연구를 통하여 성인의 도道와 합덕合德함으로써 천지의 도를 인간 주체적으로 자각하여 자신에게 주어진 역사적 사명을 자각한 사람이다. 그러므로 군자는 반드시 천명을 봉행하게 된다.

천명을 자각한 군자에게 일상의 모든 일은 명이 아닌 것이 없어서 오직 정도로 행할 따름이다. 그것은 다른 사람들의 인식여부를 떠나서 그것 자체가 그대로 군자의 삶인 것이다. 그러므로 다른 사람들이 자신을 몰라준다고 야속해하는 천박한 감정은 갖지 않는다.

군자가 천지의 도를 인간 주체적으로 자각하였을 때 그것은 군자의 덕이 된다. 덕은 형이상적 존재로 그 가운데는 나와 남이 없이 일체이다. 그렇기 때문에 군자는 나와 남을 구분하지 않고 덕을 베풀게 된다. 자신을 낮추는 겸손과 상대방을 높이는 존경을 내용으로 하는 예를 실천하는 존재가 군자인 것이다. 따라서 이 부분은 천명을 자각하여 그것을 실천 구현하는 예의禮義를 실천하는 군자를 지칭함을 알 수 있다.

앞에서 살펴본 내용을 바탕으로 원문의 내용을 도역역성의 순順과 역생도성의 역逆의 관점에서 살펴보면 다음과 같다. 먼저 역逆의 관점에 원문의 내용을 나타내면 "공자孔子께서 말씀하셨다. '스승으로부터 도道를 배워서 그것을 주체화시킴으로서 시의성으로 익히면 또한 기쁘지 않겠느냐? 이미 돌아간 선성인先聖人의 말씀이 경전에 남아 있어서 성인의 도를 매개로 하여 천지의 도를 자각하면 또한 즐겁지 아니하겠느냐? 남을 대할 때 자신을 낮추어서 겸손하고 상대방을 공경하는 예로 대할 뿐

남이 나를 알아주거나 그렇지 않거나 마음에 흔들림이 없다면 또한 군자가 아니겠느냐?'라고 하였다."라고 해석할 수 있다.

그러나 순順의 관점에서 원문의 내용을 해석하면 "공자께서 말씀하셨다. '스승의 행을 본받아서 그것을 때에 맞게 행하고 또 행하면 또한 기쁘지 않겠는가? 천심天心이 부父가 되어 자子에게로 와서 하나가 되면 또한 즐겁지 않겠는가? 사람들이 본래 무아無我임을 알아서 지知와 부지不知의 차원次元을 넘어서 그 어떤 것에도 걸림이 없다면 또한 군자가 아니겠는가?'라고 하였다."라고 할 수 있다.

【원문】

有子曰, "其爲人也孝弟, 而好犯上者, 鮮矣, 不好犯上, 而好作亂者, 未之有也. 君子務本, 本立而道生. 孝弟也者, 其爲仁之本與!"

【우리말】

유자有子가 말하기를 "그 사람됨이 부모父母에게 효도孝道하고 형제간에 우애友愛가 있으면서 형이상적 존재인 진리眞理를 범하는 사람은 없다. 진리眞理를 능멸凌蔑하기를 좋아하지 않으면서 진리眞理를 어지럽히기를 좋아하는 사람은 없다. 군자君子는 근본을 힘쓰는 것이니 근본이 서면 인도人道가 밝혀지게 된다. 효도孝道와 우애友愛라고 하는 것은 인仁을 행하는 기본이다."고 하였다.

【논어순역】

앞에서 학문의 방법과 내용 그리고 목표에 대하여 그 대체를 논하였기 때문에 이어서 학문의 근본이 무엇인지를 밝히고 있다. 이 부분은 효제

孝悌라는 덕목德目이 인仁을 행하는 기본임을 논하고 이를 통하여 군자는 근본을 힘쓰는 존재로, 근본은 천지의 도이고, 천도를 자각하면 인도가 자각됨을 논한 후에 인과 효제의 관계를 통하여 그것을 논증하고 있다. 천도와 인도 그리고 본성과 예의 실천 덕목을 통하여 군자가 힘써 학문해야할 내용이 무엇이며, 그 근거가 어디에 있는지를 밝히고 있는 것이다.

범상犯上의 상上은 형이상자形而上者를 가리키는 개념으로 도道를 가리킨다. 형이상자와 형이하자形而下者를 본말本末관계로 나타낸 것이 무본務本과 도생道生이다. 그것은 천도天道와 인도人道의 관계를 본말本末관계로 나타낸 것이다. 천도와 인도를 본말 관계로 규정한 까닭은 인도를 실천하는 군자가 힘써야할 근본이 천도임을 나타내고자함이다. 이러한 본말의 관계를 인도를 중심으로 나타낸 것이 효제와 인의 관계를 논한 다음 부분이다.

군자는 인예의지仁禮義智의 사덕四德을 실천하는 존재이다. 그러므로 『주역』의 중천건괘重天乾卦의 문언文言에서는 "군자는 이 사덕을 행하는 사람이다. 그러므로 건乾을 원형이정元亨利貞이라고 규정한다."[7]고 하였다. 사덕 가운데서 인仁과 지知는 성性으로 인仁이 체體가 되어 예禮로 드러나며, 지知가 예體가 되어 의義로 드러난다. 그러므로 인仁을 실천하는 구체적인 실천 덕목은 예禮의 구체적인 실천 덕목이 될 수밖에 없다.

예는 인격적 존재의 만남 원리이다. 인격적 지평과 만나는 원리가 바로 예인 것이다. 이러한 예로 맺어진 인격적 세계의 전형적인 예가 바로 가정家庭이다. 부부와 부모 그리고 형제자매는 모두 예로 맺어진 인격적 관계이다.

그런데 사람은 누구나 자식으로 태어나기 때문에 이미 부모로부터 예로 대함을 받으면서 인생을 시작한다. 따라서 인생의 시작은 곧 부모로부터 받은 인을 다시 되돌려주는 예를 배우는 것으로부터 시작하지 않을

---

7) 『周易』重天乾卦 文言, "君子는 行此四德者라 故로 曰乾元亨利貞이라."

수 없다. 그것이 바로 효이다. 그러므로 효는 모든 인격적 행동의 기본이라고 하였던 것이다.[8] 효를 수평적으로 확대시킨 것이 제弟라고 할 수 있다. 형제간의 우애友愛는 효孝를 좌우의 형제간에게로 확산시킨 것이다.

앞에서 살펴본 내용을 바탕으로 위의 원문을 순順과 역逆의 관점에서 해석하면 다음과 같다. 역逆의 관점에서 보면 원문은 "유자有子가 말하기를 '그 사람됨이 부모父母에게 효도孝道하고 형제간에 우애友愛가 있으면서 윗사람을 범하는 것은 드물다. 윗사람을 능멸凌蔑하기를 좋아하지 않으면서 난亂을 일으키기를 좋아하는 사람은 없다. 군자는 근본을 힘쓰는 것이니 근본이 서면 인도人道가 밝혀지게 된다. 효도孝道와 우애友愛라고 하는 것은 인仁을 행하는 기본이다.'고 하였다."고 할 수 있다.

그러나 순順의 관점에서 보면 원문은 "유자有子가 말하기를 '그 사람됨이 부모에게 효도하고 형제간에 우애가 있으면서 형이상적 존재인 진리를 범하는 사람은 없다. 진리를 능멸하기를 좋아하지 않으면서 진리에 어긋나는 언행을 하여 진리를 어지럽히기를 좋아하는 사람은 없다. 군자는 근본을 힘쓰는 것이니 근본이 세워짐으로서 그의 언행이 모두 인도에 부합符合하게 된다. 그렇기 때문에 효도와 우애라고 하는 것은 인仁이 겉으로 드러난 전형적인 도덕적 행위이다.'고 하였다."라고 할 수 있다.

【원문】

子曰, "巧言令色, 鮮矣仁!"

【우리말】

공자께서 말씀하시기를 "교묘한 말과 꾸민 낯 빛에는 인仁이 드물다."고 하였다.

---

8) 『孝經』開宗明義章 第一, "子曰夫孝德之本也 敎之所由生也"

【논어순역】

이 부분은 앞에 이어서 군자가 힘써야할 근본이 덕德일 뿐 말과 행동이 아님을 밝히고 있다. 그것은 말과 행동을 하지 말라는 것이 아니라 군자의 말과 행동에는 반드시 그 내용인 덕德이 담겨있어야 함을 밝힌 것이다. 이 부분 역시 순順과 역逆의 두 관점에서 이해가 가능하다.

역逆의 관점에서 이 내용을 살펴보면 언행言行은 군자의 덕德을 실천하는 매개이다. 언행言行의 내용인 덕德이 없을 때 그것이 억지로 꾸민 교묘한 말과 낮 빛이 된다. 따라서 당연히 교언영색巧言令色에는 인仁이 없다고 할 수밖에 없다. 그렇기 때문에 공자는 "군자는 말은 어눌하게 하고, 그 실천은 민첩하게 하고자 한다."[9]고 하여 군자는 말보다는 그것을 실천함에 진력해야함을 밝히고 있다. 뿐만 아니라 "인仁한 사람은 그 말이 어눌하다."[10]고 까지 극단적으로 말하였다. 물론 그렇다고 하여 어눌한 사람이 모두 어진 사람은 아니다. 그렇기 때문에 "그 말이 어눌하면 그것을 일러 인仁이라고 할 뿐입니까?"라고 묻자 "행함이 어려우니 말함에 어찌 어눌함이 없겠는가?"[11]라고 하였다.

그러나 순順의 관점에서 보면 언행의 주체는 덕이다. 그렇기 때문에 스스로 의식을 하든 그렇지 못하던 상관없이 그의 언행은 모두 덕의 현현일 따름이다. 그렇기 때문에 순順의 관점에서 원문을 해석하면 "공자의 입을 통하여 천지天地가 말씀하였다. '아름다운 말과 좋은 얼굴빛은 인을 아름답게 한다.'"라고 할 수 있다.

【원문】

曾子曰, "吾日三省吾身, 爲人謀而不忠乎? 與朋友交而不信乎?

---

9) 『論語』 里仁, "子曰 君子欲訥於言而敏於行"

10) 『論語』 顔淵, "司馬牛問仁 子曰仁者其言也訒."

11) 『論語』 顔淵, "其言也訒, 斯謂之仁已乎 子曰 爲之難 言之得無訒乎"

傳不習乎?"

【우리말】

증자曾子가 말하기를 "나는 하루에 세 번 내 자신에 대하여 스스로 반성한다. 다른 사람을 위하여 일을 할 때 내 진심을 다하지 않았는가? 벗과 더불어 사귐에 믿음이 없었는가? 스승으로부터 배운 성인의 도를 익히지 않았는가?

【논어순역】

이 부분은 군자의 학문 방법을 구체적인 예를 통하여 논하고 있다. 위의 내용을 집약하여 한마디로 나타내면 자신을 돌이켜 살펴봄(省身)으로 그것은 수약守約이다.

수약守約은 학문의 측면에서는 주체화(約)를 항상 되게 함(守)의 의미이고, 실천의 측면에서는 주체화된 덕을 지킴의 의미이다. 그것을 학문을 중심으로 이해하면 성인의 도에 담긴 이치를 배워서 그것을 주체화함으로써 덕德으로 변화시킴을 나타낸다. 그렇기 때문에 『논어』에서는 약約을 강조하고 있다.

옹야편雍也篇에서는 "군자가 널리 문장을 배우서 그것을 예禮로 주체화하면 또한 도道에서 벗어남이 없을 것이다."[12]라고 하였다. 공자의 수제자인 안연顔淵 역시 공자의 가르침을 정확하게 파악하고 "선생님께서는 차근차근히 사람을 잘 이끌어 주시니 문으로 나의 세계를 넓혀 주시고, 예禮로 그것을 주체화하도록 하여 주셨다.[13]"고 하였다.

성신省身의 구체적인 내용을 나타내는 부분이 다음의 세 가지로 그 내

12) 『論語』 雍也, "子曰 君子博學於文, 約之以禮, 亦可以弗畔矣夫"

13) 『論語』 子罕, "顔淵 喟然歎曰, "仰之彌高, 鑽之彌堅. 瞻之在前, 忽焉在後. 夫子循循然善誘人, 博我以文, 約我以禮,子曰, "君子博學於文, 約之以禮, 亦可以弗畔矣夫"

용은 충신忠信을 주체로 한 학습學習이다. '위인모이불충호爲人謀而不忠乎'는 군자 자신을 중심으로 언급한 것이며, '여붕우교이불신호與朋友交而不信乎'는 성인과 군자의 관계를 중심으로 언급한 것이고, '전불습호傳不習乎'는 군자 자신의 측면에서 언급된 것이다.

『주역』에서는 군자의 학문을 덕을 향상시키는 진덕進德과 덕을 주체로 천하를 제도하는 일을 닦는 수업修業으로 구분하고 진실한 믿음(忠信)이 진덕進德의 근거이며, 경전에 나타난 말씀을 닦아서 성誠을 세움(修辭立誠)이 수업修業의 방법이라고 하였다.[14] 이러한 내용을 자세하게 나타낸 것이 위의 내용이다.

'위인모爲人謀'는 일반적으로 이해하듯이 다른 사람을 위하여 무엇인가를 도모함으로 이해할 수도 있으나 학문의 관점에서 보면 "사람다운 사람이 되고자 도모함"으로 이해할 수 있다. 그런 점에서 보면 "위인爲人"은 사람의 본성인 인仁을 주체로 함으로써의 "위인爲仁"과 같다. 그리고 '위인爲仁'이 되기 위해서는 학문을 해야 하며, 그것이 군자의 도이다. 그러므로 '위인모爲人謀'는 군자의 도를 학문함이다. 그리고 충忠은 자신의 마음을 다함을 뜻한다. 그렇기 때문에 '위인모이불충호爲人謀而不忠乎'는 군자의 도를 학문하면서 진심眞心으로 하였는가를 반성하는 것이다.

'여붕우교이불신호與朋友交而不信乎'의 붕우朋友를 학문의 문제를 중심으로 이해하면 성인聖人과 군자君子의 관계를 상징적으로 나타내는 말이다. 『논어』의 학이편에서 학문을 논하면서 "먼 지방에 벗이 있어서 찾아오면 또한 즐겁지 않겠는가?"라고 한 것도 성인과 군자, 하늘과 군자의 관계를 붕우의 관계에 비유하여 나타낸 것이라고 할 수 있다. 그렇기 때문에 '여붕우교與朋友交'는 성인과 군자의 사귐에 참여함이 된다. 그것은 군자를 중심으로 살펴보면 곧 성인의 도를 학문함이 되어 '여붕우교이불

---

14) 『周易』 重天乾卦 文言, "九三日 君子終日乾乾, 夕惕若, 厲无咎 何謂也 子日 君子進德脩業. 忠信所以進德也, 脩辭立其誠所以居業也. 知至至之, 可與言幾也, 知終終之, 可與存義也. 是故居上位而不驕, 在下位而不憂. 故乾乾因其時而惕, 雖危无咎矣."

신호與朋友交而不信乎'는 성인의 도를 학문하면서 믿음을 갖지 못하였는가를 반성하는 것이다.

'전불습호傳不習乎'는 군자가 성인의 도를 학문하면서 주체화하여 덕德으로 변화시키지 못하고 욕심慾心 때문에 겉으로 드러내지 않았는가를 반성함을 뜻한다. 성인의 도는 경전을 통하여 말씀으로 전하여지기 때문에 그것을 믿고 진심眞心을 다하여 주체화하였을 때 비로소 덕德으로 변화하게 되고, 덕德을 주체로 살아가는 군자가 될 수 있는 것이다. 그럼에도 불구하고 오로지 지식으로 습득하여 그것을 그대로 밖으로 뱉어냄으로써 자신을 과시거하거나 그것을 통하여 이익을 추구함으로써 더 이상 학문상의 진전이 없게 됨을 경계한 것이다. 공자는 "길거리에서 얻어듣고 다시 길거리에서 내뱉는 것은 덕德을 버리는 것이다."[15]고 하여 학문을 통하여 얻은 지식을 다시 내면화하여 자신의 본성과 회통會通시켜서 덕德으로 숙성熟成시켜야함을 강조하고 있다.

【원문】

子曰, "道千乘之國, 敬事而信, 節用而愛人, 使民以時."

【우리말】

공자께서 말씀하셨다. "천승千乘의 나라를 경영하면서 왕천하의 사업을 공경하여 믿고, 사물을 절도에 맞게 사용하고 사람을 사랑하며, 백성들을 때에 따라서 다스린다."

【논어순역】

앞에서 학문의 방법을 개체적 측면에서 논한 것과 달리 이 부분에서는

15) 『論語』陽貨, "子曰 道聽而塗說, 德之棄也."

정치적 측면에서 논하고 있다. 그것은 실천의 측면에서 군자의 학문에 관하여 논한 것이라고 할 수 있다. 이는 "천승千乘의 나라를 다스림"이라는 처음의 문장을 통하여 확인할 수 있다.

전체의 내용을 보면 '사민이시使民以時'는 그 대체를 논한 것이며, '경사이신敬事而信'은 정치의 대원칙을 나타낸 것이고, 그 구체적인 내용을 나타낸 것이 '절용애인節用而愛人'이다.

'경사이신敬事而信'은 군자의 도의 내용인 천하를 왕도정치를 통하여 도道로 제도濟度하는 왕천하王天下 사업事業을 공경恭敬하고, 그 근거인 성인의 도를 믿을 것을 나타내고 있다. 성인이 밝힌 성인의 도의 내용은 군자의 도로 성인은 군자를 기르기 위하여 성인의 도를 밝혔고, 군자는 성인이 밝힌 성인의 도를 군자의 도로 행하는 존재이다. 그렇기 때문에 성인의 도에 대한 믿음과 군자의 도에 대한 사명감이 정치를 이끌어 가는 근본정신이다. 성인의 도에 대한 믿음은 천도天道에 대한 믿음이고, 그것이 자신의 사업인 왕천하 사업에 대한 공경恭敬으로 나타난다.

'절용애인節用而愛人'은 물건과 사람을 구분하여 각각 그 다스리는 원리를 밝힌 것이다. 사물과 사람은 그 본성이 다르기 때문에 각각 그 본성에 맞게 다스려야 한다. 절용節用은 절도에 맞게 사용함의 의미로 그것은 사물을 그 본질인 용도성用途性에 따라서 사용하는 것을 나타낸다. 그리고 애인愛人은 사람의 본성인 인격성에 따라서 인격적으로 대해야 함을 밝힌 것이다. 『주역』에서는 "사물을 다스리고, 말을 바르게 하며, 백성들로 하여금 소인의 길로 빠지지 않게 하는 것이 의義이다."[16]고 하여 왕도 정치 원리를 의로 규정하고 있다.

'사민이시使民以時'는 왕도 정치의 근본이 시의성時義性에 순응順應함에 있음을 밝힌 것이다. 백성을 다스림은 재물을 다스리는 것으로부터 시작된다. 왜냐하면 재물을 다스리는 것을 매개로 하여 사람과 사람이 예禮를 통하여 인격적인 관계를 맺기 때문이다. 그렇기 때문에 사람 다

---

16) 『周易』 繫辭下 第一章, "理財正辭禁民爲非曰義."

스림을 통하여 양자를 함께 논하고 있다. 재물과 사람을 막론하고 시의성에 맞게 사용하고 다스려야 한다. 『주역』에서는 그것을 다음과 같이 논하고 있다. "천시에 알맞게 문물제도를 제정制定하여 재물을 상喪하지 않게 하고, 백성들을 해롭지 않게 한다."[17]

【원문】

子曰, "弟子, 入則孝, 出則悌, 謹而信, 汎愛衆, 而親仁. 行有餘力, 則以學文."

【우리말】

공자께서 말씀하시기를 "제자가 집에 들어가서는 부모에게 효도하고, 밖에 나아가서는 공손하며, 행동을 삼가고 말에 믿음이 있으며, 널리 사람들을 사랑하되 인仁한 사람과 친해야 하니, 이를 행함에 남은 힘이 있거든 글을 배워야 한다."고 하였다.

【논어순역】

이 부분은 학문을 하기 위한 기본자세를 나타낸 것으로 이를 통하여 『논어』에서 밝히고 있는 학문의 성격이 분명하게 드러나고 있다. 군자가 본성을 통하여 인격적 세계에 출입하는 것이 바로 학문이다. 그렇기 때문에 출입을 모두 효제孝悌와 같은 예禮를 통하여 하는 것이 학문임을 밝히고 있다. 이로써 보면 『논어』에서 제시하고 있는 학문은 단순하게 문장을 배우는 것이 아니라 실천에 중심이 있음을 알 수 있다.

『주역』에서는 군자를 인예의지仁禮義智의 사덕四德을 실천하는 존재로 규정하고 있고, 『중용中庸』에서는 사덕의 인仁과 지智를 성性으로 규

---

17) 『周易』 水澤節卦 彖辭, "天地節而四時成, 節以制度, 不傷財不害民."

정하였으며, 『주역』에서는 사덕四德을 성명性命, 성명지리性命之理로 규정하고 있다. 이로부터 성性과 명命이 군자의 본성이며, 그 구체적인 내용인 인지仁智의 성性과 예의禮義의 명命이 사덕四德임을 알 수 있다.

원문에서는 효孝와 제悌를 통하여 출입出入을 언급하고 있다. 출입이 이루어지는 곳은 문이다. 이는 효와 제라는 구체적인 절목節目을 통하여 예禮가 바로 인격적 세상으로 출입하는 문임을 밝힌 것이라고 할 수 있다. 맹자도 인仁을 인간이 살아야할 편안한 집으로 그리고 의義는 바른 길로 규정하고[18] 인仁이라는 집에서 의義라는 길로 나아가는 문이 예禮[19]임을 밝히고 있다.

이 부분은 그 내용을 중심으로 세 부분으로 구분하여 이해할 수 있다. 처음부터 제悌까지가 처음 부분이며, 다음부터 친인親仁까지가 둘째 부분이고 나머지가 셋째 부분이다.

첫째 부분에서는 가정을 중심으로 그것과 국가사회를 내외 관계로 규정하고 내외에서 군자 실천해야할 것이 효제孝悌임을 밝히고 있다. 효孝는 가정윤리인 예禮의 구체적인 절목節目 가운데 하나이며, 제悌는 국가사회를 이끌어가는 의義의 구체적인 절목節目으로 이해할 수 있다. 따라서 이 부분은 효제를 통하여 군자가 행하여야할 것이 예의禮義임을 밝힌 것이라고 할 수 있다.

둘째 부분에서는 군자의 언행言行을 중심으로 말은 항상 삼가야하고, 행동은 믿음이 있어야 하며, 그 언행이 다른 모든 존재들을 널리 사랑함이어야 함을 밝히고 이어서 그것이 모두 군자의 본성인 인仁을 주체로 이루어져야함을 밝히고 있다. 이 부분을 학문의 관점에서 이해하면 인과 친하다는 것은 군자의 도를 학문해야 함을 밝힌 것이라고 할 수 있다. 공

---

18) 『孟子』 離婁章句上, "仁人之安宅也 義人之安路也 曠安宅而弗居 舍正路而不由 哀哉"

19) 『孟子』 萬章章句下, "欲見賢人而不以其道, 猶欲其入而閉之門也. 夫義路也 禮門也. 惟君子能由是路, 出入是門也. 詩云 周道如底, 其直如矢, 君子所履, 小人所視.'"

자는 "군자가 인仁을 버리고 어떻게 군자라는 이름을 이룰 수 있겠는가? 군자는 밥을 먹는 동안에도 인仁을 어김이 없으며, 급하고 구차한 순간에도 반드시 인에 의거하고, 엎어지고 넘어지는 때에도 반드시 인에 의거한다."[20]라고 하여 인이 곧 군자의 도의 구체적인 내용임을 밝히고 있다. 그런데 군자의 도는 성인에 의하여 밝혀진 것이다. 그러므로 어진 사람과 친하다는 것은 곧 성인의 도를 학문함을 뜻한다.

셋째 부분에서는 앞의 내용을 행함에 여유가 있으면 비로소 문장을 배워야함을 밝히고 있다. 이를 통하여 『논어』에서 밝히고 있는 학문은 문장을 익히는 것이 중심이 아니라 실천을 통하여 인격주체성을 확립하는 것임을 알 수 있다.

이 부분을 전체적으로 살펴보면 앞부분에서는 가정 사회를 중심으로 그것과 국가 사회를 내외로 규정하고 내외를 이끌어가는 윤리가 효제孝悌 곧 예의禮義임을 밝히고 있다. 그리고 이어서 내외가 합덕合德된 관점에서 군자의 도인 인仁을 주체로 해야 함을 밝히고 있으며, 마지막 부분에서 군자의 도는 실천이 중심임을 밝히고 있다.

그런데 일반적으로 실천을 말하면 먼저 알아야 한다고 생각하여 선지후행先知後行을 주장하기도 하고, 앎은 행의 시작이고, 행은 앎의 완성이라고 하여 지행합일知行合一을 주장하기도 한다. 이는 모두 역逆의 관점에서 이해한 것으로 순順의 관점에서 보면 행이 곧 앎의 시작이자 완성이다. 그렇기 때문에 행이 수반되지 않은 문장을 배우는 일이 학문이 될 수 없는 것이다. 다만 문장을 읽고 글을 쓰는 일마저도 본래 본성을 주체로 하지 않음이 없기 때문에 순順의 관점에서 보면 그것도 역시 실천일 따름이다.

---

20) 『論語』 里仁, "君子去仁, 惡乎成名 君子無終食之間違仁, 造次必於是, 顚沛必於是."

【원문】

子夏曰, "賢賢易色, 事父母, 能竭其力, 事君, 能致其身, 與朋友交, 言而有信. 雖曰未學, 吾必謂之學矣."

【우리말】

자하子夏가 말하기를 "어진 사람을 본받아서 태도를 바꾸고, 부모를 섬기되 그 힘을 다하며, 군주를 섬기되 능히 그 몸으로 하고, 붕우朋友와 사귀되 말에 믿음이 있으면 그가 비록 배우지 않았다고 하더라도 나는 반드시 배웠다고 말할 것이다."고 하였다.

【논어순역】

자하가 밝힌 위의 내용 역시 공자가 집대성集大成하여 밝힌 유학儒學의 학문이 어떤 학문인지 그 성격을 밝히고 있는 부분이다. 앞부분에서 일상의 삶을 영위하면서 실천해야 할 덕목들을 밝힌 후에 그것을 잘 할 수 있다면 비록 문장을 배우고 익히지 않았을지라도 학문한 것이라고 하여 공자가 밝힌 학문은 인격주체성의 확립과 그 실천이 중심 문제임을 밝힌 것이다.

위의 내용을 군자의 도를 중심으로 이해하면 다음과 같다. 먼저 "현현역색賢賢易色"의 현현賢賢은 현인賢人의 도道를 숭상함을 뜻한다. 현인賢人은 성인聖人과 대응하는 개념으로 아직 현실적인 지위地位를 얻지 않는 군자를 덕을 중심으로 현인이라고 한다. 그러므로 현인의 도는 곧 군자의 도이다. 그리고 "역색易色"은 상태, 태도, 형상을 나타낸다. 따라서 형상을 바꾼다는 것은 곧 세계를 바꾼다는 것을 뜻한다.

그런데 역학易學에서는 세계를 선천先天과 후천後天으로 구분하여 선천에서 후천으로서의 변화원리를 역도易道로 규정하고 있다. 이를 군자를 중심으로 살펴보면 본성의 자각을 통하여 드러나는 세계가 후천後天이며, 본성을 자각하지 못하고 열심히 학문하는 세계가 선천先天이다. 따라서 '역색易色'은 선천에서 후천으로 변화함을 뜻한다. 따라서 "현현역색賢賢易色"은 군자의 도道를 숭상崇尙함으로써 자신의 세계를 변화시킴을 뜻한다.

"사부모능갈기력事父母能竭其力"의 부모는 군자의 존재 근거인 천지의 도를 상징한다. 그러므로 부모를 섬기는 일은 곧 천지의 도를 실천함을 뜻한다. 그렇기 때문에 부모를 섬김에 그 힘을 다한다는 것은 천지의 도를 실천함에 힘을 다해야함을 밝힌 것이다.

"사군능치기신事君能致其身"의 '사군事君'은 군자의 도를 숭상함을 뜻하며, "능치기신能致其身"은 천명天命으로 군자의 도를 행함이다. 그러므로 "사군능치기신事君能致其身"은 군자가 자신의 본성의 자각과 더불어 천명을 자각하여 그것을 실천함을 뜻한다. 그것은 군자가 시의성에 적중하여 천명을 봉행하는 정위응명正位凝命[21]이다.

"여붕우교언이유신與朋友交言而有信"에서 붕우와 사귐은 성인의 도를 궁구함을 뜻한다. 그러므로 군자가 자신이 학문하고 있는 성인의 말씀을 남에게 전할 때는 스스로 실천을 통하여 믿음을 갖고 있어야 하며, 스스로 믿음을 갖고 말을 하기 때문에 그것을 듣는 사람으로 하여금 믿음을 줄 수 있다. 그런 점에서 남에게 신뢰감信賴感을 줄 수 있는 말은 결국 실천을 통하여 말의 내용을 자신의 것으로 체득體得하였을 때 비로소 자신도 믿을 뿐만 아니라 남에게도 신뢰감을 줄 수 있다.

【원문】

子曰, "君子不重則不威, 學則不固. 主忠信. 無友不如己者. 過則勿憚改."

---

21) 『周易』 火風鼎卦 大象, "象曰 木上有火鼎, 君子以正位凝命."

【우리말】

공자께서 말씀하였다. "군자가 자중自重하지 않으면 위엄이 없으니, 학문을 하여도 견고하지 않게 된다. 진실한 믿음을 위주로 하며, 자신과 같지 않은 벗이 없으니, 허물이 있으면 고치는 것을 거리낌이 없어야 한다."

【논어순역】

이 부분은 군자의 도를 밝히고 있는 것으로 그 가운데서 가장 핵심적인 내용은 '중重'이라는 개념이다. 이 '중重'을 어떻게 이해하는가에 따라서 전체의 내용이 달라진다. 주희는 '후중厚重'으로 이해하였으며, 남회근은 '자중自重'으로 이해하였다. 주희의 주장은 군자의 덕이 두터워야 비로소 위엄이 있고, 학문도 견고하다는 것이며, 남회근은 학자가 자신을 중하게 여겨야 학문도 견고하고 위엄이 있다고 하였다.

그런데 '중重'을 거듭함의 의미로 이해하면 군자는 학문을 통하여 거듭나야함을 뜻한다. 『주역』에서 "생生하고 생生함 그것을 일러 역易이라고 한다."[22]고 하였다. 이를 군자의 도道를 중심으로 이해하면 물리적 생명은 시작이며, 형이상적 생명, 도덕적道德的 자아自我의 정립正立이 완성임을 뜻한다. 다시 말하면 앞의 '생生'은 물리적 생명의 시작을 뜻하며, 뒤의 '생生'은 도덕적 자아의 탄생을 뜻한다. 따라서 이는 하학이상달下學而上達한 상태를 나타내는 것이라고 할 수 있다. 따라서 이러한 '생생生生'은 기존의 내가 학문을 통하여 새로운 나로 변화하였음을 뜻한다. 이처럼 변화의 의미로 '중重'을 이해할 수 있다.

'중重'의 '거듭남'은 군자가 학문을 통하여 본성을 자각함의 의미가 된다. 본성의 자각은 곧 사덕四德을 체득하였음, 사덕을 주체로 함의 의미이다. 그러므로 위엄이 있다는 것은 덕에 의하여 형성된 위엄을 뜻한다. 그렇게 되었을 때 비로소 학문의 내용이 견고堅固하다고 할 수 있다.

---

22) 『周易』 繫辭上篇 第五章, "富有之謂大業, 日新之謂盛德. 生生之謂易, 成象之謂乾, 效法之謂坤, 極數知來之謂占, 通變之謂事, 陰陽不測之謂神."

다만 '중重'을 '자중自重'의 의미로 이해하면 군자는 학문을 하는 존재이며, 학문은 자신이 어떤 존재인지를 알고 다른 사람으로 하여금 자신이 어떤 존재인지를 알고 그에 따라서 살아가게 하는 것이다. 그러므로 학문은 곧 자신으로 말미암아 이루어지는 것이지 다른 사람으로 말미암은 것이 아니다. 따라서 학문을 하는 사람은 자신을 존중하는 마음이 있어야 한다. 그렇기 때문에 군자는 자신을 중하게 여긴다고 하였다. 그런 연후에 비로소 학문을 하면 학문이 견고하게 된다.

그런데 '자중自重'은 곧 성인의 말씀에 대한 믿음이며, 그것은 곧 자신의 본성本性에 대한 믿음이다. 왜냐하면 성인의 말씀의 내용 역시 인간의 본성이 완전함을 말하고 있기 때문이다. 그러므로 이어서 진실한 믿음을 중심으로 해야 함을 밝히고 있다. 『주역』에서도 "군자는 진덕수업進德修業을 하는 존재로 충신忠信이 진덕進德의 근거이며, 말씀을 닦아서 성誠을 세우는 것이 거업居業의 방법이다."[23]라고 하였다. 이를 통하여 충신忠信이 덕德을 향상시키는 근거이며, 충신忠信을 중심으로 성인의 말씀을 궁구窮究하는 것이 실천원리임을 알 수 있다.

'자중自重'하는 존재는 모든 존재를 중重하게 여기게 된다. 그렇기 때문에 다른 사람의 언행言行을 통하여 자신의 허물을 고칠 수 있게 된다. 모든 존재가 본래 나와 더불어 일체이며, 나와 남이 모두 소중한 존재임을 안다면 어찌 모든 존재가 스승이 아니겠는가? 그것을 나타내는 것이 끝 부분이다.

"무우불여기자無友不如己者"에 대하여 주희는 "자신과 같지 않은 사람과는 벗을 삼지 말라."[24]고 이해하였다. 이는 성덕成德을 위하여 하학이상달下學而上達하는 역逆의 관점에서 이해한 것이라고 할 수 있다. 그러나 이미 상달上達이 된 관점 곧 순順의 관점에서 보면 나와 같지 않은 친

---

23) 『周易』 重天乾卦 文言, "君子進德修業하나니 忠信이 所以進德也오 修辭立其誠이 所以居業也라."

24) 朱熹, 『論語集註』, "無는 毋로 通하니 禁止辭也라. 友는 所以輔仁이니 不如己則無益而有損이라."

구가 없음의 의미가 된다. 그것은 나와 남의 본성이 동일함을 나타내는 것이 된다. 이를 성인과 군자를 중심으로 이해하면 군자와 같지 않는 성인은 없어서 군자는 곧 성인과 본성이 같기 때문에 성인의 말씀을 매개로 자신의 허물을 고치면 곧 성인과 같은 존재가 됨을 믿어야하는 것이다. 그렇기 때문에 이어서 남을 통하여 자신의 허물을 발견하게 되면 그것을 고치는데 거리낌이 없어야 함을 밝히고 있다. 그것은 다시 말하면 성인이 제시한 성인의 도를 통하여 자신의 허물을 고치는데 의심이 없이 열심히 실천해야함을 뜻한다.

【원문】

曾子曰, "愼終追遠, 民德歸厚矣."

【우리말】

증자가 말하기를 "그 종終을 삼가 멀리까지 미루어 알면 백성들의 덕德이 후중厚重한 곳으로 귀의歸依할 것이다."고 하였다.

【논어순역】

시종始終은 시간을 나타내는 개념이다. 사람의 삶 역시 시종의 시간으로 규정할 수 있다. 사람의 삶의 시작과 끝을 일반적으로 출생出生과 사망死亡이라고 부른다. 그 사이에는 여러 측면에서 다양한 마디로 구분하여 나타낼 수 있다. 이러한 각 마디를 다양하게 채워나가는 것이 여러 사람들 각각의 다양한 삶이다.

그런데 시종만을 생각하면 시간도 물리적인 시간에 그칠 뿐 그 존재근거가 드러나지 않을 뿐만 아니라 인간의 삶 역시 물리적 생명의 시작과 끝이라는 제한된 의미만을 갖게 된다. 사람이 비록 시공의 제한 속에서 시종을 갖는 육체를 갖고 살아가지만 육체가 사람의 전부가 아닐 뿐만 아니라 그것이 본질은 아니다. 따라서 시종과 다른 차원, 물리적 차원이 아닌 근원적 차원, 시종의 근거와 더불어 시종을 논하지 않을 수 없다.

물리적 시간으로서의 시종을 논할 때 함께 언급되는 개념이 종시終始이다. 종시는 시간의 존재 근거가 되는 시간성을 나타내기 위하여 사용된 개념이다. 종시하는 본성 곧 시간의 본성으로서의 시간성은 형이상적 존재이며, 시종은 형이하적 존재이다.

그런데 형이상적 존재와 형이하적 존재가 서로 떨어져서 존재하는 것이 아니라 하나의 존재를 형이상적 관점과 형이하적 관점에서 구분하여 나타내었기 때문에 시종을 논하면 반드시 종시를 중심으로 시종의 존재 근거를 논하지 않을 수 없다.

『주역』에서는 육십사괘六十四卦 각각의 괘卦를 구성하는 육효六爻를 설명하면서 "끝마치고 시작하는 현상의 근저에 있는 원리를 확철廓徹하게 깨달아서 그것을 여섯 마디의 시위時位로 나타내었다."[25]고 하여 육효괘六爻卦가 종시원리終始原理에 근거하여 그것을 시종始終의 여섯 시위時位를 통하여 표상하였음을 밝히고 있다. 그리고 "마치면 다시 시작함이 있으니 그것이 천도의 운행이다."[26]라고 하여 천도天道가 종시원리終始原理임을 밝히고 있다.

물리적 차원에서 시종을 중심으로 원문을 이해하면 "신종추원愼終追遠"의 '종終'은 한 사람의 죽음을 나타내게 되어 위의 내용은 "상사를 삼가고 먼 조상을 추모하면 백성의 덕이 후한 데로 돌아갈 것이다."가 된다. 물론 군자는 반드시 자신의 부모를 살아있을 때도 예로 섬겨야 하고, 죽음에 이르러서도 예로 보내드려야 하며, 제사를 모실 때로 예로 대하여야 한다.

그런데 앞에서 살펴본 원문에 대한 일반적인 이해는 인사를 중심으로

---

25) 『周易』 重天乾卦 彖辭, "大明終始하면 六位時成하나니"

26) 『周易』 山風蠱卦 彖辭, "先甲三日, 後甲三日", 終則有始, 天行也終則有始天行也

이해한 것이다. 다만 원문을 인사의 근거가 되는 천도와의 관계를 중심으로 이해하면 그 내용이 더 풍부하게 이해되어질 수 있다.

"신종추원愼終追遠"을 천도와 인도를 중심으로 이해하면 '종終'은 종시원리인 천도天道를 가리키며, '원遠'은 인사人事의 관점에서 먼 장래를 가리킨다고 할 수 있다. 그러므로 '신종愼終'은 군자가 학문을 통하여 천도天道를 천명天命으로 자각하여 천시天時를 받들어 행行함을 뜻하며, '추원追遠'은 먼 미래까지 생각이 미침을 뜻한다. 그러므로 "신종추원"은 천도天道를 준칙準則으로 삼아 생각이 먼 미래에까지 미침을 뜻한다. 먼 미래는 아직은 이루어지 않았지만 장차 이루어질 세계라는 점에서 먼 미래라고 표현한 것으로 그것은 곧 지선至善의 세계, 도덕적인 세계로서의 후천後天을 가리킨다고 할 수 있다.

"신종추원"하는 군자는 성덕成德된 존재이다. 군자는 덕德을 통하여 백성과 하나가 된다. 그것을 나타내는 것이 "민덕귀후"이다. '후厚'는 군자의 덕을 나타내는 개념으로 백성들이 군자의 덕과 하나가 됨을 뜻한다. 백성들이 군자의 덕과 하나가 되어 나와 남이 모두 지선至善의 세계, 도덕의 세계에서 살아가도록 하는 것이 군자가 해야 할 일이다.

그것은 달리 말하면 군자가 먼저 본성을 자각하고 천명을 자각하여 도덕적 존재로 살아갈 때 비로소 다른 사람들도 그를 본받아서 도덕적인 세계, 지선의 세계, 인간다운 세계인 후천의 세계에서 살아갈 것임을 밝힌 것이다. 따라서 위의 원문 역시 군자의 성덕盛德을 매개로 천하의 모든 사람들과 하나가 됨을 밝힌 것이라고 할 수 있다.

【원문】

子禽問於子貢曰, "夫子至於是邦也, 必聞其政, 求之與? 抑與之與?" 子貢曰, "夫子溫良恭儉讓以得之. 夫子之求之也, 其諸異乎人之求之與?"

【우리말】

자금이 자공에게 말하기를 "선생님께서 이 나라에 이르면 반드시 그 정사政事를 들으시니, 듣고자 하여 듣는 것입니까? 아니면 다른 사람이 스스로 들려주는 것입니까?"라고 하였다. 자공이 말하기를 "선생님은 온순하고, 어질고, 공손하고, 검소하고, 겸양하여 이것을 얻으시는 것이니 선생님이 구하는 것은 일반인들이 구하는 것과 다르다."고 하였다.

【논어순역】

이 부분에서는 공자 당시의 제후들이 공자가 그 나라에 도착하면 반드시 정사政事를 의논하는 것을 통하여 그의 덕화德化가 큼을 밝히고 있다. 당시의 제후들은 공자에게 자국의 정치 상황을 자문하는 정도의 아량은 있었던 것으로 짐작할 수 있다.

그러나 당시의 제후들이 공자를 초청하여 직접 정치에 참여하게 할 수 있을 정도의 지혜와 덕을 갖추지 못하였기 때문에 끝내 공자를 등용하지 않았다. 만약 당시의 제후들이 스스로 덕에 의하여 이루어지는 무위無爲정치, 왕도王道정치를 행하였다면 공자에게 정사를 의논할 필요도 없었을 뿐만 아니라 공자가 주유철환周遊轍環할 필요도 없었을 것이다.

그러면 공자는 당시의 상황을 몰랐던 것인가? 만약 그가 당시의 상황을 파악할 정도의 지혜를 갖추지 못하였다면 어찌 스스로 도를 논할 수 있었으며, 어찌 스스로 요순으로부터 우, 탕, 문, 무, 주공을 거쳐서 자신에게 전하여진 도통을 언급할 수 있었고, 어찌 자신을 알아줄 수 있는 존재는 오직 하늘뿐이라고 하였겠는가? 공자는 스스로 도道가 행하여지지 않을 것을 알고 있음을 말하였을 뿐만 아니라 도가 행하여지지 않으니 뗏목을 타고 구이로 가고 싶은 심정을 밝히기도 하였다. 이는 그가 당시의 상황을 분명하게 파악하고 있었음을 나타내는 것이다. 그러면 그는 왜 제후들을 찾아다녔는가?

공자는 "군자는 도를 도모할 뿐 먹을 것을 도모하지 않는다."라고 하여 평생을 오로지 도를 위하여 그리고 사람들을 평안하게 하고, 백성들을 평안하게 하기위하여 살아간 사람이다. 결국 그가 오랜 세월 여러 제후국들을 돌아 다녔던 까닭은 단지 인류의 역사에 왕도정치라는 이상정치의 씨를 심고자 하였던 것이라고 할 수 있다. 한 사람의 마음속에라도 이상적인 정치의 씨를 심으면 그것이 공간상이나 시간상으로 다양한 방법을 통하여 끊임없이 확충되고 계승되어 후천에 그 열매가 맺을 것을 바랐던 것이다.

그러나 그가 스스로 밝혔듯이 어떤 일이나 의도적으로 그리고 반드시 그러할 것이라고 기약하거나 그렇기 때문에 그렇게 하는 수밖에 없다고 집착하여 자신의 주장을 내세우는 것이 아니라 그냥 마음이 하고 싶은 대로 살아가는 과정에서 나타나는 현상일 뿐이다. 그는 단지 자신의 성품을 주체로 인연에 따라서 어느 제후국에나 갔으며, 그럴 경우 그 지방의 관리들로부터 자연스럽게 그곳의 정치 상황을 들어서 파악할 수 있게 된 것이다. 다시 말하면 본성을 자각하고 천명을 자각하여 살아가는 공자는 언제 어디서나 본성과 일체가 되어 살아가기 때문에 그 지방에 이르면 그 실정을 알게 되는 것이다.

【원문】

子曰, "父在觀其志, 父沒觀其行, 三年無改於父之道, 可謂孝矣."

【우리말】

공자께서 말씀하였다. "부모가 계실 때는 그 뜻을 보고, 부모가 돌아가셨을 때는 그 행을 보며, 삼년 동안 부모의 도를 고치지 않으면 가히 효라고 말할 수 있다."

【논어순역】

이 부분을 개체적 관점에서 부모와 자식의 관계로만 이해하면 3년 동안 부모의 도를 고치지 않는다는 말을 어떻게 이해할 것인지 해결이 되지 않는다. 부모가 도둑질을 하였다면 그렇더라도 3년 동안 고치지 않는 것이 올바른 것인가?

만약 부모가 옳지 못한 일을 한다면 자식이 그것을 그대로 3년 동안 고수할 것이 아니라 그 즉시 고치는 것이 사람다운 도리일 것이다. 그렇다면 원문의 공자의 말은 상식常識과도 어긋나는 실없는 말이 되고 만다.

그런데 위의 내용을 군자를 중심으로 학문의 관점에서 이해하면 전혀 문제가 없다. 먼저 위의 내용을 이루는 중요 개념은 부모와 자식 그리고 양자의 관계를 나타내는 효이다. 이 세 개념을 어떻게 이해하느냐에 따라서 위의 내용은 전혀 달라진다. 또한 효는 부모와 자식의 관계를 나타내는 개념이기 때문에 부모와 자식의 성격에 따라서 그 내용도 달라진다.

먼저 위의 내용을 보면 부모가 존재할 때와 부모가 존재하지 않을 때의 두 상황을 대비하여 각각 효의 내용을 규정하고 있음을 볼 수 있다. 그러면 부모가 무엇이며, 부모가 존재할 때와 존재하지 않을 때는 무엇을 나타내는가?

학문의 측면에서 보면 부모와 자식의 관계는 스승으로서의 성인과 제자인 군자의 관계를 나타내는 개념이다. 학문을 중심으로 나타내면 성인의 말씀을 통하여 군자가 학문을 하기 때문에 성인과 군자가 스승과 제자의 관계에 비유할 수 있다. 그러나 시간적 측면에서는 성인은 이미 사라지고 없어서 그가 남긴 경전을 통하여 훗날의 군자가 학문을 할 수 있다. 또한 성인이 존재함으로써 군자가 존재할 수 있는 점에서 보면 성인과 군자를 부모와 자식의 관계로 비유할 수 있다.

부모가 계실 때는 군자가 학문을 하는 때를 상징적으로 나타낸다. 그리고 부모가 없을 때는 군자가 학문을 완성하여 성인成人으로 세상에 나가서 아버지의 역할을 하는 때를 나타낸다. 따라서 이 부분을 선후천의 세계를 중심으로 살펴보면 '부재父在'는 군자가 성인의 도를 근거로 학문하는 선천을 가리키며, '부몰父沒'은 군자가 학문을 통하여 성인의 도를 자각自覺함으로서 이미 합덕合德이 되었기 때문에 다시 말하면 자식인 군자와 아버지인 성인이 하나가 되었기 때문에 "부몰父沒"이라고 한 것이다. 그러한 때가 군자의 관점에서는 후천이다.

아버지가 계실 때에 그 뜻을 본다는 것은 군자가 학문을 할 때는 성인의 뜻에 근거하여야 함을 나타내는 것이다. 그리고 아버지가 계시지 않을 때 그 행을 본다는 것은 학문을 완성하여 세상에 나아가서 실천을 할 때는 구체적으로 드러나는 행위의 결과를 항상 살펴봄을 뜻한다.

삼년 동안 부모의 도道를 고치지 않는다고 할 때의 3년은 어린아이가 부모의 젖을 먹는 기간을 나타내는 것으로 이해할 수도 있다. 그러나 역시 부모가 계실 때 곧 군자가 학문을 하는 때를 상징한다. 그것을 3이라는 수를 통하여 나타낸 까닭은 역학적易學的 관점에서는 선천을 상징하는 내괘內卦의 삼효三爻를 가리키는 것으로 이해할 수 있다. 따라서 위의 내용은 선천에는 성인의 도를 믿고 따라야함을 밝힌 것이다. 그러면 효라는 개념은 무엇을 상징하는가?

일차적으로는 군자와 성인의 마음이 하나가 되는 것으로 곧 군자가 학문을 통하여 성인의 마음을 깨달음을 뜻한다. 그런데 성인의 마음은 곧 천지의 마음이다. 그러므로 이는 군자가 천지의 마음과 하나가 됨을 뜻한다. 그것이 바로 선천에서 해야 할 효의 내용이다. 군자가 학문을 완성하고 실천을 하는 후천에 이르면 효는 성인의 도를 실천하고, 천도를 인사의 측면에서 실천하는 것이 된다.

앞의 내용을 군자 자신의 문제로 내면화하여 군자 자신의 언행言行을 중심으로 이해하면 다음과 같다. 아버지는 군자의 본성을 나타내고, 자식은 마음 또는 몸을 가리킨다. 그러므로 아버지가 계신다는 것은 군자가 자신의 본성을 자각하여 그것을 주체로 살아가지 못하는 때를 가리킨다. 본성이라는 주체가 아직 언행으로 드러나지 못하여 말과 행동이 일치하지 않을 뿐만 아니라 마음과 행동이 본성과 일치하지 않는다.

군자가 아직 자신의 본성을 자각하여 주체를 세우지 못하였을 때는 스스로 자신의 마음, 뜻이 어디에 있는지를 항상 살펴야 한다. 그것을 나타내는 것이 부모가 계실 때는 그 뜻을 본다는 것이다.

그것은 군자가 사고를 하고 언행을 할 때 하기 전이나 한 후를 막론하고 항상 자신의 마음이 본성과 일치하는지 다시 말하면 자신의 뜻이 본성에 있어서 사고하고 행동하는지 아니면 몸에 있어서 본능을 따라서 생각하고 행동하는지를 항상 살펴보아야 함을 뜻한다.

이 때 군자가 학문함은 다른 것이 아니라 매 순간 자신의 뜻을 돌아보아 그것이 언제나 본성으로 향하도록 유지하는 일이다. 그것을 공자는 "어진 사람의 언행을 보면 그와 같아질 것을 생각하고, 어질지 않은 사람의 언행을 보면 그것을 바탕으로 안으로 자신의 마음을 살펴본다."고 하였다. 그리고 『서경書經』에서는 군자는 매 순간 항상 마음이 순수하여 자신의 뜻이 본성을 향하는지 본능을 향하는지를 살펴서 언제나 본성을 향하도록 해야 비로소 자신의 본성과 합일合一되는 상태를 유지할 수 있음을 밝히고 있다.

그런데 부모와 자식의 합일合一은 학문을 통하여 이루어진다. 그것을 나타내는 것이 3년 동안 아버지의 도를 고치지 않는다는 것이다. 이 때 3년은 구체적으로는 학문의 세 단계를 가리킨다. 그러면 구체적으로 세 단계가 무엇인지 살펴보자.

우선 첫째는 극기克己하여 인仁을 주체로 하는 단계라면 나와 남이 모두 사라져서 나와 남이 하나인 것이 둘째 단계이고, 나와 남이 모두 살아나는 생생生生의 단계가 셋째 단계라고 말할 수 있다. 이를 마음을 중심으로 살펴보면 마음이 오로지 본성을 향하는 일심一心의 단계가 첫째 단계라면 양자가 하나가 되어 자식이라는 생각이 없는 무심無心의 단계가 두 번째 단계이며, 아버지와 자식이라는 구분이 없으면서도 때로는 아버지로 때로는 자식으로 자유자재自由自在하는 단계가 세 번째 단계라고 할 수 있다. 그러므로 학문이 완성될 때까지 본성을 향하는 마음을 잃지 않음이 3년을 아버지의 도道를 고치지 않는다는 것이다.

위의 내용을 물리적 부자父子의 관계를 중심으로 살펴보면 아버지가 계실 때 그 뜻을 본다는 것은 자식이 되었을 때 부모라는 존재가 어떤 존재인지를 알아서 그 뜻에 맞게 대함을 뜻한다. 그리고 부모가 계시지 않을 때 그 행위를 본다는 것은 자신이 부모가 되었을 때 자신이 역시 부모의 언행을 하는 것인지를 확인하는 것이다. 3년을 아버지의 도를 고치지 않는다는 것은 부모가 돌아가신 후에도 부모의 은혜를 잊지 않고 그 뜻을 따르고자 함을 뜻한다.

【원문】

有子曰, "禮之用, 和爲貴. 先王之道, 斯爲美, 小大由之. 有所不行, 知和而和, 不以禮節之, 亦不可行也."

【우리말】

유자有子가 말하였다. "예禮의 작용은 화和를 귀하게 여긴다. 선왕先王의 도道는 이것을 아름다움으로 여기니 크고 작은 것이 모두 이것으로부터 말미암은 것이다. 실천할 수 없는 경우가 있으니 화和를 알아서 화和만 알뿐 예禮로 절제節制하지 않으면 역시 실천할 수 없다."

【논어순역】

이 부분에서는 군자의 사덕 가운데서 예禮와 의義의 관계를 밝히고 있다. 『주역』에서는 "건도乾道가 변화하여 각각 성명性命이 바르게 되니 보합保合하고 대화大和하여 이利롭고 바르다."[27]라고 하여 성명이 바르

---

27) 『周易』 重天乾卦 彖辭, "乾道變化에 各正性命하나니 保合大和하야 乃利

게 되면 곧 합화合和하게 됨을 밝히고 있다.

성명은 군자의 본래성의 내용인 사덕을 가리키는 것으로 인仁과 지智가 성性이며, 예禮와 의義가 명命이다. 그런데 "아름답게 만남으로서 족히 예禮와 합合하고, 물건을 이롭게 함으로써 족히 의義와 화和를 이룬다."[28]라고 하여 예가 가회嘉會원리이며, 의義가 이물利物원리로 그것을 함께 논하면 인물人物과 합화合和하는 원리가 예의禮義임을 알 수 있다. 그러므로 보합대화는 곧 예의가 행하여진 세계를 가리킴을 알 수 있다.

예와 의는 형이상적 존재이기 때문에 일체적 존재이다. 그렇기 때문에 양자는 호상체용의 관계가 된다. 공간성의 원리를 중심으로 논하면 예체의용禮體義用이 되며, 시간성의 원리를 중심으로 논하면 의체예용義體禮用이 되는 것이다.

이 부분에서는 공간성의 원리를 중심으로 예禮와 의義의 관계를 밝히고 있다. 그렇기 때문에 예禮의 작용을 의義를 실천하는 원리인 화和를 중심으로 논하여 예禮의 작용은 화和를 귀하게 여긴다고 하였다. 따라서 이 부분은 예체의용禮體義用을 밝힌 것으로 그것이 "선왕先王의 도道나 성인聖人의 도道가 모두 화和를 귀하게 여겼다."고 표현된 것이다. 결론 부분에서 의義만을 알고 예禮를 통하여 천시天時에 적중的中하지 못하면 역시 행할 수 없음을 밝힌 것도 그러한 까닭이다.

위령공편衛靈公篇에서는 시간성의 원리를 중심으로 예禮와 의義의 관계를 나타내고 있다. 그렇기 때문에 의義가 본체가 되며, 예禮가 작용이 됨을 밝히고 있다. "군자는 의義를 바탕으로 삼고, 예禮로 실천하여, 겸손謙遜으로 드러내며, 믿음으로 그것을 완성하니 군자로구나."[29]라고 하여 먼저 의義를 본체로 하여 이루어지는 군민합덕君民合德을 논하고 그것이 군자의 도의 완성인 동시에 성인의 도의 완성임을 밝히고 있다.

貞하니라."

28) 『周易』 重天乾卦 文言, "嘉會 足以合禮 利物 足以和義"

29) 『論語』 衛靈公, "君子 義以爲質, 禮以行之, 孫以出之, 信以成之. 君子哉"

【원문】

有子曰, "信近於義, 言可復也. 恭近於禮, 遠恥辱也. 因不失其親, 亦可宗也."

【우리말】

유자有子가 말하였다. "약속이 의義에 가까우면 말을 가히 실천에 옮길 수 있고, 공손함이 예禮에 가까우면 치욕恥辱을 멀리할 수 있으며, 의탁함이 그 친親할 만한 사람을 잃지 않으면 또한 종주로 삼을 수 있다."

【논어순역】

이 부분을 일상적인 관점에서 이해하면 위의 내용과 같이 우리말로 옮길 수 있다. 이 부분을 군자의 사덕四德을 중심으로 이해할 수도 있다. 사덕 가운데서 예와 의의 본체는 인仁과 지智이기 때문에 인과 지는 예와 의의 종宗이라고 할 수 있다.

사람과 사람의 관계에서 가장 친함이 있어야할 존재는 부모로 부모를 양친兩親이라고 부르는 까닭도 여기에 있다. 양친을 부모로 대하는 것은 예이지만 그 본체는 인仁이다. 따라서 그 친함을 잃지 않음은 곧 인仁을 주체로 함을 뜻한다. 마지막 부분은 인지의 성을 주체로 해야 인격적 존재가 될 수 있음을 뜻한다.

앞부분에서는 인지仁智의 성性이 본체가 되어 이루어지는 예의禮義의 작용을 논하고 있다. 약속은 자신과 남의 사이에 이루어지는 약속이거나 자신과 자신에 대한 약속이거나를 막론하고 장차 무엇을 하겠다는 의지를 세우는 것으로 그것은 곧 미래를 결정하는 행위이다. 따라서 자신이 어떤 존재이며, 무엇을 해야 하는지를 아는 지혜를 갖고 약속을 하지 않으면 안된다.

약속이 의에 가깝다는 것은 그 본체인 지성을 체득하였음을 뜻한다. 그리고 공손함이 예에 가깝다는 것은 예의 본체인 인을 체득하였음을 뜻한다. 왜냐하면 예가 구체적으로 드러날 때 공손함으로 드러나기 때문이다. 이처럼 예의라는 명을 체득할 때 비로소 그것을 실천하며 살아갈 수 있게 된다. 그것은 인지의 성을 주체로 하여 군자의 삶, 도덕적인 삶을 살아갈 수 있음을 뜻한다.

위의 내용을 다시 학문을 중심으로 이해하면 스승으로부터 배워서 그것을 익히는 학문을 통하여 성인聖人의 도에 대한 믿음이 의義에 가까우면 성인의 말씀을 실천할 수 있고, 공손함이 예禮에 가까우면 소인의 도인 치욕恥辱을 멀리 할 수 있으니 예와 의로 인하여 군자가 추구하는 군자의 도를 잃지 않으면 가히 사덕 가운데서 인지仁智의 성性을 자신의 주체성으로 삼아서 살아갈 수 있음을 나타낸다.

【원문】

子曰, "君子 食無求飽, 居無求安, 敏於事而愼於言, 就有道而正焉, 可謂好學也已."

【우리말】

공자께서 말씀하시기를 "군자君子가 음식을 먹음에 배부름을 구하지 않으며, 거처에 편안便安을 구하지 않으며, 일을 민첩하게 하고 말은 삼가며, 도道에 나아가서 자신을 바르게 하면 학문을 좋아한다고 말할 만하다."고 하였다.

【논어순역】

이 부분에서는 학문을 좋아함이 무엇인지를 통하여 학문의 방법을 밝히고 있다. 그렇기 때문에 이 부분을 통하여 『논어』에서 제시하고 있는 학문의 성격을 알 수 있다. 위의 내용 가운데서 앞의 두 말인 "식무구포食無求飽, 거무구안居無求安"은 군자君子가 해서는 안 될 일을 나타내며,

나머지 부분은 군자가 힘써야할 학문에 관한 말씀이다.

의식주衣食住는 군자의 물리적 생명을 유지하기 위한 수단이지만 그러나 그것이 군자가 힘써야할 근본은 아니다. 그러므로 군자는 음식을 먹음에 배부름을 추구하지 않고, 거처함에 편안함을 추구하지 않는다고 하였다.

군자가 힘써 행하여야할 일은 형이상적 생명을 키우는 학문이다. 일에 민첩하고 말을 삼가야하는 것들은 모두 학문과 관련된 것들이다. 민첩하게 행해야 할 일은 군자가 행해야 할 덕을 향상시키고 천하를 편안하게 하는 일을 닦는 진덕수업進德修業이며, 삼가야할 말은 소인小人의 말道과 다른 성인聖人의 말씀道이다. 군자는 항상 군자와 소인의 길을 변별辨別하여 성인聖人의 도道를 학문해야 한다. 결국 민첩하고 삼가야할 일과 말은 성인聖人의 도道를 통하여 덕德을 쌓아서 천하를 제도하는 사업을 닦는 것을 나타낸다.

진덕수업進德修業은 자신보다 먼저 그 길을 걸어간 스승을 통하여 질정質正하지 않으면 안된다. 그렇기 때문에 도道 있는 곳에 나아가서 자신을 바르게 한다, 학문學問의 방향을 바르게 한다고 하였다. 그것이 바로 학문學問의 구체적인 방법이다.

학문의 구체적인 방법인 도에 나아가서 자신을 바로 잡는다는 것은 도와 합덕合德하여 하나가 됨을 뜻한다. 도는 군자에 있어서는 본성으로 내재화된 존재이다. 그러므로 도 있는 곳에 나아가서 자신을 바르게 한다는 것은 자신을 이겨서 본성으로 돌아가는 것으로 그것을 역학易學의 측면에서 살펴보면 모든 일을 천지를 표상하는 십오十五에 돌리는 것으로 그것은 십오를 높이 받들어서 본체로 돌리는 십오존공위체十五尊空爲體원리라고 할 수 있다.

【원문】

子貢曰, "貧而無諂, 富而無驕, 何如?" 子曰, "可也, 未若貧而樂, 富而好禮者也." 子貢曰, "詩云, '如切如磋, 如琢如磨', 其斯之謂與?" 子曰, "賜也, 始可與言詩已矣, 告諸往而知來者."

【우리말】

자공子貢이 말하기를 "가난하면서도 아첨阿諂하지 않으며, 부유富裕하여도 교만驕慢하지 않으면 어떻습니까?" 공자孔子가 말씀하시기를 "옳기는 하나 가난하면서도 도道를 즐기고, 부유富裕하면서도 예禮를 좋아하는 것만 같지 않다." 자공子貢이 말하기를 "시詩에서 말하기를 '자르는 듯 가는 듯 쪼는 듯 가는 듯하다'고 하였으니 이를 말한 것입니까?" 공자가 말하기를 "사賜야, 이제 너에게 시詩에 대하여 말해줄 수 있겠구나. 지나간 것을 알려주니 다가올 것을 아는구나."

【논어순역】

이 부분을 통하여 공자가 시詩를 이해하는 방법을 알 수 있을 뿐만 아니라 공자의 『시경詩經』관觀을 알 수 있다. 빈부貧富의 외적 상황에 따라서 자신의 마음이 변함이 없이 아첨阿諂하지 않고, 교만하지 않는 것은 소극적인 방법에 지나지 않는다. 그것은 오직 소인의 도와 군자의 도를 변별하여 소인의 도에 빠지지 않으려고 노력하는 것에 불과하다.

앞의 노력도 중요하지만 그것에서 더 나아가서 가난할 때도 도道를 즐기고, 부유할 때 도道를 즐겨서 항상 예禮를 실천하며 살아가야 한다. 뼈나 뿔을 가공할 때 자르고 다시 갈며, 옥석玉石을 가공할 때 쫀 후에 다시 갈 듯이 학문은 소인의 도와 군자의 도를 변별辨別하여 소인小人의 도道를 버리는데 급급할 것이 아니라 군자君子의 도道를 실천하는데 진력해야한다. 다시 말하면 덕德을 주체화함으로써 어떤 상황에 처하여도 항상 예의禮義를 실천하며 살아가야 한다.

위의 내용을 역수원리曆數原理의 관점에서 이해하면 역逆의 관점에서 소인과 군자를 구분하고, 빈貧과 부富, 아첨阿諂하고 교만驕慢함과 그렇지 아니함을 구분하여 어느 일면에 고착固着하는 것을 버리고 가난할 때나 부유할 때나 관계가 없이 항상 군자의 사덕四德을 주체로 살아가야 함을 밝힌 것이다. 그것은 소인의 차원에서 군자가 되기 위하여 학문을 할 때에도 가난할 때에도 언제나 순順의 관점에서 본성을 벗어나지 않아야 함을 뜻한다. 비록 자신의 덕이 없거나 가난할지라도 그것이 본성의 현현顯現이며, 학문의 과정임을 굳게 믿는 믿음이 없다면 순順의 관점에서는 것이 불가능하다. 그렇기 때문에 공자는 "진실한 믿음을 주체로 한다."[30]고 하여 진실한 믿음을 강조하고 있다.

【원문】

子曰, "不患人之不己知, 患不知人也."

【우리말】

공자께서 말씀하였다. "사람들이 자신을 알지 못하는 것을 걱정하지 말고, 자신이 다른 사람을 알지 못하는 것을 걱정해야 한다."

【논어순역】

이 부분을 비롯하여 『논어』에서 비록 표현을 위하여 나(己)와 남(人)을 구분하여 논하고 있지만 그 본성에서 보면 결코 둘이 아니어서 자신이라고 할 것이 없다. 그렇기 때문에 이 부분에서도 자신을 중심으로 사고하는 것이 아니라 남을 중심으로 사고해야함을 밝히고 있다.

---

30) 『論語』 子罕, "子曰 主忠信, 毋友不如己者, 過則勿憚改."

그러나 겉으로 드러난 것만을 중심으로 자신을 버리고 남을 중심으로 사고해야한다고 한다면 그것도 잘못된 생각이다. 왜냐하면 다른 사람을 올바로 알고자 하면 자신의 본성을 알지 못하고서는 불가능하기 때문이다.

본래 자신의 본성과 다른 사람의 본성이 다르지 않기 때문에 자신의 본성을 자각함으로써 비로소 남을 알 수 있는 것이다. 따라서 남이 자신을 알아주지 않는 것을 걱정하지 말고 자신이 남을 알지 못함을 근심하라는 것은 나와 남을 구분하여 자기를 고집하는 형이하적 차원에 고착된 사고를 버리고 학문을 통하여 본성을 자각해야 함을 밝힌 것이다.

이 부분은 학이學而의 처음 부분에서 결론으로 제시한 "다른 사람들이 자신을 알아주지 않아도 화를 내지 않으면 또한 군자가 아니겠는가?"와 서로 상응하는 내용이다. 따라서 학이의 결론이라고 할 수 있다. 학문은 개체적 관점이 위주가 된 상태에서 자기를 버림으로서 천지와 더불어 일체가 되는 경지에 이르는 것이 그 목표이다. 그러므로 학문의 방향이 올바로 정립되어 학문을 하는 사람이라면 나와 남을 구분하는 마음이 없기 때문에 남이 나를 알아주지 않음을 근심하지 않으며, 오히려 자신이 스스로 다른 사람을 알지 못함을 근심하게 된다.

그러나 학문이 천명天命을 자각하는데 이르면 이미 천지天地와 일체一體이기 때문에 나와 남의 구분이 없이 천지의 마음을 자신으로 마음으로 한다. 그러므로 남을 알지 못함마저도 근심할 것이 없다. 나와 남을 아는 차원을 넘어서서 오직 본성을 주체로 행하면 천지와 더불어 일체가 되어 행하기 때문에 그대로 만물을 이롭게 할 뿐이다.

제이장 위정爲政

【원문】

子曰, "爲政以德, 譬如北辰, 居其所而衆星共之."

【우리말】

공자孔子께서 말씀하였다. "정치를 덕德으로 행함은 비유하자면 북두칠성北斗七星이 제 자리에 있고 나머지 여러 별들이 북두칠성北斗七星을 중심으로 운행運行하는 것과 같다."

【논어순역】

이 부분은 정치의 주체가 덕德임을 밝힌 것으로 북두칠성北斗七星이 중심이 되어 많은 별들이 운행하듯이 덕을 주체로 모든 정치가 이루어져야 함을 나타낸 것이다.

덕은 본성을 주체로 하였을 때 체득體得되어지는 것이다. 따라서 덕이 정치의 주체가 되어야한다는 것은 곧 본성이 주체가 되어 이루어지는 정치가 올바른 정치임을 밝힌 것이다. 그것은 본성의 현현 자체가 바로 정치政治임을 논한 것이다. 그렇기 때문에 맹자는 정치를 사덕四德 가운데서 실천주체인 인仁을 중심으로 인정仁政[31]으로 규정하였다.

정치의 근본이 덕이라는 것은 정치를 중심으로 그 주체를 밝힌 것일 뿐 인간의 모든 언행이 그대로 본성의 현현顯現이어야함을 밝힌 것이다. 『주역』에서는 자신의 본성을 자각하여 그것을 주체로 살아가는 이상적 인격체를 군자로 규정하였을 뿐만 아니라 군자는 사덕을 실천하는 존재라고 하여 덕을 주체로 인간의 삶이 이루어져야 함을 밝히고 있다.

---

31) 『孟子』 離婁章句上, "孟子曰 離婁之明 公輸子之巧, 不以規矩, 不能成方圓, 師曠之聰, 不以六律, 不能正五音, 堯舜之道, 不以仁政, 不能平治天下."

【원문】

子曰, "詩三百, 一言以蔽之, 曰, '思無邪'."

【우리말】

공자께서 말씀하였다. "『시경』의 시詩 삼백三百 편을 한마디로 요약하여 나타내면 생각에 사특함이 없음이다."

【논어순역】

이 부분은 공자의 시경관詩經觀을 가장 직설적으로 밝힌 것으로 이를 통하여 시詩가 본성本性의 발현發現임을 알 수 있다. 생각에 사특邪慝함이 없다는 것은 공자는 물론 작시자作詩者나 독시자讀詩者, 학시자學詩者를 막론하고 그것이 모두 본성의 현현임을 나타낸 것이다.

생각은 본성의 작용으로 그것이 사특함이 없다는 것은 본성이 그대로 발현되었음을 뜻한다. 이른바 『중용』에서 밝힌 중화中和를 이룬 상태를 나타내는 것이 "사무사思無邪"인 것이다.

그런데 중화中和를 이룬 결과는 희로애락喜怒哀樂의 감정을 통하여 나타난다. 그렇기 때문에 희로애락의 정서를 나타내는 시詩는 본래 순順의 관점에서 보면 중화를 이룬 상태에서 나타나는 본성의 현현일 따름이다. 다시 말하면 공자가 시를 형이상적 관점에서 경전적 가치를 밝힌 것도, 작시자作詩者의 시를 짓는 행위도, 독시자가 시를 읽는 것도, 학시자가 시를 배우는 것도 모두 본성의 현현임을 밝힌 것이다.

【원문】

子曰, "道之以政, 齊之以刑, 民免而無恥, 道之以德, 齊之以禮, 有恥且格."

【우리말】

공자께서 말씀하였다. "백성들을 정치로 이끌고, 형벌로 언행을 하나같게 하면 백성들이 형벌을 면免하게 할 수는 있으나 부끄러움을 모르게 된다. 덕德으로 이끌고, 예禮로 언행言行을 방정方正하게 하면 부끄러움을 알뿐만 아니라 자신의 잘못을 바로잡게 된다."

【논어순역】

이 부분은 정치가 어떻게 이루어져야할 것인지를 밝힌 부분이다. 공자께서는 제도制度와 명령命令을 통하여 백성들을 이끌고 형벌로 삶을 규제하면 백성들이 형벌로부터 벗어나고자 할 뿐 부끄러움을 모르게 되며, 덕德으로 백성들을 이끌고 예禮를 주체로 하여 도덕적 삶을 살아가도록 해야 부끄러움을 갖게 될 뿐만 아니라 자신의 잘못을 스스로 바로잡게 된다고 하였다.

덕으로 이끈다는 것은 인仁으로 백성들을 이끌어야함을 밝힌 것이며, 예禮로 가지런하게 한다는 것은 예를 통하여 백성들이 모두 인격적 지평에서 삶을 영위하도록 해야 함을 뜻한다. 그랬을 때 비로소 자신의 잘못을 부끄러워할 뿐만 아니라 그것을 바로 잡을 수 있게 된다.

【원문】

子曰, "吾十有五而志于學, 三十而立, 四十而不惑, 五十而知天命, 六十而耳順, 七十而從心所欲, 不踰矩."

【우리말】

공자께서 말하였다. "내가 열다섯에 학문學問에 뜻을 두었으며, 삼십三十에 서고, 사십四十에 유혹誘惑에 흔들림이 없었으며, 오십五十에 천명天

命을 알게 되었고, 육십六十에 듣는 모든 것이 순응順應하게 되었으며, 칠십七十에 마음이 하고자하는 것을 따라도 법도法度를 벗어남이 없었다."

【논어순역】

이 부분은 공자 자신의 학문 여정을 통하여 군자의 학문 여정을 밝히고 있는 부분이다. 일반적으로는 이 부분을 물리적인 시간의 흐름에 따라서 이루어지는 삶의 매듭을 따라서 이루어지는 학문의 과정을 나타낸 것으로 이해한다.

그렇게 이해할 수도 있지만 위의 내용을 학문의 내용과 관련하여 이해할 수도 있다. 그것은 위의 내용에서 중요한 부분인 수를 물리적 관점에서 이해하여 단순하게 시간을 나타내는 수로 이해하느냐 아니면 그것을 역수원리적 측면에서 이해하여 역도, 삼재의 도를 상징적으로 표상하는 수로 보느냐의 차이에 있다.

수를 물리적 시간이 아닌 천도를 중심으로 보는 것이 인간의 삶의 과정으로서의 학문의 과정을 밝히는 측면에서 보면 방향이 어긋난다고 생각할 수도 있으나 인간의 삶이 천도에 근거하여 이루어지기 때문에 양자를 함께 이해하는 것이 필요하다.

"십유오이지우학十有五而志于學"은 십오十五로 학문에 뜻을 세운다는 의미이다. 십오十五는 인간의 삶의 근원으로서의 천지天地의 도道를 수數를 통하여 상징적으로 표상한 것이다. 그러므로 위의 내용은 십오十五가 표상하는 천지天地의 도道를 학문學問하고자 하는 뜻을 세움을 뜻한다.

"삼십이립三十而立"은 십오十五가 표상하는 천지의 도에 뜻을 두고 학문을 하고자 할 때 그 내용을 중심으로 학문의 방향을 밝힌 것이다. 수로 표상된 십오를 개념으로 나타내면 무극无極과 황극皇極이 된다.

그런데 황극과 무극은 태극과 더불어 삼극의 도를 구성하는 내용으로 그 근원적인 존재는 무극이다. 그러므로 삼재의 세계를 그 본질인 무극을 중심으로 나타내면 천의 본질로서의 무극과 지의 본질로서의 무극 그리고 인의 본질로서의 무극이 되어 삼십이 된다. 이 삼십은 달리 말하면 천지인天地人 삼재의 세계를 일관하는 근본원리가 무극无極임을 뜻한다. 그러므로 삼십으로 선다는 것은 곧 무극원리를 체득體得함으로써 비로소 학문의 세계에서 자립自立함을 뜻한다.

"사십이불혹四十而不惑"은 작용원리인 사상四象원리를 중심으로 무극无極을 밝힌 것으로 무극의 작용 원리가 사상 원리이다. 사십이 표상하는 세계는 무극이 일관하는 사방의 세계로 무극원리를 주체로 이루어지는 공간의 세계를 나타낸다.

그것은 인도적 측면에서 나타내면 인간의 본성을 주체로 이루어지는 사덕四德의 세계를 뜻한다. 이처럼 군자가 어디서나 본성을 주체로 하여 살아가면 밖에서 일어나는 어떤 사건과 물건에도 마음이 끌려가는 일이 없게 된다. 그것을 나타내는 것이 불혹이라는 개념이다.

"오십이지천명五十而知天命"에서 오십은 십오를 합덕시킨 수인 동시에 십오의 순서를 바꾸어서 나타낸 수이기도 하다. 십오와 오십을 괘효卦爻를 중심으로 나타내면 십오는 천지비天地否의 선천先天세계를 나타내며, 오십은 지천태地天泰의 후천後天세계를 상징한다.

학문의 측면에서는 십오가 오십이 되는 것은 하학이상달이 이루어진 상태를 나타낸 것으로 지천태의 세계가 열리는 시작이 곧 천도를 인간 주체적으로 자각함으로써 천명으로 자각하는 것이다. 그것을 나타내는 것이 오십에 천명을 알았다는 위의 언급이다.

"육십이이순六十而耳順"에서 육십이라는 수는 가장 근원적 세계인 무위수가 표상하는 세계를 삼재를 중심으로 나타낸 것이다. 무위수无位數는 무극无極과 태극太極의 작용인 도생역성倒生逆成과 역생도성逆生倒成을 각각 표상하는 십수가 서로 합하여 형성된 수이다. 그것이 일정한 시공의 위상이 없는 점에서 형이상적 존재원리임을 나타내기 위하여 무위수無位數라고 하였다. 이 무위수를 삼재를 중심으로 나타내면 육십수가 된다. 이러한 육십수는 곧 무위의 작용이 일관된 삼재의 세계를 나타낸다.

그것은 군자가 형이상의 세계에 이르러서도 무위이고, 형이하의 세계에서도 무위임을 뜻하는 것으로 곧 어느 일면이나 양면에 걸림이 없음을 뜻한다. 그것을 인용문에서는 이순耳順으로 표현하였다.

군자가 삶을 영위하면서 밖에서 들리는 말과 보이는 행동을 보고 마음에 걸림이 없는 상태로 그것을 나타낸 것이다. 이는 군자의 언행이 순경順境과 역경逆境을 막론하고 모두 법도를 벗어나지 않음을 뜻한다.

"종심소욕이불유구從心所欲而不踰矩"는 군자가 학문을 통하여 도달한 가장 이상적인 경지를 나타낸 것이라고 할 수 있다. 이순耳順의 차원에서 언급된 바와 같이 군자의 마음이 밖에서 일어나는 어떤 일에도 흔들림이 없다는 것은 곧 마음이 일어나는 대로 행하여도 법도에 어긋남이 없음을 뜻한다. 그것은 달리 말하면 학문을 완성한 군자의 언행은 시의성에 적중하는 언행으로 곧 모든 것이 천명을 봉행하는 행위가 되는 것이다.

【원문】

孟懿子問孝. 子曰, "無違." 樊遲御, 子告之曰, "孟孫問孝於我, 我對曰, 無違." 樊遲曰, "何謂也?" 子曰, "生事之以禮, 死葬之以禮, 祭之以禮."

【우리말】

맹의자孟懿子가 효孝에 관하여 묻자 공자孔子가 "어김이 없음이다."고 말씀하였다. 번지樊遲가 수레를 몰자 공자께서 말씀하시기를 "맹손孟孫이 나에게 효孝를 묻자 내가 대답하기를 '어김이 없음'이라고 말하였다." 번지樊遲가 말하기를 "무엇을 말씀함입니까?" 공자께서 말씀하시기를 "살아서는 예禮로 섬기고, 죽어서는 예禮로 장사葬事지내며, 예禮로 제사祭祀를 모시는 것이다."고 하였다.

【논어순역】

이 부분의 내용을 한마디로 나타내면 효에 관한 정의를 나타낸 것으로 부모에 대한 예를 어기지 않는 것을 효로 규정하고 있다. 그 내용을 보면 살아서나 죽어서나 그리고 죽은 뒤 오랜 후라도 부모를 예로 대하는 것이 효임을 밝히고 있다.

구체적으로는 부모가 살아서는 섬기고, 죽어서는 장사지내고, 죽은 후에는 제사를 모시는 것을 말한다. 그것은 한마디로 나타내면 부모와 자식으로서의 관계를 맺은 이후로부터 자신의 생명이 다하는 때까지 부모를 예로 대함을 의미한다. 그러면 예로 대함은 무엇을 말하는 것인가?

『논어』에서 예를 언급할 때는 그 근원인 인仁을 함께 언급하고 있다. 그 내용을 보면 "사람이 어질지 않으면 예는 어찌할 것이며, 사람이 어질지 않으면 악은 어찌할 것인가?"[32] 라고 하였다. 이는 예와 악을 막론하고 인이 근본임을 나타낸 것이다. 따라서 부모에게 언제나 예로대함은 곧 부모에게 어질게 대함을 뜻한다.

인은 사람의 본질이다. 그렇기 때문에 "군자가 인을 버리고 어떻게 이름을 이루겠는가? 군자는 밥을 먹을 동안에도 인을 어김이 없고, 급하고 구차한 때에도 인을 어기지 말아야하며, 엎어지고 넘어지는 경우에도 반드시 인에 의지해야 한다."[33]고 하였다.

인仁이 사람이 본질이며, 인을 체體로 하여 작용하는 것이 예禮라면 자식이 부모를 예로 대함은 곧 본성으로 대함을 뜻한다. 그것은 물리적 관점에서 부모를 대하여 그에게 무조건 복종하는 것이 아니라 인격적 차원에서 나와 더불어 일체적 존재로 대함을 뜻한다.

---

32) 『論語』 八佾, "子曰 人而不仁, 如禮何 人而不仁 如樂何?"

33) 『論語』 里仁, "子曰 富與貴, 是人之所欲也, 不以其道得之, 不處也. 貧與賤, 是人之所惡也, 不以其道得之, 不去也. 君子去仁, 惡乎成名 君子 無終食之間違仁, 造次必於是, 顚沛必於是."

【원문】

孟武伯問孝. 子曰, "父母唯其疾之憂."

【우리말】

맹무백이 효에 관하여 묻자 공자께서 말씀하였다. "부모父母는 오직 그 질병疾病을 근심한다."

【논어순역】

이 부분을 이해하는 관건은 효孝를 어떤 관점에서 이해하느냐이다. 앞에서 살펴본 바와 같이 순順의 관점 곧 근원적인 관점, 형이상의 관점, 인간 본성의 관점에서 이 부분을 이해할 수도 있고, 역逆의 관점 곧 현상적 관점, 형이하의 관점, 인간의 몸을 중심으로 이 부분을 이해할 수도 있다.

일상의 측면에서 보면 역의 관점에서 이 부분을 이해하는 것이 자연스럽게 느껴진다. 형이하적 관점에서 이해하면 부모는 글자 그대로 자신을 낳고 길러준 물리적 부모를 가리킨다. 그러므로 효孝는 자식과 부모의 관계를 중심으로 이해하게 된다. 자식이 병들지 않고 건강하게 자라주기를 바라는 마음이 세상의 모든 부모들의 마음일 것이다. 주희朱熹는 부모가 자식을 사랑하는 마음은 미치지 않음이 없지만 오직 자식에게 질병이 생기지 않을까 항상 근심한다고 하였다. 그런데 부모가 자식이 병들지 않고 건강하기를 바란다면 그것은 무엇을 뜻하는 것인가?

자식이 건강하게 자라는 것은 최소한의 기본적인 바람이며, 궁극적으로는 다른 사람에게 손가락질 받으면서 근심거리가 되지 않을 뿐만 아니라 더 나아가서 존경받는 사람이 되기를 바랄 것이다. 남에게 존경받기 위해서는 먼저 자신이 스스로 당당하게 살아야 한다. 그것은 다시 말하면 부모는 자식이 근심, 걱정, 두려움이 없이 당당하게 살기를 바람을 뜻한다. 그런 점에서 보면 위의 내용은 "부모는 오직 자식의 근심, 우환을 걱정한다."는 뜻이 된다.

부모가 자식의 우환을 걱정한다는 것은 곧 자식이 인간답게 살기를 바라는 마음을 부정적 측면에서 나타낸 것이다. 인간이 인간답게 살아갈 때 가장 당당하고 여유로운 삶을 살게 되며, 남으로부터도 존경을 받고 살게 된다. 그러면 당당하게 여유롭게 살기위해서는 어떻게 해야 하는가?

『논어』에서는 "지혜로운 사람은 마음이 유혹됨이 없고, 어진 사람은 근심이 없으며, 용감한 사람은 두려움이 없다."[34]고 하여 지인용智仁勇을 언급하고 있다. 지인용은 인간 본래성의 내용을 인예의지仁禮義智의 사덕으로 나타낸 것과 달리 삼덕三德으로 나타낸 것이다. 따라서 위의 내용을 통하여 인간의 본래성을 주체로 살아가는 것이 곧 당당하게 살아가는 방법임을 알 수 있다. 사실 효라는 것도 예의 구체적인 절목의 하나로 그 본체는 인仁이다.

천지의 만물을 낳아서 기르고자 하는 대덕大德을 자각自覺하여 천지의 마음을 자신의 마음으로 하는 존재가 성인聖人이다. 그렇기 때문에 성인은 천하의 내세來世를 걱정하는 우환의식憂患意識을 갖게 된다. 이러한 성인聖人의 우환의식을 함께 근심하는 존재가 바로 천지인 것이다. 그렇기 때문에 효孝를 다하려는 자는 성인이 밝힌 도道를 학문하는 군자이다. 군자는 성인의 말씀을 통하여 천지의 마음을 자각하고 그것을 실천하고자 한다. 따라서 진정한 의미의 효孝는 자신의 본성을 자각하고 더불어 천명天命을 자각하여 그것을 실천함이라고 할 수 있다.

【원문】

子游問孝. 子曰, "今之孝者, 是謂能養. 至於犬馬, 皆能有養, 不敬, 何以別乎?"

---

34) 『論語』 子罕, "子曰 知者不惑 仁者不憂 勇者不懼"

【우리말】

자유가 효에 대하여 묻자 공자가 말하였다. "오늘날 효라는 것은 부모님을 봉양하는 것만을 이른다. 그러나 개나 말일지라도 모두 부모는 봉양함이 있으니 불경하면 어떤 차별이 있겠는가?"

【논어순역】

이 부분은 부모님의 육체를 봉양하는 것이 중요하지 않으며, 그 뜻을 받드는 것이 진정한 의미의 효임을 밝히고 있다. 효는 예의 구체적인 실천절목으로 그 본체는 인이라고 할 수 있다. 그렇기 때문에 인仁을 체득體得하여 그것을 주체로 예를 행하는 행위가 아니면 설사 아무리 부모의 의식주를 편안하게 해드린다고 할지라도 그것은 효가 아니다.

인이라는 덕성을 주체로 작용하는 예는 상대방을 받드는 존경尊敬과 자신을 낮추는 겸손謙遜으로 나타난다. 따라서 부모를 존경하는 마음이 없이 봉양하는 것은 곧 예라고 할 수 없다. 오늘날 애완용으로 동물을 기르는 사람들도 기르는 동물에 대하여 지극한 정성을 다한다. 만약 동물을 대하듯이 부모를 대한다면 어찌 그것이 올바른 태도라고 하겠는가?

그런 점에서 보면 위의 원문도 부모를 봉양하면서 공경을 하지 않으면 짐승들이 어미를 대하는 것과 다를 것이 없다고 이해할 수도 있으나 짐승들의 어미와 새끼를 부모와 자식이라는 인격적인 관계로 볼 수 없는 점에서 보면 만약 부모의 육체만을 봉양한다면 그것은 곧 동물을 기르듯이 부모를 대하는 것과 같다고 이해하는 것이 더 합리적이다.

그런데 효도라고 하는 것은 사람이 사람으로 태어나서 사람답게 살아가는 기본이라고 할 수 있다. 왜냐하면 사람에게 있어서 가장 소중한 육체를 낳고 길러준 그래서 사람으로 살아갈 수 있도록 해준 존재가 부모이기 때문에 부모에 대한 감사함을 모르는 것은 사람으로서 정상적인 사고와 행동을 하고 살아가는 사람이라고 할 수 없기 때문이다. 그런 점에서 사람으로 태어났으면 사람이라는 이름에 걸맞게 사람답게 살아가는 것이 중요하다고 하지 않을 수 없다. 결국 인간의 모든 행위가 본성을 주체로 이루어지지 않으면 가식假飾이 될 수밖에 없음을 이를 통해서도 알 수 있다. 그렇다고 하여 부모의 의식주를 편안하게 해드릴 필요가 없는가?

효도는 구체적인 행동으로 드러나지 않으면 아무런 의미가 없다. 효도를 실천하는 방법은 여러 가지가 있겠지만 결국 실천하지 않는 효도는 효가 아닌 것이다. 따라서 본성을 주체로 이루어지는 부모를 봉양하는 행위가 되어야함을 밝힌 것이지 그러한 행위를 전혀 하지 말라는 것이 아니다. 오늘날 우리 사회는 진정한 의미의 효도는 고사하고 육체적인 봉양마저도 하지 않는 세상이다. 우선은 육체적인 봉양부터 시작하면 그 본질을 체득하는 경지에 이르게 되고, 점점 봉양의 깊이가 더욱 깊어질 것이다.

【원문】

子夏問孝. 子曰, "色難. 有事, 弟子服其勞, 有酒食, 先生饌, 曾是以爲孝乎?"

【우리말】

자하가 효에 관하여 묻자 공자가 말하였다. "낯빛을 온화하게 하는 것이 어렵다. 제자가 수고로움을 마다하지 않고 술과 음식이 있으면 선생으로 하여금 들게 하는 것만을 어찌 효도라고 하겠는가!"

【논어순역】

이 부분 역시 앞의 부분의 내용과 마찬가지로 진정한 의미의 효도는 예의 실천을 통하여 이루어짐을 밝히고 있다. 육체를 봉양하거나 형식적인 측면에서 부모를 대하는 것이 아니라 덕이 주체가 된 행위가 이루어졌을 때 그것이 바로 효도임을 나타낸 것이다.

원문의 "색난色難"은 부모의 관점과 제자의 관점에서 이해할 수 있다. 효도의 주체는 제자이지만 대상이 부모라는 점에서는 부모의 낯빛을 살피는 것이 중요하다고 할 수 있다. 그러나 효도의 주체인 자신의 낯빛을 온화하게 하는 것도 중요하다. 이때 온화하게 하는 것을 어렵다고 한 까닭은 형식적이거나 어떤 목적에 의하여 꾸민 것이 아니라 진심으로 부모를 존경하는 마음이 그대로 나타난 온화한 태도를 갖기가 어렵기 때문이다.

다음 부분은 앞에서 부모에 대한 공경하는 마음이 없이 육체적인 봉양만을 한다면 효도가 아님을 밝혔는데 이 부분에서는 구체적으로 부모의 육체적인 수고로움을 덜어주기 위하여 어려운 일을 대신하는 것과 술과 밥이 있을 때 먼저 잡수게 하는 것을 통하여 밝히고 있다.

사실 부모도 역시 육체를 가지고 있기 때문에 무리하지 않는 이상 일정하게 운동을 하는 것이 건강에 좋을 뿐만 아니라 술과 밥을 먹는 것도 결국은 함께 먹기 때문에 먼저 먹는 자체가 별다른 의미는 없다고 할 수 있다. 그런 점에서 보면 결국 효도가 구체적인 행위로 들어날 때 중요한 것은 행위의 주체인 자제의 마음임을 알 수 있다.

앞에서 살펴본 바와 같이 예는 인을 본체로 하기 때문에 무한한 사랑으로서의 인仁의 현현이 되어야 한다. 인이라는 생명의 근본이 되는 우주적인 사랑이 없다면 아무리 부모를 위하여 수고를 아끼지 않고 맛있는 음식과 좋은 옷으로 육체를 편안하게 하여도 그것을 효라고 할 수는 없는 것이다.

효도가 예의 구체적인 절목의 하나로 그것이 인이라는 본성의 현현이라면 단지 그 순간에는 효로 나타났을 뿐으로 그 효에는 인 자체가 담겨 있다. 그런 점에서 보면 효로 모든 선, 윤리, 도덕을 표현할 수 있다. 물론 다른 덕으로 나머지 덕을 나타낼 수 있음은 당연하다. 그런 점에서 스승과 제자, 윗사람과 아랫사람의 관계까지 확대될 수 있음을 나타내기 위하여 원문에서 효도를 논하면서 제자와 선생을 언급하고 있음을 미루어 알 수 있다.

예로부터 효를 강조한 까닭은 그것 자체만을 중시한 것이 아니라 효를 실천함으로써 비로소 윤리적 삶, 인격적 삶, 인간적 삶을 살아가는 방법을 배우기 때문이다. 부모로부터 받은 사랑을 부모에게 되돌려주는 효를 통하여 그것을 다시 형제와 가족으로 확충하여 가정이 화목해지고, 사회와 국가로 확충하면 지선이 행하여지는 도덕적 사회, 인격적 사회, 윤리적 사회가 될 수 있음을 나타낸 것이다.

【원문】

子曰, "吾與回言終日, 不違如愚. 退而省其私, 亦足以發, 回也不愚."

【우리말】

공자가 말하였다. "내가 회回와 더불어 종일 말하여도 내말을 어기지 않아서 마치 어리석은 것과 같았다. 그러나 물러나서 생활하는 것을 살펴보니 역시 족히 계발啓發을 하는 것이 있다. 회는 어리석지 않다."

【논어순역】

이 부분은 공자가 제자인 안회에 관하여 논한 것이다. 안회는 본래 자공子貢이나 다른 제자들과 달리 호학好學으로 공자로부터 인정을 받은 제자이다. 공자는 자공과의 문답에서 다른 제자들이 하나를 들으면 둘을 아는 것에 그치지만 안회는 하나를 들으면 열을 아는 것[35]을 인정하고 있다.

안회가 종일 공자의 말을 들으면서도 마치 어리석은 사람처럼 묵묵히

35) 『論語』 公冶長, "子謂子貢曰 女與回也 孰愈 對曰 賜也 何敢望回 回也 聞一以知十 賜也 聞一以知二."

들었던 까닭은 그가 공자의 말을 들으면서 마음가운데서 묵묵히 계합契合하였기 때문에 다른 말을 할 필요가 없었던 것이다. 그 점은 공자가 "회는 나를 도와주는 사람에 그치지 않는다. 내말에 대하여 기뻐하지 않음이 없다."[36]고 한 것을 보면 알 수 있다.

그것은 그가 공자의 겉으로 드러난 말만을 들은 것이 아니라 그 이면에 있는 마음을 읽을 수 있었음을 뜻한다. 그렇기 때문에 일상의 생활 가운데서 그것을 실천할 수 있었다. 그러면 안회는 어떻게 학문을 하였으며, 공자의 가르침을 어떻게 받아들였는지 살펴보자.

그는 공자에 대하여 "우러러 보면 더욱 높고, 뚫으려 하니 더욱 단단하며, 바라보면 앞에 있다가 홀연히 뒤에 있다."[37]고 하였다. 이는 안회가 공자의 경지를 인위적인 어떤 함에 의하여 도달할 수 없는 것으로 인식하고 있음을 뜻한다. 그러면 공자가 제자들을 가르치는 방법은 무엇인가?

안회는 공자의 가르침에 대하여 다음과 같이 밝히고 있다.

> 선생님께서는 차근차근히 사람을 잘 이끌어 문장으로 나를 넓혀주시고 예禮로 나를 다듬어 주셨다. 그만두고자 해도 그만둘 수 없어 나의 재주를 다하지만 서있는 것이 우뚝하여 비록 따르고자 하여도 어떻게 할 방법이 없다.[38]

위의 내용을 보면 공자가 제자들에게 베푼 가르침의 방법은 박문약례임을 알 수 있다. 후중량候仲良은 박문을 격물치지格物致知로 그리고 약례를 극기복례克己復禮로 규정[39]하고 있다. 박문이 격물치지라는 것은 학자가 사물에 나아가서 사물의 본질을 자각함으로써 나의 지식을 완전하게 하는 것임을 뜻하며, 약례가 극기복예라는 것은 박문을 통하여 쌓

---

36) 『論語』 先進, "子曰 回也非助我者也, 於吾言無所不說."

37) 『論語』 子罕, "顔淵喟然歎曰 仰之彌高, 鑽之彌堅. 瞻之在前, 忽焉在後.

38) 『論語』 子罕, "顔淵喟然歎曰 仰之彌高, 鑽之彌堅. 瞻之在前, 忽焉在後. 夫子循循然善誘人, 博我以文, 約我以禮, 欲罷不能. 旣竭吾才, 如有所立卓爾. 雖欲從之, 末由也已."

39) 朱熹 『論語集註』, "侯氏 曰博我以文은 致知格物也ㅣ오 約我以禮는 克己復禮也ㅣ라."

여진 지식과 자신을 회통함으로써 지식이 지혜가 되어 주객이 미분된 본래적 존재로서의 자기를 확립하는 것이 약례임을 뜻한다.

이는 공자가 제자들에게 단순하게 지식을 가르친 것이 아니라 스스로 지혜를 얻어서 실천하도록 하였음을 뜻한다. 그것을 아는 안회이기 때문에 공자의 가르침을 들으면서 지식의 측면에서 분별심을 내어 시비是非를 논하지 않고 마음속에서 묵묵히 계합하여 그것을 생활 가운데서 실천하였던 것이다.

【원문】

子曰, "視其所以, 觀其所由, 察其所安. 人焉廋哉? 人焉廋哉?"

【우리말】

공자가 말하였다. "그가 무엇을 근거로 하는지 그 기준을 보고 그 말미암은 바와 안주하고 있는 바를 관찰하면 사람들이 어찌 숨길 수 있겠는가? 사람들이 어찌 숨길 수 있겠는가?"

【논어순역】

이 부분을 형이상과 형이하의 관점에 구분하여 나타내면 관찰觀察은 형이상적 관점에서 언급된 것이고, 시視는 형이하적 관점에서 언급된 것으로 이해할 수 있다.

소이所以는 겉으로 드러난 말과 행동을 가리키며, 소유所由는 겉으로 드러난 행동이 무엇을 목적으로 하는가를 나타내는 것으로 크게는 이익을 따라서 이루어진 것인가 아니면 의를 따라서 이루어진가를 뜻한다.

그리고 소안所安은 이익과 의義가 무엇을 지향하여 이루어진 것인가로 언행이 의義를 향하였다고 할지라도 소인의 도를 지향한 것인가 아니면 군자의 도를 지향하여 이루어진 것인가를 뜻한다. 따라서 소안所安은 소유所由의 존재근거이며, 소유所由는 소안所安을 바탕으로 나타나는 것이고, 그것이 언행으로 나타난 것이 소이所以이다. 그러므로 이 부분은 언행을 보고서 이로움을 위하여 하는가 의로움을 위하여 하는가를 살피면 그가 소인의 도를 좇아서 사는지 아니면 군자의 도를 좇아서 사는지를 알 수 있음을 나타내고 있다.

【원문】

子曰, "溫故而知新, 可以爲師矣."

【우리말】

공자가 말하였다. "옛 것을 익혀서 새로운 것을 안다면 그것을 스승으로 삼을 수 있다."

【논어순역】

이 부분은 다른 부분과 마찬가지로 다양한 측면에서 이해할 수 있다. 일반적으로 이해하듯이 이 부분을 지식을 중심으로 이해하면 이미 알고 있는 확충하여 새로운 지식을 얻을 수 있는 능력을 가진 사람이라야 남의 스승노릇을 할 수 있다고 이해할 수도 있다.

이 부분을 학문을 중심으로 이해하면 다음과 같다. 『논어』에서 학문은 성인과 군자를 중심으로 언급되고 있다. 이 부분을 성인과 군자를 중심으로 이해하면 '온고溫故'는 군자가 성인의 도를 학문하여 자신의 본성을 자각自覺함을 뜻하며, '지신知新'은 본성의 자각을 통하여 자신에게 주어진 천명天命을 자각自覺함을 뜻한다. 그리고 '위사爲師'는 천명을 자각함으로써 그것이 군자의 삶의 원리인 군자의 도가 되고, 인간의 삶의 원리인 인도人道가 됨을 나타낸다.

이 부분을 학문을 하는 군자를 중심으로 성명性命의 이치理致를 통하여 이해할 수 있다. 이 때 '온고溫故'는 학문을 통하여 수기修己함으로써 자신의 본성인 인지仁智의 성性을 자각함을 뜻하며, '지신知新'은 예의禮義의 명命을 자각自覺함을 뜻한다. 그리고 '위사爲師'는 예의禮義의 명命을 삶의 근거, 주체로 삼을 수 있음을 나타낸다.

앞에서 인용문을 이해한 방법은 '온고溫故'와 '지신知新' 그리고 '위사爲師'를 시간적 선후 관계 곧 인과관계로 이해한 것이다. '온고溫故'의 후에 '지신知新'이 이루어져서, 양자가 동시에 이루어질 때 비로소 그 결과로서의 '위사爲師'가 가능한 것이다. 이는 과거적 측면의 '온고溫故'와 미래적 측면의 '지신知新'을 바탕으로 현재적 측면의 '위사爲師'를 언급한 것이다.

만약 '온고溫故'와 '지신知新'을 확연하게 구분하여 '온고溫故'를 중심으로 보면 과거를 묵수하는 보수적인 입장이 되고, '지신知新'을 중심으로 보면 미래를 쫓는 진보적인 입장이 되어 양립이 불가능한 것처럼 보인다.

과거와 미래 그리고 현재는 인간의 의식에 의하여 구분되는 것일 뿐으로 실제적 존재가 아니다. 그것은 과거 없는 미래, 미래 없는 과거 그리고 현재라는 기준이 없는 과거와 미래가 존재할 수 없음을 뜻한다. 그러므로 이 부분을 과거와 미래의 어느 일면을 중심으로 이해하여 공자를 보수주의자와 진보주의자는 개념으로 규정하는 것은 옳지 않다.

【원문】

子曰, "君子不器."

【우리말】

공자가 말하였다. "군자는 일정한 형식에 얽매이지 않는 존재이다."

【논어순역】

이 부분은 군자의 특성을 나타내고 있다. 군자는 자신의 본성을 주체로 살아가는 자유인이다. 그렇기 때문에 어떤 존재라고 규정되어질 수 없는 존재이다. 그것을 나타내기 위하여 군자는 그릇이 아니라고 하였다. 그릇은 일정한 모양을 가진 형이하적 존재이다. 그 모양은 용도에 따라서 다양하게 달라지는데 그것을 통하여 구분되어진다. 그렇기 때문에 그릇은 일정한 모양을 벗어나서 다른 모양을 가질 수 없다.

그러나 군자는 일정한 모양을 가진 그릇과 달리 비록 육체는 한계를 갖고 있을지라도 그것을 넘어서 있는 형이상적 존재인 인간 본래성을 주체로 하는 존재이다. 인간 본성은 형이상적 존재로 시공을 초월한 존재이다. 그렇기 때문에 군자는 시공時空 안에서 살면서도 시공을 초월超越해 있는 존재이다. 이러한 군자의 특성을 "군자는 그릇이 아니다."는 말씀으로 나타낸 것이라고 할 수 있다.

【원문】

子貢問君子. 子曰, "先行其言而後從之."

【우리말】

자하가 군자에 관하여 묻자 공자가 말하였다. "먼저 그 말을 실천한 후에 따르게 한다."

【논어순역】

『논어』를 보면 언어에 대하여 말한 부분이 많다. 일반적으로는 말은 쉽고 실천은 어렵기 때문에 말보다는 실천이 중요함을 강조하고 있다. 예를 들면 "옛 사람들이 함부로 말을 내뱉지 않는 것은 몸이 따르지 못함을 부끄러워하기 때문이다."[40]고 하여 말보다는 실천이 중요함을 강조함

---

40) 『論語』 里仁, "子曰 古者言之不出, 恥躬之不逮也."

고 있다. 이 부분에서도 군자는 실천이 중요함을 밝히고 있다. 그러면 말과 행동의 관계는 어떤가?

흔히 말과 행동이 일치되어야 한다고 말한다. 그런데 언행이 일치되게 하려면 행동 곧 실천을 힘써야 하지만 더불어 말을 줄이게 되면 효과적이라고 생각할 수 있다. 사실 공자도 "군자는 말을 어눌하게 하고 행동을 민첩하게 하고자 한다."[41]고 하였다. 이러한 내용을 보면 현실적으로 말을 줄이는 것이 실천에 힘쓰는 것보다 쉽기 때문에 그리고 말로 인하여 많은 문제가 일어나기 때문에 그렇게 이해할 수도 있다.

언행의 일치를 너무 강조할 때 자칫 범하기 쉬운 것이 말의 효용을 경시하는 것이다. 말이 많은 사람을 인격적으로 가볍게 보고 말이 없는 사람을 인격적으로 높이 보는 것도 이러한 폐단의 하나라고 할 수 있다. 노자는 "도를 아는 사람은 말을 하지 않고, 말을 하는 사람은 도를 모른다."[42]고 하였을 뿐만 아니라 "도를 말로 표현하면 그렇게 표현된 것이 도를 나타낼 수 있지만 그러나 그것이 도는 아니다."[43]고 하여 언어의 한계를 밝히고 있다.

그러나 공자는 "글로는 말을 다할 수 없고, 말로는 뜻을 다 드러낼 수 없다."[44]고 하여 언어와 문자의 한계를 지적하면서도 "성인이 상을 세워서 그 하고자하는 뜻을 다하였다."[45]고 하여 언어와 문자의 공능을 밝히고 있다. 그리고 말을 해야 할 때 말을 하여 시의성에 적중하는 시중을 강조하고 있다. 그는 "더불어 말을 할 있는 사람에게 말을 하지 않으면 사람을 잃고, 더불어 말을 하지 말아야할 사람에게 말을 하면 말을 잃는

41) 『論語』 里仁, "子曰 君子欲訥於言而敏於行."

42) 『老子』 第五十六章, "知者不言, 言者不知."

43) 『老子』 第一章, "道可道非常道, 名可名非常名."

44) 『周易』 繫辭上篇 第十二章, "子曰書不盡言하며 言不盡意니 然則聖人之意를 其不可見乎아"

45) 『周易』 繫辭上篇 第十二章, "聖人이 立象하야 以盡意하며 設卦하야 以盡情僞하며 繫辭焉하야 以盡其言하며 變而通之하야 以盡利하며 鼓之舞之하야 以盡神하니라."

다. 그러므로 지혜로운 사람은 사람도 잃지 않고 말도 잃지 않는다."[46]고 하였다. 이는 곧 말을 해야 할 때 말을 하고 말을 하지 말아야할 때 말을 하지 않는 것이 지혜로운 사람 곧 군자임을 밝힌 것이다.

【원문】

子曰, "君子周而不比, 小人比而不周."

【우리말】

공자가 말하였다. "군자는 소인과 두루 하지만 짝하지 않고, 소인은 짝하지만 두루 함께 하지 못한다."

【논어순역】

위의 원문에서는 유학에서 제시하고 있는 이상적인 인격체인 군자와 군자가 되기 위하여 성장해야할 소인을 비교하여 그 특성을 밝히고 있다. '비比'는 작은 것에 얽매이는 것이며, '주周'는 그 어떤 것에도 얽매임이 없는 것이다. 소인이 작은 것에 얽매인다는 것은 자신의 주체성이 없이 모든 사건과 물건에 끌려 다니는 것을 뜻한다. 그렇기 때문에 소인은 모든 것과 함께 할 수 없다.

소인이 사물에 끌려 다닌다는 것은 곧 자신을 잃고 모든 사건에 동화되면서도 조화를 이루지 못함을 뜻한다. 반면에 군자는 모든 존재와 함께 하여 조화를 이루지만 자신의 주체성을 잃고 동화화지는 않는다. 『논어』의 다른 부분에서는 '주周'를 '화和'로 그리고 '비比'를 '동同'으로 나타내어 군자는 모든 존재와 조화를 이루면서도 자신의 주체성을 잃고 동화되지 않으나 소인은 모든 존재와 동화되면서도 조화를 이루지 못한다고

---

46) 『論語』衛靈公, "子曰 可與言而不與言, 失人, 不可與言而與之言, 失言. 知者不失人, 亦不失言."

하였다.

군자가 모든 존재와 두루 조화를 이루기 위해서는 형이상의 세계에 통달해야 한다. "군자는 형이상의 세계에 통달하고, 소인은 형이하의 세계에 통달한다."고 한 까닭이 여기에 있다. 그러나 군자가 형이상의 세계에 치우쳐서 형이하의 세계를 경시하는 것은 아니다. 군자에게 집중과 중용을 요구하는 까닭도 형이상과 형이하의 어느 일면에 부족하거나 지나침이 없어야 비로소 두루 조화를 이룰 수 있기 때문이다.

【원문】

子曰, "學而不思則罔, 思而不學則殆."

【우리말】

공자가 말하였다. "배우기만 하고 생각하지 않으면 배운 내용이 아무것도 남지 않으며, 생각하기만 하고 배우지 않으면 위태롭다."

【논어순역】

이 부분은 배움이 스승을 통하여 이루어져야 함을 밝힌 것이다. 스승의 지도를 받지 않으면 학문의 방향과 방법을 모르기 때문에 잘못된 방향으로 흐를 수 있어서 위태롭다. 그렇다고 하여 오직 스승에게 배우기만 할 뿐 그것을 스스로 익히는 과정이 없으면 학문의 성과가 아무것도 없게 된다. 그렇기 때문에 스승을 통하여 배우고 배움의 내용을 사고를 통하여 스스로 익히는 과정이 반드시 필요한 것이다. 이를 통하여 학문이 스승과 제자라는 관계를 통하여 이루어짐을 알 수 있다. 그러면 스승과 제자는 어떤 존재인가?

『주역』에서는 성인과 군자를 스승과 제자의 관계로 나타내고 있다. 『논어』의 학이學而를 비롯한 여러 곳에서도 학문을 하는 주체가 군자임을 분명하게 밝히고 있다. 따라서 『논어』에서 밝히고 있는 학문은 성인이 형성한 학문이며, 그것을 배우고 익히는 존재가 군자임을 알 수 있다.

그런데 인간의 존재 특성은 사고 능력을 가지고 있다는 점이다. 그렇기 때문에 인간으로서 사고하지 않을 수 없다. 그러나 아무리 인간이 사고 능력을 가지고 있을지라도 그것을 사용하는 방법을 모른다면 사용할 수 없다. 그렇기 때문에 무엇을 어떻게 사고할 것인가라는 능력을 이용하는 방법을 아는 것이 필요하다. 그것이 바로 생각과 배움의 문제이다.

오로지 생각만 해서는 안 되며 스승으로부터 배워야 하고, 그렇다고 하여 오로지 배우기만 해서는 안 되고 생각을 해야 한다. 그것은 사고를 하지만 사고에 갇혀서는 안 되며, 배우지만 배움에 얽매여서는 안 됨을 뜻한다. 다시 말하면 이 부분에서는 사고하되 사고하지 않고, 배우되 배우지 않아야 함을 밝힌 것이다.

사고하면서도 사고에 갇히지 않고, 배우면서도 배움에 얽매임이 없으려면 사고와 배움의 주체인 나와 사고와 배움의 내용 그리고 배워야할 대상을 모두 벗어나야 한다. 그것은 본래적 존재로서의 나에 의하여 사고하고, 배울 때 비로소 생각도 아니고 배움도 아니면서도 사고하고 배우는 것이 됨을 뜻한다.

【원문】

子曰, "攻乎異端, 斯害也已."

【우리말】

공자가 말하였다. "이단을 공격하면 해로울 따름이다."

【논어순역】

이 부분을 이해하는 관건은 이단의 내용을 무엇으로 보느냐와 공을 어떻게 이해하느냐에 있다. 먼저 '공攻'을 긍정적 측면에서 이해하면 "전공하다", "연구하다."의 의미가 되고, 부정적 측면에서는 "공격하다.", "치다."의 의미가 된다.

그러면 이단을 어떻게 이해할 수 있는지 살펴보자. 송대의 성리학자인 범조우范祖禹는 성인聖人의 도道가 아닌 것으로 양주楊朱와 묵적墨翟의 주장과 같은 것이 그것이라고 하였고, 주희는 정자程子의 말을 인용하여 양묵楊墨과 더불어 불교佛教 역시 이단異端[47]임을 나타내고 있다.

그러나 이는 송대의 성리학이 처했던 특수한 상황에서 이해되어질 수 있는 것이다. 왜냐하면 공자 당시에 불교가 없는데 그것을 이단이라고 했을 리가 없기 때문이다. 또한 공자가 스스로 "옳음도 없고, 옳지 않음도 없다."[48]고 하였을 뿐만 아니라 자신을 무지[49]라고도 표현하였고, 제자들도 공자가 "무엇을 하겠다는 인위적인 뜻이 없고, 반드시 하겠다는 것도 없으며, 어느 것에 고착됨이 없고, 나라는 생각도 없음"[50]을 밝히고 있음을 볼 때 배타적으로 남의 주장이나 학설을 배척한 것은 아니다. 따라서 이단의 의미를 후대의 관점에서 볼 것이 아니라 『논어』 자체를 중심으로 이해하여야 한다.

이단異端의 '단端'은 처음, 시작, 실마리, 원인을 나타내는 동시에 끝, 문, 생각, 갈래의 의미가 있다. 따라서 이단을 끝, 문, 갈래를 중심으로 이해하면 하나인 근본을 가리키는 것이 아니라 서로 달리 나타나는 끝을 가리킨다. 따라서 이 부분은 일치가 되는 근본을 추구하지 않고 서로 달리 나타나는 지말支末만을 추구하면 학문을 함에 있어서 해로울 따름임

---

47) 朱熹, 『論語集註』, "范氏曰 攻 專治也 故 治木石金玉之工曰攻 異端 非聖人之道而別爲一端 如楊墨 是也 其率天下 至於無父無君 專治而欲精之 爲害甚矣 程子曰 佛氏之言 非之楊墨 尤爲近理 所以其害爲尤甚 學者 當如淫聲美色以遠之 不爾 則駸駸然入於其中矣."

48) 『論語』 微子, "我則異於是 無可無不可"

49) 『論語』 子罕, "子曰 吾有知乎哉 無知也 有鄙夫問於我 空空如也 我叩其兩端而竭焉"

50) 『論語』 子罕, "子絕四 毋意 毋必 毋固 毋我"

을 밝힌 것이다. 『논어』에서는 "널리 문장을 배워서 예로 수렴한다."고 하여 이 점을 분명하게 밝히고 있다. 문장을 배워서 그 가운데 담긴 이치를 연구함으로서 자신의 본성을 자각함을 박문약례로 규정한 것이다. 그러므로 이단을 배우기만 할 뿐 약례가 되지 않으면 학문이 올바로 이루어지지 못함을 나타내는 것이다.

【원문】

子曰, "由! 誨女知之乎! 知之爲知之, 不知爲不知, 是知也."

【우리말】

공자가 말하였다. "유由야, 내가 너에게 안다는 것을 가르쳐 주겠다. 아는 것을 안다고 하고 알지 못하는 것을 알지 못한다고 하는 것 이것이 바로 아는 것이다."

【논어순역】

위의 내용은 앎 자체 보다는 앎에 대한 우리의 태도를 중심으로 이해할 수 있다. 아는 것을 안다고 여기는 것은 하등에 문제가 될 것이 없다. 그러나 모르는 것을 안다고 할 때는 문제가 발생한다. 배우는 사람이 모르는 것을 안다고 여기게 되면 더 이상 발전이 있을 수 없다. 자신이 알지 못하는 것을 그대로 인식하는 정직한 태도가 곧 학문적인 발전의 동력이 될 수 있는 것이다.

공자는 무지無知을 언급하면서 지知와 부지不知의 차원을 넘어선 근원적인 세계를 밝히고 있다. 그리고 그러한 세계를 가可함도 불가不可함도 없는 세계로 밝히고 있다. 이러한 근원적인 세계를 바탕으로 그것을 형이상과 형이하의 두 차원으로 구분하여 나타내면 지식을 통하여 인식이 불가능한 형이상의 세계와 지식을 통하여 인식이 가능한 형이하의 세계로 구분하여 나타낼 수 있다.

인식의 가능성을 중심으로 지知와 부지不知를 이해하면 "지지위지지知之爲知之"는 형이하적 세계를 중심으로 논한 것이며, "부지위부지不知爲不知"는 형이상의 세계를 중심으로 논한 것이라고 할 수 있다. "지지위지지知之爲知之"는 지식으로 나타낼 수 있는 것을 지식으로 나타냄을 뜻하고, "부지위부지不知爲不知"는 지식으로 나타낼 수 없는 형이상의 세계는 지식으로 나타내지 않음을 뜻한다.

앞의 관점에서 보면 "시지是知"의 지知는 무지無知와 지知, 부지不知와 지知를 함께 나타내는 무지이지無知而知, 부지이지不知而知의 차원에서 언급된 것이라고 할 수 있다. 이는 지혜를 바탕으로 형성된 지식을 나타낸 것으로 그것이 바로 진정한 의미의 지식임을 타나낸 것이다.

【원문】

子張學干祿. 子曰, "多聞闕疑, 愼言其餘, 則寡尤, 多見闕殆, 愼行其餘, 則寡悔. 言寡尤, 行寡悔, 祿在其中矣."

【우리말】

자장子張이 벼슬을 얻는 방법에 관하여 묻자 공자가 말하였다. "많이 듣고 의심되는 것이 없도록 한 후에 그 말을 삼가 하면 근심이 적을 것이며, 많이 보고 그 위태로움을 제거한 후에 그 행위를 삼가 행하면 후회하는 것이 적을 것이니 말에 근심이 적고 행위에 후회함이 적으면 녹은 그 가운데 있다."

【논어순역】

여기서는 학문을 하는 군자의 삶의 태도를 나타내고 있다. 군자는 먼저 천작天爵을 닦은 후에 인작人爵을 바라야 한다. 만약 천작이 얻어진다면 인작은 스스로 오게 되어 있는 것이다. 그렇기 때문에 학문하는 그 가운데 봉록俸祿이 있다고 하였다.

그런데 군자의 삶 역시 겉으로는 언행으로 구성되어 있다. 그러므로 군자가 천작을 얻기 위하여 학문하는 때에는 모든 인작에 대한 욕심을 버려야한다. 『주역』에서 군자가 세상으로부터 물러나서 근심이 없어야 한다고 한 까닭이 여기에 있다.

군자는 성인의 말씀을 많이 듣고 스스로 물어서 의심됨이 없는 연후에 비로소 삼가며 말을 하여 근심이 적고, 성인의 행위를 많이 보고 스스로의 행동에서 소인의 도에 근거한 행위를 제거하여 후회함이 적으니 말에 근심이 없고, 행위에 후회함이 적으면 그것이 곧 천작天爵이 얻어진 상태이기 때문에 인작人爵은 저절로 다가오게 된다. 천작은 학문을 통하여 자신의 본성을 자각함으로서 사덕四德을 행할 수 있도록 성덕成德이 됨을 가리킨다.

【원문】

哀公問曰, "何爲則民服?" 孔子對曰, "擧直錯諸枉, 則民服, 擧枉錯諸直, 則民不服."

【우리말】

애공哀公이 물어 말하기를 "어찌하면 백성들이 복종하겠습니까?" 라고 하니 공자가 말하였다. "정직한 사람을 천거하여 등용하고 모든 굽은 사람을 버려두면 백성들이 복종하며, 굽은 사람을 천거하여 등용하고 모든 정직한 사람을 버려두면 백성들이 복종하지 않을 것입니다."

【논어순역】

이 부분은 애공哀公이 백성들의 복종服從을 예로 들어서 정치의 요체를 묻은 것이라고 할 수 있다. 정치를 중심으로 이해하면 정직한 사람을 조정에 등용하면 백성들이 복종할 것이지만 정직하지 못한 사람을 등용하고 정직한 사람을 등용하지 않으면 백성들이 복종하지 않을 것이라고 한 것이다.

이 부분을 학문을 중심으로 이해하면 '직直'은 건도乾道를 작용원리를 중심으로 나타낸 것으로 건도乾道, 천도天道를 인도人道의 관점에서 나타내면 군자의 도가 된다. 『주역』에서는 천도天道를 체용體用의 관점에서 '전직專直'으로 나타내고 있으며, 『서경』에서는 중정中正의 도를 정도正道를 중심으로 정직正直으로 규정하고 있다.

그리고 '직直'에 반대되는 '왕枉'은 군자의 도에 반대되는 소인의 도가 된다. 이렇게 보면 "거직擧直"은 군자의 도를 실천함을 뜻하고, "조저왕錯諸枉"은 소인의 도를 버림을 뜻한다. 따라서 이 부분은 정치의 요체가 군자의 도를 실천함으로, 군자의 도를 실천할 때 백성들이 복종하게 됨을 나타낸 것으로 이해할 수 있다.

【원문】

季康子問, "使民敬忠以勸, 如之何?" 子曰, "臨之以莊則敬, 孝慈則忠, 擧善而敎不能則勸."

【우리말】

계강자季康子가 묻기를 "백성들로 하여금 경건하고 충직하여 스스로 권면하게 하려면 어찌해야 하겠습니까?"하였다. 공자가 말하기를 "백성들을 대하기를 장엄하게 하면 백성들이 공경할 것이며, 효성스럽고 자비로움으로 대하면 충성忠誠할 것이고, 일을 잘하는 사람을 등용하여 능하지 못하는 사람을 가르치면 백성들이 스스로 권면勸勉할 것입니다."라고 하였다.

【논어순역】

정치는 다스리는 사람과 다스려지는 대상이 주종의 관계를 이루는 것이 아니라 양자가 인격적인 일체의 관계를 통하여 이루어지는 것이다. 본래 정치는 군자가 사덕四德을 주체로 백성들로 하여금 인격의 세계에서 성인成人으로 살도록 하는 수단일 따름이다. 군자의 본성이 국가 사회적 측면에서 나타난 것이 정치인 것이다. 따라서 정치는 치자治者 자신의 문제로부터 출발해야 한다. 그렇기 때문에 백성들로 하여금 윗사람을 공경恭敬하고 충심忠心으로 대하게 하려면 윗사람이 스스로 백성들에게 장엄莊嚴하게 대하고 효자孝慈로 대하여야 한다고 하였다.

【원문】

或謂孔子曰, "子奚不爲政?" 子曰, "書云孝乎, 惟孝, 友于兄弟, 施於有政.' 是亦爲政, 奚其爲爲政?"

【우리말】

어떤 사람이 공자에게 묻기를 "선생님께서는 어찌하여 정치를 행하지 않습니까?" 공자가 말하였다. "『서경』에서 효에 관하여 말하기를 '효도하며 형제간에 우애하여 정사에 베푼다.'고 하였으니 이 또한 정사政事를 베푸는 것이라 어찌 벼슬하여 정사를 행하는 것만이 정사라고 하겠는가?"

【논어순역】

이 부분은 두 관점에서 이해가 가능하다. 그 하나는 이치의 관점에서 이해하는 것이며, 나머지는 현상적 관점에서 이해하는 것이다. 먼저 이치적 관점에서 이해하면 가정 사회와 국가 사회의 다스림을 모두 효孝로 규정하고 있음에 주목할 필요가 있다.

효는 예禮의 구체적인 절목으로 예는 가정 사회를 다스리는 원리이며, 의義는 국가 사회를 다스리는 원리이다. 그리고 예와 의의 본체는 각각 인仁과 지智이다.

인예의지仁禮義智의 사덕은 인간 본래성의 내용으로 일체적 존재이다. 그렇기 때문에 인예의지仁禮義智의 사덕四德을 주체로 이루어지는 것이 국가사회를 다스리는 정치와 가정 사회를 다스림이다. 가정과 국가를 막론하고 그것이 인간의 사회라는 점에서 그 주체는 인예의지仁禮義智의 사덕임을 효孝를 중심으로 나타낸 것이다.

국가사회와 가정 사회를 막론하고 그 다스림의 원리가 효이고 그것이 정치라고 규정한 것은 가정 사회와 국가사회가 다르지 않음을 나타낸 것이다. 사람을 인간으로 규정한 것은 사람의 존재특성을 사회적 존재로 이해하였기 때문이다.

사회라는 것은 관계의 그물로 사람과 사람, 사람과 제도, 사람과 물건이 서로 어울려 있는 세계이다. 그 관계는 때와 장소에 따라서 다양하게 변화한다. 그것을 크게 분류하여 가정 사회와 국가 사회로 구분하여 나타내었을 뿐 두 사회는 일체적 사회이다. 그러므로 가정을 다스리는 것도 정치이며, 국가 사회를 다스리는 것도 정치이다. 이로부터 수신修身과 제가齊家 그리고 치국治國과 평천하平天下가 모두 군자君子의 도道일 따름임을 알 수 있다.

【원문】

子曰, "人而無信, 不知其可也. 大車無輗, 小車無軏, 其何以行之哉?"

【우리말】

공자가 말하였다. "사람이면서 믿음이 없다면 그 가함을 알 수 없다. 큰 수레에 멍에가 없고, 작은 수레에 멍에가 없다면 어떻게 길을 갈 수 있겠는가?"

【논어순역】

이 부분을 군자를 중심으로 이해하면 군자가 성인의 도에 대한 믿음을 갖지 못하면 군자의 도를 걸을 수 없음을 나타낸 것이다. 『주역』에서는 "천天이 도와주는 사람은 천도天道를 따르는 존재이며, 성인聖人이 도와주는 사람은 믿음을 갖는 사람이다. 믿음을 바탕으로 따를 것을 생각하고 또한 현자賢者를 숭상한다."[51]고 하여 학문을 하는 군자가 성인의 가르침에 대한 믿음이 없다면 천도天道에 순응할 수 없음을 밝히고 있다.

공자는 학문을 논하면서 "진실한 믿음을 주로 한다."[52]고 하여 믿음을 강조하고 있다. 이때의 믿음은 성인이 밝힌 진리에 대한 믿음으로 그것은 곧 자신의 본성에 대한 믿음이다. 왜냐하면 진리가 나를 떠나서 존재하는 것이 아니라 그것을 문제로 삼아서 찾고자 하는 자신 속에 있기 때문이다. 따라서 이 부분은 자신의 본성에 대한 믿음 더 나아가서 사람의 본성에 대한 믿음, 세상의 근원으로서의 도에 대한 믿음이 없다면 사람답게 살 수 없음을 뜻한다. 공자는 "누가 능히 문을 통하지 않고 밖으로 나갈 수 있겠는가? 어찌 하여 이 도를 말미암지 않는가?"[53]라고 하여 사람으로 살아가는 길이 바로 도임을 밝히고 있다.

도를 실천하며 살아가는 군자를 중심으로 원문을 이해하면 수레는 군자가 백성들을 싣고 이 세상에서 저 세상으로 다시 말하면 선천에서 후천으로 나르는 도구이다. 다만 작은 수레는 자기만을 선천에서 후천으로 옮겨주는 수레이며, 큰 수레는 모든 백성들을 함께 싣고 가는 수레라는 점에서 차이가 있을 뿐이다. 그러나 어떤 경우이든 백성들의 군자에 대한 믿음이 없다면 백성들을 새로운 세상, 도덕적인 세상으로 이끌어 줄 수가 없다.

---

51) 『周易』 繫辭上 第十二章, "易曰 自天祐之 吉无不利 子曰 祐者助也 天之所助者順也 人之所助者信也 履信思乎順 又以尙賢也 是以 自天祐之 吉无不利'也."

52) 『論語』 子罕, "子曰 主忠信 無友不如己者 過則勿憚改"

53) 『論語』 雍也, "子曰 誰能出不由戶? 何莫由斯道也?"

【원문】

子張問十世可知也. 子曰, "殷因於夏禮, 所損益, 可知也, 周因於殷禮, 所損益, 可知也. 其或繼周者, 雖百世, 可知也."

【우리말】

자장이 십十 세世를 알 수 있는지를 묻자 공자가 말하였다. "은殷나라는 하夏나라의 예禮를 계승하였으니 그 손익損益을 알 수 있으며, 주周나라는 은나라의 예禮를 계승하였으니 그 손익損益을 알 수 있다. 그 혹 주나라를 계승한 사람이 있다면 비록 백세百世라도 알 수 있다."

【논어순역】

이 부분은 피상적으로 보면 하은주夏殷周라는 삼대三代의 나라를 중심으로 미래를 알 수 있는 지를 밝히고 있는 부분으로 이해할 수 있다. 시간적으로 보면 자장이 물음을 던진 내용은 300년의 미래이지만 공자가 대답한 내용은 3000년의 미래이다. 비록 차이는 있을 지라도 자장이 미래를 알 수 있는가를 물었고 이에 대하여 공자는 알 수 있다고 대답하였다.

그러면 미래는 알 수 있는 것인가? 『논어』의 다른 부분에서는 "옛 것을 익혀서 새로운 것을 알면 가히 삶의 기준으로 삼을 수 있다."고 하였다. 그리고 "사賜야 비로소 너와 더불어 시詩에 대하여 말할 수 있겠구나. 지나간 것을 알려주니 다가올 것을 아는구나."[54]라고 한 부분을 통하여 미래를 아는 것이 가능한 것임을 알 수 있다.

그런데 공자가 언급한 미래는 물리적 존재의 상태를 말하는 것이 아니라 예禮에 관한 것이다. 예는 형이상적 관점에서는 인간의 본성을 구성하는 성명의 내용이며, 형이하적 관점에서는 인간에 의하여 형성된 문물제도로 곧 인문을 가리킨다고 할 수 있다. 따라서 이 때의 미래를 아는

---

54) 『論語』 學而, "子曰 賜也 始可與言詩已矣, 告諸往而知來者."

문제는 구체적인 사건이나 물건을 가리키는 것이 아니라 장차 전개될 이상적 세계를 가리킨다고 할 수 있다. 주나라를 계승하는 존재는 주나라를 이어서 계속될 나라를 가리키는 것이 아니라 공자가 계승한 주나라의 역사 정신을 계승하여 꽃피울 세계를 가리키는 것이다.

공자가 스승인 주공으로부터 물려받은 주나라의 정신은 요순으로부터 시작된 정신으로 그것은 다름 아닌 하늘의 뜻을 계승하는 것이다. 따라서 공자가 평생을 원하였던 것도 역시 하늘의 뜻에 따라서 그것이 이 땅에서 구현된 도덕적인 세계였다. 『중용』에서 "중니는 요순의 도를 조술하고 문왕과 무왕의 도를 헌장하였으니 위로는 천시를 본받았으며, 아래로는 수토를 계승하였다."[55]고 하여 그 점을 밝히고 있다.

【원문】

子曰, "非其鬼而祭之, 諂也. 見義不爲, 無勇也."

【우리말】

공자께서 말씀하였다. "받들어야할 귀신이 아님에도 제사를 받드는 것은 아첨하는 것이다. 의義를 보고 그것을 행하지 않는 것은 용기가 없는 것이다."

【논어순역】

제사는 사람이 자신을 사람으로 살아갈 수 있도록 은혜를 베풀어준 존재에 대하여 감사하는 마음의 표현이다. 학문을 하는 사람의 입장에서는 진리를 천명해서 사람의 도리를 제시해 준 성인이야말로 자신을 인격적 존재로 살아갈 수 있도록 해준 고마운 존재이다. 성인은 이미 돌아간 존재이기 때문에 귀신鬼神이라고 할 수 밖에 없다.

---

55) 『中庸』第三十章, "仲尼 祖述堯舜 憲章文武 上律天時 下襲水土."

일상의 관점에서 보면 나를 낳고 길러준 부모에 대하여 감사하는 마음을 갖지 않을 수 없고, 부모에 대한 감사하는 마음을 갖게 되면 부모를 낳고 길러준 조상에 대하여 감사하는 마음을 갖지 않을 수 없다. 그렇기 때문에 제사를 받들어 그 마음을 표시해야할 대상은 조상의 귀신이다.

물리적 생명을 온전히 할 수 있도록 해준 부모, 조상이나 천명이 물리적 생명의 존재근거임을 그리고 성품이 주체가 되어 살아야함을 가르쳐준 스승은 똑같이 나를 존재하게 해준 고마운 분들이다. 그분들에 대하여 감사하는 마음을 갖지 않을 수 없다. 따라서 그 귀신이 아니라는 것은 조상이나 자신과 관련이 없는 존재에 대하여 이익을 바라는 목적에서 매달리는 것이라고 할 수 있다. 그렇기 때문에 아첨이라고 하였다.

이러한 마음을 미루어보면 세상의 모든 존재에 대하여 감사하지 않을 수 없다. 왜냐하면 물리적 생명을 보존하기 위하여 모든 존재가 서로를 도우면서 살아가기 때문이다. 따라서 그 대상이 아닌 존재를 제사하는 것이라기 보다는 순수한 마음으로 그와 하나로 보는 것이 아니라 둘로 보고 이익을 얻고자 하는 마음, 곧 우상을 숭배하는 마음을 일컫는 것으로 이해할 수 있다. 자신의 이익을 위하여 우상을 숭배하는 것과 같은 행위들은 모두 여기에 속하는 것이다.

우상을 숭배하는 마음이 잘못된 것임을 알면서도 고치지 않는 것은 용기가 없기 때문이다. 이는 궁극적으로 대상을 지향해서 분별심을 갖고 집착하는 마음에서 제사를 받들지 말 것을 의미한다. 이러한 분별심을 버리는 것은 용기가 필요하다. 그렇기 때문에 의義를 보고서도 행하지 않으면 용기가 없는 것이라고 하였다.

제삼장 팔일八佾

【원문】

孔子謂季氏, "八佾舞於庭, 是可忍也, 孰不可忍也?"

【우리말】

공자孔子가 계씨季氏에게 말하였다. "뜰에서 팔일무八佾舞를 추니 이것을 차마 할 수 있다면 무엇을 차마 못하겠는가?"

【논어순역】

원문에서 언급되고 있는 팔일무八佾舞는 오직 천자天子만이 즐길 수 있는 춤이다. 계씨季氏는 노魯나라의 대부大夫였다. 대부가 천자의 춤을 즐기는 것은 당시의 예법禮法에 어긋나는 행위이다. 물론 춤을 추는 문화를 즐기는 것 자체는 천자와 대부의 차별이 있을 수 없다. 다만 현실의 관점에서는 국가 사회를 운영하기 위해서는 천자와 대부의 구분이 필요하다.

그럼에도 불구하고 대부가 천자의 춤을 즐긴다는 것은 천자의 자리를 탐내는 욕심이 겉으로 나타난 행동이다. 사람의 본성은 같지만 그 삶의 양태는 같을 수 없다. 그러므로 자신의 본성을 주체로 살아가는 군자는 자신이 처한 상황에 맞게 행동할 따름이다.

『논어』에서는 "군자는 생각함이 시위를 벗어나지 않는다."[56]고 하여 그 점을 밝히고 있다. 시위에 어긋나지 않는 행동은 지위에 어긋나지 않는 행동으로 나타난다. 그것이 바로 공자가 제시한 정명이다. 자신이 군주의 지위에 있을 때는 군주의 행동을 하면 그만이고, 자신이 신하의 지위에 있을 때는 신하의 행동을 하면 그만이다.

---

56) 『論語』 憲問, "曾子曰 君子思不出其位"

사람이 욕심을 갖게 되는 것은 분별심 때문이다. 자신의 본성을 주체로 하지 않고 분별심을 갖게 되면 끝없이 대상을 향하여 마음이 달려가게 된다. 그것이 이른바 욕심이라는 것이다. 예는 현상적 측면에서 구분으로 드러나지만 그것은 본질적인 구별이 아니라 단지 시위, 지위의 차이에 대한 구분일 뿐이다.

이것과 저것을 구분하여 가치를 부여하고 집착함으로서 갈등을 야기하는 분별심은 이른바 인심人心이라는 것이다. 그것은 지혜가 아닌 지식으로부터 발생하는 것이다. 지식은 자신과 일체화가 되지 않은 것으로 무아의 상태에서 얻어진 것이 아니다. 공자가 자신을 스스로 "옳음도 옳지 않음도 없다."고 하여 분별심이 없음을 밝히고 있을 뿐만 아니라 "나는 무지無知하다."고 하여 지식이 없음을 밝히고 있다. 또한 공자의 제자들이 공자를 평하면서 "무아無我"라고 하였다. 무아이기 때문에 무지가 가능하고, 무지이기 때문에 무가무불가無可無不可가 가능하다.

그런 점에서 보면 공자가 형식적인 측면에서 예를 강조하는 편협한 사고의 소유자가 아님을 알 수 있다. 공자가 "마음이 하고자 하는 바를 좇아서 행하여도 법도에 어긋남이 없다."고 하지 않았던가? 진정한 의미의 예는 속박이나 구속 또는 절제가 아니라 그냥 행하면 그것이 그대로 예가 되어야 한다.

안연이 인의 구체적인 절목을 묻는 부분에 대하여 공자는 사물四勿을 제시하였다. 일반적으로 그것을 "예가 아니면 보지 말고, 예가 아니면 듣지 말고, 예가 아니면 말하지 말고, 예가 아니면 행동하지 말라."고 이해한다. 그러나 본질적 측면에서는 "예가 아니면 봄이 없고, 예가 아니면 들음이 없고, 예가 아니면 말함이 없고, 예가 아니면 행동함이 없다."는 의미로 곧 인간의 본성이 그대로 보고 듣고 말하고 행동하는 언행으로 드러남을 밝힌 것이라고 할 수 있다.

【원문】

三家者以雍徹. 子曰, "'相維辟公, 天子穆穆', 奚取於三家之堂?"

【우리말】

삼가의 사람들이 옹으로 철하자 공자가 말하였다. "'제후들이 제사를 도우니 천자는 엄숙하다'는 가사를 어찌 삼가의 당에서 사용하는가?"

【논어순역】

삼가三家는 노魯나라의 대부인 맹손孟孫과 숙손叔孫 그리고 계손季孫의 가문家門을 가리킨다. 그리고 옹雍으로 철撤하였다는 것은 『시경』의 옹장雍章을 노래로 부르며 철상撤床을 하였음을 가리킨다. 『주례周禮』에 의하면 천자의 종묘에서 제사를 마칠 때 옹장을 부르면서 제기를 거두는 것이다. 그렇기 때문에 공자가 대부인 삼가에서 옹으로 철하는 것은 법도에 어긋나는 행위임을 밝힌 것이다.

【원문】

子曰, "人而不仁, 如禮何? 人而不仁, 如樂何?"

【우리말】

공자가 말하였다. "사람이 인仁하지 않으면 예禮는 어찌할 것이며, 사람이 인仁하지 않으면 악樂은 어찌할 것인가?"

【논어순역】

앞에서 공자가 노나라의 대부인 계씨를 비롯하여 맹손과 숙손이 천자의 예악을 행하는 것을 지적하였었는데 이 부분에서는 예와 악의 본질이

인仁임을 밝히고 있다.

우리들은 흔히 예禮를 형이하적 측면에서 형식적인 것으로 오해하고 있다. 그리고 형식인 예를 강조하는 것이 유학儒學이기 때문에 유학은 형식에 얽매이는 고리타분하고 답답한 학문이라고 여기기 쉽다. 그러나 여기서 언급되고 있는 공자의 말씀을 통하여 예가 결코 형식적인 것에 그치는 것이 아님을 알 수 있다.

『주역』에서는 인간의 본래성을 성명性命, 성명지리性命之理로 규정하고, 그 존재근거를 천도天道의 원형이정元亨利貞의 사상四象으로 밝히고 있다. 그리고 천도의 사상이 인간에 있어서는 인예의지仁禮義智의 사덕四德임을 밝히고 있다. 『중용』에서는 인仁과 지智가 인간의 본성임을 밝히고 있다. 인예의지의 사덕을 구분하여 성명으로 나타내는데 인과 지가 성이라면 예와 의는 명命이라고 하지 않을 수 없다. 인지仁智의 과거적 본성과 예의禮義의 미래적 이상 그것이 바로 성명性命인 것이다.

인간의 본래성은 형이상적 존재이다. 그러므로 본래성의 내용을 나타내는 사덕 역시 형이상적 존재이다. 그렇기 때문에 예禮는 형이상적形而上的 존재이다. 따라서 위의 내용을 형이상적 관점에서 이해하면 예의 본체가 인이기 때문에 인이 바탕이 되지 않은 형식적인 예의 다시 말하면 형이하적 세계에서 드러나는 예에 인이 없다면 그것은 알맹이가 없는 빈껍데기와 같음을 밝힌 것이다.

예와 더불어 언급되고 있는 악樂은 조화를 근본으로 한다. 다만 악만을 강조하고 예로 절제하지 않으면 방탕으로 흐르기 쉽고, 예만을 강조하고 악을 함께 추구하지 않으면 형식에 갇혀서 조화를 이루지 못하게 된다. 이처럼 예와 악이 일체적 존재라고 할 때 악 역시 근본은 그것을 운용하는 주체인 인지仁智의 본성이 되지 않을 수 없다. 그렇기 때문에 원문에서 만약 악에 근본인 인이 없다면 역시 알맹이가 없는 빈 껍데기와 같아서 악이라고 할 수 없음을 밝히고 있다.

【원문】

林放問禮之本. 子曰, "大哉問! 禮, 與其奢也寧儉, 喪, 與其易也寧戚."

【우리말】

임방林放이 예禮의 근본에 대하여 묻자 공자가 말하였다. "훌륭하다, 물음이여! 예는 사치하기 보다는 차라리 검소하고, 상사는 형식적으로 쉽게 잘 치르기 보다는 차라리 슬퍼야 한다."

【논어순역】

일반적으로 예禮를 논하면 형식을 중심으로 화려하고 사치奢侈한 것을 연상하게 된다. 예의 근본은 인仁으로 인이 비인격적 존재인 사물에게 확산되면 의義가 된다. 그것은 다시 말하며 예의 실천이 사물 다스림을 매개로 이루어짐을 뜻하는 것이다. 그렇기 때문에 인격적 존재인 사람을 인격적으로 대하는 인민仁民이 사물에까지 미쳐서 사물을 아끼는 애물愛物로 나타나게 되어 예禮에 의한 인격적 만남이 사물과의 관계로 나타나는 것이다. 그러므로 애물愛物의 관점에서 검소하게 할 수밖에 없다.

죽은 사람과 헤어지는 의식인 상례喪禮 역시 형식적 측면에서 쉽게 치를 것이 아니라 진심으로 슬퍼하는 마음이 있어야 한다. 『주역』의 뇌산소과괘雷山小過卦에서는 "행위는 공손함이 지나쳐도 좋으며, 상사에는 슬픔이 지나쳐도 좋으며, 사물을 사용함에는 검소함이 지나쳐도 좋다."[57] 고 하였다.

---

57) 『周易』 雷山小過卦 大象, "象日 山上有雷, 小過, 君子以行過乎恭, 喪過乎哀, 用過乎儉."

【원문】

子曰, "夷狄之有君, 不如諸夏之亡也."

【우리말】

공자가 말하였다. "이적夷狄의 나라에 군주가 있음이 제하諸夏에 군주가 없음과 같지 않다."

【논어순역】

고주古注에서는 "오랑캐에 비록 군주가 있어도 그것은 중국에 군자가 없는 상태에도 미치지 못한다."고 하여 중국을 높이는 관점에서 이해하였고, 신주新注에서는 "이적夷狄의 나라에 군주가 있음이 제하諸夏에 군주가 없음과 같지 않다."고 하여 중국의 무질서한 상태를 비판하는 입장을 나타내고 있다.

여기서 제하諸夏를 중국이라는 특정한 국가를 중심으로 이해한 것이 아니라 인간 본래성이 주체가 되어 이루어진 도덕사회, 인문사회를 가리키는 개념으로 이해하면 이적은 곧 그러한 인문사회가 없는 상태를 가리킨다. 따라서 아무리 정치적으로 강력하게 통치되는 군주가 있는 나라라도 인문사회의 군자가 없는 것과 같지 못함을 나타낸다고 할 수 있다.

이 부분을 군자가 수기修己를 할 때의 용심用心의 문제를 중심으로 이해하면 군주가 있음은 마음 가운데 중심이 서 있는 집중執中을 뜻한다. 그러므로 망亡은 곧 집중이 되지 못한 상태를 가리킨다. 이적夷狄과 하夏를 학문을 하지 않는 소인과 학문을 하는 군자로 구분하여 나타내면 비록 학문을 하지 않을지라도 집중이 되면 그가 진정한 의미의 군자이며, 비록 학문을 하고 있을 지라도 학문을 한다는 사고에 붙들려서 아상我相만 있을 뿐 집중이 되지 않으면 그가 아무리 학문을 하여도 군자라고 할 수 없음을 나타내는 것으로 볼 수 있다.

【원문】

季氏旅於泰山. 子謂冉有曰, "女弗能救與?" 對曰, "不能." 子曰, "嗚呼! 曾謂泰山不如林放乎?"

【우리말】

계씨가 태산에서 여제旅祭를 받들자 공자가 염유에게 말하였다. "네가 구할 수 없었느냐?" 대답하여 말하기를 "할 수 없었습니다." 공자가 말하였다. "아, 태산의 신령이 일찍이 예를 물은 임방만도 못하다고 생각하느냐?"

【논어순역】

계씨季氏는 노魯나라의 대부大夫로 태산에 여제를 지내는 것은 천자만이 할 수 있을 뿐으로 일개의 대부가 할 수 있는 일이 아니다. 그럼에도 불구하고 노나라의 계씨가 태산에서 여제를 올리자 당시 계씨의 가신家臣이었던 염구에게 공자가 물은 말씀이다.

일반적으로 공자가 은대殷代에 성행하였던 신神중심의 사상을 인간 중심의 사상으로 바꾼 것으로 이해한다. 그러나 신중심의 세계관 자체를 바꾸었다기보다는 천인합일天人合一의 기본 틀을 그대로 유지하면서 인간중심으로 그것을 이해했다고 할 수 있다. 그런 점은 요순시대부터 시행되었던 계절에 따라서 오악五嶽에 제사를 지내는 제도를 인정하고 있는 것을 보면 알 수 있다.

이 부분에서도 태산을 단순하게 산으로만 보는 것이 아니라 산을 다스리는 존재를 인정하고 있음을 볼 수 있다. 이는 공자도 역시 종교적인 세계를 부정하지 않고 있음을 뜻한다. 태산을 다스리는 신령이 예의 근본을 물은 임방보다 못하지 않다고 하여 그가 인간의 예법에 맞지 않는 행위를 받아들일 만큼 어리석은 존재가 아님을 밝힌 것을 보면 이를 알 수 있다.

제사는 지내야할 주체와 대상이 예법에 서로 맞아야 한다. 제사를 지내야할 대상이 아님에도 불구하고 제사를 지내면 이익을 바라고 아첨하는 것이 되듯이 제사를 지낼 자격이 없는 사람이 제사를 지내는 것 또한 아첨이라고 할 수 있다.

이 부분을 피상적으로 이해하면 공자가 주周나라의 예법에 너무 얽매이는 것이 아닌가 생각할 수 있다. 공자가 주나라의 문물제도를 존숭한 까닭은 형이상의 관점에서 형이하의 세계를 보면 모두 실다운 세계이기 때문이다. 현실이라는 개념 자체가 그대로 실다운 세계가 나타난 것이 우리가 살아가는 세계임을 나타낸 것이다. 그렇기 때문에 현실을 살아가는 법을 지켜야 하는 것이다. 예라는 것은 지금 현재를 살아가는 삶의 원리이지 과거나 미래를 살아가는 삶의 원리가 아니다.

【원문】

子曰, "君子無所爭. 必也射乎! 揖讓而升, 下而飮. 其爭也君子."

【우리말】

공자가 말하였다. "군자는 다투는 것이 없으나 반드시 활을 쏠 때는 다툰다. 읍하고 사양하며, 당에 올랐다가 내려와 벌주를 마시니 그 다툼이 군자답다."

【논어순역】

군자는 본래 자기라는 생각이 없기 때문에 그의 사고와 언행은 모두 백성들을 위하는 것일 따름이다. 그러므로 이익을 다투는 것이 없음은 물론 설사 진리라고 하여도 다투는 것이 없다. 다만 때에 따라서 필요한 언행을 행하며 살아갈 따름이다.

위의 내용은 군자의 삶을 활을 쏘는 행사와 비교하여 나타내고 있는 것이다. 『논어』에서 활을 쏘는 것을 통하여 군자의 삶을 나타내고 있는 부분이 몇 군데 있다. 비록 다른 사람과 함께 활을 쏘면서 서로 겨루지만 단순하게 이기는데 그 목적이 있는 것이 아니라 활을 쏘고 물러나서 적중하지 않으면 그에 상응하는 벌주를 마실 뿐 상대방을 원망하거나 시기하지 않고 결과를 겸허하게 받아들이고 오직 자신을 돌아보아 어떤 허물이 있는지를 찾을 뿐이다.

군자도 삶을 살아가면서 만나는 모든 삶을 오로지 천명天命으로 여기고 안으로 살펴서 그 바름을 행할 뿐 결과에 연연하거나 실패의 원인을 다른 사람이나 사건 또는 특정한 대상에게 전가하는 등의 행위를 하지 않아야 한다.

【원문】

子夏問曰, "'巧笑倩兮, 美目盼兮, 素以爲絢兮.'何謂也?" 子曰, "繪事後素." 曰, "禮後乎?" 子曰, "起予者商也! 始可與言詩已矣."

【우리말】

자하子夏가 물어 말하였다. "'예쁜 미소에 귀여운 보조개, 아름다운 눈에 맑은 눈동자여, 하얀 바탕에 채색을 하였구나.'는 무엇을 말합니까?" 공자가 말하였다. "그림을 그리는 것은 하얀 바탕보다 뒤이다." 자하가 말하기를 "예禮가 뒤임을 말한 것입니까?" 공자가 말하였다. "나를 계발시켜 주는 자가 상商이로구나. 비로소 함께 시詩를 논할 만하구나."

【논어순역】

이 부분을 통하여 두 가지의 문제를 생각할 수 있다. 그 첫째는 위의 내용을 통하여 『시경』의 시를 이해하는 하나의 방법을 얻을 수 있다. 위의 내용을 보면 『시경』의 시가 도덕적 관점에서 이해되어야함을 알 수 있다. 도덕적 세계는 형이하의 세계가 아니라 천지의 본성인 도덕성이 주체화된 인간 본래성의 세계인 점에서 형이상적 세계이다. 그러한 세계를 인도人道의 측면에서 나타내면 군자의 도가 된다. 그러므로 일종의 300여 편의 시를 모아 놓은 시모음집이 『시경』이 되기 위해서는 그것을 군자의 도라는 도덕적 관점에서 이해되어야 함을 알 수 있다.

둘째는 위의 내용을 통하여 학문과 본성을 자각하는 문제가 어떤 관계인지를 알 수 있다. 그림을 그릴 수 있는 하얀 색으로 채색이 된 바탕을 인간의 본성을 상징한 것으로 이해하면 그 바탕 위에 그려진 그림은 예禮를 상징하는 것으로 이해할 수 있다. 그렇다면 하얀 색 바탕 위에 그림을 그리듯이 군자는 학문을 통하여 본성을 자각함으로서 그것을 주체로 살아가게 된다. 다시 말하면 본성을 주체로 하여 인예의지仁禮義智의 사덕四德을 실천하며 살아가는 존재가 군자인 것이다. 그것을 본성을 중심으로 살펴보면 인지仁智의 성性을 자각하여 예의禮義의 명命을 실천하며 살아가는 것이 군자의 삶이라고 할 수 있다.

【원문】

子曰, "夏禮吾能言之, 杞不足徵也, 殷禮吾能言之, 宋不足徵也. 文獻不足故也. 足則吾能徵之矣."

【우리말】

공자가 말하였다. "하夏나라의 예를 내가 능히 말할 수 있지만 기杞나라에 남은 증거가 부족하며, 은殷나라의 예를 내가 능히 말할 수 있지만 송宋나라에 남은 증거가 부족하니 문헌이 부족한 까닭이다. 충분하면 내가 능히 증명할 수 있다.

【논어순역】

기나라는 하가 망한 후에 하나라의 문화를 보존한 나라이며, 송나라는 은나라가 멸망한 후에 은나라의 문화를 보존한 나라이다. 그러므로 두 나라를 살펴보면 하나라와 은나라의 문화를 역으로 찾아낼 수 있을 것이다. 그런데 두 나라에는 앞의 나라의 문화를 찾을 수 있는 문헌적인 자료나 그것을 계승한 인재가 부족하여 두 나라의 문화를 찾을 수가 없었다.

공자가 이러한 상황을 언급한 까닭은 두 나라의 문화를 접근하는 방법에서 보여주듯이 철저하게 자료에 근거하여 찾아야함을 밝힌 것이라고 할 수 있다. 그러나 공자는 하은주 삼대의 문화를 본질적인 측면에서 전승되어지는 측면과 현상적 측면에서 발전하는 두 측면을 손익관계를 통하여 나타냄으로써 그것이 역사의 발전 방향을 추리할 수 있는 방법임을 밝히고 있다. 따라서 위의 내용은 하나라와 은나라를 거쳐서 주나라에 이르러서 비로소 양대의 장점을 갖춘 주대의 문화가 형성되었음을 밝힌 것이라고 할 수 있다. 그렇기 때문에 공자는 주나라의 문물제도를 따르겠다고 하였다.

각 나라의 문화가 대대로 손익을 가하면서 전승됨을 통하여 예를 이해하면 예의 내용이 시의성時義性임을 알 수 있다. 예禮 자체는 인간의 본성을 구성하는 사덕四德 가운데 하나이기 때문에 형이상적 존재이다. 그리고 인간 본성의 근거는 천도의 사상四象이다. 따라서 예를 형이상적 측면에서 그 근거를 중심으로 나타내면 시의성이라고 할 수 있다. 그리고 형이하적 측면에서는 그것을 실천하는 구체적인 절목이 때에 따라서 다르게 드러나게 된다. 예가 본체의 관점에서는 시공을 초월하여 항상恒常하지만 구체적인 절목은 때와 장소에 따라서 다양하게 나타나는 것이다.

【원문】

子曰, "禘自旣灌而往者, 吾不欲觀之矣."

【우리말】

공자가 말하였다. "체禘 제사에서 이미 강신례를 행한 뒤로는 나는 보고 싶지 않다."

【논어순역】

체禘 제사는 천자의 대제大祭이다. 그런데 성왕成王이 주공이 주나라 건국에 공이 많다고 생각하여 노나라에 중제重祭를 내려줌으로써 주공의 묘에서 체제사를 행하게 되었다. 이것도 예법에 어긋나는 일인데 공자 당시 제후국이었던 노魯나라에서 체제사를 지내는 것은 더욱 예에 맞지 않는 것이라고 할 수 있다.

그러나 다음 부분에서 밝힌 것과 같이 형식적인 측면에서 예법禮法에 맞지 않음을 비판한 것에 그치는 것이 아니라 체제사의 본래 의미를 상실하였음을 한탄한 것이라고 할 수 있다. 그것은 이어서 체제사의 의미를 진실로 안다면 천하를 다스리는 대법大法을 알 것이라고 말한 것을 보면 알 수 있다.

【원문】

或問禘之說. 子曰, "不知也, 知其說者之於天下也, 其如示諸斯乎!" 指其掌.

【우리말】

어떤 사람이 체禘에 관하여 묻자 공자孔子가 말하였다. "알지 못한다. 그 설을 아는 사람은 천하를 다스림에 이를 보는 것과 같다."고 하고 손바닥을 가리켰다.

【논어순역】

이 부분은 일반적으로 선왕先王이 자신의 근본에 보답하고 조상을 추모하는 체禘제사를 모시는 마음처럼 그 마음이 정성스러우면 세상을 다스리는 일이 손바닥을 뒤집는 것처럼 쉬움을 나타낸 것으로 이해하였다.

그러나 손과 관련하여 생각하여 보면 『주역』에서는 "그 엄지손가락에 감응한다."[58], "엄지손가락을 푼다."[59]와 같이 엄지손가락을 언급하였고, 『정역』에서는 "엄지손가락을 펴서 드니 무극无極이다."[60]이라고 하여 손도수[61]를 중심으로 삼극三極의 도道를 추연推衍[62]하고 있다.

삼극의 도는 『주역』에서 천도를 중심으로 역도를 표상한 것이다. 따라서 삼극의 도가 손도수에 의하여 추연된다는 것은 역도가 역수曆數를 통하여 상징적으로 나타내어짐을 뜻한다. 그러면 천도, 역도를 왜 체제사와 관련하여 나타내었는가?

체제사는 본래 천자가 지낼 수 있는 대제이다. 그리고 천자는 정치를 하는 주체이다. 그것은 하늘에 제사를 지내고 하늘의 뜻을 대행하여 백성들을 다스리는 의무와 책임이 있는 존재가 천자임을 뜻한다. 그렇기 때문에 『중용』에서는 "교사郊社의 예禮는 상제上帝를 받드는 일이며, 종묘宗廟의 예禮는 그 선조에게 제사祭祀를 지내는 일이다. 교사郊社의 예禮와 체상禘嘗의 뜻에 밝으면 나라를 다스림은 손바닥을 드러내 보이는 것과 같다."[63]고 하였다. 이는 천지와 산천, 조상에게 제사를 지내고 백

---

58) 『周易』 澤山咸卦 初六 爻辭, "初六 咸其拇."

59) 『周易』 雷水解卦 九四爻 爻辭, "九四, 解而拇, 朋至斯孚."

60) 金恒, 『正易』 第一張, "擧便无極이시니 十이니라."

61) 손도수는 손으로 天道의 내용인 曆數原理를 표상하는 상징수인 天地의 數를 推數하는 것을 가리킨다. 예로부터 干支度數를 왼손 다섯 손가락의 마디를 이용하여 推數하였으며, 三爻 八卦 또는 六爻 重卦를 표상하기도 하였다.

62) 추연은 수를 더하거나 빼고 나누거나 곱하는 등의 일련의 과정을 통하여 도수를 산출하는 것을 뜻한다. 이러한 추연을 통하여 역수원리를 상징적으로 나타내게 된다.

63) 『中庸』 第十九章, "郊社之禮 所以事上帝也 宗廟之禮 所以祀乎其先也 明乎郊使之禮 禘嘗之義 治國其如示諸掌乎"

성들을 다스리는 일이 모두 손도수를 통하여 표상된 역도, 천도에 있음을 나타내는 것이라고 할 수 있다.

천도를 괘상卦象이나 역수曆數를 통하여 나타내는 것은 본래 언어로는 도를 나타낼 수 없음에도 불구하고 언어를 사용해 도를 나타내기 위해서 일상의 용법이 아닌 다른 용법을 통하여 상징적으로 나타내는 것과 같다. 도道 자체는 인간의 사유에 의하여 드러낼 수 없는 존재이기 때문에 인간의 사유의 결과를 나타내는 수단인 언어와 문자를 비롯하여 그 밖의 여러 매개를 통하여 상징적으로 나타낼 수밖에 없다.

【원문】

祭如在, 祭神如神在. 子曰, "吾不與祭, 如不祭."

【우리말】

조상에 대하여 제사를 지낼 때는 조상이 있는 듯이 하며, 신에 대하여 제사를 지낼 때는 신이 있는 듯이 한다. 공자가 말하였다. "내가 제사에 참여하지 않으면 제사를 지내지 않는 것만 같지 않다."

【논어순역】

이 부분은 "제사는 그 대상이 있는 듯이 한다.(祭如在)"에 대하여 "신에게 제사를 지낼 때 신이 있는 듯이 한다.(祭神如神在)"는 말로 설명을 하였고 이것을 다시 공자가 풀이하여 "내가 제사에 참여하지 않으면 제사를 지내지 않은 것과 같다."고 한 것이다.

그런데 상례가 죽은 사람이 위주가 되는 것과 달리 제사는 그것을 받드는 주체가 위주가 된다. 그것은 제사의 대상으로서의 신이 있고 그 신을 제사를 지내는 제주가 모시는 관계가 아니라 제주와 신이 일체가 되어 제사가 이루어짐을 나타낸 것이라고 할 수 있다. 신과 제주가 제사라는 사건을 통하여 일체가 되는 것이다.

제사를 받드는 제주가 올바로 제사를 받들기 위해서는 신과 같은 마음이 되어야 한다. 그것이 바로 내가 제사에 참여하지 않으면 제사를 지내도 그렇지 않은 것과 같다는 의미이다. 그렇기 때문에 제사는 몸과 마음을 돌아보고 깨끗하게 하는 목욕과 제계로부터 이미 시작된다. 음식을 장만하고 그것을 진설하는 것은 하나의 과정일 뿐 그것 자체가 제사가 아니다. 제사에서 가장 중요한 것은 자신의 마음을 거짓되거나 남을 미워하고, 두려워하거나 원망하는 등의 남과 나를 둘로 보는 마음이 없는 것이 곧 마음을 깨끗하게 하는 것이며, 그것이 바로 제사이다.

제사를 위하여 재계하는 것은 자신의 본성과 마음을 일치시키는 것으로 그러한 마음 가운데 조상도 함께 하고 신도 함께 하게 된다. 그런 점에서 보면 제사 역시 군자에 있어서 학문이며, 또한 실천이다. 제사가 일정한 기간만이라도 자신의 마음을 본성과 일치시키는 행위라면 자신이 빠진 제사는 결코 지내서는 안 된다. 그것은 자신을 욕되게 하고 속이는 것이며, 조상을 속이고, 신神을 속이는 것이기 때문이다.

【원문】

王孫賈問曰, "與其媚於奧, 寧媚於竈, 何謂也?" 子曰, "不然, 獲罪於天, 無所禱也"

【우리말】

왕손가가 질문하였다. "'아랫목 신에게 잘 보이기보다는 차라리 부엌 신에게 잘 보이라.'하니 이것이 어떤 말입니까?" 공자가 말하였다. "그렇지 않다. 하늘에 죄를 지으면 빌 곳이 없다."

【논어순역】

위의 내용은 두 관점에서 이해가 가능하다. 주희의 주석을 보면 그는 위의 내용이 위나라의 대부인 왕손가가 당시의 제사의 풍습을 통하여 정치 상황을 풍자한 것이라고 하였다.

당시의 제사 풍습으로 보면 부엌 신은 주신主神이 아니지만 행사할 때는 항상 그것을 이용하기 때문에 왕에게 결탁하기 보다는 권신權臣에게 아부하는 것이 효과적임을 밝힌 것이다. 이에 대하여 공자는 천天에 죄를 지으면 빌 곳이 없다고 하여 이의 잘못을 밝히고 있다. 이때의 천天은 모든 존재의 존재 근거이기 때문에 기준은 천이 되어야하며, 그 밖의 다른 존재를 근거로 한다면 그것은 이익을 탐하는 욕심의 발로일 따름이다.

그러나 이 부분을 신이란 무엇인가를 밝힌 것으로 이해할 수도 있다. 여기 언급된 부엌 신이나 아랫목 신은 모두 대상화된 신으로서 우상이라고 할 수 있다. 왜냐하면 둘 다 이로움을 추구하는 욕심으로 인하여 대상화되어 나타난 신이기 때문이다. 공자는 "그 신이 아님에도 불구하고 제사를 지내면 그것은 아첨이다."[64]고 하여 신이 아닌 존재에게 제사를 지내는 것은 아첨이라고 하였다.

신은 형이상적 존재로 인간의 본래성을 떠나서 밝혀지는 존재가 아니다. 유가 경전에서는 인간이 자신의 본성을 아는 경지에 도달함으로써 비로소 천天을 알 수 있다고 하여 형이상적 존재가 천天, 신神임을 밝히고 있다. 그렇기 때문에 자신의 본성을 통하여 밝혀지는 신으로서의 천을 떠나서 참된 신이란 존재하지 않는다. 공자가 천에 죄를 지으면 빌 곳이 없다고 말한 까닭이 여기에 있다.

64) 『論語』 爲政篇, "子曰 非其鬼而祭之, 諂也. 見義不爲, 無勇也."

【원문】

子曰, "周監於二代, 郁郁乎文哉! 吾從周."

【우리말】

공자가 말하였다. "주나라는 이대二代를 거울로 삼았다. 빛나는구나, 문채여! 나는 주나라를 좇으리라."

【논어순역】

이 부분을 피상적으로 보면 공자가 주나라의 문물제도에 집착한 것으로 오해할 수 있다. 그러나 공자가 주나라를 따르겠다는 것은 주나라의 건국이념, 치국이념을 따르겠다는 뜻이다. 『중용』에서는 "중니는 요순의 도를 조술하고, 문왕과 무왕의 도를 헌장하였다."[65]고 하여 그 점을 밝히고 있다.

『논어』의 요왈편에서는 요가 순에게 전하고, 순이 우에게 전한 성인의 도의 내용을 "천의 역수원리가 인간의 본래성을 주체화하였기 때문에 진실로 그 중을 잡아야 한다. 만약 사해가 곤궁하게 되면 천록이 영원히 끊어질 것이다."[66]는 말씀을 통하여 밝히고 있다. 따라서 공자가 주나라를 따르겠다는 것은 성통에 참여한 성인을 통하여 전하여진 성인의 도임을 알 수 있다.

성인의 도는 천天으로부터 주어진 것이다. 그러므로 결국 공자가 따르고자 한 것은 천도天道이지 특정한 시대, 특정한 나라의 문물제도나 사상만을 고집한 것이 아니다. 그렇지 않다면 중용中庸을 주장하고 천지와 더불어 덕德을 함께 한다는 천인합일天人合一을 주장하는 것과 서로 모순이 아닐 수 없다.

---

65) 『中庸』 第三十章, "仲尼 祖述堯舜 憲章文武 上律天時 下襲水土"

66) 『論語』 堯曰, "堯曰 咨 爾舜 天之曆數在爾躬 允執其中 四海困窮 天祿永終."

【원문】

子入太廟, 每事問. 或曰, "孰謂鄹人之子知禮乎? 入太廟, 每事問." 子聞之曰, "是禮也."

【우리말】

공자가 태묘에 들어가서 매사를 물었다. 혹자가 말하기를 "누가 추인의 아들이 예를 안다고 하였는가? 태묘에 들어가서 매사를 묻는구나." 공자가 듣고 말하기를 "이것이 예이다."고 하였다.

【논어순역】

이 부분은 예禮를 경敬과 성誠을 중심으로 나타낸 것이라고 할 수 있다. 본래 예는 인간의 본성이 상황에 따라서 다양하게 나타난 결과라고 할 수 있다. 따라서 예의 내용은 인예의지의 사덕이다.

사덕을 성명으로 구분하여 나타내면 인지仁智는 성性이고, 예의禮義는 명命이다. 인지의 성을 『중용中庸』에서는 성誠으로 규정하고 있다. 성誠 그 자체는 천도이며, 성誠함은 인도人道로 하늘과 사람을 일관하는 도가 성誠이라는 것이다. 그러면서 성誠이 곧 성性임도 밝히고 있다. 따라서 예禮의 내용이 성誠이어야함은 당연한 것이다.

성 자체가 겉으로 드러났을 때 그 일에 대하여 거짓이 없는 정성스러운 마음이 된다. 그렇기 때문에 스스로 모든 예를 알고 있다는 교만함을 버리고 매사를 다른 사람에게 물어서 어긋남이 없고자하는 행동으로 나타난다. 그것은 절차상의 어긋남이 아니라 본성이 그대로 드러나는 도덕적인 행위가 되도록 끊임없이 안으로 살피고 밖으로 살펴보는 것이다.

나의 모든 행위가 도덕적인 행위가 되도록 안으로 살피고 밖으로 살핀다는 것은 곧 마음이 언제나 근원인 하늘을 공경하여 한결같은 경敬인 동시에 정일精一이다. 그것이 이른바 『서경』과 『논어』에서 언급한 집중執中이다. 따라서 이 부분은 주공周公을 모신 태묘大廟에서 행한 구체적인 의식을 통하여 집중된 행위 그것이 다름 아닌 인간의 모든 행위이며, 그것이 결국은 예로 드러남을 보여준 것이라고 할 수 있다.

【원문】

子曰, "射不主皮, 爲力不同科, 古之道也."

【우리말】

공자가 말하였다. "활을 쏘되 가죽을 뚫는 것을 힘쓰지 않음은 사람마다 타고난 힘이 같지 않기 때문이니 그것이 옛 도道이다."

【논어순역】

이는 활쏘기 역시 용심用心이라는 측면에서 보면 학문의 방법임을 밝힌 것이라고 할 수 있다. 사실 학문學問이란 좁은 의미에서 보면 책을 읽고 연구하는 것이지만 크게 보면 삶 자체가 학문이다. 그렇기 때문에 인간이 학문하는 존재라는 점에서 다른 동물과 다르다고 할 수 있다. 일상의 삶과 학문이 다르지 않고 삶 자체가 학문이라고 할 때 일상의 삶을 영위하면서 어떻게 학문을 할 것인가?

그것은 일상의 삶을 영위하면서 매 순간 만난 사건과 물건 그리고 내면에서 일어나는 마음의 작용들을 살피고 살펴서 어떤 사물에도 끌려가지 않고 주체적으로 살아가는 것이다. 활쏘기를 중심으로 그것을 좀더 구체적으로 살펴보면 활을 쏘기 위해서는 반드시 과녁이 필요하며, 과녁이 있으면 적중하고 적중하지 못한 결과가 발생한다.

과녁을 적중하고 적중하지 못함 그리고 과녁을 뚫고 뚫지 못함은 하나의 나타나는 현상일 뿐이다. 현상의 어느 일면에 가치를 부여하여 집착함으로써 수단과 방법을 가리지 않고 상대방을 꺾으려고 하거나 상대방의 승리에 대하여 수용하여 칭찬하지 못하는 것은 모두 마음이 현상에 끌려가서 자신의 주체성을 잃고 사물에 매몰되기 때문이다. 과적을 적중하고 적중하지 못한 결과에 함몰되지 않기 위해서는 결과의 원인을 자신으로부터 찾는 것이 필요하다.

또한 활쏘기는 이를 통하여 내면의 자기를 살펴보아 용심법用心法이 올바른지를 살펴볼 뿐 화살이 과녁을 뚫거나 그렇지 못한 것이 중요하게 여기지 않는다. 왜냐하면 활쏘기는 화살이 과녁을 뚫을 수 있는 힘을 길러서 인명人命을 살상殺傷하려는 목적에서 하는 것이 아니기 때문이다. 오히려 옛날의 활쏘기는 그것을 통하여 자신을 닦고자 한 점에서 당시에 전쟁터에 나가서 인명을 살상하여 적을 이기고자 하는 살상의 방법으로 활쏘기를 하는 것과 다름을 탄식한 것이다.

【원문】

子貢欲去告朔之餼羊. 子曰, "賜也! 爾愛其羊, 我愛其禮."

【우리말】

자공이 곡삭으로 사용하는 양을 없애려고 하자 공자가 말하였다. "사야, 너는 그 양을 아끼느냐? 나는 그 예를 아낀다."

【논어순역】

곡삭은 다산茶山에 의하면 천자의 사신이 노나라로 와서 정월 초하루를 알려주는 의식이다. 이 때 빈객을 맞이하기 위하여 사용하는 희생이 희양餼羊이다. 그런데 당시에 주나라가 쇠퇴하여 제후의 나라에 곡삭을 반포하는 태사太史가 노나라에 오지 않았다. 그럼에도 불구하고 유사有司가 그를 맞이할 양을 길렀으므로 자공이 이를 없애려고 한 것이다.

이 부분을 보면서 형식적인 예만이 남아 있는 것은 혁파하는 것이 타당하다는 점에서 공자가 너무 형식적인 예를 쫓는 보수주의자라고 생각할 수 있다. 그리고 인仁을 주장하는 공자의 행위와 상충相衝하는 것으로 생각할 수도 있다.

공자가 나타내고자 하는 것은 사물은 다스림의 대상이며, 올바로 다스릴 때 사물이 그 차원에서 고양하여 인격적 존재가 됨을 밝힌 것이다. 그렇기 때문에 사물 자체를 아껴서는 안 된다. 그것은 이利를 추구하지 않고 의義를 추구하는 것과 의미가 같다. 공자는 "군자는 의義에 밝고, 소인은 이利에 밝다."[67]고 하여 의義를 추구할 것을 논하였다.

【원문】

子日, "事君盡禮, 人以爲諂也."

【우리말】

공자가 말하였다. "임금을 섬김에 예를 다함을 보고 사람들이 아첨한다고 여긴다."

【논어순역】

임금을 섬길 때 예를 다함은 단순하게 임금에게만 하는 것이 아니라 모든 사람에게 예로 대하는 군자의 태도를 나타낸 것이다. 그 가운데 하나가 임금에 대한 예를 다함으로 나타났을 따름이다. 그렇기 때문에 다른 사람들이 이를 보고 아첨한 것으로 오해한 것이다.

본성을 주체로 살아가는 사람은 나라는 생각이 없기 때문에 내 이익이나 남의 이익을 생각하는 것이 없다. 뿐만 아니라 본성의 근원이 하늘이기 때문에 모든 존재의 언행이 하늘이 하는 사업事業을 대행하는 점에서 하늘의 일이라고 하지 않을 수 없다. 그렇기 때문에 세상의 모든 일이 사

---

67) 『論語』 里仁, "子日 君子 喻於義 小人 喻於利"

적私的인 것이 없으며 모두 공적公的인 것인 것이다. 그런 점에서 임금을 섬김에 예를 다하는 것은 곧 인간으로서 자신의 본성을 다하는 도덕적이고 윤리적인 행위이다.

물론 오늘날에는 민주주의 제도 속에서 살아가기 때문에 군주는 없으나 사회생활을 하면서 만나는 윗사람이나 선생, 양친兩親 부모와 같은 존재뿐만 아니라 모든 존재를 예를 다하여 섬기는 것이 바로 진정한 의미의 아름다운 만남으로서의 인간사회이다.

【원문】

定公問, "君使臣, 臣事君, 如之何?" 孔子對曰, "君使臣以禮, 臣事君以忠."

【우리말】

정공이 묻기를 "임금이 신하를 부리고 신하가 임금을 섬기는 것을 어떻게 해야 합니까?" 공자가 대답하여 말하였다. "임금은 신하를 예禮로 부리고, 신하는 임금을 충忠으로 섬겨야 합니다."

【논어순역】

이 부분은 군신의 관계에 대한 정공의 질문에 대하여 공자가 대답한 것이다. 임금과 신하라는 관계는 인격적 관계이다. 다시 말하면 예로 맺어진 관계인 것이다. 그렇기 때문에 신하가 임금을 대할 때나 임금이 신하를 대할 때를 막론하고 예로 대하여야 한다.

임금과 신하의 관계가 상하의 관계이기 때문에 임금의 신하에 대한 관계가 신하의 임금의 관계 보다 우선하다는 점에서 임금의 신하에 대한 관계는 예로 규정하고, 신하의 임금에 대한 관계는 예의 구체적인 절목인 충忠을 통하여 밝히고 있다. 따라서 충은 신하의 임금에 대한 무조건적인 복종이 아니다. 충은 진심眞心을 뜻하는 개념으로 진심으로 임금을 대하는 것이 충이다. 그것은 임금으로 하여금 임금답도록 한다는 의미이다. 그러므로 임금이 임금이라는 이름에 걸맞게 임금다운 정치를 못할 때는 백성들을 위하여 임금을 내치는 것이 충忠이다.

【원문】

子曰, "關雎, 樂而不淫, 哀而不傷."

【우리말】

공자가 말하였다. "관저는 즐거우면서도 음탕하지 않고, 슬프면서도 본성을 상하지 않는다."

【논어순역】

이 부분은 『시경詩經』의 국풍國風 가운데서 주남周南의 첫 장인 관저關雎를 통하여 『시경』에 담긴 시의 특성을 논한 것이다. 이를 통하여 『시경』의 시를 이해하는 방법을 알 수 있다.

시는 "인간의 사상과 감정을 나타낸 것이고, 노래는 그것을 길러 늘여놓은 음절이다."[68] 본문에서 나타내는 내용은 『시경』의 시 속에 담긴 정서를 요약하여 나타낸 것이라고 할 수 있다. 관저는 군자와 숙녀가 서로를 그리워하다가 만나서 서로 마음을 주고받으면서 하나가 되어 즐거워함을 나타낸 시이다.

관저의 내용이 즐거우면서도 음란하지 않고, 슬퍼하면서도 마음을 상하지 않음은 희노애락喜怒哀樂의 감정이 어느 일면으로 치우침이 없이 중화中和를 이루었음을 뜻한다. 따라서 본문의 내용은 관저가 중화를 이

---

68) 『書經』 舜典, "詩言志, 歌永言,"

룬 상태에서 군자와 숙녀가 서로 하나가 되어 화락和樂함을 나타낸 것으로 규정하고 있음을 알 수 있다.

『중용』에서는 중화를 이룬 치중화致中和를 군자의 도로 규정하고 있다. 『중용』에서는 "희노애락의 감정이 작용하지 않은 상태를 중中이라고 하며, 작용하여 모두 절도節度에 맞는 것을 화和라고 한다. 중이라고 하는 것은 천하의 위대한 근본(大本)이며, 화라고 하는 것은 천하에 널리 통달되는 도이다. 중화를 이루면 천지가 제 자리를 잡고 만물이 길러진다."[69]고 하였다.

중화를 이루어서 실천하는 존재는 군자이다. 군자가 중화를 실천할 때 그의 언행은 시의성에 적중하는 시중이면서 동시에 중도를 정도로 실천함으로 그것을 중용이라고 한다.

중용은 중도를 씀으로 중도를 정도로 실천함을 뜻한다. 중도인 천도를 본성의 자각과 더불어 천명으로 자각함으로서 그것을 정도로 실천하는 존재가 바로 군자인 것이다. 그렇기 때문에 군자의 도는 중정의 도이며, 그것을 중도를 중심으로 나타낸 것이 중용이다. 따라서 위의 원문을 통하여 공자가 밝히고자 한 뜻은 『시경』이 군자의 도를 중심으로 이해되어야 함이라고 할 수 있다.

【원문】

哀公問社於宰我. 宰我對日, "夏后氏以松, 殷人以栢, 周人以栗, 日, 使民戰栗." 子聞之日, "成事不說, 遂事不諫, 旣往不咎."

【우리말】

애공哀公이 재아宰我에게 사社에 관하여 묻자 재아가 대답하여 말하기를

---

69) 朱熹『中庸章句』第一章, "喜怒哀樂之未發 謂之中 發而皆中節 謂之和 中也者 天下之大本也 和也者 天下之達 道也 致中和 天地位焉 萬物育焉"

"하후씨는 소나무로 하였고, 은나라의 사람들은 잣나무로 하였으며, 주나라의 사람들은 밤나무로 하였으니 백성들로 하여금 두려워 떨게 하려는 것입니다." 공자가 그것을 듣고 말하기를 "이루어진 일이기 때문에 말하지 않으며, 완성된 일이라 간하지 않고, 이미 지난 일이라 탓하지 못하겠다."고 하였다.

【논어순역】

이 부분은 두 관점에서 이해가 가능하다. 그 하나는 말을 할 때는 항상 신중해야함을 밝힌 것이다. 본래 사는 제사를 모시는 사주社主를 가리킨다. 오토五土인 산림山林, 천택川澤, 구릉丘陵, 분연墳衍, 원습原隰을 봉하여 각각 그 땅에 알맞은 나무를 위패로 삼아서 제사를 모셨다. 그럼에도 불구하고 재아가 다른 의미로 말하였기 때문에 말을 함부로 해서는 안됨을 나타낸 것이다.

둘째는 이미 지나간 일에 대하여 연연하지 않아야함을 밝힌 것이다. 과거의 일은 이미 지나간 것이기 때문에 마음 가운데서 시비를 논하여 갈등을 빚는다면 그것은 어리석은 것이다. 비록 그 설명이 옳지는 않지만 이미 재아가 설명을 하였기 때문에 그것을 다시 설명하여 재아를 비롯하여 많은 사람들을 괴롭게 할 필요가 없는 것이다.

【원문】

子曰, "管仲之器小哉!" 或曰, "管仲儉乎?" 曰, "管氏有三歸, 官事不攝, 焉得儉?" "然則管仲知禮乎?" 曰, "邦君樹塞門, 管氏亦樹塞門. 邦君爲兩君之好, 有反坫, 管氏亦有反坫. 管氏而知禮, 孰不知禮?"

【우리말】

공자가 말하였다. "관중의 그릇이 작구나." 어떤 사람이 묻기를 "관중은 검소합니까?" 공자가 말하기를 "관씨가 삼귀대를 소유하였으며, 가신의 일을 겸직시키지 않았으니 어찌 검소하다고 하겠는가?" "그러면 관중은 예를 압니까?" 말하기를 "제후라야 병풍으로 문을 가릴 수 있거늘 관씨도 병풍으로 문을 가렸으며, 제후라야 양국 군주의 우호적 회합에 반점을 둘 수 있거늘 관씨도 반점을 두었으니 관씨가 예를 알면 누가 예를 모르겠는가?"라고 하였다.

【논어순역】

관중管仲은 제齊나라의 대부大夫인 관이오管夷吾로 환공桓公을 도와서 패자覇者를 만들었다. 그러나 성인의 도를 알지 못하였기 때문에 왕도정치를 실천하지 못하였다. 그렇기 때문에 공자가 그의 그릇이 작다고 하였던 것이다.

그럼에도 불구하고 듣는 사람이 알지 못하고 그것이 검소하다는 의미인지 의심하여 또 묻자 검소하지 않다고 하였다. 그러자 검소하지 않다는 것이 예를 아는 것이라는 것으로 오해하여 또 묻자 결코 그가 예를 알지 못하였음을 논하였다.

본래 왕도정치는 인간의 본성인 인예의지仁禮義智의 사덕四德에 의하여 이루어지는 정치이다. 그리고 검소함은 의義의 실천덕목이다. 따라서 왕도정치를 실천하지 못하였다는 것은 곧 예의를 실천하지 못하였음을 뜻한다.

【원문】

子語魯大師樂, 曰, "樂其可知也, 始作, 翕如也, 從之, 純如也, 皦如也, 繹如也, 以成."

【우리말】

공자께서 노魯나라의 태사太師에게 악樂을 설명하였다. "악樂을 알 수 있으니 시작할 때는 합하여진 듯이 하고, 이어서 전개할 때는 음이 조화로우며, 분명하며, 끊어짐이 없이 연속하여 끝맺는다."

【논어순역】

이 부분은 악樂의 원리를 밝히고 있다. 악의 내용은 인仁으로 인을 본체로 하는 예禮의 구체적인 절목이 악이다. 그런데 지인과 예의가 체용의 관계이듯이 예와 의 역시 체용의 관계이다. 악이라는 것은 예를 체로 하여 의로 작용하는 것이다. 그것은 악의 근본정신이 조화임을 뜻한다.

그것을 시종으로 구분하여 나타낸 것이 위의 내용이다. 처음에는 모든 것이 하나로 모은 듯 하다가 이어서 큰 소리로 바뀌어서 순수하면서 이어서 절정에 이르러서 장엄하게 울리다가 마지막에 끊어질 듯이 이어지면서 여운을 남겨서 마지막을 이룬다.

유가에서는 천지인을 세계의 구성 요소로 여기고 삼재가 조화를 이루는 세계를 이상으로 여긴다. 그것이 이른바 천인합일天人合一의 경지이다. 천인합일天人合一의 세계는 모든 존재가 조화調和와 균형均衡을 이룬 조율調律된 세계로 그것이 바로 도덕의 세계, 윤리의 세계이다. 따라서 음악을 비롯하여 인간의 모든 활동들이 조화와 균형의 조율된 세계를 지향하여 발전하는 것이라고 할 수 있다.

【원문】

儀封人請見, 曰, "君子之至於斯也, 吾未嘗不得見也." 從者見之. 出曰, "二三子何患於喪乎? 天下之無道也久矣, 天將以夫子爲木鐸."

【우리말】

의읍儀邑의 봉인이 뵙기를 청하면서 말하였다. "군자가 이곳에 이르면 나는 일찍이 만나지 않은 때가 없었다." 수행하는 사람이 뵙도록 하자 뵙고 나와서 말하였다. "여러분들은 어찌 벼슬 잃음을 걱정하는가? 천하의 도가 없음이 오래되었으니 하늘이 장차 부자를 목탁으로 삼으실 것이다."

【논어순역】

이 부분을 통하여 공자의 인격을 확인할 수 있다. 천天이 장차 공자를 목탁으로 삼는다는 것은 단순하게 당시의 상황만을 말하는 것이 아니라 후세의 군자를 길러서 그들로 하여금 성명性命의 이치에 순응하게 할 성인聖人임을 밝힌 것이다. 따라서 공자가 당시의 제후들로부터 박대를 당하고 결국 공자의 이상이 정치를 통하여 실현되지 못함은 천도天道 자체의 시의성時義性이 그러함을 나타낸 것임을 알 수 있다.

【원문】

子謂韶, "盡美矣, 又盡善也." 謂武, "盡美矣, 未盡善也."

【우리말】

공자가 소韶를 말씀하기를 "아름다움을 다하였고, 또한 선善을 다하였다."고 하였으며, 무武를 말하기를 "아름다움을 다하였으나 선을 다하지 못하였다."고 하였다.

【논어순역】

이 부분을 통하여 공자의 악관樂觀을 알 수 있다. 음악은 단순하게 아름답기만 한 것이 아니라 선해야 한다. 그것은 음악이 단순한 음의 나열이 아니라 그 존재 근거가 천도天道임을 뜻한다. 천도를 음音을 통하여 상징적으로 나타냄으로써 음악이 형성되기 때문에 그것은 참되고, 착하고, 아름답게 되는 것이다. 따라서 음악 역시 심성心性을 순화醇化하여 본성을 자각하고 천명天命을 자각하는 학문의 관점에서 이해된 것임을 알 수 있다.

【원문】

子曰, "居上不寬, 爲禮不敬, 臨喪不哀, 吾何以觀之哉?"

【우리말】

공자가 말하였다. "위에 있으면서 관대하지 못하고, 예를 행하면서 공경하지 않으며, 상사에 임하여 슬퍼하지 않으면 내가 어찌 볼 수 있겠는가?"

【논어순역】

윗사람이 관대寬大하지 않으면 아랫사람이 따르기 어려우며, 예禮를 행하면서 존경尊敬하지 않으면 그 내용이 없는 것이고, 상喪을 당하여 슬퍼하지 않음은 부모에 대한 예禮를 다하지 못함이다. 그렇기 때문에 공자가 그것을 볼 수 없다고 하였다.

이 부분은 모두 예의 내용이 仁임을 밝힌 것으로 예의 내용인 인仁이 존경尊敬과 겸손謙遜으로 나타나기 때문에 상喪을 당하여 형식적인 의식만을 행하고 진심으로 부모의 은덕恩德을 더 이상 갚을 수 없음을 애통해 하지 않으면 그것은 예禮를 다한 것이라고 할 수 없다. 아래 사람에게 관대함과 윗사람을 존경함 역시 예의 내용이 인仁임을 밝힌 것이다. 이를 통하여 관대함과 존경함이 없는 예禮는 예가 아님을 알 수 있다.

제사장 이인里仁

【원문】

子曰, "里仁爲美. 擇不處仁, 焉得知?"

【우리말】

공자가 말하였다. "인仁을 주체로 사는 것이 아름다움이 되니 가려서 인仁에 거처하지 않으면 어찌 지혜롭다 하겠는가?"

【논어순역】

원문을 이해할 때 관건은 이인里仁을 어떻게 이해할 것인가의 문제이다. 과거의 주석들을 보면 이인을 어진 마을로 이해하는 경우와 인에 거처함으로 이해하는 두 경우로 나누어볼 수 있다.

그런데 이인의 다른 부분에서는 "군자가 인을 떠나서 어떻게 군자라고 하겠는가. 군자는 밥을 먹는 동안에도 인을 어기지 않으니 급하고 구차한 때에도 반드시 이에 의거하며, 엎어지고 넘어지는 때에도 반드시 이에 의거한다."[70]고 하여 군자가 주체로 해야 할 존재가 인임을 밝히고 있다. 또한 어진 마을에 사는 것보다는 인을 주체로 하는 것이 근본적인 문제이다. 따라서 이 부분은 인을 주체로 함으로 이해하는 것이 좋을 것이다.

인仁은 지智와 더불어 인간의 본성을 구성하는 내용으로 양자는 별개의 존재가 아니다. 그렇기 때문에 인을 실천함은 곧 지智를 실천함이며, 지智를 얻기 위해서는 인을 얻어야 한다. 그렇기 때문에 인을 주체로 살아가지 못하는 사람은 결코 지혜롭다고 할 수 없다고 하였다.

---

70) 『論語』 里仁, "君子去仁, 惡乎成名 君子無終食之間違仁, 造次必於是, 顚沛必於是."

【원문】

子曰, "不仁者不可以久處約, 不可以長處樂. 仁者安仁, 知者利仁."

【우리말】

공자가 말하였다. "인仁하지 않은 사람은 오랫동안 구차한 곳에 있지 못하며, 오랫동안 즐거움에 거처하지 못한다. 인仁한 사람은 인仁을 편안하게 하며, 지혜로운 사람은 인을 이롭게 한다."

【논어순역】

원문의 약約과 악樂을 곤궁함과 즐거움으로 이해하면 이 부분은 인을 주체로 하지 않으면 인생의 굴곡을 제대로 넘길 수 없음을 뜻한다. 사람이 살아가면서 곤궁에 처하거나 즐거움에 처하였을 때 그것을 객관화하여 볼 수 있는 안목이 없으면 곤궁이나 즐거움 자체에 빠져서 힘들어 하게 된다. 그러므로 인을 주체로 하여 삶을 살아가면 근심이 없다고 하였다.

원문의 내용을 학문을 중심으로 이해하면 "불인자불가이구처약不仁者不可以久處約"의 불인자不仁者는 인을 주체로 하지 못한 사람을 가리키며, 약約을 주체화의 의미로 이해하면 처약處約은 중심을 세우는 집중執中의 의미이다. 그러므로 이 부분은 인仁을 주체로 하지 않으면 오랫동안 집중이 되지 않음을 뜻한다. 본성을 자각하지 못하고서는 본성을 주체로 도덕적인 삶을 영위할 수 없음을 나타내는 것이 이 부분이다.

그것을 다시 밝힌 것이 뒷부분이다. "불가이장처락不可以長處樂"의 락樂을 학문을 중심으로 이해하면 도락道樂이 된다. 그러므로 "불가이장처락不可以長處樂"은 본성을 주체로 하지 못하면 도道와 더불어 계합契合된 삶을 즐기지 못함을 뜻한다. 다시 말하면 인이라는 본성을 주체로 살아가지 못하면 도락道樂을 즐기면서 살지 못하는 것이다.

끝부분은 결론으로 어진 사람은 인仁을 편안하게 여기고, 지혜로운 사람은 인仁을 이롭게 사용함을 밝히고 있다. 이처럼 지혜로운 사람과 어진 사람의 인에 대한 태도가 서로 다른 까닭은 주어진 천명이 서로 다르기 때문이다.

지혜로운 사람의 표본은 성인으로 성인은 인류에게 삶의 길로서의 인도를 밝혀주는 존재이며, 어진 사람의 표본은 군자로 군자는 성인이 제시한 삶의 길을 실천하는 존재이다. 물론 인과 지는 인간의 본래성이기 때문에 일체적 존재이지만 군자는 인을 위주로 살아가고, 성인은 지를 위주로 살아가게 된다.

【원문】

子曰, "唯仁者能好人, 能惡人."

【우리말】

공자가 말하였다. "오직 인자라야 능히 다른 사람을 좋아하고, 능히 다름 사람을 미워한다."

【논어순역】

인자仁者는 자신의 본성을 깨달아서 그것을 주체로 살아가는 사람이다. 자신의 본성을 주체로 살아가는 사람을 성인과 군자라고 한다. 그리고 지성을 위주로 살아가는 존재를 성인이라고 하며, 인성을 위주로 살아가는 존재를 군자라고 한다. 그러므로 인자仁者는 군자를 가리키는 말임을 알 수 있다.

군자는 비록 다른 사람을 좋아하거나 미워할지라도 그것이 모두 다른 사람을 위하는 것이 된다. 군자는 자신의 이익을 위하여 남을 좋아하거나 미워하는 것이 아니다. 그는 다른 사람의 불선한 행동을 미워하고 선한 행동을 좋아할 뿐 그 사람 자체를 미워하거나 좋아하지 않는다. 왜냐하면 사람의 본성은 모두 같을 뿐만 아니라 천지의 본성 역시 같기 때문이다.

군자의 좋아하고 싫어함은 인간 자체 또는 본성이 아니라 본성이 발현된 사고와 언행을 중심으로 이루어진다. 그것은 좋아하고 싫어함이 모두 군자 자신의 본성의 발현임을 뜻한다. 그런 점에서 보면 군자 자신에게는 좋아하고 싫어함이 없다.

『중용』에서는 희노애락의 감정이 절도에 맞는 것을 중화中和를 이루었다고 말하는데 그러한 중화를 이룬 감정이 바로 인자仁者의 좋아함과 싫어함이라고 할 수 있다. 그렇기 때문에 군자의 좋아함과 싫어함은 모두 상대방을 위하여 이루어지는 것일 뿐이다. 다시 말하면 군자의 몸을 빌어서 상대방의 본성이 상대방의 불선한 행위와 선한 행위에 대하여 가르침을 베푸는 것이라고 할 수 있다.

그리고 능히 미워하고 좋아한다는 것은 미워하고 좋아함에 걸림이 없다는 것으로 곧 마음을 쓰고 그것은 몸으로 나타내는 것에 대하여 자유자재自由自在함을 뜻한다. 공자가 위정爲政에서 밝힌 바와 같이 "마음이 하고자 하는 바를 좇아서 행하여도 법도에 어긋남이 없는"경지를 나타내는 것이다.

【원문】

子曰, "苟志於仁矣, 無惡也."

【우리말】

공자가 말하였다. "진실로 인仁에 뜻을 두면 미워함이 없다."

【논어순역】

원문의 내용을 일견하면 앞에서 어진 사람만이 능히 다른 사람을 미워하고 좋아할 수 있다는 내용과 서로 모순이 되는 것으로 생각할 수 있다.

앞에서 살펴본 바와 같이 어진 사람은 본성을 주체로 살아가는 사람으로 그는 어떤 마음을 쓰더라도 그 씀 자체에 걸림이 없어서 자유롭다. 그런 점에서 이미 미워하더라도 미워함이 없음을 뜻한다.

원문에서 나타내고 자하는 내용은 인에 뜻을 두는 입지立志이다. 인仁에 뜻을 두었다는 것은 인을 주체로 살고자 하는 뜻을 세웠다는 것으로 그것은 곧 본성을 주체로 살아가고자하는 뜻을 세웠음을 뜻한다.

본성을 주체로 살아가는 존재는 성인과 군자이다. 『주역』에서는 "하늘에 근본을 둔 사람은 형이상의 세계와 친하고, 땅에 근본을 둔 사람은 형이하의 세계에 친하다."[71]고 하였다. 하늘에 근본을 둔 사람은 성인으로 그는 진리와 친하다. 그리고 땅에 근본을 둔 사람은 군자로 그는 현실과 친하다.

『주역』에서는 건도와 곤도를 논하면서 각각 남녀와 관련하여 논하고 "건乾의 지혜로움이 크게 시작하고, 곤坤의 작용이 만물을 완성한다. 건乾으로써 쉽고 알고, 곤坤으로 간단하게 능하다."[72]고 하여 천天과 지성智性을 관련하여 논하고 있고, 지地와 작용성, 인성仁性을 관련하여 논하고 있다. 이로부터 성인은 본성 가운데서 지성智性을 위주로 살아가는 존재라면 군자는 인성仁性을 위주로 살아가는 존재임을 알 수 있다.

군자가 인성을 위주로 살아가는 존재이기 때문에 인에 뜻을 둔다는 것은 곧 군자적 삶에 뜻을 둠을 뜻한다. 군자는 개체적 차원을 넘어서 나와 남을 구분하여 가치를 부여하고 집착하는 분별심이 없다. 그것은 군자가 분별심을 사용하더라도 그것에 집착執着하지 않음을 뜻한다. 그렇기 때

71) 『周易』 重天乾卦 九五 文言, "聖人이 作而萬物이 覩하나니 本乎天者는 親上하고 本乎地者는 親下하나니 則各從其類也니라."

72) 『周易』 繫辭上篇 第一章, "乾道成男하고 坤道成女하니 乾知大始오 坤作成物이라. 乾以易知오 坤以簡能이니 易則易知오 簡則易從이오 易知則有親이오 易從則有功이오 有親則可久_오 有功則可大오 可久則賢人之德이오 可大則賢人之業이니 易簡而天下之理得矣니 天下之理得而成位乎其中矣니라."

문에 군자를 다른 존재와 조화調和를 이루면서도 동화同化되지 않는다고 하였다.

원문을 인仁을 중심으로 이해하면 인이라는 본성의 내용으로서의 덕에는 좋아하고 싫어하는 분별심이 없음을 뜻한다. 다시 말하면 호오의 분별적인 차원을 넘어선 존재가 인임을 밝힌 것이다.

【원문】

子曰, "富與貴, 是人之所欲也, 不以其道得之, 不處也. 貧與賤, 是人之所惡也, 不以其道得之, 不去也. 君子去仁, 惡乎成名? 君子無終食之間違仁, 造次必於是, 顚沛必於是."

【우리말】

공자가 말하였다. "부유함과 귀함은 사람이 원하는 것이지만 그 올바른 도道로 얻지 않았으면 처하지 않는다. 가난과 천함은 사람이 싫어하는 것이지만 그 도로 얻지 않았으면 버리지 않는다. 군자가 인仁을 버리고 어찌 이름을 이루겠는가? 군자는 밥을 다 먹을 시간에도 인을 어김이 없으며, 잠깐 앞으로 나아갈 때도 반드시 이로 말미암아야 하며, 넘어지는 순간에도 반드시 이로 말미암아야 한다.

【논어순역】

앞에서 이루어진 인에 관한 여러 가지 언급들은 인이 곧 사람의 본성임을 나타낸다. 그렇기 때문에 맹자는 "공자가 말하기를 '도는 인仁과 불인不仁뿐이다.'라고 하였다."[73]라고 하였다. 공자 역시 "뜻을 세운 선비와 어진 사람은 물리적 생명을 위하여 인仁을 해치지 않고 몸을 죽여서 인

---

73) 『孟子』 離婁章句上, "孔子曰 道二, 仁與不仁而已矣."

仁을 이룬다."[74]고 하여 물리적 생명의 근원이 인仁임을 밝히고 있다. 맹자도 "인이라는 것은 곧 사람이다."[75]라고 하여 인이 사람의 본성임을 밝히고 있다.

원문에서는 군자를 군자라고 부를 수 있는 근거를 인으로 규정하고 있다. 그것은 인이 군자의 본성임을 밝힌 것이다. 그렇기 때문에 군자는 24시간 동안 인을 놓치지 않고 그것이 주체가 되어야 한다. 공자가 안연顏淵을 호학好學하는 유일한 제자로 인정한 까닭도 그가 다른 제자와 달리 3개월 동안을 인을 어기지 않는 것 때문이다.

일반적으로 유가를 시비是非를 가려서 옳음을 쫓고 그름을 버리는 것으로만 이해한다. 만약 이분법적인 관점에서 원문을 이해하면 부귀富貴, 재물財物, 권력勸力을 버리고 인仁을 취하라는 것으로 오해할 수 있다. 원문에서는 부귀라도 인도에 의하여 얻지 않았으면 취하지 않고, 빈천이라도 인도에 의하여 얻지 않았으면 버리지 않는다고 하여 군자가 인을 주체로 살아야 함을 나타낸 것일 뿐 무엇을 버리고 취하라는 이분법적인 내용을 담고 있지 않다.

원문의 내용을 인지仁智의 본성을 중심으로 이해하면 지성智性을 통하여 시의성時義性을 자각하고 그것을 실천하는 것이 인성仁性에 의하여 이루어짐을 알 수 있다. 부귀에 처하거나 빈천에 처하였을 때 그것이 부귀할 때인지 빈천할 때인지를 파악하여 그 때에 맞게 부귀한 사람으로 행동하고 빈천한 사람으로 행동하는 것이 곧 인仁을 주체로 살아가는 군자의 삶이며, 그것이 바로 천시天時에 순응하는 삶이 되는 것이다.

【원문】

子曰, "我未見好仁者, 惡不仁者. 好仁者, 無以尙之, 惡不仁者,

---

74) 『論語』 衛靈公, "子曰 志士仁人, 無求生以害仁, 有殺身以成仁."

75) 『孟子』 盡心章句下, "孟子曰 仁也者, 人也. 合而言之, 道也."

其爲仁矣, 不使不仁者加乎其身. 有能一日用其力於仁矣乎? 我未見力不足者. 蓋有之矣, 我未之見也."

【우리말】

공자가 말하였다. "나는 인을 좋아하는 사람을 보지 못하였으며, 불인을 미워하는 사람을 보지 못하였다. 인仁을 좋아하는 사람은 인仁 외에는 다른 것을 숭상함이 없으며, 불인不仁을 싫어하는 사람은 인仁을 행함에 있어서 불인不仁으로 하여금 자신의 몸에 더하게 하지 않는다. 능히 하루 동안 인에 힘을 사용할 수 있겠는가? 나는 힘이 부족한 사람을 보지 못하였다. 대개 있을까? 나는 보지 못하였다."

【논어순역】

사람의 인에 대한 태도는 인을 좋아하는 것과 불인을 싫어하는 것으로 나타낼 수 있다. 이는 이분법적인 사고 곧 일상적인 사고로 인을 좋아하는 사람은 모든 것을 인을 중심으로 생각하게 되고, 불인을 싫어하는 사람은 모든 것을 불인을 중심으로 생각하게 된다.

그러나 공자가 말하고자 한 것은 양면의 어느 일면이 아니다. 그는 유하혜柳下惠와 백이伯夷, 숙제叔弟의 경우를 예로 들면서 "나는 이들과 다르니 가可함도 없고 불가不可함도 없다."[76]고 하여 가불가可不可를 떠난 중용中庸을 언급하고 있다. 따라서 이 부분에서 공자가 논하고자 한 것은 사람이 자신의 본성을 주체로 살아가게 되면 집중執中이 되어 양면을 벗어나게 됨을 밝힌 것이라고 할 수 있다.

이 때 중요한 것은 사람이면 누구나 자신의 본성을 주체로 살아갈 수 있다는 것이다. 문제는 스스로 그것을 행하느냐 아니면 스스로 자신을

76) 『論語』 微子, "逸民 伯夷叔齊虞仲夷逸朱張柳下惠少連. 子曰 不降其志, 不辱其身, 伯夷叔齊與 謂柳下惠少連, 降志辱身矣, 言中倫, 行中慮, 其斯而已矣. 謂虞仲夷逸, 隱居放言, 身中淸, 廢中權. 我則異於是, 無可無不可."

함부로 대하고 심지어는 자신을 버리느냐[77]의 차이에 있다. 원문에서 공자는 인을 사용할 능력이 없는 사람을 본적이 없다고 말하고 단 하루라도 인을 힘써보라고 한 것이 바로 그 점을 밝힌 것이다.

【원문】

子曰, "人之過也, 各於其黨. 觀過斯知仁矣."

【우리말】

공자가 말하였다. "사람의 허물은 각각 그 무리로부터이다. 그러한 허물을 알면 인仁을 알게 된다."

【논어순역】

원문의 내용을 이해하는 관건은 "각어기당各於其黨"을 어떻게 이해하느냐이다. 고주는 군자와 소인을 나누어서 허물이 무리에 따라서 일어나는 것이라는 관점으로 이는 군자와 소인을 가치상의 우열로 나누는 것이다. 반면에 신주는 군자와 소인이 각각 일으키는 과실의 종류가 다르다는 것이다.

다산은 군자와 소인을 구분하지 않고 이해하여 사람의 허물이 편벽됨으로부터 발생함을 나타나낸 것으로 이해하고 있다. 인한 사람도 역시 그 편벽함으로 인하여 허물이 일어나기 때문에 허물을 보면 인함을 알 수 있다고 하였다.

위의 내용을 인을 자각하는 학문의 관점에서 보면 인을 자각하는 방법을 나타낸 것으로 이해할 수 있다. 사람들의 허물은 각각 마음을 쓰는데

---

77) 『孟子』 離婁章句上, "孟子曰 自暴者, 不可與有言也, 自棄者, 不可與有爲也. 言非禮義, 謂之自暴也, 吾身不能居仁由義, 謂之自棄也. 仁, 人之安宅也, 義, 人之安路也. 曠安宅而弗居, 舍正路而不由, 哀哉"

있어서 무리를 지음으로부터 말미암은 것이다. '당黨'은 '류類'로 무리는 나누고 합하는 두 관점을 포함하고 있다. 그것은 분별심分別心에 의하여 이루어지는 생각과 그 결과로 나타나는 행동들을 뜻한다. 따라서 사람의 허물은 분별심에 의하여 나타내는 것들에 그 원인이 있다.

"관과사지인의觀過斯知仁矣"는 인을 알 수 있는 조건이 허물을 아는 것임을 나타낸다. 그것은 인이라는 본성을 자각하기 위해서는 나와 남을 구분하여 가치를 부여하고 집착함으로써 일어나는 허물들이 분별심에 있음을 아는 것이 필요함을 나타낸다. 안연이 인에 대하여 묻자 나와 남을 구분하여 집착하는 마음을 버리고 예로 돌아가야 비로소 인을 주체로 할 수 있음을 밝힌 공자의 언급을 통해서 그 점을 알 수 있다.

【원문】

子曰, "朝聞道, 夕死可矣."

【우리말】

공자가 말하였다. "아침에 도를 들으면 저녁에 죽어도 좋다."

【논어순역】

이 부분은 공자 당시의 정치 상황을 중심으로 이해할 수도 있고, 학문을 하는 사람의 입장에서 이해할 수 도 있다. 공자가 살았던 당시에 도가 행하여지지 않음을 안타깝게 여긴 공자가 세상에 도가 행하여지는 소식을 아침에 들으면 그날 저녁에 죽어도 좋다는 한탄을 한 것이라고 할 수 있다.

반면에 학문의 관점에서 보면 만약 도를 얻어 들을 수 있다면 그 삶이 순탄하고 죽음이 편안할 것임을 아침과 저녁이라는 짧은 시간을 통하여 극적으로 표현한 것이라고 할 수 있다.

그런데 도가 행하여지고 행하여지지 않는 것이 모두 하늘의 뜻임을 공자는 잘 알고 있었다. 그러므로 공자는 오로지 하늘의 뜻에 따라서 살고자 하였다. 그런 측면에서 보면 당시에 도가 행하여지지 않을 것임을 알고 그것을 한탄한 것으로만 볼 수는 없다.

사람은 누구나 인간으로서의 자신이 누구이며 어디서 왔다가 어디로 가는지를 알아야 한다. 그러한 문제를 해결하기 위해서는 진리에 대한 갈구渴求가 모든 것을 놓아 버릴 만큼 깊어야 한다. 목숨마저도 내놓을 수 있는 간절함과 진실함이 있어야 비로소 도를 들을 수 있는 것이다.

도를 깨달은 사람은 생사를 초월한다. 그것은 도를 깨달으면 죽지 않음을 나타내는 것이 아니라 본래 생사의 문제가 없음을 깨달았음을 뜻한다. 생사를 벗어났으면서도 생사를 버리지 않는 상태를 아침에 도를 들으면 저녁에 죽어도 좋다고 표현한 것이다. 사람의 삶 자체는 본래 살아도 삶이 없으며, 죽어도 죽음이 없어서 그냥 살뿐이다.

【원문】

子曰, "士志於道, 而恥惡衣惡食者, 未足與議也."

【우리말】

공자가 말하였다. "선비가 도에 뜻을 두고 나쁜 옷과 음식을 싫어한다면 더불어 (도를) 논하기에 부족하다."

【논어순역】

위의 내용을 보면 선비는 도에 뜻을 두고 살아가는 존재이다. 『논어』의 다른 부분에서는 도道에 뜻을 두고 학문하는 존재를 군자君子로 규정하고 있다. 따라서 선비는 군자와 같은 존재를 가리키는 개념이라고 할 수 있다. 다만 선비가 덕을 중심으로 언급된 개념이라면 군자는 그 위를 중심으로 언급된 개념이라고 할 수 있다.

선비가 도道에 뜻을 두었다면 오직 도만을 생각할 뿐 물리적 생명을 풍족하게 하는 일에는 매달리지 말아야 한다. 왜냐하면 학문이 완성되어 형이상적 세계에 도달한 사람은 형이하의 세계를 겸할 수 있지만 학문을 하지 않은 사람은 형이하의 세계에 뜻이 가면 형이상의 세계에 도달할 수 없기 때문이다.

『주역』에서는 "작은 일에 얽매이면 장부丈夫의 일을 잃는다."[78]고 하여 소인의 도에 얽매이면 군자의 도를 잃게 됨을 밝히고 그 까닭을 양자를 겸할 수 없기 때문이라고 하였다. 그것은 군자는 소인을 포용할 수 있지만 소인은 군자를 포용할 수 없음을 뜻한다.

『논어』를 비롯하여 유가의 경전에서 집중과 중용을 언급한 것은 이분법적인 사고를 벗어나서 그 차원을 고양할 것을 요구한 것이다. 이분법적인 사고를 통해서는 현상에서 발생하는 그 어떤 문제도 해결할 수 없으며, 그 차원을 높여야 비로소 가능하다. 다시 말하면 이것과 저것이라는 구분으로 나타나기 이전에 양자가 없는 근원적인 세계에서 보아야 비로소 양면을 다 볼 수 있음을 뜻한다. 그러므로 집중, 중용은 양면의 중간이 아니라 차원의 고양으로 필경은 형이상과 형이하, 분별과 무분별, 있음과 없음 등의 대립하는 모든 것을 포괄하는 차원을 나타내는 것이다.

【원문】

子曰, "君子之於天下也, 無適也, 無莫也, 義之與比."

【우리말】

공자가 말하였다. "군자는 천하에 대하여 오로지함도 없고, 부정함도 없

---

78) 『周易』 澤雷隨卦 六二, "六二는 係小子면 失丈夫하리라. 象曰 係小子하면 弗兼與也일새라."

으며, 오직 의와 더불어 짝한다."

【논어순역】

원문의 내용을 이해하는 관건은 "무적야無適也, 무막야無莫也"를 어떻게 이해할 것인가이다. 사량좌謝良佐는 "적適"을 "가可"로 그리고 "막莫"을 "불가不可"로 이해하였다. 이렇게 보면 군자는 천하에 가함도 없고 불가함도 없음을 나타낸 것이라고 할 수 있다. 공자가 과거의 현인賢人들을 평가하면서 자신은 그들과 달라서 가함도 없고 불가함도 없음을 밝히고 있는 것을 보면 그러한 이해가 옳다고 여겨진다.

가함도 없고 불가함도 없는 상태는 모든 대립적인 차원을 넘어서 있는 차원이라고 할 수 있다. 제자들이 공자를 평가한 내용을 보면 그 점을 잘 알 수 있다. 어떤 일을 하더라도 의도적으로 하려는 마음이 없어서 자연스러우며, 무엇을 반드시 하겠다는 기필하는 마음이 없고, 어떤 것에도 얽매임이 없어서 나라는 고정된 마음이 없다.

그런데 만약 가可와 불가不可의 양면을 다 부정할 경우 자칫 허무주의에 빠지거나 반대로 멋대로 행동하는 방자함에 빠질 수 있다. 가함도 불가함도 없는 상태는 분명 자유로운 상태이지만 그러나 본능에 따라서 멋대로 행동하는 방종이 아닐 뿐만 아니라 모든 사물을 몰가치沒價値하게 보는 냉소적인 태도가 아니다. 그렇기 때문에 의義와 더불어 하나가 된다고 하였다.

군자는 본성을 자각하고 인예의지仁禮義智의 사덕四德을 실천하는 존재이다. 가정 사회에서는 예禮를 실천하며, 국가 사회에서는 의義를 실천하는 존재가 군자인 것이다. 그렇기 때문에 군자가 천하의 백성들과 함께할 때도 오직 어떤 것만이 옳다거나 어떤 것이 옳지 않다는 것도 없다.

『주역』에서는 "재물을 다스리고 말을 바르게 하며, 백성들로 하여금 잘못된 길을 걷지 않도록 하는 것이 의義이다."[79]고 하였다. 이를 통하여 국가사회를 다스리는 원리가 의임을 알 수 있다.

국가사회를 다스리는 것은 크게 사물과 사람을 다스리는 것으로 구분하여 나타낼 수 있다. 그렇기 때문에 "사물을 이롭게 함으로써 족히 의와 화합한다."[80]고 하여 의가 이물로 나타남을 밝히고 있다.

말을 바르게 하고 백성들로 하여금 사람다운 길이 아닌 길 곧 소인의 길을 걷지 못하게 하는 것은 한마디로 나타내면 정명正名원리라고 할 수 있다. 사람이라는 이름을 가지고 사람으로 불린다면 마땅히 그 이름에 걸맞게 사람다워야 한다.

그리고 말을 바르게 한다는 것은 곧 말과 행동, 배움과 실천, 앎과 행동이 일치하는 것이다. 그렇기 때문에 『주역』의 풍화가인괘風火家人卦에서는 정명원리를 논하면서 대상에서는 "말은 진실이 담겨 있어야하고 행동은 항상성이 있어야 한다."[81]고 하여 언행일치言行一致를 밝히고 있다.

【원문】

子曰, "君子懷德, 小人懷土, 君子懷刑, 小人懷惠."

【우리말】

공자가 말하였다. "군자는 마음에 덕을 품고, 소인은 땅을 품는다. 군자는 법을 품고, 소인은 혜택을 품는다."

【논어순역】

군자와 소인이 모두 사람이라는 점에서 그 본성은 서로 같다. 그럼에

---

79) 『周易』 繫辭下篇 第一章, "理財하며 正辭하며 禁民爲非曰義라."

80) 『周易』 重天乾卦 文言, "君子 體仁이 足以長人이며, 嘉會 足以合禮며, 利物이 足以和義며, 貞固 足以幹事니 君子 行此四德者라 故로 曰乾元亨利貞이라."

81) 『周易』 風火家人卦 大象, "象曰 風自火出이 家人이니 君子以하야 言有物而行有恒하나니라."

도 불구하고 각각 군자와 소인이 되는 까닭은 삶의 방향이 달라서 마음을 달리 쓰면서 살아가기 때문이다. 그것은 다시 말하면 본성을 사용하며 살아가는 방법이 서로 다름을 뜻한다.

군자는 자신의 몸을 중심으로 마음을 쓰고 삶을 영위하지 않는다. 그는 자신의 본성과 그 근원이 되는 하늘의 뜻을 따라서 살아가는 사람이며, 소인은 자신의 몸을 중심으로 물리적인 생명을 연장하는데 삶의 목적을 둔다. 군자는 형이상의 근원적인 세계에 뜻을 두고 살아가며, 소인은 형이하의 현상적 세계에 뜻을 두고 살아가는 것이다. 이러한 군자와 소인의 세계를 원문에서는 덕과 땅으로 표현하였다.

군자는 다른 사람의 모범이 되어 그들로 하여금 사람답게 사는 길을 제시하여 주고자 하지만 소인은 다른 사람으로부터 혜택을 받기만을 바랄 뿐이다. 그렇기 때문에 주체적으로 삶을 살아가는 존재라고 할 수 있지만 소인은 자신의 삶을 남에게 의지하며 살아가는 존재라고 할 수 있다.

【원문】

子曰, "放於利而行, 多怨."

【우리말】

공자가 말하였다. "이로움을 따라서 행하면 원망이 많다."

【논어순역】

군자는 이로움을 보면 그것이 의로운가를 헤아려서 행하는 존재이다. 그렇기 때문에 오직 이익만을 쫓는 소인과는 다르다. 따라서 이로움을 따라서 행하면 원망이 많다는 것은 소인이 다른 사람으로부터 원망을 많이 듣게 됨을 의미한다.

본래 의義와 이利는 둘이 아니라 하나로 의가 곧 이이다. 그러나 반대로 이로움이 의가 될 수는 없으며, 의만이 이를 포함할 수 있다. 그것은 모두에게 이로운 것이 나에게 이로움이 되지만 그러나 나에게만 이로운 것이 모두에게 이로운 것이 될 수는 없기 때문이다.

【원문】

子曰, "能以禮讓爲國乎? 何有? 不能以禮讓爲國, 如禮何?"

【우리말】

공자가 말하였다. "능히 예와 겸양으로 나라를 다스린다면 어떤 어려움이 있으며, 예와 겸양으로 나라를 다스리지 아니하면 예는 어찌하겠는가?"

【논어순역】

예禮와 겸양謙讓은 체용體用의 관계로 예의 내용 가운데 하나가 겸양이다. 따라서 예와 겸양이라는 개념에는 예의 실천이라는 의미가 담겨 있다고 할 수 있다. 그러므로 위의 내용은 예를 주체로 나라를 다려야함을 밝힌 것이라고 할 수 있다. 예를 사물의 관점에서 나타내면 의義가 되어 예禮 가운데 의義가 포함되어지기 때문이다.

【원문】

子曰, "不患無位, 患所以立. 不患莫己知, 求爲可知也."

【우리말】

공자가 말하였다. "지위가 없음을 근심하지 말고, 자신이 서야할 곳을 근심하며, 다른 사람이 자신을 알지 못함을 근심하지 말고 마땅히 알아야

할 것을 구해야 한다."

【논어순역】

이 부분은 외적인 환경보다도 자기 주체성의 확립이 근본임을 밝힌 것이다. 다시 말하면 근본을 힘쓰고 지말支末에 얽매여서는 안 됨을 밝힌 것이다. 군자에 있어서 근본은 본성을 자각함이며, 지말支末은 일정한 지위를 얻음이다. 그렇기 때문에 군자는 학문을 통하여 본성을 자각함을 힘 쓸 뿐 지위가 없음을 근심하지 않는 것이다.

또한 남이 자신을 알아주지 않음을 근심하지 않으며, 오직 가히 지혜가 될 만한 것을 구할 따름이다. 그것은 스스로 지혜로워지는 일을 추구할 따름이지 다른 사람이 알지 못하는 것을 근심하지 않음을 뜻한다.

일반적으로 "구위가지야求爲可知也"를 "알게 할 수 있는 것을 구하여야 한다."고 이해하였다. "알려질 수 있는 실상을 구해야 한다."는 것이다. 본래 군자는 남과 나를 구분하여 둘로 보는 존재가 아니기 때문에 알려지고 그렇지 않음의 문제가 중심이 아니다. 따라서 이렇게 이해하는 것은 역逆의 차원에서 이해한 것에 불과하다.

【원문】

子曰, "參乎! 吾道一以貫之." 曾子曰, "唯." 子出, 門人問曰, "何謂也?" 曾子曰, "夫子之道, 忠恕而已矣."

【우리말】

공자가 말하였다. "삼參아 나의 도는 하나로 꿰어져 있다." 증자가 말하였다. "알겠습니다." 공자가 나가자 문인들이 묻기를 "무엇을 말한 것입니까?" 증자가 말하였다. "선생님의 도는 충서忠恕일 따름이다."

【논어순역】

이 부분은 공자가 군자가 학문해야할 내용으로서의 도를 밝힌 것이다. 일반적으로 "일이관一以貫之"는 공자의 도가 하나로 통한다는 의미로 이해한다. 주희는 "성인의 마음은 혼연히 하나의 이치일 뿐이어서 널리 응하고 곡진하게 합당하여 그 용이 각각 같지 않다. 증자는 그 작용하는 곳에서는 이미 일一을 따라서 정밀하게 살피고 힘써 행하였으나 다만 그 체가 하나임을 알지 못하였다."[82]고 하여 이 부분을 하나의 이치로 통함으로 이해하였다.

그런데 한국의 유학자인 김항은 "십十으로 날개하고, 하나로 꿰어냈다."[83]고 하여 공자의 학문 체계를 십十과 일一을 통하여 밝히고 있다. 이 때 "무극无極은 십으로 십이 곧 태극太極이니 일이다. 일에 십이 없으면 체體가 없고, 십에 일이 없으면 용用이 없다. 합하면 토土이니 중中에 위치하니 오五로 곧 황극皇極이다."[84]고 하여 삼극의 내용 가운데 무극과 태극을 상징하는 수로 이해하고 있다.

십은 『논어』에서 천으로 나타낸 근원적인 존재를 가리키는 수이며, 오는 천의 작용의 관점에서 그 기본을 나타내는 수이고, 일은 그 구체적인 작용을 나타내는 수이다. 일을 통하여 십의 작용을 나타내면 일은 이, 삼, 사로 이어지거나 구, 팔, 칠로 이어지거나 두 방향으로 작용을 한다.

구로부터 팔, 칠, 육으로 작용하는 것은 『주역』에서는 천天의 작용 곧 순順으로 규정하고, 일에서 시작하여 이, 삼, 사로 이어지는 작용을 『주역』에서는 지地의 작용 곧 역逆으로 규정하고 있다. 그리고 『정역正易』

---

82) 『論語集註』, "聖人之心 渾然一理而泛應曲當 用各不同 曾子於其用處 蓋已隨事精察而力行之 但未知其體之一爾 夫子知其眞積力久 將有所得 是以 呼而告之 曾子果能默契其指 卽應之速而無疑也"

83) 金恒, 『正易』 第二張, "晩而喜之하사 十而翼之하시고 一而貫之하시니 儘我萬世師신져."

84) 金恒, 『正易』 第一張, "擧便无極이시니 十이니라. 十便是太極이니 一이니라. 一이 无十이면 无體요 十이 无一이면 無用이니 合하면 土라 居中이 五니 皇極이니라."

에서는 순과 역을 각각 도倒와 역逆으로 규정하고 있다.

순順은 하늘이 모든 존재에게 베풀어주는 생명작용으로 그것을 『주역』에서는 천의 위대한 덕이라고 하였다. 그리고 역逆은 지의 작용으로 천이 베풀어 주는 대덕을 받아서 완성하는 작용을 한다. 그것을 『주역』에서는 "하늘이 베풀고 땅이 생한다."고 하였다.

천지의 순역작용은 그대로 인간에게 있어서는 삶의 원리가 된다. 그것을 공자는 하나로 관통되어 있다고 표현한 것이다. 왜냐하면 순과 역의 작용은 천지가 하나가 되는 합일合一원리인 동시에 그것을 바탕으로 다양하게 드러나는 분생分生작용원리이기 때문이다.

『정역』에서 밝히고 있는 천도를 중심으로 일이관지一以貫之를 이해하면 역생도성逆生倒成은 일이삼사一二三四로 나타낼 수 있고, 도생역성倒生逆成은 구팔칠육九八七六으로 나타낼 수 있다. 이 여덟 수를 사상수四象數라고 한다. 이 여덟 수를 통하여 사역四曆이 생성 변화하는 것을 나타내고, 이를 통하여 우주의 역사가 선천에서 후천으로 변화하는 선후천 변화원리를 표상한다.

선천은 하나의 세상으로 태어나서 완성된 세계, 이상적인 세계를 향하여 자라는 과정을 나타내는 것이라면 후천은 자라는 것이 완성되어 이루어지는 이상적 세계를 나타낸다. 그것을 시간의 측면에서 나타내면 태어나서 자라고 완성하는 생장성으로 나타낼 수 있다.

인간의 삶 역시 생장성원리에 의하여 이루어지는 선후천 변화라고 할 수 있다. 그러한 생장성의 과정, 선후천 변화의 과정을 일관하는 것이 바로 도이다. "일이관지一以貫之"를 인도人道의 관점에서 밝힌 것이 충서忠恕이다. 충忠은 자기를 중심으로 밖으로 작용하는 것으로 인仁을 체體로 작용하는 예禮를 나타낸 것이며, 서恕는 밖에서 안을 향하여 작용하는 것으로 지智를 체體로 하여 의義로 작용하는 것이다. 그러므로 충忠은 순順의 관점이며, 서恕는 역逆의 관점이다.

충이 순順의 관점이며, 서가 역逆의 관점이라는 그것이 내외가 합덕하는 원리임을 뜻한다. 그렇기 때문에 『중용』에서는 인과 지를 인간과 사물이 합덕하는 합내외지도合內外之道라고 하였다. 본래 순順과 역逆은 체용의 관계이다. 따라서 음양 관계인 동시에 합덕의 관계이다.

【원문】

子曰, "君子喻於義, 小人喻於利."

【우리말】

공자가 말하였다. "군자는 의에 밝으며, 소인은 이익에 밝다."

【논어순역】

이 부분을 이해하는 관건은 '유喻'을 어떻게 이해냐에 달려 있다. '유'는 고주와 신주에서 모두 '효曉'로 이해하고 있다. 이렇게 이해하면 이 부분은 "군자는 의를 통하여 깨닫고, 소인은 이를 통하여 깨닫는다."는 의미가 된다. 그러면 고주와 신주를 막론하고 군자와 소인을 이분법적으로 구분하여 의와 이에 배시키는 것을 벗어나서 군자와 소인이 모두 깨닫는다는 점에서 평등함을 확보할 수 있다. 그러면 군자와 소인이 각각 의와 이를 통하여 무엇을 깨닫는다는 것인가?

이 문제는 의를 어떻게 이해하느냐에 달린 것이다. 『주역』이나 『맹자』에서 밝히고 있는 바와 같이 의를 인간의 본성을 구성하는 사덕四德의 하나로 이해하면 의와 이는 각각 그 본질이 서로 다른 것으로 구분이 되어 질 수밖에 없다.

의는 형이상적 존재라면 이는 형이하적 존재이다. 그러므로 군자는 근원적 존재에 관심을 갖고 그것을 지향하지만 소인은 언제나 눈앞에 보이는 이익만을 추구할 뿐 그 근원을 추구하지 않음을 뜻한다. 그렇다면 과연 군자의 깨달음과 소인의 깨달음은 같다고 할 수 있을까?

결국 원문의 내용은 군자와 소인의 경향을 나타낸 것으로 군자는 항상 의를 지향하지만 소인은 언제나 이로움을 지향함을 밝힌 것이라고 할 수 있다. 그렇다면 원문에서 밝히고자 하는 내용은 군자와 소인을 실체적인 존재로 인식하고 소인이 변하여 군자가 되라고 하는 것이 아니다. 군자와 소인이라는 인간이 있는 것이 아니라 군자적인 삶과 소인적인 삶이 있을 뿐이다. 양자는 어느 하나를 배제하고 존재하는 것이 아니다.

의와 이의 관계 역시 그렇다. 원문의 내용이 이익을 버리고 의를 좇으라고 주장하는 것이 아니 아니라 의를 따르면 이로움이 저절로 따라오지만 이로움만을 추구하면 결코 의는 함께 할 수 없음을 나타낸 것이라고 할 수 있다.

맹자孟子는 의와 이의 관계를 선후관계로 나타내어 곧 체용의 일체적 관계임을 밝히고 있다. 『대학』에서도 덕과 재화의 관계를 근본과 지말의 본말 관계로 밝히고 있다. 본말 역시 일체적 관계로 어느 일면을 배제하고 다른 일면만을 주장하는 것이 아니다. 다시 말하면 재물의 가치를 무시하고 덕만을 주장하는 것이 아니라 근본과 일체화된 존재로서의 재물의 가치를 드러내려는 것이다. 이런 점에서 보면 가치와 가격의 일치를 주장하는 것이 바로 동양에서의 물건, 물품, 재화에 대한 가치관임을 알 수 있다.

【원문】

子曰, "見賢思齊焉, 見不賢而內自省也."

【우리말】

공자가 말하였다. "어진 사람을 보면 그와 같아지고자 생각하고, 어질지 못한 사람을 보면 스스로 자신을 돌이켜 보아야 한다."

【논어순역】

이 부분은 학문을 하는 사람 곧 군자를 지향하여 자기를 닦는 사람의 학문 태도를 나타내고 있다. '견見'의 문제는 외물과 접하는 것을 나타내고 '사思', '자성自省'은 내면을 가리킨다.

이 때 '현賢'과 '불현不賢'은 밖에서 일어나는 모든 것을 포괄하는 개념이라고 할 수 있다. 밖으로부터 감각기관을 통하여 받아들이는 모든 자료를 '현'과 '불현'의 두 범주로 구분하여 나타낸 것이다. 물론 이때 '현'과 '불현'의 대상은 주로 인간의 언행을 가리키지만 더 나아가서 인간의 언행 이외의 사물 그 자체를 가리킨다고 볼 수도 있다. 왜냐하면 사람은 다른 사람의 언행뿐만 아니라 사건이나 물건을 통해서도 이치를 배울 수 있기 때문이다.

이는 비록 사람이 학문을 하지만 학문은 사람 자체만으로 이루어지는 것이 아니라 대상과의 관계 속에서 이루어짐을 뜻한다. 따라서 '현'과 '불현'을 막론하고 모두 '사思', '내성內省'하라는 것은 밖에서 일어나는 모든 현상을 보고 그것을 자료로 하여 항상 자신의 내면을 살펴보는 일에 게으름을 피우지 말고 깨어있어야 함을 뜻한다.

가지런함을 생각한다는 것은 그와 같이 행동한다, 실천한다는 의미로 그것을 통하여 자신의 실천력을 증장시키는 것이다. 그리고 자성한다는 것은 상대방의 언행을 보고 그것을 기준으로 자신의 행동을 보아서 자신의 사고와 언행에 '불현'한 요소가 있으면 과감하게 고치라는 것이다.

위의 내용을 통하여 학문을 하는 사람은 항상 내면을 향하여 마음이 열려 있어야 함을 알 수 있는 동시에 밖에서 일어나는 모든 현상에 대하여 갖는 자신의 마음의 변화를 항상 놓치지 말고 바라보아야함을 알 수 있다. 그러기 위해서는 나와 남을 구분하여 집착하는 차원을 넘어서야 한다.

사물을 대할 때 의도적으로 무엇을 하려는 마음이나 반드시 그러겠다는 마음 그리고 어느 하나의 얽매여 있는 고착된 마음이 없는 무아의 상태가 되어 무엇을 하더라도 내가 했다는 생각이 없는 무지의 상태가 될 것이다. 그러할 때 비로소 무엇을 하여도 함이 없는 자연스런 삶이 될 것이다.

【원문】

子曰, "事父母幾諫, 見志不從, 又敬不違, 勞而不怨."

【우리말】

공자가 말하였다. "부모를 섬김에 있어서 은미하게 간하여야 하며, 자신의 의사를 좇지 않음을 보고도 또한 공경恭敬하여 어기지 않으며, 수고를 다하지만 원망하지 않아야 한다."

【논어순역】

다른 사람의 잘못을 지적하여 고치고자 할 때는 지극히 정성스러운 마음이 있어야 한다. 상대방을 비난하거나 얕잡아보는 마음이 있으면 결코 그 사람의 마음을 움직일 수 없다. 잘못을 지적하여 그를 변화시킬 수 없다면 차라리 지적하지 않는 것만 못하다.

자신을 낳고 길러준 하늘같은 은혜를 입은 부모에 대하여서는 항상 존경하는 마음이 떠나서는 안 된다. 부모님의 잘못을 보고 그 잘못에 대하여 말씀을 드릴 때도 존경하는 마음을 놓지 말고 정성스럽게 간하여야 한다.

그러나 그것이 아무리 올바를지라도 실천할 때는 지혜가 필요하다. 비록 진심으로 존경하는 마음의 발로에서 부모님께 간하여도 부모님이 따르지 않으시는 경우도 있을 수 있다. 그 때도 역시 존경하는 마음으로 부모님의 뜻을 어겨서는 안 된다. 그리고 그 일로 인하여 수고로워도 부모님을 원망해서는 안 된다. 이는 단순하게 부모님을 잘못을 그대로 넘기라는 의미가 아니다. 겉으로는 부모님의 뜻에 따르지만 정성스러운 마음이 있으면 부모님의 마음이 역시 움직여질 것이기 때문에 사실은 본성의 차원에서 보면 부모의 마음을 돌린 바가 없이 돌린 것이 된다.

【원문】

子曰, "父母在, 不遠遊, 遊必有方."

【우리말】

공자가 말하였다. "부모가 계시거든 멀리 놀러 가지 않으며, 멀리 가면 반드시 목적지를 알려야 한다."

【논어순역】

이 부분은 일차적으로는 자식이 부모로 하여금 자식을 걱정하는 마음이 없도록 가능한 한 멀리가지 않을 뿐만 아니라 멀리 갈지라도 반드시 행선지를 알려서 걱정하지 않도록 하는 것을 나타낸 것이다.

그러나 군자의 관점에서 이 부분을 이해하면 부모는 성인을 나타내고, 자식은 군자를 나타낸다. 그러므로 부모가 계신 때는 선천을 의미한다. 그러므로 부모가 계실 때는 멀리 놀러 가지 말하는 것은 군자가 성인의 도를 학문하는 때는 밖으로 치달려서 성인의 도와 멀어지지 말아야함을 뜻한다.

그리고 놀러 갈지라도 반드시 방소方所를 두라는 것은 만약 군자君子가 학문學問을 하는 과정에서 밖으로 치달리는 경우가 있을지라도 항상 본성本性에 맡김으로써 자신이 가는 길을 분명하게 알고 가는 것이 필요함을 나타낸 것이다.

【원문】

子曰, "三年無改於父之道, 可謂孝矣."

【우리말】

공자가 말하였다. "삼년 동안 부모의 도를 고치지 않으면 가이 효자라고 할 수 있다."

【논어순역】

이 부분은 일차적으로는 부모를 생각하는 마음이 지극하여 어려서 삼년 동안 품안에서 길러준 부모의 은덕을 잊지 못하여 부모가 돌아가신 후에도 3년 동안 부모의 도를 고치지 않으면 효자라고 할 수 있음을 뜻한다.

그러나 군자의 도의 관점에서 이해하면 3년은 군자가 수기修己를 하는 과정인 선천의 기간으로 이해할 수 있다. 그러므로 3년 동안 부모의 도道를 고치지 않는다는 것은 군자가 입지立志를 하여 학문하는 과정에서 천명天命을 자각自覺함으로서 성덕成德이 될 때까지 성인의 도를 벗어나지 않아야함을 뜻한다.

그리고 효孝는 천지天地 부모父母에 대한 은덕을 갚음을 뜻한다. 따라서 위의 내용은 군자가 자신의 본성을 자각하고 천명을 자각하여 그것을 실천하는 것이 진정한 의미의 효임을 나타낸 것이라고 할 수 있다.

【원문】

子曰, "父母之年, 不可不知也. 一則以喜, 一則以懼."

【우리말】

공자가 말하였다. "부모의 생년은 알지 못함은 옳지 않으니 한편으로는 기쁘고 한편으로는 두렵기 때문이다."

【논어순역】

부모의 연세를 기억하는 것도 역시 부모의 은덕에 보답하고자 하는 마음에서 비롯된 것이다. 부모의 연세가 들면 한편으로는 장수하기 때문에 기쁘고 한편으로는 노쇠하기 때문에 두려운 것이다. 이러한 마음이 들면 살아계신 동안 정성을 다하여 봉양하지 않을 수 없다.

만약 어떤 사람이 자신을 낳고 길러준 부모의 은덕을 모른다면 세상의 모든 존재가 자신에게 베풀어주는 사랑을 느끼지 못하여 결국 사람 구실을 못하게 될 것이다. 그렇기 때문에 "효孝가 모든 인격적 행위의 근본이다."[85]고 하였을 뿐만 아니라 효제孝悌가 인仁을 실천하는 가장 근본적인 요소라고 하였다.

【원문】

子曰, "古者言之不出, 恥躬之不逮也."

【우리말】

공자가 말하였다. "옛 사람들이 말을 함부로 하지 않는 것은 몸이 미치지 못함을 부끄러워하였기 때문이다."

【논어순역】

사람의 삶은 겉으로 드러나는 양상을 중심으로 살펴보면 말과 행동일 뿐이다. 물론 언행은 뜻을 담고 있고, 뜻은 생각의 내용이다. 그러므로 뜻과 언행의 일치 다시 말하면 말과 행동이 일치해야 한다.

---

85) 『孝經』 五刑, "非孝者無親" 邢昺疏, "孝者百行之本, 事親爲先, 今乃非之, 是無心愛其親也"

역逆의 관점에서 보면 마음과 말 그리고 행동을 일치시켜나가야 한다. 그것을 학문學問이라고 하고, 하학상달下學上達이라고 한다. 왜냐하면 인간은 학문을 통하여 생각과 말 그리고 행동을 일치시켜 가는 과정이 없다면 태어난 그대로 삼자三者가 일치할 수는 없기 때문이다.

순順의 관점에서 보면 학문을 하는 것 자체도 본성의 작용일 따름이다. 그러므로 삼자가 일치가 되지 않는 것도, 그것을 일체화하기 위하여 학문을 하는 것도 모두 본성의 현현顯現이다. 이러한 관점에서 보면 삼자가 본래부터 서로 별개의 존재가 아니라 하나이다.

순역順逆의 두 관점이 서로 구분되어지면서도 하나인 관계이기 때문에 셋이 일치하여 하나라고만 할 수도 없고 그렇다고 하여 셋이라고만 할 수도 없으며, 하나이면서 셋이라고 할 수도 없다. 따라서 하나의 일관된 주장이 견지되지 못하는 점에서 보면 모순이라고 할 수도 있지만 사실 세계 자체에는 모순관계는 없다. 결국 상황에 따라서 지혜롭게 사용하여 상대방을 이롭게 하는데 그 목적이 있을 뿐이다.

【원문】

子曰, "以約失之者鮮矣."

【우리말】

공자가 말하였다. "검약함으로 잃는 것이 적다."

【논어순역】

검약하다는 것은 물건을 아낀다는 의미가 아니라 모든 것을 하나로 수렴함을 뜻한다. 그것은 이 부분이 공자가 밝히고 있는 학문의 방법을 나타내고 있음을 뜻한다. 위령공衛靈公에서는 공자가 자공子貢에게 "사賜야, 너는 내가 많이 배워서 아는 사람이라고 생각하느냐?"고 묻고 이에 대하여 "그렇습니다. 아닙니까?"라고 대답하자 "아니다. 나는 하나로 관통하였다."[86]라고 대답하였다. 이는 군자의 삶 자체가 하나로 일관되어야 함을 밝힌 것이다. 그렇기 때문에 공자가 밝힌 학문의 방법 역시 일관一貫이라고 할 수 있다.

공자는 구체적으로 학문의 방법에 대하여 논하고 있는데 그 내용을 보면 "군자가 문장으로부터 널리 배워서 묶되 예로 하면 또한 벗어나지 않을 수 있다."[87]라고 하였다. 여기서 약約은 자신의 본성으로 수렴함의 의미로 곧 사덕四德으로 수렴함의 의미임을 알 수 있다.

앞의 내용이 "하학상달下學上達"의 학문하는 측면에서 언급된 것이라면 원문의 내용은 실천의 측면에서 일관을 언급한 것이라고 할 수 있다. 군자의 삶이 본성이라는 하나로 일관되어야 함을 나타낸 것으로 군자가 항상 자신의 본성을 주체로 살아가야 함을 뜻한다. 여기서 약約은 본성으로 일관됨을 나타낸 것이다.

그리고 잃어버리는 것이 적다는 것은 도와 어긋남이 없음을 나타낸다. 결국 원문의 내용은 집중의 구체적인 방법을 나타내는 "박문약례博文約禮"와 달리 이미 집중된 상태에서 이루어지는 중용中庸을 나타낸 것이라고 할 수 있다.

【원문】

子曰, "君子欲訥於言而敏於行."

【우리말】

공자가 말하였다. "군자는 말을 어눌하게 하고 행동은 민첩하게 하고자

---

86) 『論語』 衛靈公, "賜也 女以予爲多學而識之者與 對曰 然非與 曰 非也 予一以貫之."

87) 『論語』 雍也, "君子 博學於文, 約之以禮, 亦可以弗畔矣夫"

한다."

【논어순역】

군자가 말을 어눌하게 하고 행동을 민첩하게 하려는 것은 본래 말은 내뱉기가 쉽지만 그것을 행동으로 옮기는 것이 어려워서 양자가 일치하기가 어렵기 때문이다. 군자의 말과 행동이 서로 다르면 그 말을 신뢰할 수가 없어서 그의 말과 행동을 다른 사람이 따를 수가 없다. 다른 사람의 모범이 될 수 없는 언행은 군자의 도와 어긋나는 언행이라고 하지 않을 수 없다.

군자가 말과 행동을 일치되게 하려는 까닭은 그의 삶이 한 순간도 도와 어긋남이 없고자 하는 것이다. 다시 말하면 삶을 군자의 도로 "일이관지一以貫之"하기 위함이다. "일이관지"를 선천의 관점에서 이해하면 본성으로 수렴함, 본성을 주체로 함의 의미이며, 후천의 관점에서 이해하면 본성을 그대로 발현함의 의미가 된다.

언행의 일치를 학문의 관점에서 보면 본성으로의 수렴이 되고, 실천의 관점에서 보면 만물, 만사를 통하여 본성을 현현함의 의미가 된다.

【원문】

子曰, "德不孤, 必有鄰."

【우리말】

공자가 말하였다. "덕을 외롭지 않으니 반드시 이웃이 있다."

【논어순역】

덕德은 형이상적 존재이기 때문에 외롭거나 이웃과 함께 하거나의 의미가 없다. 그렇지만 형이상적 존재의 가치는 형이하의 현상 세계를 통하여 드러나게 된다. 덕을 갖춘 사람의 특성은 다른 사람뿐만 아니라 사물과도 하나가 될 수 있다는 것이다. 그렇기 때문에 덕을 갖추면 반드시 이웃이 있다고 하였다.

덕을 갖춘 사람에게 이웃이 있다는 것은 그가 세상에서 할 일이 있음을 뜻한다. 인간의 존재 근거인 하늘은 사람으로 하여금 먼저 천명을 받을 수 있는 그릇을 만든 후에 비로소 그 그릇에 하늘이 뜻을 대행할 수 있는 천명天命을 부여한다.

천명이 주어지면 그것을 실천할 수 있는 조건이 형성된다. 원문에서는 천명天命이 주어지면 더불어 그것을 봉행奉行할 여건이 함께 주어진다는 점에서 이웃이 있다고 표현한 것이다. 이웃은 동조자同調者, 동반자同伴者, 동지同志라고 할 수 있다. 그런 점에서 보면 어떤 일을 하고자 할 것이 아니라 그 일을 할 수 있는 덕을 먼저 갖추는 것이 급선무임을 알 수 있다. 맹자도 천작天爵을 먼저 닦은 후에 인작人爵을 닦으라고 하여 현실적인 지위地位보다 덕을 닦는 것이 급선무임을 밝히고 있다.

【원문】

子游曰, "事君數, 斯辱矣, 朋友數, 斯疏矣."

【우리말】

자유가 말하였다. "임금을 섬김에 자주 간하면 욕되고, 벗에게 자주 충고하면 멀어진다."

【논어순역】

아무리 바른 언행이라도 시의성時義性에 맞지 않으면 안 된다. 그렇기 때문에 공자는 "가히 더불어 말해야할 때 말을 하지 않으면 사람을 잃고, 더불어 말을 하지 말해야 할 때 말을 하면 말을 잃으니 지혜로운 사람은 사람도 잃지 않으며, 또한 말도 잃지 않는다."[88]고 하였다. 이 부분 역시 인군人君을 대하거나 벗을 대할 때 아무리 그 의도가 좋고 내용이 바를지라도 때에 맞지 않으면 해가 됨을 나타낸 것이다.

---

88) 『論語』 衛靈公, "子曰 可與言而不與言失人 不可與言而與之言失言 知者不失人 亦不失言."

제오장 공야장公冶長

【원문】

子謂公冶長, "可妻也. 雖在縲絏之中, 非其罪也." 以其子妻之. 子謂南容, "邦有道, 不廢, 邦無道, 免於刑戮." 以其兄之子妻之.

【우리말】

공자께서 공야장公冶長에게 "사위를 삼을 만하다. 비록 감옥에 있었으나 그의 죄罪가 아니다."라고 말하고 그 딸로 처妻를 삼아 주었다. 공자께서 남용에게 말하기를 "나라에 도가 있으면 버려지지 아니하며, 나라에 도가 없으면 형벌을 면할 것이다."라고 하고, 그 형의 딸로 처를 삼게 하였다.

【논어순역】

이 부분을 통하여 공자의 사람을 평가하는 태도를 엿볼 수 있다. 사람이 선하여도 주어진 환경에 의하여 잘못이 없음에도 불구하고 책임을 지는 경우가 있다. 따라서 사람을 평가할 때는 그 사람이 처한 환경을 감안하여 그 본성을 보아야지 행동 자체를 보아서는 안 된다.

그렇기 때문에 "오직 본성을 자각한 어진 사람만이 진실로 사람을 좋아하고 싫어할 수 있다."[89]고 하였다. 이는 사람이 사람을 만날 때는 반드시 인격적 관계가 되어야함을 밝힌 것이다.

『주역』에서는 "아름답게 만남으로서 족히 예와 부합한다."[90]고 하여 사람과 사람은 예를 주체로 만나야 함을 밝히고 있다. 그러나 일반적으로 사람을 만날 때는 이해를 중심으로 만나기 때문에 아름다운 만남이 아니라 거짓된 만남이 된다.

---

89) 『論語』 里仁, "子曰 唯仁者能好人 能惡人"

90) 『周易』 重天乾卦 文言, "君子 體仁이 足以長人이며 嘉會 足以合禮며"

【원문】

子謂子賤, "君子哉若人! 魯無君子者, 斯焉取斯?"

【우리말】

공자가 자천子賤에게 말하였다. "군자로구나 이와 같은 사람이라면, 노나라에 군자가 없다면 그가 어찌 이렇게 되었겠는가?"

【논어순역】

원문을 노魯나라에 군자가 많기 때문에 자천이라는 사람이 배움을 통하여 군자가 되었음을 밝힌 것으로 이해할 수도 있다. 그러나 노나라라고 하여 당시에 군자의 도를 자각한 군자가 많았다고 볼 수는 없다. 그렇다면 위의 내용은 노나라에 아직도 군자의 도가 전하여지고 있음을 나타낸 것이라고 할 수 있다.

공자는 "제齊나라가 한번 변變하면 노魯나라에 이르고, 노魯나라가 한번 변變하면 도道에 이른다."[91]고 하였다. 이는 노나라에 비록 군자의 도가 전해지고 있었지만 실천되고 있지는 않음을 보여주는 것이다. 제나라는 춘추의 오패 가운데 하나로 패도覇道를 실천한 나라이며, 노나라에는 군자의 도는 남아 있지만 아직 실천이 되지 못하였다. 그러므로 제나라에서 노나라로 변하고, 노나라에서 다시 변하면 도에 이른다고 하였던 것이다.

【원문】

子貢問曰, "賜也何如?" 子曰, "女, 器也." 曰, "何器也?" 曰, "瑚璉也."

---

91) 『論語』 雍也, "子曰 齊一變 至於魯 魯一變 至於道."

【우리말】

자공이 물어 말하기를 "저는 어떻습니까?" 공자가 말하기를 "너는 그릇이다." 자공이 말하기를 "어떤 그릇입니까?" 공자가 말하기를 "호련이다."고 하였다.

【논어순역】

주희朱熹의 집주를 보면 호련을 종묘에서 제사 음식을 담는 제기로 규정하고 옥으로 만들었다고 하였다. 그리고 하나라에서는 호瑚라고 하고, 은나라에서는 연璉이라고 하며, 주나라에서는 보궤簠簋라고 한다고 하였다.

공자가 자공을 호련이라고 한 것은 금과 옥으로 꾸민 귀중한 호련과 같이 명민하고 통달하여 한 나라에 소중한 존재가 자공임을 밝힌 것이다.

그러나 이 부분을 순順의 관점에서 보면 사람은 누구나 태어나면서부터 천도天道를 본성으로 하기 때문에 지극히 소중한 존재이다. 그것을 알려주기 위하여 자공에게 호련과 같은 소중한 존재라고 하였던 것으로 이해할 수 있다.

【원문】

或曰, "雍也仁而不佞." 子曰, "焉用佞? 禦人以口給, 屢憎於人. 不知其仁, 焉用佞?"

【우리말】

어떤 사람이 말하였다. "옹雍은 어질지만 말을 잘하지 못한다." 공자가 말하였다. "말재주를 어디에 쓸 것인가? 사람들에게 말재주로 응답하다가 자주 사람들에게 미움을 받는다. 옹이 인한 것인지는 모르지만 말재주를 어디에 쓰겠는가?"

【논어순역】

본래 사람이 말을 사용할 수 있는 능력을 가진 것은 말을 통하여 진리를 담아서 전달하기 위함이다. 그것은 다시 말하면 사람으로 태어나서 살아가면서 진실한 말을 하는 것이 모든 사람에게 주어진 사명使命임을 뜻한다.

진실한 말은 한다는 것은 사실과 부합符合되는 말을 한다는 의미뿐만 아니라 본인이 실천하는 내용을 말해야함을 뜻한다. 『주역』에서는 "말에는 진리가 담겨 있고, 행동은 진리를 실천해야 한다."[92]고 하여 말과 행동이 일치할 뿐만 아니라 그 내용이 진실해야함을 밝히고 있다.

그런데 말과 행동이 일치되기 위해서는 실천을 해야 하기 때문에 말을 적게 하고 자신의 말을 실천하려고 노력해야한다. 『논어』의 많은 부분에서 말보다는 실천을 강조하고 있는 까닭이 여기에 있다.

이인里仁에서는 "옛 사람이 말을 함부로 하지 않는 것은 몸이 따르지 못함을 부끄러워하였기 때문이다."[93]고 하여 그 점을 강조하고 있다. 심지어는 "군자君子는 말은 어눌하게 하고 실천은 민첩하게 하고자 한다."[94]고 하여 말과 행동이 일치해야함을 강조하고 있다. 만약 스스로 실천을 할 수 없으면서 말만을 내세우면 자신뿐만 아니라 상대방에게도 나쁜 영향을 미치게 된다.

그렇다고 하여 말을 하지 않는 것도 올바른 것은 아니다. 가장 바람직한 태도는 말을 해야 할 때 말을 하고, 말을 하지 말아야할 때 말을 하지 않는 것[95]이다. 언행이 모두 시의성時義性에 따라서 이루어지는 시중時中이 되어야하는 것이다.

---

92) 『周易』 風火家人卦 大象, "君子以 言有物而行有恒"

93) 『論語』 里仁, "子曰 古者言之不出 恥躬之不逮也."

94) 『論語』 里仁, "子曰 君子欲訥於言而敏於行."

95) 『論語』 衛靈公, "子曰 可與言而不與言, 失人, 不可與言而與之言, 失言. 知者不失人, 亦不失言."

【원문】

子使漆彫開仕. 對曰, "吾斯之未能信." 子說.

【우리말】

공자가 칠조개漆彫開로 하여금 벼슬에 나아가게 하자 대답하여 말하기를 "제가 이 일을 자신하지 못하겠습니다."라고 하였다. 공자가 기뻐하였다.

【논어순역】

공자가 칠조개의 말을 듣고 기뻐한 것은 그의 겸손함 때문이다. 공자가 칠조개를 벼슬에 나아가도록 한 것은 그의 학문을 인정한 것이 있기 때문이다. 그럼에도 불구하고 자신하지 못한다고 한 것은 그의 학문하는 태도가 바람직함을 보여주는 것이다.

사람이 학문을 하는 것은 장차 그것으로 인하여 무엇을 얻고자 함이 아니다. 만약 그렇다면 그것은 일종의 이익을 바라고 행한 투자投資와 같은 것이다. 학문을 통하여 자신을 발전시키고 진화시키는 것은 인간에게 주어진 사명이다. 본인이 진화를 하면 더불어 주위의 사람들도 함께 진화하게 된다.

그러나 일반적으로 학문을 순수한 마음으로 행하기는 어렵다. 벼슬길에 나가서 부와 명예를 얻고자하는 목적에서 학문을 하는 것이 대부분 사람들의 생각이다. 그렇기 때문에 스스로 어느 정도 학문이 이루어졌다고 판단되면 그것을 통하여 벼슬길에 나아가기를 원한다. 공자孔子는 "삼년을 학문하고도 벼슬에 뜻을 두지 않는 사람을 쉽게 얻을 수 없다."[96] 고 하여 순수한 마음으로 학문하는 것이 어려움을 밝히고 있다.

본문을 보면 칠조개는 스스로 자신이 아직은 남을 지도하기에는 부족하다고 여기고 있음을 알 수 있다. 이는 능력보다는 덕이 부족함을 아는

---

96) 『論語』 泰伯, "子曰 三年學 不至於穀 不易得也."

것이다. 그런 점에서 공자는 그의 마음 씀을 기뻐하고 있는 것이다.

【원문】

子曰, "道不行, 乘桴浮于海. 從我者其由與?" 子路聞之喜. 子曰, "由也好勇過我, 無所取材."

【우리말】

공자가 말하였다. "도가 행하여지지 않으니 뗏목을 타고 바다로 가리라. 아마도 나를 쫓는 사람은 유由일 것이다." 자로가 그것을 듣고 기뻐하자 공자가 말하였다. "유는 용맹을 좋아함이 나보나 나으나 취할 재주가 없다."

【논어순역】

이 부분을 일견하면 공자의 인간적인 냄새가 물씬 풍기는 내용이라고 할 수 있다. 도가 행하여지지 않는 현실을 보면서도 도를 실천하기 위하여 동분서주東奔西走하는 성인聖人의 안타까운 마음을 읽을 수 있다.

『논어』의 끝 부분을 보면 공자를 비난하는 은자隱者들이 등장한다. 이를 보면서 어떤 사람들은 공자가 현실에 너무 집착하여 관직을 얻고자 한다고 비난하기도 한다.

그러나 공자의 마음은 천하의 내세來歲를 걱정하는 우환憂患으로 가득 차 있다. 내가 아닌 남을 위하여, 우리를 위하여, 세상을 위하여, 자기의 모든 것을 버리는 그 진실한 마음이 절절切切하게 느껴지는 부분이라고 하지 않을 수 없다.

이 부분을 형이상적 관점에서 살펴보면 바다는 현실을 나타내는 선천先天과 이상적인 세계를 나타내는 후천後天을 구분하는 상징적인 존재이다. 그러므로 바다에 뗏목을 띄우고 타고 싶다는 것은 후천의 세계를 갈망하는 마음을 나타낸다. 다시 말하면 자신이 밝힌 후천의 도인 군자의 도가 행하여지는 세계를 갈망하는 공자의 마음을 그렇게 표현한 것이다.

공자가 자로를 책망한 것은 물리적 용맹만을 알 뿐 본성本性을 자각함으로써 형이상의 세계, 천도天道의 세계, 후천后天의 세계에 도달하려는 용맹勇猛이 없음을 안타까워한 것이다. 군자의 도를 학문하는 사람에게 필요한 재주는 끊임없이 정진하는 학문에 대한 열정과 믿음 그리고 올바른 뜻이다.

【원문】

孟武伯問子路仁乎? 子曰, "不知也." 又問. 子曰, "由也, 千乘之國, 可使治其賦也, 不知其仁也." "求也何如?" 子曰, "求也, 千室之邑, 百乘之家, 可使爲之宰也, 不知其仁也." "赤也何如?" 子曰, "赤也, 束帶立於朝, 可使與賓客言也, 不知其仁也."

【우리말】

맹무백이 묻기를 "자로子路는 인仁합니까"라고 하자 공자가 대답하기를 "알지 못합니다."라고 하였다. 또 묻자 공자가 말하였다. "유由는 천승의 나라에서 군자를 다스릴 수 있으나 인仁은 알 지 못합니다." "구求는 어떻습니까?" 공자가 말하였다. "구는 천실의 읍과 백승의 가문에 재가 될 수 있으나 그 인仁은 모르겠습니다." "적赤은 어떻습니까?" 공자가 말하였다. "적은 띠를 차고 조정에서 빈객과 더불어 말할 수 있으나 그 인仁은 알지 못합니다."

【논어순역】

이 부분은 공자의 인仁에 대한 태도를 읽을 수 있다. 위에서 언급된 공자의 제자들은 모두 한 나라를 이끌어 갈 수 있는 정치적인 능력들을 가지고 있다.

그러나 재주와 인仁은 다르다. 인仁은 오직 본성을 자각하였을 때 비로소 밝혀지는 존재이다. 그러므로 각 각의 사람들이 선천적으로 타고난 자질과는 그 성격이 다르다. 그렇기 때문에 제자들이 갖고 있는 재주를 허여하면서도 인仁은 허여하지 않았던 것이다.

【원문】

子謂子貢曰, "女與回也孰愈? 對曰, "賜也何敢望回? 回也聞一以知十, 賜也聞一以知二." 子曰, "弗如也, 吾與女弗如也."

【우리말】

공자가 자공에게 말하였다. "너와 회回 가운데 누가 더 나으냐?" 대답하여 말하였다. "제가 어찌 감히 안회를 바라볼 수 있겠습니까? 회는 하나를 들으면 열을 알지만 저는 하나를 들으면 둘을 알 뿐입니다." 공자가 말하였다. "너는 안회와 같지 않다. 네가 너의 안회와 같지 않음을 인정한다."

【논어순역】

안회顔回는 공자의 수제자이다. 공자가 유일하게 인仁을 허여한 제자도 역시 안회이다. 다른 제자들은 인仁을 지키는 것이 한 달을 넘기지 못하였지만 안회는 석 달을 인을 어기지 않았다고 하였다. 자공子貢 역시 그 점을 알고 자신을 낮추는 겸손을 보이고 있다. 따라서 자공의 학문 역시 상당한 수준에 이르렀음을 알 수 있다.

이 부분을 학문의 단계를 중심으로 논하면 일一과 십十은 그 관점이 서로 다르다. 『주역』에서는 일一에서 십十까지의 수를 천지天地의 수數라고 하여 천도를 표상하는 상징적으로 수로 규정하고 있고, 『정역』에서는 "천지天地의 수는 일월日月의 운행도수를 표상한다."[97]고 하여 일에서 십까지의 수를 통하여 천도의 내용인 역수원리曆數原理를 표상함을 밝히고 있다.

일에서 아홉까지의 수는 산술적인 측면에서 보아도 그 단계가 같은 것으로 십에 이르러서야 비로소 그 전의 아홉과 다른 두 자리의 수가 된다. 이 때 십은 단순하게 두 자리라는 산술적인 의미를 갖고 있는 것이 아니라 천도의 측면에서는 새로운 시작을 나타내는 일과 완성을 나타내는 영零의 의미가 함께 들어 있다.

하도河圖와 낙서洛書 그리고 간지도수干支度數를 통하여 표상되는 천도天道를 중심으로 이해하면 십은 무극无極을 가리키는 개념으로 그리고 일은 태극太極을 가리키는 개념으로 이해할 수 있다. 태극은 현상적 관점에서 그 본질을 나타내며, 무극은 형이상적 관점에서 그 본질을 나타내는 개념이다.

도서원리의 측면에서 보면 안회가 하나를 듣고 열을 안다는 것은 형이하적 관점에서 현상적인 내용을 언급할지라도 형이상적 관점에서 그 본질이 무엇인지를 파악함을 뜻한다. 그러나 하나와 둘은 그 차원이 동일하다. 자공이 하나를 들으면 둘을 안다는 것은 형이하적 관점에서 현상을 가리키면 그저 다른 현상을 관련하여 이해할 수 있을 뿐 그 근저에 있는 본질을 모름을 뜻한다. 자공이 "선생님의 문장은 이해할 수 있지만 성과 천도에 관한 말씀은 이해할 수 없습니다."[98]라고 말한 부분을 보면 그 점을 알 수 있다. 성과 천도는 형이상적 존재로 사람의 성품을 알면

---

97) 『周易』의 繫辭上篇 第九章에서는 "天一地二天三地四天五地六天七地八天九地十이니 天數五오 地數五니 五位相得하야 而各有合하니 天數二十有五오 地數三十이라 凡天地之數 五十有五니 此所以成變化하야 而行鬼神也라."라고 하였고, 『正易』의 「正易詩」에서는 "天地之數는 數日月이니 日月이 不正이면 易匪易이라 易爲正易이라사 易爲易이니 原易이 何常用閏易고"라고 하였다.

98) 『論語』 公冶長, "子貢曰 夫子之文章 可得而聞也 夫子之言性與天道 不可得而聞也."

천도를 알 수 있게 된다.

『논어』에서는 아래로 배워서 형이상의 세계에 도달하는 것이 곧 학문임을 밝히고 있다. 이를 앞에서 살펴본 수를 중심으로 나타내면 하나를 듣고 열을 하는 것이 된다. 그것을 다시 자세하게 나타낸 것이 널리 문장으로부터 이치를 배워서 그것을 하나로 묶어서 회통시키면 도와 어긋나지 않을 것이라는 내용이다.

【원문】

宰予晝寢. 子曰, "朽木不可雕也, 糞土之牆不可杇也, 於予與何誅?" 子曰, "始吾於人也, 聽其言而信其行, 今吾於人也, 聽其言而觀其行. 於予與改是."

【우리말】

재여宰予가 낮잠을 자자 공자가 말하였다. "썩은 나무에는 조각을 할 수 없으며, 썩은 흙으로 쌓은 담은 흙손질을 할 수 없다. 재여에게 어떤 말을 하겠는가?" 그리고 공자가 말하였다. "처음 내가 사람을 대할 때 그 말을 듣고 행동을 믿었는데 지금부터 내가 사람을 대할 때는 그 말을 듣고 행동을 살펴보아야 하겠다. 재여가 나를 이와 같이 고치게 하였다."

【논어순역】

이 부분은 공자 자신의 학문하는 태도를 통하여 군자의 학문 방법을 밝힌 것이라고 할 수 있다. 공자는 처음에는 다른 사람의 말을 믿고 그에 따라서 행동도 믿었다. 그러나 언변이 뛰어난 재여는 말재주와 일치되는 행동을 보여주지 못하고 학문을 게을리 하여 낮잠을 즐기는 모습을 보였다. 이로부터 공자는 비록 언변이 뛰어날지라도 반드시 말과 행동이 일치되지는 않음을 알게 되었다. 그것은 바꾸어 말하면 말과 행동이 일치되도록 하는 것이 학문의 방법임을 뜻한다.

공자가 비록 제자들에게 언행이 일치되도록 가르쳤지만 제자들을 대할 때는 매우 엄하면서도 따뜻하게 대하였다. 그것은 제자들의 그릇된 행동을 가르치는 부분을 통하여 확인할 수 있다. 공자는 "어진 사람이라야 능히 사람을 미워하고 사람을 좋아할 수 있다."[99]고 하였다. 이는 다른 사람의 그릇된 언행을 보고 그것을 바로잡고자 하는 마음에서 엄하게 대할지라도 사람 자체를 사랑해야함을 뜻한다. 다시 말하면 미워함 자체가 그대로 사랑의 표현이 되어야함을 뜻한다.

다른 사람에 대한 사랑의 표현이 다른 사람의 그릇된 언행에 대한 미워함이 되기 위해서는 다른 사람의 언행言行에 끌려가지 않아야 한다. 내 마음이 나와 남을 구분하여 상대방과 둘로 보면서 그의 언행을 헤아려 시비是非를 논하면 당연히 언행에 얽매이지 않을 수 없다. 공자의 제자들이 공자를 평하면서 "무엇을 하고자 하는 의도적인 마음이 없고, 반드시 무엇을 한다는 기필하는 마음이 없으며, 어느 사건이나 물건에 얽매임이 없고, 사물을 고정시켜서 보는 마음이 없다."고 하였을 뿐만 아니라 스스로 "가可함도 없고 불가不可함도 없다."고 한 것을 보면 이점을 알 수 있다.

【원문】

子曰, "吾未見剛者." 或對曰, "申棖." 子曰, "棖也慾, 焉得剛?"

【우리말】

공자가 말하였다. "나는 강한 사람을 보지 못하였다." 어떤 사람이 대답

---

99) 『論語』 里仁, "子曰 唯仁者能好人, 能惡人."

하여 말하였다. "신장申棖입니다." 공자가 말하였다. "신장은 욕심을 부린 것일 뿐 어찌 강하다고 하겠는가?"

【논어순역】

공자는 항상 형이상적 관점에서 모든 문제를 논한다. 그것은 군자로 하여금 학문을 하게 하고자함이다. 그러므로 강剛이라는 것은 물리적 힘의 강약을 나타내는 것이 아니라 본성을 자각함으로써 체득된 도덕성을 중심으로 나타낸 것이다. 그렇기 때문에 일상적인 관점에서 나와 남을 구분하여 남을 이기고자 하는 욕심에서 발생하는 물리적인 힘의 강함을 나타내는 것이 아니다. 제자가 당시의 힘이 센 사람을 말하자 그것을 부정한 까닭이 여기에 있다.

【원문】

子貢曰, "我不欲人之加諸我也, 吾亦欲無加諸人." 子曰, "賜也, 非爾所及也."

【우리말】

자공이 말하였다. "저는 다른 사람이 저에게 행하는 것을 원하지 않는 것을 저 또한 다른 사람에게 행하지 않으려고 합니다." 공자가 말하였다. "사賜야, 너의 미칠 바가 아니다."

【논어순역】

자신이 남으로부터 받기 싫은 것을 자신도 남에게 하지 않는 것은 잘못된 것이 아니다. 왜냐하면 그것이 바로 인仁을 실천하는 추기급인推己及人의 방법이기 때문이다. 그럼에도 불구하고 공자가 자공이 미칠 바가 아니라고 한 것은 그것을 근본문제로 생각하지 않고 쉽게 생각할까 걱정하여 그런 것이다.

인仁은 인간 본래성의 내용으로 그것을 체득하면 남과 나를 일체보고 일체로 행하게 된다. 그렇기 때문에 자신이 원하지 않은 것을 남에게 하지 않겠다고 생각하여 그것을 알고 행하는 것이 아니라 본래 일체임을 알고 저절로 그렇게 행하게 되는 것이다. 그렇기 때문에 실천을 먼저 생각하기 보다는 본성을 자각하는 근본문제를 먼저 생각하라고 말한 것이다.

【원문】

子貢曰, "夫子之文章, 可得而聞也, 夫子之言性與天道, 不可得而聞也."

【우리말】

자공이 말하였다. "선생님의 문장은 얻어들을 수 있으나 선생님의 성과 천도에 관한 말씀은 얻어 들을 수 없다."

【논어순역】

주희는 이 부분을 자공의 입장에서 이해하였다. 성性과 천도天道라는 개념은 유가儒家의 이론체계 안에서 가장 핵심적인 개념이다. 그럼에도 불구하고 공자가 성과 천도에 관하여 자주 언급하지 않았기 때문에 성과 천도에 관한 언급을 들은 제자들이 드물었다. 왜냐하면 성과 천도라는 개념 자체가 형이상의 근원적인 차원의 존재이기 때문에 학문이 깊지 않으면 설사 말을 해주어도 이해할 수 없었기 때문이다. 그렇기 때문에 자공이 처음 공자의 성과 천도에 관한 언급을 듣고 그 차원이 매우 깊음을 탄식하여 이와 같이 나타낸 것[100]이라고 이해할 수 있다.

그런데 위의 내용을 사실적인 관점에서 공자가 성과 천도에 대하여 말하지 않았기 때문에 자공이 들을 수 없었다고 이해할 수도 있다. 공자가 성에 관하여 말한 부분은 "성품으로 보면 서로 가까운데 습에 따라서 서로 멀어진다."[101]는 부분이 있을 뿐이며, 다른 부분에서도 "선생님은 이利와 명命과 인仁을 드물게 말하였다."[102]고만 말하였을 뿐 성과 천도에 대하여 구체적으로 밝히지 않았기 때문이다.

그러나 성과 천도라는 개념을 중심으로 밝히지는 않았지만 그 내용을 유추해볼 수 있는 부분이 있다. 요왈堯日에서는 "천天의 역수曆數가 네 몸에 있으니 진실로 그 중中을 잡으라. 사해四海가 곤궁하면 천록이 영원히 끊어질 것이다."라고 하여 천도의 내용과 그것과 인간의 관계를 밝히고 있다.

"천지역수 재이궁"은 천도의 내용인 역수원리가 인간의 본래성으로 주체화되었음을 밝힌 것이며, "윤집기중"은 본래성의 자각을 통하여 천도를 자각함으로써 자신에게 주어진 천명天命을 자각함을 뜻한다. 그리고 "사해곤궁 천록영종"은 천명을 봉행하여 인정을 베풀어야함을 밝힌 것이다. 따라서 위의 내용은 사실적 관점에서 성과 천도에 관한 언급이 없다고 이해하거나 성과 천도에 관한 언급을 이해하기가 어렵다고 이해하거나 모두 통함을 알 수 있다.

【원문】

子路有聞, 未之能行, 唯恐有聞.

---

100) 朱熹, 『論語集註』, 公冶長, "文章德之見乎外者 威儀文辭皆是也 性者 人所受之天理 天道者 天理自然之本體 其實一理也 言夫子之文章 日見乎外 固學者所共聞 至於性與天道 則夫子罕言之 而學者有不得聞者 蓋聖門敎不躐等 子貢至是 始得聞之 而歎其美也 程子日 此子貢聞夫子之至論而歎美之言也"

101) 『論語』 子路, "子日 性相近也, 習相遠也."

102) 『論語』 子罕, "子罕言利與命與仁."

【우리말】

자로는 들은 바가 있어서 아직 능히 행하지 못하면 오직 또 다시 들을까 걱정하였다.

【논어순역】

이 부분은 자로의 학문태도를 나타낸 것으로 하나의 선善을 들으면 반드시 실천하고자 하는 태도가 나타나 있다. 공자는 본래 문장을 배우고 익히는 것을 학문으로 여기지 않았으며, 본성을 자각하고 실천하는 것을 학문으로 여겼다. 그렇기 때문에 일상의 삶 가운데서 실천하는 것을 중요하게 여겼다.

【원문】

子貢問曰, "孔文子何以謂之文也?" 子曰, "敏而好學, 不恥下問, 是以謂之文也."

【우리말】

자공이 물어 말하였다. "공문자는 어찌하여 문文이라는 시호諡號를 받았습니까?" 공자가 말하였다. "명민하면서도 배우기를 좋아하고 아랫사람에게 묻는 것을 부끄러워하지 않으니 이런 까닭에 문이라고 시호한 것이다."

【논어순역】

공문자孔文子는 위衛나라의 대부였다. 기록에 의하면 그의 언행은 결코 도덕적인 것이 아니었다. 그렇기 때문에 자공이 그것을 의심하여 물었던 것이다. 비록 그의 사람됨이 올바르지 못하지만 공자께서는 그의 옳은 부분은 취하여 위와 같이 말씀한 것이다. 이를 통하여 "어진 사람이라야 능히 사람을 좋아하고, 사람을 싫어한다."는 것을 알 수 있다.

일반적으로 명민明敏하면 배우는 것을 싫어하며, 높은 지위에 있으면 아랫사람에게 묻는 것을 부끄러워한다. 그럼에도 불구하고 공문자는 배우기를 좋아하고 아랫사람에게 묻는 것을 부끄러워하지 않았던 것이다. 다만 아무리 배우기를 좋아하고 아랫사람에게 묻는 것을 부끄럽게 여기지 않았을지라도 그의 사람됨을 보면 올바르게 학문하지 못하였음을 알 수 있다.

【원문】

子謂子産, "有君子之道四焉, 其行己也恭, 其事上也敬, 其養民也惠, 其使民也義."

【우리말】

공자가 자산에 관하여 말하였다. "군자의 도가 네 가지가 있었으니 몸가짐이 공손하며, 윗사람을 섬길 때 공경으로 하며, 백성들을 기름에 은혜로 하고, 백성들을 부리면서 의로 하였다."

【논어순역】

이 부분에서 밝히고 있는 군자의 도는 공경으로 표현된 예禮와 은혜로 나타난 인仁 그리고 의義이다. 따라서 사덕四德을 중심으로 군자의 도를 밝힌 것임을 알 수 있다.

만약 자산이 사덕을 실천하였다면 그는 군자임에 틀림이 없다. 그러나 어떤 사람이 자산子産에 관하여 묻자 공자가 "백성들에게 은혜를 베푸는 사람이다."[103]라고 만 하였을 뿐 그 사람을 군자로 규정한 것은 아니다.

---

103) 『論語』 憲問, "或問子産 子曰 惠人也."

그러므로 자산이 비록 공손한 행동과 윗사람을 존경하고 백성들에게 은혜로우며, 백성들을 의롭게 부렸지만 그가 사덕 가운데 구체적인 몇 가지의 절목을 실천하였을 뿐 사덕을 온전히 실천한 군자가 아님을 알 수 있다.

【원문】

子曰, "晏平仲善與人交, 久而敬之."

【우리말】

공자가 말하였다. "안평중은 다른 사람과 잘 사귀었으니, 사귄지가 오래되어도 그를 공경하였다."

【논어순역】

사람과 사람의 사귐은 예로 이루어져야 하며, 예로 맺어진 관계는 이해타산利害打算과 무관하기 때문에 주종主從의 관계가 되지 않는다. 일반적인 사람들의 사귐은 이해를 통하여 자신이 이로움을 주는 사람이라고 생각되면 그것을 기화로 상대방을 소유하려고 하며, 반대로 자신에게 이로움을 줄 수 있는 사람이라면 그의 노예가 되기를 서슴지 않는다. 그렇기 때문에 처음이나 오랜 후나 군자의 사귐은 물처럼 담담해야 한다. 이 부분에서 공자는 안평중을 통하여 사람과 사람의 만남이 예禮를 주체로 이루어져야함을 밝히고 있다.

【원문】

子曰, "臧文仲居蔡, 山節藻梲, 何如其知也?"

【우리말】

공자께서 말씀하였다. "장문중이 점을 치는 큰 거북을 가지고 있었는데 기둥머리에 산을 그리고 들보 위 동자기둥에 수초를 그렸으니 어찌 지혜롭다고 하겠는가?"

【논어순역】

장문중은 노魯나라의 대부로 당시에 지혜로운 사람으로 소문이 났었다. 그러자 공자가 그를 평하여 말하기를 점을 치는 사람을 어찌 지혜롭다고 하겠는가 하고 비판하였던 것이다. 지혜는 학문을 통하여 본성을 자각함으로써 드러나는 것이다. 만약 스스로 지혜롭다면 어찌 거북이 껍질을 통하여 점을 칠 필요가 있겠는가?

이 부분을 통하여 공자 역시 비록 미래를 아는 것을 지혜롭다고 하였지만 결코 점을 쳐서 아는 것이 아님을 알 수 있다. 그렇기 때문에 오늘날 점을 쳐서 미래를 아는 책으로 잘못 알려져 있는 『주역周易』에서도 "대인大人은 점占을 치지 않아도 믿는다."[104]고 하여 지혜가 밝은 대인은 이미 모든 것을 알고 있어서 새삼스럽게 점을 칠 필요가 없음을 밝히고 있다. 그렇기 때문에 『논어』에서는 "지혜로운 사람은 의혹이 없고, 어진 사람은 근심하지 않으며, 용감한 사람은 두려워하지 않는다."[105]라고 하였다.

사람은 누구나 지성과 인성을 내용으로 하는 본성을 갖고 있다. 그렇기 때문에 자신의 지성智性을 버리고 밖에서 영구靈龜를 찾는 것은 어리석은 일이다. 『주역』의 산뢰이괘山雷頤卦에서는 "너의 신령스런 거북을 버리고 나를 보고 턱을 늘어뜨리니 흉하다."[106]라고 하여 그 점을 밝히

---

104) 『周易』 澤火革卦 九五 爻辭, "九五는 大人이 虎變이니 未占에 有孚니라."

105) 『論語』 子罕, "知者不惑, 仁者不憂, 勇者不懼."

106) 『周易』 山雷頤卦 初九爻辭, "初九는 舍爾靈龜하고 觀我하야 朶頤니 凶하니라."

고 있다. 영구는 점을 치는 거북으로 신령함은 거북에게 있는 것이 아니라 점을 치는 주체인 인간 자신의 본성에 있음을 나타내는 것이다.

【원문】

子張問曰, "令尹子文三仕爲令尹, 無喜色, 三已之, 無慍色. 舊令尹之政, 必以告新令尹. 何如?" 子曰, "忠矣." 曰, "仁矣乎?" 曰, "未知, 焉得仁?"

【우리말】

자장이 물어 말하였다. "영윤인 자문子文은 세 번 영윤이 되어도 기뻐하는 기색이 없었으며, 세 번 그만두어도 화내는 기색이 없이, 옛 영윤의 정사를 반드시 새로운 영윤에게 알려주었으니 어떻습니까?" 공자가 말하였다. "충성스럽다." 말하기를 "인仁합니까?" 말하기를 "알지 못하겠다. 어찌 인仁하다고 할 수 있겠는가?"

【논어순역】

인은 인간 본래성의 내용인 사덕 가운데 하나이기 때문에 본성을 자각하지 않고서는 밝혀지지 않는다. 그렇기 때문에 그 사람의 겉으로 드러난 몇 가지의 선善한 행위를 보고 그것이 그대로 본성을 자각하여 실천하는 행위라고 할 수 없다. 공자가 "도는 두 가지이니 인仁과 불인不仁뿐이다."라고 한 것을 보면 『논어』에서 밝히고 있는 군자의 도의 내용이 인仁으로 집약되어짐을 알 수 있다.

【원문】

"崔子弑齊君, 陳文子有馬十乘, 棄而違之. 至於他邦, 則曰, '猶吾大夫崔子也.' 違之. 之一邦, 則又曰, '猶吾大夫崔子也.' 違之. 何如?" 子曰, "淸矣." 曰, "仁矣乎?" 曰, "未知, 焉得仁?"

【우리말】

"최자崔子가 제나라 임금을 시해하자 진문자陳文子가 말 십 승乘을 가지고 있었는데 이것을 버리고 그곳을 떠나 다른 나라에 도착하여 말하기를 '이 사람도 우리나라의 대부 최자와 같다.'고 하고 그곳을 떠났으며, 또 한 나라에 이르러서도 말하기를 '이 사람 역시 우리나라 대부 최자와 같다.'하고 떠나갔으니 어떻습니까?"하고 묻자 "청렴하다."하고 대답하였다. 말하기를 "인仁하다고 할 수 있습니까?"하고 물으니 다시 말하기를 "모르겠다. 어찌 인仁하다고 할 수 있겠는가?"라고 하였다.

【논어순역】

앞에서 충忠이라는 구체적인 도덕 절목과 인仁이 서로 다름을 밝힌 것과 같이 이 부분에서도 청렴淸廉이라는 구체적인 예의 절목이 곧 인仁이 아님을 밝히고 있다. 청렴은 의義를 주체로 드러나는 구체적인 절목 가운데 하나이지만 그것이 그대로 인간의 본래성을 나타내는 인仁이라고 할 수는 없다.

【원문】

季文子三思而後行. 子聞之曰, "再, 斯可矣."

【우리말】

계문자季文子가 세 번을 생각한 후에 행동에 옮겼다. 공자孔子가 그것을 듣고 말하기를 "두 번 생각하면 된다."고 하였다.

【논어순역】

계문자는 공자가 태어나기 이전의 노魯나라의 대부大夫였던 사람으로 청렴하고 신중하게 행동하는 훌륭한 정치인으로 평가받고 있다. 따라서 세 번 생각하고 행동에 옮기게 되면 생각이 너무 깊어서 오히려 생각 때문에 실천에 옮길 수 없는 폐단이 있을 수 있으므로 두 번만 생각하고 과감하게 실천하라고 한 것이라고 할 수 있다.

그러나 생각의 차원을 넘어서 본성의 차원에서 이 부분을 이해하면 항상 집중이 되어야 함을 밝힌 것이라고 할 수 있다. 생각 자체는 본성의 발현이기 때문에 사람에 따라서 이미 본성을 자각하여 본성을 주체로 살아가는 사람은 생각할 필요가 없이 그냥 행하면 저절로 실천이 이루어진다.

다만 아직 본성을 자각하여 그것을 주체로 살아가는 집중執中이 되지 않는 사람은 때로는 한 번의 생각으로 집중이 이루어지기도 하고 때는 두 번, 세 번을 거쳐서 집중이 이루어지기도 하며, 때로는 수많은 사고와 실천의 과정을 거쳐서 집중이 되기도 한다.

집중은 학문을 하는 사람이 매 순간 안과 밖에서 만나는 사물과 생각이 천지의 본성本性과 일체인 나의 본성의 작용임을 자각自覺하는 것이다. 따라서 집중은 천지의 본성, 천도天道를 자신의 주체성으로 세우는 것이라고 할 수 있다. 생각함은 결국 집중하는 구체적인 방법이라고 할 수 있다.

집중이 이루어지면 모든 일을 그대로 실천하면 된다. 모든 일을 자신의 본성 더 나아가서 천지의 작용임을 자각하고 천지가 자신의 몸을 매개로 사업을 진행한다는 생각으로 모든 일을 실천하면 그것이 곧 천도天道인 중도中道를 인도人道인 정도正道로 실천하는 중용中庸이 된다.

【원문】

子曰, "甯武子, 邦有道則知, 邦無道則愚. 其知可及也, 其愚不可及也."

【우리말】

공자가 말하였다. "영무자甯武子는 나라에 도가 있을 때는 지혜로웠지만 나라에 도가 없을 때는 어리석었으니 그 지혜로움은 가히 다른 사람이 따를 수 있지만 그 어리석음은 미칠 수 없다."

【논어순역】

영무자甯武子는 위衛나라의 대부大夫로 문공文公에서 성공成公에 걸쳐서 벼슬을 하였다. 문공이 정사를 보던 시절에는 나라에 도道가 있어서 스스로 나라를 다스릴 수 있었으나 성공成公은 초기 3년 동안은 무도하여 나라를 잃을 지경에 이르렀었으나 이후 27년 동안 잘 다스렸다.

원문의 내용에 대하여 주희는 문공과 성공의 때를 중심으로 이해하여 문공 때에는 영무자가 별로 뛰어난 활약이 없었으나 성공 때에는 나라를 위하여 몸과 마음을 다하여 어렵고 험한 일을 해결하여 자기의 몸을 보전하는 것은 물론 나아가서 임금도 구제하였다고 하였다.

다산은 원문의 내용을 성공 때를 중심으로 이해하였다. 나라가 어지러웠던 3년 동안 영무자는 충성스러운 마음으로 성공을 도와서 국난을 넘겼으며, 나라가 안정이 되자 벼슬에서 물러나서 천수를 다하였다. 따라서 그의 현명함을 오히려 실천하기가 쉽지만 우직할 정도로 충성스러움은 실천하기가 어려움을 말하였다는 것이다.

영무자라는 개인의 역사적 사건을 통하여 보편적인 사람의 삶의 도리를 중심으로 이해하면 군자는 시의성時義性에 따라서 그것에 적중하는 행동을 해야 함을 나타낸 것이라고 할 수 있다. 군자는 자신의 이해를 따져서 행동하는 것이 아니라 천시天時에 따라서 행동을 해야 한다. 그것이 바로 중용을 실천하는 것이다.

『중용』에서는 "군자君子는 그 처한 시위에 따라서 행할 뿐 그밖의 것을 원하지 않는다. 부귀에 처해서는 부귀에 마땅한 도를 행하며, 가난하고 천함에 처해서는 그에 마땅한 도를 행하고, 이적에 처해서는 그에 마땅한 도를 행하며, 환란에 처해서는 그에 마땅한 도를 행한다. 군자는 어떤 상황에 처하더라도 자득自得하지 않음이 없다."[107]고 하였다. 이는 군자가 다가오는 모든 일을 천명天命으로 여기기 때문에 이해를 따지지 않고 오직 그것을 바르게 행할 뿐임을 나타낸 것이다.

사람들이 자신의 몸을 중심으로 개체적인 관점에서 사고하는 것을 벗어나지 못하면 자신의 이해를 떠나서 사고하고 행동하기가 어렵다. 설사 본인이 아무리 욕심을 버리고 사심을 벗어나고자 하여도 불가능하다. 그렇기 때문에 자신을 끊임없이 닦아서 본성을 자각하고 천명天命을 자각함으로써 개체의 한계를 벗어나서 무한의 형이상적 세계, 도道와 계합이 되었을 때 비로소 어떤 상황에도 걸림이 없이 자유롭게 행동할 수 있다. 그것이 바로 현실의 측면에서는 시의성에 적중하는 언행으로 나타나는 것이다.

【원문】

子在陳, 曰, "歸與! 歸與! 吾黨之小子狂簡, 斐然成章, 不知所以裁之."

【우리말】

공자가 진나라에 있을 때 말하였다. "돌아가리라. 돌아가리라. 우리 마을

---

107) 朱熹『中庸集註』第十四章, "君子 素其位而行 不願乎其外素富貴 行乎富貴 素貧賤 行乎貧賤 素夷狄 行乎夷狄 素患難 行乎患難 君子 無入而 不自得焉"

의 제자들은 뜻이 크나 일에는 소략하여 빛나게 문장을 이루고도 마름질할 바를 모르는 구나."

【논어순역】

현상적 측면에서 보면 이 부분은 공자가 오랜 세월 유랑길을 접고 고향인 노나라로 돌아가서 제자들과 함께 하고 싶은 솔직한 마음을 나타낸 것이라고 할 수 있다.

그러나 원문을 옹야雍也에서 "군자君子가 널리 문장을 배워서 예禮로 주체화 하면 또한 가히 군자의 도에서 벗어나지 않을 것이다."[108]라고 한 부분과 관련하여 이해하면 이 부분이 군자의 학문하는 태도를 나타낸 것으로 생각할 수 있다. 공자는 제자들이 널리 문장을 배워서 문채를 이루었지만 아직은 사덕四德의 하나인 예禮를 중심으로 주체화하지 못하였음을 나타내고 있다.

이 때 마름질한다는 것은 "약지約之"의 의미로 군자가 학문을 통하여 습득한 지식을 자신의 본성과 일체화함을 뜻한다. 그것을 본성을 중심으로 나타내면 개체의식을 버려서 본성과 지식 자체가 하나가 됨을 뜻한다. 그것은 또한 앎의 내용인 지식과 아는 내가 둘이 아니기 때문에 내 안에 이미 지식이 존재함을 확인하는 것이라고도 할 수 있다. 학문의 대상으로서의 지식과 내 본성으로서의 지성智性을 일체화시키는 것을 "약지約之"지 곧 주체화라고 한 것이다.

지식은 나와 항상 나누어져서 실천으로 드러나지 않지만 그것이 주체화하여 나와 일체가 되었을 때 그것이 바로 실천으로 드러나는 지혜이다. 요즈음의 사람들은 학문을 단순한 지식의 습득, 나열, 분석 그리고 정리로 이해할 뿐 지혜를 얻고자 하지 않는다.

실천이 따르지 않는 지식은 차라리 습득하지 않는 것만 못하다. 왜냐

---

108) 『論語』 雍也, "子曰 君子博學於文 約之以禮 亦可以弗畔矣夫"

하면 그것이 쌓이면 지력知力이라는 힘이 되어 그것을 바탕으로 남과 경쟁하여 상대방을 누르고 이기는 도구로 활용하기 때문이다. 뿐만 아니라 모든 존재를 경쟁의 대상으로 삼는 사람들은 남을 공존의 대상으로 여기지 않고 자신의 삶의 수단으로 여긴다.

인간은 학문을 통하여 자신을 알고 세상을 알아서 세상과 더불어 살고자 한다. 그것은 인간에게 학문의 능력이 주어진 까닭이 학문을 통하여 자신의 존재근거인 하늘의 뜻을 알고 그 뜻에 따라서 살기 위함임을 뜻한다.

학문은 인간이 다른 존재와 구분되어질 수 있는 존재특성이다. 따라서 학문을 자신의 이익을 추구하는 수단으로 삼는 사람은 하늘의 뜻을 거역하는 사람이다. 사람이 하늘의 뜻을 거역하는 삶을 살아갈 때 그것이 온전한 삶이 될 수 없다.

지금 세상에서 스스로 알지도 못하는 이론들을 들먹이면서 자신을 내세우고 자신의 이익을 추구하는 학문하는 사람들에게 양심이란 없고 오로지 욕심만이 있을 뿐이다. 그들이 어찌 사람다운 사람이며, 그들이 어찌 사람답게 살아간다고 할 수 있으랴. 참으로 두렵고 두려운 일이 아닐 수 없다.

【원문】

子曰, "伯夷叔齊不念舊惡, 怨是用希."

【우리말】

공자가 말하였다. "백이伯夷와 숙제叔齊는 예전의 악한 것을 생각하지 아니하므로 이 때문에 원망이 드물었다."

【논어순역】

이 부분은 백이와 숙제를 통하여 학문하는 방법을 나타낸 것으로 이해할 수 있다. 이 부분을 역逆의 관점에서 이해하면 두 사람이 자신에게 행한 다른 사람의 불선不善을 염두에 두지 않기 때문에 남을 원망하는 것이 드물다고 한 것으로 이해할 수 있다.

공자는 안회顔回를 학문을 좋아하는 제자로 인정하고 그에 대하여 "분노를 옮기지 않고, 두 번 반복하여 허물을 짓지 않는다."[109]고 하여 그것이 안회의 학문 방법임을 밝히고 있다. 이는 하나의 사건을 만났을 때 그것이 해결되면 그 사건에 집착하지 않아서 지나간 사건이 다른 사건으로 반복되어 나타나지 않게 하는 것을 뜻한다.

다른 사람을 원망하지 않는 것은 일면에 치우진 것으로 남을 원망하는 것을 넘어서서 남을 사랑해야 한다. 그렇기 때문에 백이와 숙제의 남을 원망함이 드물거나 안연의 다른 사람에게 분노를 옮기지 않고, 허물을 두 번 다시 반복하지 않는 것은 역逆의 관점이다. 맹자는 "백이伯夷는 편협(隘)하고, 유하혜柳下惠는 불공不恭하니 군자는 애隘와 불공不恭을 말미암지 않는다."[110]고 하여 집중執中이 되어야함을 밝히고 있다.

순順의 관점에서 보면 군자는 중화中和를 이룸으로써 화를 내거나 허물을 다시 행하더라도 그것이 천하를 이롭게 하고, 우주를 이롭게 하는 것이라면 행하는 것이 올바른 것이다. 따라서 가可와 불가不可를 떠나서 오직 본성을 주체로 시의성時義性에 따라서 실천하는 중용中庸의 실천이 되어야 한다.

---

109) 『論語』 雍也, "哀公問 弟子孰爲好學 孔子對曰 有顔回者好學, 不遷怒, 不貳過. 不幸短命死矣, 今也則亡, 未聞好學者也."

110) 『孟子』 公孫丑章句上, "孟子曰 伯夷隘, 柳下惠不恭. 隘與不恭, 君子不由也."

【원문】

子曰, "孰謂微生高直? 或乞醯焉, 乞諸其鄰而與之."

【우리말】

공자가 말하였다. "누가 미생고微生高를 정직하다고 말하였는가? 어떤 사람이 초를 빌리고자 하니 그는 이웃집에서 빌려다가 주었구나."

【논어순역】

이 부분을 역逆의 관점에서 보면 사람은 자신이 처한 상황에 따라서 행동할 뿐 그 밖의 것을 생각하지 않아야 함을 뜻한다. 자신이 초가 없음에도 불구하고 남에게 빌려서 다른 사람을 주는 것은 올바른 행동이 아니다. 본래 그와 내가 둘이 아닌데 내가 그에게 초를 주어서 선善한 일을 한다는 의식이 있기 때문에 자신에게 없는 것을 남에게 빌려서 주게 되는 것이다.

『주역』에서는 "군자가 중산간괘重山艮卦가 표상하는 원리를 인간 주체적으로 자각하여 생각이 현재 처한 시위時位를 벗어나지 않는다."[111]고 하였다. 이에 대하여 단사彖辭에서는 "간艮은 그침止이니 때가 멈출 때이면 멈추고 때가 움직일 때면 움직여서 움직이고 고요함이 시의성時義性을 잃지 않으면 그 도道가 빛나고 밝다."[112]고 하여 군자의 언행은 시중時中이 되어야 함을 밝히고 있다. 이는 군자가 항상 자신의 본성을 주체로 사덕四德을 시의성時義性에 따라서 실천해야 함을 뜻한다.

순順의 관점에서 살펴보면 직直은 중천건괘重天乾卦의 작용을 나타내는 것으로 곧 용구用九 원리를 표상한다. 다시 말하면 천도天道의 작용을

---

111) 『周易』 重山艮卦 大象, "象曰 兼山이 艮이니 君子以하야 思不出其位하나니라."

112) 『周易』 重山艮卦 彖辭, "彖曰, 艮, 止也. 時止則止, 時行則行, 動靜不失其時, 其道光明."

직直이라는 개념으로 나타낸 것이다. 그것을 인도의 관점에서 나타내면 지성智性을 상징한다.

초는 술을 가리키기도 하고, 제사를 행할 때 제수와 함께 올리는 초를 가리키기도 한다. 따라서 초를 무엇으로 이해할지라도 제수祭需를 뜻한다. 제사는 산자와 죽은 자, 과거의 나와 현재의 나, 천天과 인人, 형이상과 형이하가 서로 합덕合德하는 것을 상징적으로 나타내는 행위이다.

제사를 지낼 때 반드시 갖추어서 자신의 경건하고 순수한 마음을 나타내는 제수인 초를 남에게 빌린다는 것은 곧 스스로 자기의 본성을 무시하는 것이 된다. 그것을 맹자는 자포자기自暴自棄라고 하였다.

만약 미생고라는 사람이 본성을 주체로 살아가는 사람(直)이라면 남이 나에게 초를 빌리러 올 경우 그 사람에게 스스로 본성을 본래 갖추어 있음을 알려 주어야 한다. 그러나 그는 이웃에게 초를 빌려서 그것을 다시 다른 사람에게 주었으니 그 역시 자신에게 포악하게 대하고 자신을 무시하였음을 뜻한다.

사실 오늘날의 학문을 하는 사람치고 자신이 알지 못하는 지식들을 남에게 배워서 마치 그것이 자신의 것인 양 다시 다른 사람에게 주지 않은 사람이 없다. 물론 학문의 성격에 따라서 남이 알고 있는 지식을 공유해서 자신의 것으로 만들어야할 것도 있다.

도를 추구하는 철학의 측면에서 보면 공자孔子라는 남의 학설에 대하여 다시 이정二程이라는 사람들이 학설을 가하고, 그것을 다시 정리한 주희朱熹의 설을 바탕으로 정리한 성리학자性理學者들의 이론을 오늘날에도 그대로 반복하면서 그것을 학문하는 것으로 여기는 사람들이 많다. 그것이 바로 공자가 말한 길에서 얻어 들은 지식을 길거리에서 다른 사람에게 다시 말하는 덕을 버리는 행위[113]가 아니고 무엇인가?

『주역』에서는 "너의 신령한 거북을 버리고 나를 보고 턱을 늘어뜨리니 흉하다."[114]고 하였다. 이 때의 신령스런 거북은 천도天道를 표상하는 하

---

113) 『論語』 陽貨, "子曰 道聽而塗說, 德之棄也."

도河圖와 낙서洛書를 가리킨다. 그러므로 자신의 신령한 거북은 곧 사람에게는 누구나 천도가 본성으로 주체화되었음을 뜻한다. 따라서 자신의 본성을 버리고 밖으로 찾아나서는 것은 어리석은 행위라고 하지 않을 수 없다.

【원문】

子曰, "巧言令色足恭, 左丘明恥之, 丘亦恥之. 匿怨而友其人, 左丘明恥之, 丘亦恥之."

【우리말】

공자가 말하였다. "말을 교묘하게 하고, 얼굴빛을 꾸미며, 공손함이 지나치는 것을 좌구명이 부끄러워하였는데 나 역시 부끄러워한다. 원망을 숨기고 그 사람과 벗하는 것을 좌구명이 부끄러워하였는데 나 역시 부끄러워한다."

【논어순역】

이 부분을 역逆의 관점 곧 선천의 관점, 일상적인 관점, 학문을 통하여 형이상의 세계, 본성의 세계, 도의 세계를 향하여 나아가는 관점에서 살펴보면 다음과 같다. 교묘한 말과 꾸민 얼굴 그리고 지나친 공손恭遜은 자신의 욕심을 숨기고 거짓으로 남을 대하는 표리부동表裏不同한 태도이다. 남을 원망하는 마음을 갖고 있으면서 그것을 숨기고 그 사람과 벗으로 사귀는 것 역시 표리부동한 행동이다.

이는 모두 마음이 이해타산利害打算에 끌려서 행동하는 소인小人의 언

---

114) 『周易』 山雷頤卦 初九 爻辭, "初九는 舍爾靈龜하고 觀我하야 朶頤니 凶하니라."

행을 나타내는 것이다. 이처럼 안과 밖이 다른 행동을 좌구명이라는 사람이 싫어하였듯이 공자 자신도 싫어함을 나타낸 것이라고 할 수 있다.

안과 밖이 다른 행동을 싫어한다는 것은 곧 안과 밖이 일치하는 행동을 해야 함을 뜻한다. 사람이 자신의 본성을 주체로 살아갈 때 내면의 덕이 그대로 언행으로 나타나서 아름다운 말, 부드러운 표정, 공손한 태도를 갖게 된다. 이는 사람의 본성의 내용인 인예의지仁禮義智의 사덕四德을 실천하는 것인 동시에 중화中和를 이룬 언행言行이며, 시의성時義性에 적중的中하는 시중時中이면서 중용中庸이다.

순順의 관점, 후천의 관점, 형이상의 관점, 본성의 세계, 도의 세계를 중심으로 이 부분을 살펴보면 그처럼 형이상과 형이하, 현상과 도의 세계를 둘로 보고 본성과 언행을 일치시키고자 하는 사고 자체가 잘못되었음을 부끄러워한 것으로 이해할 수 있다. 공자는 가可함도 없고 불가不可함도 없다고 하여 자신의 관점이 이분법적二分法的인 차원에 머물러 있지 않음을 밝히고 있다. 따라서 좌구명이 부끄러워하는 것이 역逆의 관점에서의 부끄러움이라면 공자의 부끄러움은 순順의 관점에서의 부끄러움이라고 할 수 있다.

본래 역逆과 순順이 둘이 아니기 때문에 교언巧言, 영색令色, 주공足恭이 모두 본성의 현현일 따름이다. 그렇기 때문에 부끄러워할 것도 자랑할 것도 없다. 그러므로 공자는 긍벌矜伐하거나 부끄러워하는 둘로 보는 마음 자체를 부끄러워함을 나타낸 것이라고 할 수 있다.

【원문】

顔淵季路侍. 子曰, "盍各言爾志?" 子路曰, "願車馬衣輕裘, 與朋友共, 敝之而無憾." 顔淵曰, "願無伐善, 無施勞." 子路曰, "願聞子之志." 子曰, "老者安之, 朋友信之, 少者懷之."

【우리말】

안연顔淵과 계로季路가 공자를 모시고 있었는데 공자가 말하였다. "각각 너희들의 뜻을 말해보지 않겠느냐?" 자로子路가 말하였다. "원하기를 수레와 말과 가벼운 갖옷을 붕우朋友와 더불어 쓰다가 낡아지더라도 유감이 없고자 합니다." 안연顔淵이 말하였다. "원하기를 유능함을 자랑하지 않으며, 공로를 과시하지 않고자 합니다." 자로가 말하였다. "원하건대 선생님의 뜻을 듣고자 합니다." 공자가 말하였다. "늙은이를 편안하게 해주며, 붕우를 믿으며, 젊은이를 품어주고자 한다."

【논어순역】

이 부분을 역逆의 관점에서 살펴보면 계로와 안연 그리고 공자의 관점이 서로 다르다. 계로가 붕우朋友와 더불어 물건을 함께 사용하는 것은 붕우朋友가 일체一體이며, 만물이 일체임을 체득하기 위함으로 그것은 곧 무아無我의 차원을 향하여 나아가는 수기修己에 그 관점이 있음을 뜻한다.

안연의 자신의 선善을 자랑하지 않고, 남을 수고롭게 하지 않음은 인仁을 실천하는 것이다. 이를 통하여 계로는 아직도 밖을 향하여 구하는 마음을 버리지 못하였고, 안연은 모든 것을 마음 안에서 구하고 있음을 알 수 있다.

반면에 공자는 이미 무아無我이면서 무지無知이기 때문에 내외內外가 없이 오직 약자인 노인을 편안하게 하고, 벗을 믿으며, 어린 아이들을 사랑하는 안인安人, 안백성安百姓의 문제를 논하고 있다. 무아이기 때문에 자신이 남을 위하여 무엇을 한다거나 반드시 해야 한다는 생각이 없을 뿐만 아니라 그 어떤 것에도 얽매임이 없다.

순順의 관점에서 보면 계로나 안연 그리고 공자를 막론하고 모두 본성을 주체로 살아가는 존재이다. 그렇기 때문에 벗과 더불어 사물을 공유하는 것은 본래 나와 남이 없을 뿐만 아니라 함께 사용하고, 함께 소유하면서 함께 살아감을 나타낸 것이다. 또한 안연이 말한 것과 같이 나와 남이 없기 때문에 나의 선善이나 어떤 능력이 있을 지라도 그것은 나의 것이 아니어서 자랑할 것이 없으며, 남에게 수고로움을 베풀었을지라도 나와 내가 둘이 아니기 때문에 수고로웠다는 생각도 없다. 그러므로 계로와 안연 그리고 공자의 구분이 없이 오직 본성의 현현일 따름이다.

【원문】

子曰, "已矣乎, 吾未見能見其過而內自訟者也."

【우리말】

공자가 말하였다. "그만둘 것이로다. 나는 능히 자신의 허물을 보고 안으로 스스로 반성하는 사람을 보지 못하였다."

【논어순역】

이 부분을 역逆의 관점에서 보면 공자孔子가 당시의 학문하는 사람들에 대하여 비판한 것이라고 할 수 있다. 원문에서 "자송自訟"은 스스로 자신에게 묻는 것으로 그것은 학문이라는 개념 자체가 의미하듯이 "스승으로부터 배워서 이치를 모으고, 그것을 스스로 물어서 변별하는 것"[115]을 뜻한다. "자송"은 학문의 문을 중심으로 집중執中을 언급한 것이라고 할 수 있다. "자송"이 "스스로 자신에게 물어서 변별함으로써 익히는 과정"을 나타낸 것이기 때문에 이 부분은 당시의 사람들 가운데서 올바로 학문을 하는 사람이 없음을 한탄한 것임을 알 수 있다.

"자송"의 전제조건이 "능히 그 허물을 본다."는 것이다. 이는 나와 남을 막론하고 모든 존재의 허물을 볼 수 있는 기준을 가지고 그것을 남에게

115) 『周易』 重天乾卦, "君子 學以聚之, 問以辯之, 寬以居之, 仁以行之."

적용하지 않고 자기 자신에게 적용해야 함을 뜻한다. 따라서 이 부분의 내용을 학문을 중심으로 나타내면 "널리 문장을 배워서 자신의 본성인 예禮로 주체화함"을 나타내는 것이라고 할 수 있다.

순順의 관점에서 보면 "그만둘 것이다. 자신의 허물을 보고 안으로 스스로 반성하는 사람을 보지 못하였다."는 것은 "허물을 보고 반성한다."는 일상적인 차원의 사고를 그쳐야함을 밝힌 것이다. 순順의 관점에서 보면 인간의 모든 언행과 그 근저에 있는 생각이 본래 자신의 본래성으로부터 나온 것이다. 그렇기 때문에 자기를 닦는 수기修己는 학문의 관점에서 살펴보면 모든 문제를 자신의 내면을 향하여 본성으로 돌리는 것으로 그것을 『논어』에서는 집중執中으로 규정하고 있다.

자기를 닦는 사람은 어떤 사물이나 사람을 만날 때 상대방의 허물이나 자신의 허물을 막론하고 모두 자신의 내면으로 향하여 돌이켜 살펴서 올바른 것은 올바른 것대로 본성으로 돌리고, 올바르지 못한 것 역시 본성으로 돌려야 한다.

집중은 형이상과 형이하의 양면에 모두 밝아서 어느 면에도 얽매임을 없음을 뜻한다. 그것을 본성의 근원인 천지의 도를 중심으로 나타내면 십오존공위체十五尊空爲體가 된다. 십오十五는 인간의 삶의 근거인 천지天地의 본성을 상징적으로 나타내는 도수度數이며, 존공위체尊空爲體는 받들어 공으로 돌려서 본체로 삼음의 의미이다. 그러므로 나의 안과 밖에서 일어나는 모든 현상을 그 근본인 우리의 본성으로 내재화한 천지의 마음에 믿고 맡기는 것이 십오존공위체十五尊空爲體로 그것이 『논어』에서 언급된 집중이다.

【원문】

子曰 十室之邑 必有忠信如丘者焉 不如丘之好學也

【우리말】

공자가 말하였다. "열 집의 작은 읍이라도 반드시 나와 같은 충신忠信이 있는 사람이 있을 것이다. 그러나 나와 같이 학문을 좋아하는 사람은 없을 것이다."

【논어순역】

공자는 『논어』의 전편을 통하여 사람은 반드시 학문을 통하여 자신을 닦아서 군자가 되어야함을 밝히고 있다. 그리고 학문은 진실한 믿음이 주가 되어야함을 밝히고 있다. 『주역』에서는 "진실한 믿음이 덕을 향상시키는 방법이고, 성인의 말씀을 기준으로 자신을 닦아서 성誠을 주체로 하는 것이 군자의 사업을 행하는 방법이다."[116]고 하여 덕을 향상시키는 방법이 충신忠信임을 밝히고 있다.

학이學而에서는 "군자가 거듭나지 않으면 위엄이 없으며 학문도 견고함이 없으니, 충신忠信을 위주로 하여 자신과 같지 않은 존재가 없기 때문에 모든 다른 존재를 스승으로 삼아서 허물이 있으면 고치는데 망설임이 없어야 한다."[117]고 하였다. 이를 통하여 충신忠信으로 학문을 시작하였을 지라도 허물을 고치는 학문의 과정이 수반되지 않으면 결과를 얻을 수 없음을 알 수 있다.

---

116) 『周易』 重天乾卦 三爻 文言, "子曰 君子 進德修業하나니 忠信이 所以進德也오 修辭立其誠이 所以居業也라."

117) 『論語』 學而篇, "子曰 君子不重, 則不威, 學則不固. 主忠信. 無友不如己者. 過則勿憚改."

제육장 옹야雍也

【원문】

子曰, 雍也可使南面. 仲弓問子桑伯子. 子曰, "可也簡." 仲弓曰, "居敬而行簡, 以臨其民, 不亦可乎? 居簡而行簡, 無乃大簡乎?" 子曰, "雍之言然."

【우리말】

공자가 말하였다. "옹雍은 남면을 하고 정사政事를 행하게 할만하다." 중궁이 자상백자에 관하여 묻자 공자가 말하였다. "그 옳음은 간략함이다." 중궁이 말하였다. "자신이 경敬에 처하고서 간략함을 행하여 백성들에게 임하는 것이 또한 옳지 않겠습니까? 간략함에 처해서 간략함을 행하면 너무 간략한 것이 아니겠습니까?" 공자가 말하였다. "옹雍의 말이 옳다."

【논어순역】

앞부분에서 "남면南面"은 북쪽에 등을 두고 남쪽으로 얼굴을 향함의 뜻으로 군자가 왕도정치를 실천함을 뜻한다. 『주역周易』의 설괘說卦에서는 문왕팔괘도文王八卦圖의 남방에 위치하는 이괘離卦를 설명하면서 "이離라고 하는 것은 밝음으로 밝음을 통하여 모든 존재의 존재 의의를 서로 알게 된다. 남방의 괘이다. 성인이 남면南面하여 천하 백성들의 원하는 바를 듣고 밝음을 향하여 다스리는 것이 이러한 괘의 원리를 취한 것이다."[118]라고 하였다. 이는 성인의 덕德을 가진 군자君子가 이괘離卦가 표상하는 천도天道에 근거하여 백성들을 다스리는 왕도정치王道政治를 실천함을 밝힌 것이다. 따라서 이 부분은 중궁仲弓이 정치를 행할 수 있

---

118) 『周易』 說卦 第五章, "離也者, 明也, 萬物皆相見, 南方之卦也, 聖人南面而聽天下, 嚮明而治, 蓋取諸此也."

는 덕을 갖고 있음을 밝힌 것이다.

뒷부분을 앞부분과 독립된 내용으로 이해할 수도 있으나 뒷부분을 앞부분과 연결하여 이해하면 뒷부분이 일종의 앞부분의 판단을 가능하게 하는 근거로 제시되고 있다고 볼 수도 있다. 뒷부분은 자상백자라는 사람을 통하여 중궁의 주장을 나타낸 것으로 정치를 실천하면서 너무 형식적인 면을 도외시하고 치자가 마음 안과 밖이 모두 간단함만을 추구하면 너무 간단함에 치우치기 때문에 안으로는 경敬으로 하고 그리고 밖을 간단하게 해야 함을 밝혔다.

이 부분을 역학의 측면에서 『주역』을 중심으로 이해하면 다음과 같다. 『주역』에서는 천지의 도를 이간易簡의 도라고 부른다. 천도天道를 한마디로 이易로 표현하고, 그리고 지도地道를 간簡으로 표현한 것이다. 군자는 이간의 도인 천도의 도를 자각해야 한다. 그렇기 때문에 "이간易簡함으로 천하의 이치를 얻게 되니 천하의 이치를 얻어야 천하의 중심에 설 수 있다.[119]"고 하였다.

천도와 지도는 체용體用의 관계로 군자는 천도를 본체로 하여 지도로 작용해야 한다. 따라서 "거간이행간居簡而行簡"은 군자가 오로지 지도地道, 곤도坤道를 중심으로 인도人道를 실천하고자 하면 곤도坤道, 지도地道에 치우쳐서 그 본체를 모르게 됨을 뜻한다고 할 수 있다. 『논어』에서 군자는 천명天命을 알아야하는 존재[120]로 규정하고 있다.

"거경이행간居敬而行簡"의 "경敬"은 예禮를 나타내는 것으로 곧 인예의지의 사덕을 가리킨다. 따라서 위의 내용은 사덕을 주체로 하여 정치를

---

119) 『周易』 繫辭上篇 第一章, "乾道成男, 坤道成女. 乾知大始, 坤作成物. 乾以易知, 坤以簡能, 易則易知, 簡則易從, 易知則有親, 易從則有功, 有親則可久, 有功則可大, 可久則賢人之德, 可大則賢人之業. 易簡, 而天下之理得矣, 天下之理得, 而成位乎其中矣."

120) 『論語』의 堯日에서는 "孔子日 不知命, 無以爲君子也"라고 하였고, 爲政에서는 "子日 吾十有五而志于學, 三十而立, 四十而不惑, 五十而知天命, 六十而耳順, 七十而從心所欲, 不踰矩."라고 하여 군자가 학문을 통하여 天命을 자각해야함을 밝히고 있다.

행하고 그 근거는 곤도, 지도에 두어야 함을 밝힌 것이라고 할 수 있다.

【원문】

哀公問, "弟子孰爲好學?" 孔子對曰, "有顔回者好學, 不遷怒, 不貳過. 不幸短命死矣, 今也則亡, 未聞好學者也."

【우리말】

애공哀公이 묻기를 "제자 가운데서 누가 학문學問을 좋아합니까?"라고 말하니 공자가 대답하여 말하기를 "안회顔回라는 제자가 있어서 학문을 좋아하였으니 성냄을 옮기지 않고 허물을 되풀이 하지 않았습니다. 그러나 불행히도 단명하여 죽었으니 지금은 없습니다. 그리고 아직 학문을 좋아하는 제자를 듣지 못했습니다."

【논어순역】

『논어』 뿐만 아니라 삼경, 사서를 보면 공자가 안회顔回를 무척 아꼈음을 알 수 있다. 공자가 안자를 아낀 까닭은 다른데 있는 것이 아니라 안연顔淵이 호학好學하였기 때문이다. 이는 공자가 단순하게 사람을 호오好惡하는 것이 아니라 그 사람의 사람됨을 보고 호오好惡하였음을 알 수 있다.

수기修己가 이루어지지 않은 소인小人들은 사람이나 사물을 대할 때 오직 자신에게 얼마나 이로움을 주는가에 따라서 좋아하고 싫어한다. 그것은 다시 말하면 소인은 이해利害에 끌려다니는 존재임을 뜻한다. 성인은 오직 학문을 통하여 덕德을 쌓는 군자를 좋아한다. 그것은 군자라는 특정한 존재를 좋아하는 것이 아니라 누구나 본성을 주체로 살아가는 사람다운 사람이 되기를 바라는 것이 공자의 마음임을 뜻한다.

그러나 이 부분을 보면서 유의할 중요한 점은 안연을 통하여 학문의 방법을 파악하는 것이다. 왜냐하면 이 부분은 안회顔回를 통하여 호학好學에 대하여 밝히고 있기 때문이다. 원문에서는 안회顔回의 호학好學 방법으로 "불천노不遷怒 불이과不貳過"를 논하고 있다.

먼저 전체의 내용을 보면 지식을 중심으로 학문의 방법을 논하지 않고 언행言行을 중심으로 논하고 있음을 알 수 있다. 이를 통하여 앎과 실천이 하나가 되고, 배움과 실천이 하나가 되는 것이 공자가 추구하는 학문임을 알 수 있다.

이 부분은 두 가지 관점에서 고찰할 수 있는데 그 하나는 사건 자체의 관점에서 살펴보는 것으로 하나의 사건의 결과가 다른 사건에 영향을 미쳐서 그것이 새로운 사건의 원인이 되지 않음을 뜻한다. 그것은 안회가 거울에 사물이 비치면 모습을 보여주다가 사물이 사라지면 흔적이 남지 않듯이 매사를 가불가可不可를 분별하여 집착執着하지 않고 오로지 무심無心으로 대하고 있음을 나타낸 것이다.

나머지 하나는 정情을 중심으로 살펴보는 것으로 분노忿怒를 다른 사람에게 옮기지 않고, 같은 허물을 반복하지 않았다는 것은 그것이 중화中和를 이룬 희노애락喜怒哀樂임을 뜻한다. 치중화致中和는 중용中庸의 다른 표현이다. 따라서 이 부분은 중용中庸을 중심으로 호학好學을 논한 것이라고 할 수 있다.

『주역周易』에서는 "안씨顔氏의 자제가 거의 도달하였구나. 불선不善함이 있으면 그것을 알지 못하는 것이 없고, 알면 두 번 다시 반복하지 않으니 역에서 말하기를 '멀리 가지 않고 돌아와서 후회하는 지경에 이르지 않는다.'고 하였다."121)고 하였다.

---

121) 『周易』 繫辭下篇 第五章, "顔氏之子, 其殆庶幾乎 有不善, 未嘗不知, 知之, 未嘗復行也. 易曰, '不遠復, 无祇悔, 元吉."

【원문】

子華使於齊, 冉子爲其母請粟. 子曰, "與之釜." 請益. 曰, "與之庾." 冉子與之粟五秉. 子曰, "赤之適齊也, 乘肥馬, 衣輕裘. 吾聞之也, 君子周急不繼富." 原思爲之宰, 與之粟九百, 辭. 子曰, "毋! 以與爾鄰里鄕黨乎!"

【우리말】

자화子華가 제齊나라에 사신으로 갔는데 염자冉子가 그 어미를 위하여 곡식을 청하니 공자께서 말하였다. "부釜를 주어라." 더 주기를 청하니 말하였다. "유庾를 주어라." 염자가 곡식 다섯 병秉을 주자 공자가 말하였다. "적赤이 제나라에 갈 때 살찐 말을 타고 가벼운 갖옷을 입었다. 나는 들으니 군자는 급한 사람을 도와주고 부유한 사람에게 더 주지 않는다고 하였다." 원사原思가 가재家宰가 되자 곡식 구백을 주었는데 사양하자 공자가 말하였다. "사양하지 마라. 너의 이웃과 마을, 향당에 주려무나."

【논어순역】

이 부분을 통하여 군자君子와 소인小人의 재물에 대한 태도를 엿볼 수 있다. 염자冉子가 비록 자화子華를 위하여 곡식穀食을 많이 주기를 청하였지만 자화子華가 빈천貧賤하여 목숨을 연명하기 어려운 상황이 아니었기 때문에 자화子華를 위한 것이 아니라 오히려 그를 계부繼富하여 모식謀食하는 소인小人으로 만드는 결과를 낳았다.

그러나 원사原思는 공적公的인 임무에 알맞은 녹봉祿俸 외에는 원하지 않았기 때문에 그 마음을 아름답게 여겨서 향당鄕黨의 어려운 사람들에게 주어 구휼救恤하라고 하였다. 이는 그의 마음이 재물에 끌려서 부를 추구하지 않기 때문에 재물을 올바로 운용할 수 있음을 본 것이다. 원사는 매우 청렴한 인물로 공자가 죽은 후에 세상을 하직하고 은둔하면서

지냈다고 『공자가어孔子家語』와 『사기史記 열전列傳』에 기록하고 있다.

유학儒學을 학문하는 사람들이 추구하는 본연의 일은 도이지 재물이 아니다. 그렇기 때문에 『논어論語』의 다른 부분에서는 "군자는 도道를 도모할 뿐 의식주를 도모하지 않는다. 비록 밭을 갈아도 굶주릴 수 있으니 학문을 하면 녹祿은 그 가운데 있다. 그러므로 군자는 도를 근심할 뿐 빈천貧賤을 근심하지 않는다."122)라고 하였다.

오늘날의 학문을 하는 사람들을 보면 학문을 생계의 수단으로 생각하고 일종의 직업으로 여길 뿐이다. 그런 사람들로부터 인류를 위하고 우주를 위하는 자비慈悲, 인仁은 찾을 수 없고 오로지 수단과 방법을 가리지 않고 남으로부터 재물을 빼앗아 자신의 배를 채우고자 하는 욕심慾心만이 있을 뿐이다. 우리 사회가 경쟁이라는 미명 아래 그러한 사람들을 대접하는 분위기를 조장하는 한 진정한 의미의 학문다운 학문이 존재할 수 없고, 학문답게 학문을 하는 학자를 볼 수 없다.

그렇다고 하여 유학儒學에서 재물을 경시하거나 천시하는 것이 아니다. 다만 재물을 운용하는 주체인 덕을 갖추었을 때 비로소 재물을 올바로 운용할 수 있음을 강조할 뿐이다. 그렇기 때문 덕을 갖추지 못한 사람이 재물을 많이 갖게 되면 자신도 망칠 뿐만 아니라 타인들도 망치게 된다.

『대학』에서는 덕과 재물의 관계를 근본根本과 지말支末의 본말本末 관계로 규정123)하고 있다. 이는 덕과 재물이 일체적이면서 덕이 근본임을 밝힌 것이다. 지말支末인 재물을 자신의 본질인양 중시하고, 근본인 덕을 바깥의 존재로 여겨서 함부로 대하면 결국 백성들로 하여금 서로 다투어서 빼앗도록 부추기는 것이라고 하였다.

덕과 재물이 본말本末의 관계이기 때문에 통치자나 다른 사람과 더불어 살아가는 사람들이 재물을 모으고자 하면 사람들이 그를 떠나가며,

---

122) 『論語』 衛靈公, "子日 君子謀道不謀食 耕也餒在其中矣 學也祿在其中矣 君子憂道不憂貧."

123) 朱熹 『大學章句』 傳十章, "德者本也 財者末也 外本內末 爭民施奪 是故財聚則民散 財散則民聚"

재물을 베풀 때 비로소 다른 사람들이 자신에게 다가온다. 그렇기 때문에 어진 사람은 재물을 잘 사용하여, 자신의 인격성을 널리 확충함으로써 천하가 이롭게 하지만 어질지 못한 사람은 재물의 노예가 되어 재물을 모으다가 결국은 사람 구실을 못하게 되는 것[124]이다.

【원문】

子謂仲弓曰, "犁牛之子, 騂且角, 雖欲勿用, 山川其舍諸?"

【우리말】

공자가 중궁에게 말하였다. "얼룩소의 새끼가 빛이 붉고 또한 뿔이 단정하면 비록 쓰지 않고자 하더라도 산천이 버리겠는가?"

【논어순역】

원문은 중궁仲弓을 통하여 사람이 어떤 상황에 처할지라도 자신의 본성本性을 주체로 삼아서 살아야함을 밝히고 있다. 중궁의 아버지가 악惡함을 얼룩소에 비유하여 중궁이 비록 얼룩소의 새끼이지만 뿔이 붉고 훌륭하여 제사를 지내는 사람들이 사용하지 않고자 하여도 산천山川은 용납容納할 것임을 밝히고 있다.

이 때 산천은 다름 아닌 천지天地를 가리킨다. 그러므로 "수욕물용雖欲勿用 산천기사저山川其舍諸"는 사람들이 버리고자 하여도 천지天地가 용납容納할 것임을 뜻한다. 이는 본래 사람의 본성은 악행惡行을 하여도 없어지는 것이 아니며, 선행善行을 하여도 느는 것이 아니기 때문에 본래 천지와 만물이 일체一體임을 뜻한다.

이를 천인합일天人合一의 관점에서 보면 만물이 일체임은 이연已然의

---

124) 朱熹『大學章句』傳十章, "仁者以財發身 不仁者以身發財"

천인합일天人合一이라고 할 수 있다. 그러나 현실의 측면에서는 반드시 학문을 통하여 자기의 주체성을 확립하는 과정이 필요하다. 그것이 인간의 삶이 필요한 까닭으로 그것을 응연應然의 천인합일天人合一이라고 할 수 있다.

본래 악惡한 중궁의 아비나 선행을 하는 중궁의 본성은 같은 것이다. 다만 본성을 선善하게 사용하는 중궁과 불선不善하게 사용하는 아비의 행동이 서로 다르게 나타날 뿐이다. 물론 두 사람의 행동이 빚어낸 결과는 서로 다르다. 중궁의 선행은 천지天地와 합일合一이 되지만 그의 아비는 그렇지 못하기 때문에 천양天壤의 차이가 된다.

【원문】

子曰, "回也, 其心三月不違仁, 其餘則日月至焉而已矣."

【우리말】

공자가 말하였다. "회回는 그 마음이 석달 동안 인仁을 어기지 않는다. 그 나머지는 하루나 한 달 정도일 뿐이다."

【논어순역】

이 부분은 안회의 학문을 밝힌 것으로 정자는 앞부분과 뒷부분을 나누어 이해하였다. 앞의 부분은 안회의 학문을 나타낸 것이며, 뒷부분은 그 밖의 제자들의 학문을 밝힌 것으로 이해한 것이다.

이 부분을 모두 안회를 중심으로 이해하면 다음 부분은 인仁이 아닌 나머지 구체적인 덕목들을 크게 신경을 쓰지 않았음을 뜻한다. 오직 인仁만을 삼개월동안 어기지 않았으며, 나머지는 지엽적인 것으로 날로 달로 새롭고 성대하여져서 덕업이 함께 향상함을 밝힌 것이라고 하였다.

두 부분을 하나로 보거나 둘로 보는 것에 상관이 없이 모두 논리적으로 타당하다. 다만 본래 인仁을 어기지 않는다면 다른 구체적인 절목들 역시 어기지 않게 된다. 인仁은 비록 사덕四德의 하나이지만 본래 인仁과 지智가 둘이 아니며, 예禮와 의義 역시 둘이 아니다. 또한 근본을 말하면 될 뿐 굳이 지엽적인 것을 나타낼 필요는 없을 것이다.

이 부분을 모두 안회顔回에 관한 내용으로 보지 않고 앞부분은 안회에 관한 내용이며, 뒷부분은 다른 제자들에 관한 내용으로 나머지 제자들이 안회와 달리 한 달이나 하루정도 겨우 인을 어기지 않을 정도임을 나타낸 것이라고 할 수도 있다.

원문의 내용을 둘로 보거나 하나로 보거나를 막론하고 그것이 학문의 방법을 밝힌 부분이라는 점에는 틀림이 없다. 다시 말하면 원문의 내용 가운데서 중요한 점은 "기심삼월불위인其心三月不違仁"이라는 용심법用心法이라는 점이다. 그 마음이 석달동안 인仁을 어기지 않았다는 것은 마음 가운데서 인仁을 주체로 하여 한 순간도 그것을 벗어나지 않음이 석달 동안 계속되었음을 뜻한다.

인仁은 인간의 본래성을 나타내는 인예의지仁禮義智의 사덕四德을 대표하여 나타내는 것이다. 따라서 위의 내용을 한마디로 나타내면 한 순간도 본성을 놓치지 않고 보존함이다. 『주역』에서는 이것을 "완성된 본성을 보존하고 보존한다."125)고 하였으며, 『논어』에서는 집중執中이라고 하였다. 집중을 좀 더 구체적으로 살펴보면 내외內外에서 일어나는 생각, 사건事件과 물건物件을 모두 근원적 존재인 천지天地의 심心으로 돌리는 것으로, 그것을 믿고 행行하는 것이 중용中庸이다.

【원문】

季康子問, "仲由可使從政也與?" 子曰, "由也果, 於從政乎何有?"

---

125) 『周易』 繫辭上篇 第七章, "天地設位, 而易行乎其中矣. 成性存存, 道義之門."

曰, "賜也可使從政也與?" 曰, "賜也達, 於從政乎何有?" 曰, "求也可使從政也與?" 曰, "求也藝, 於從政乎何有?"

【우리말】

계강자季康子가 묻기를 "중유仲由는 정치에 종사하게 할 만합니까?" 공자가 말하였다. "중유는 과단성이 있으니 정치에 종사하는데 무엇이 어렵겠는가?" 계강자가 말하였다. "사賜는 정치에 종사하게 할 만합니까?" 공자가 말하였다. "사는 사리에 통달하였으니 정치에 종사하는데 무엇이 어렵겠는가?" 계강자가 말하였다. "구求는 정치에 종사하게 할 만합니까?" 공자가 말하였다. "구는 재능이 많으니 정치에 종사하는데 무엇이 어렵겠는가?"

【논어순역】

이 부분에서는 공자가 제자들이 모두 정사政事에 참여할 능력이 있음을 논하고 있다. 정사政事를 베푸는 것은 타고난 기질의 문제이지만 그러나 근본적인 것은 천작天爵에 있다. 그렇기 때문에 『논어』의 다른 부분에서 각 제자의 능력을 인정하면서도 인仁을 주체로 살아가는지를 알 수 없다고 하여 인仁이 주체가 되어야함을 밝히고 있다.

【원문】

季氏使閔子騫爲費宰. 閔子騫曰, "善爲我辭焉! 如有復我者, 則吾必在汶上矣."

【우리말】

계씨季氏가 민자건閔子騫으로 하여금 비읍費邑의 읍재邑宰로 삼고자 하자 민자건이 말하였다. "나를 위하여 잘 말해 달라. 만약 나에게 다시 말하면 나는 반드시 문수汶水가에 있을 것이다."

【논어순역】

계씨季氏는 당시 노魯나라의 실권자로 대부이면서 제후諸侯, 천자天子의 예를 행하던 사람이다. 그러므로 민자건閔子騫이 의義에 맞지 않는 벼슬을 하기를 싫어한 것이다. 이를 통하여 군자의 학문하는 태도를 엿볼 수 있다.

군자는 도道를 도모圖謀할 뿐 그 밖의 것을 도모하지 않는다. 그것은 오직 도道만을 추구하고자 하는 것이 아니라 도道를 추구하기 때문에 시의성時義性에 따라서 행동하게 된다. 그러므로 단순하게 계씨季氏라는 권력자와의 사적私的인 감정에 의한 것이 아니라 시의성時義性에 따라서 그러한 행동을 한 것이다.

【원문】

伯牛有疾, 子問之, 自牖執其手, 曰, "亡之, 命矣夫! 斯人也而有斯疾也! 斯人也而有斯疾也!"

【우리말】

백우에게 병이 생기자 공자가 문안을 갔다. 그리고 창문으로 그 손을 잡고 말하였다. "이런 병이 걸릴 리가 없는데 명이로구나. 이런 사람이 이런 병에 걸리다니. 이런 사람이 이런 병에 걸리다니."라고 하였다.

【논어순역】

이 부분을 역逆의 관점, 선천의 관점, 일상의 측면에서 사실을 중심으로 이해하면 공자가 문둥병에 걸린 염우를 병문안 갔을 때 집안으로 들어가지 않고 창 밖에서 손을 내밀어 백우의 손을 잡고 덕이 높은 제자가 몹쓸 병에 힘들어 함을 보고 탄식을 했음을 나타낸 것이라고 할 수 있다.

순順의 관점, 후천적 관점, 형이상의 관점에서 보면 인간의 삶과 죽음은 둘이 아니어서 살아있음을 좋아해야할 까닭도 없고 죽음을 슬퍼해야 할 이유도 없으며, 병 자체를 두려워하거나 고통스러워해야할 필요가 없다. 세상에 태어나서 죽지 않는 사람이 없으며, 병들지 않는 사람도 없다. 사람은 모두 태어나면 병들고 죽을 수밖에 없다.

모든 사람이 생노병사生老病死를 거친다는 것은 그것이 겉으로 드러나는 현상일 뿐 본성 자체의 측면에서 보면 생사生死라고 구분할 할 것이 없음을 뜻한다. 오래 살거나 단명한 것, 건강하거나 병드는 것은 모두 인간의 분별심이 그려낸 것일 뿐이라는 것이다. 더구나 그 사람이 금생에 덕이 높다고 하여 죽지 않거나 병들지 않는 것도 아니다.

공자는 무지無知, 무가무불가無可無不可라고 하였을 뿐만 아니라 이순耳順이라는 자신의 입장을 분명하게 밝혔다. 공자는 삶 자체에 대하여 물처럼 담담하고 편안한 마음을 갖고 있다. 상달上達하여 이미 천명天命을 알고 있을 뿐만 아니라 도道를 깨달아서 모든 것을 알고 있으면서도 현상을 그대로 현상으로 받아들여 제자의 고통을 함께 하는 공자의 행동이야말로 자연스러움의 극치라고 할 수 있다. 이것이 그가 스스로 말한 마음이 하고자 하는 것을 따라서 행하여도 법도에 어긋남이 없는 상태라고 할 수 있다.

【원문】

子曰 賢哉回也 一簞食 一瓢飮 在陋巷 人不堪其憂 回也不改其樂 賢哉回也

【우리말】

공자가 말하였다. "어질구나! 회回여, 한 대바구니의 밥과 한 표주박의 물로 비루한 마을에 있으니 다른 사람들은 그 근심을 감당할 수 없으나 회回는 그 즐거움을 고치지 않는구나. 어질구나! 회回여."

【논어순역】

우리가 세상을 보고 한 사람의 삶을 볼 때 이상적인 세계를 향하여 나아가는 관점과 이상 자체의 측면에서 현실을 보는 두 관점으로 구분하여 볼 수 있다. 이 때 학문을 통하여 자신을 닦아나가는 선천적 관점, 일상적 관점, 형이하적 관점이 하나이며, 본성 그 자체의 관점, 형이상의 차원, 후천적 관점이 나머지이다.

원문을 선천의 관점, 학문을 통하여 자신을 닦아서 주체성을 확립하는 집중執中의 관점에서 보면 소인적인 삶을 벗어나서 군자의 삶을 살아야 한다. 그렇기 때문에 물리적 생명을 위주로 살아가는 삶의 태도를 버리고 오로지 자신의 근본인 본성을 찾아가는 사람다운 삶의 길로서의 도를 찾는 일에 매진해야 한다. 그렇기 때문에 공자는 군자가 도모해야할 것은 도일 뿐 몸을 살찌우는 일이 아님을 항상 강조하였다.

그럼에도 불구하고 제자 가운데서 그것을 실천하며 살아가는 사람은 안회顔回가 유일하였다. 그렇기 때문에 공자는 안회를 들어서 학문하는 방법을 자주 언급하고 있다. 이 부분에서도 의식주에는 전혀 관심을 갖지 않고 오직 도를 추구하는 안회를 칭찬하고 있다.

안회顔回는 호학好學의 표본이다. 안회顔回는 도道를 도모하였을 뿐 물리적 생명을 도모하지 않았기 때문에 비록 한 대그릇의 밥과 한 표주박의 물을 마시며, 누추한 거리에서 살았지만 그것을 전혀 부끄러워하거나 벗어나고자 근심하지 않았다.

순順의 관점에서 보면 의식주와 도道의 추구가 결코 둘이 아니다. 왜냐하면 살아가는 것과 학문하는 것이 둘이 아니어서 살아가는 일이 그대로 학문하는 일이기 때문이다. 그렇기 때문에 가난을 피할 필요도 없고, 부유함을 추구할 필요도 없이 그냥 다가오는 모든 것을 그대로 받아들일 뿐이다. 안회의 삶의 태도 역시 그냥 삶 자체를 그렇게 살았을 뿐이다. 가난에 처해서는 가난한 사람의 행동을 하고, 부유함에 처해서는 부유한 사람의 행동을 하며 살아갈 따름이다.

그것은 현재 주어진 삶의 환경에 알맞게 언행言行을 행하며 살아갈 뿐 그 밖의 것을 원하지 않았음을 뜻한다. 그것은 마음이 밖으로 달려 나가지 않는 집중執中의 상태라야 가능하다. 바로 도 자체를 즐겼을 뿐이지만 그것이 그대로 자유로운 삶의 태도로 나타난 것이다.

【원문】

冉求曰, "非不說子之道, 力不足也." 子曰, "力不足者, 中道而廢. 今女畫."

【우리말】

염구冉求가 말하였다. "선생님의 도道를 기뻐하지 않는 것은 아니지만 힘이 부족합니다." 공자가 말하였다. "힘이 부족한 사람은 도중에 그만두니 지금 내가 스스로 힘이 부족하다고 판단하는구나."

【논어순역】

공자가 『논어』를 통하여 제시한 것은 군자의 도이다. 그런데 사람이면 누구나 타고난 본성을 자각하면 군자가 될 수 있다. 따라서 군자가 되기에 힘이 부족한 사람은 아무도 없다.

그럼에도 불구하고 염구가 스스로 공자의 가르침을 따라서 실천하기에 힘이 부족하다고 하였다. 이는 맹자가 말한 자포자기自暴自棄와 같다. 그렇기 때문에 공자가 본래 그렇지 않음에도 불구하고 스스로 힘이 없다고 자기변명을 한다고 나무랐던 것이다.

자신을 힘이 없다고 여기는 것은 역逆의 관점에서 자신을 버리지 않았기 때문이다. 본래 학문도 자기가 하는 것이 아니라 본성 자체가 스스로 하는 것이다. 그렇기 때문에 자기가 한다는 생각이 없으면 함이 없이 하는 것이 된다. 그러므로 어찌 할 수 있다거나 없다는 생각이 있을 수 있겠는가?

공자가 학문을 논할 때 반드시 진실한 믿음을 바탕으로 하라고 한 것은 믿음은 곧 본성과 자기를 일체화하는 것이며, 또한 천도天道와 자기를 일체화하는 것이기 때문이다. 그것은 자기를 중심으로 본성, 천도天道를 끌어들이는 것이 아니라 자기를 버림으로써 본성, 천도天道와 본래 일체였음을 확인하는 것이다. 그렇기 때문에 스스로 학문을 할 수 없다고 포기하는 것은 믿음이 부족하기 때문이라고 할 수 있다.

【원문】

子謂子夏日, "女爲君子儒! 無爲小人儒!"

【우리말】

공자께서 자하에게 말씀하였다. "너는 군자유가 되고 소인유가 되지 말하라."

【논어순역】

위의 내용을 보면 유자儒者를 군자와 소인의 두 부류로 구분하여 나타내고 있음을 알 수 있다. 유자儒者는 학문을 하는 사람을 일컫는 개념이다. 그러므로 소인小人과 군자君子를 막론하고 유儒를 붙여서 칭한 것을 통하여 곧 군자와 소인은 학문의 관점에서 부르는 개념임을 알 수 있다.

그리고 사람은 누구나 그 본성이 같은 점에서 보면 소인과 군자의 본성이 서로 다르지 않다. 그럼에도 불구하고 공자는 소인유가 되지 말고 군자유가 되라고 하였다. 그렇다면 똑같은 본성을 가진 존재가 똑같이 학문을 함에도 불구하고 어떤 사람은 소인유가 되고, 어떤 사람은 군자유가 되는가?

그것은 학문의 방법이 다름으로 인하여 발생하는 것이라고 할 수 있다. 『논어』의 다른 부분에서는 학문을 위기지학爲己之學과 위인지학爲人之學으로 구분하여 나타내고 있다. 이는 학문의 종류를 나타낸 것이라기보다는 학문의 방법을 나타낸 것이라고 할 수 있다.

위기지학爲己之學의 기己는 참자기, 형이상적 나, 도덕 주체, 본성本性을 가리킨다. 그러므로 위기지학은 본래의 나를 주체로 하는 학문을 가리킨다. 반면에 위인지학의 인人은 가아假我, 형이하적 나, 개체적 나, 몸을 지칭하는 것이다. 그러므로 위인지학은 곧 개체적 관점에서 대상 사물을 향해서 끊임없이 지식을 추구하여 쌓아가는 학문을 뜻한다.

위기지학을 하는 존재가 군자이며, 위인지학을 하는 존재가 소인이다. 남과 구분되어지는 개체적인 나를 중심으로 내 지식을 쌓아서 남과 경쟁하여 이기고, 남을 지배하고자 하는 자기중심의 학문 방법이 소인을 낳으며, 나와 남을 구분하는 집착을 놔버리고 우주적인 나, 형이상적인 나를 주체로 도덕적 존재가 되기를 추구하는 위기지학이 군자를 낳는 것이다.

오늘날 우리들의 학문하는 태도는 위인지학의 방법을 벗어나지 못하고 있다. 자기, 자기의 주장을 내세우고 남을 이기고자 할 뿐 정작 이기고자 하는 자기 자신이 어떤 존재인지는 돌아보지 않는다. 그러한 사람들일수록 그것이 자신을 사랑하는 것이라고 착각하지만 그것이 바로 자기를 함부로 대하고 버리는 자포자기自暴自棄이다.

남을 또 다른 나로 알고 나처럼 대할 수 있는 자비慈悲와 자기를 버리고 언제나 그가 되어줄 수 있는 여유餘裕로 그 어떤 것에도 걸림이 없는 자유로운 삶을 살아갈 수 없을까? 겨우 호구지책糊口之策을 벗어나지 못하는 것이 학문學問이라면 과연 평생 동안 모든 것을 버리고 추구할 만한 가치가 있는 것일까?

【원문】

子游爲武城宰. 子曰, "女得人焉耳乎?" 曰, "有澹臺滅明者, 行不由徑, 非公事, 未嘗至於偃之室也."

【우리말】

자유子游가 무성武城의 읍재邑宰가 되자 공자가 말하였다. "너는 사람을 얻었느냐?" 자유가 말하였다. "담대멸명이라는 사람이 있습니다. 그는 다닐 때 지름길로 가지 않고, 공적인 일이 아니면 저의 집에 찾아오지 않습니다."

【논어순역】

모든 부분의 이해가 그렇듯이 이 부분 역시 순順과 역逆의 두 관점에서 이해가 가능하다. 역逆의 관점에서 보면 담대멸명澹臺滅明이 지름길이 아니면 가지 않는다는 것은 반드시 정도正道를 행하였음을 뜻하며, 공적公的인 일이 아니면 자유子游의 집에 가지 않는다는 것은 자유와 사적으로 만나지 않았음을 뜻한다. 그러므로 담대멸명澹臺滅明이 공公과 사私를 엄격하게 구분하여 행하였음을 알 수 있다.

순順의 관점에서 보면 본래 모든 일이 공公일 뿐 사私적인 일은 없다. 그것은 인간의 존재특성이 본성本性이라는 근원적 측면에서 보면 천지와 더불어 일체이기 때문에 본래 공적公的인 존재일 뿐 사적私的인 존재가 아님을 뜻한다. 그러므로 모든 사람의 언행이 곧 본성의 현현이라는 측면에서 보면 모두 공적公的인 것이다. 결국 스스로 어떤 행동을 하든 본성本性을 주체로 행하면 굳이 지름길이 아니어도 좋으며, 어떤 일로 자유子游를 찾더라도 공적인 일이 되는 것이다.

【원문】

子曰, "孟之反不伐, 奔而殿, 將入門, 策其馬曰, '非敢後也, 馬不進也.'"

【우리말】

공자가 말하였다. "맹지반孟之反은 자랑을 하지 않는구나. 패하여 달아날 때 뒤에 있다가 장차 문에 들어갈 때 그 말을 채찍질하며 말하기를 '감히 뒤에 가려는 것이 아니라 말이 나아가지 않았다.'고 하였다."

【논어순역】

모든 것을 둘로 보지 않는 극기克己가 이루어져서 무아無我가 되어 무심無心으로 모든 일을 행할 때 그 사람의 언행은 겸손謙遜으로 나타난다. 인위적으로 하지 않는 진정한 의미의 겸손謙遜은 남과 나를 일체로 여기는 지혜智慧와 남을 나와 같이 대하는 지극한 사람으로서의 인仁이 있어야 비로소 가능하다.

지智와 인仁을 주체로 살아가면 개체적인 의식이 삶의 중심이 아니기 때문에 무엇을 하여도 자신이 했다는 생각이 없다. 그러므로 설사 공을 세워도 남에게 자랑하거나 드러낼 것이 아무 것도 없다.

본성을 주체로 살아가는 삶은 모든 것을 다 하지만 아무것도 하지 않는 무위자연無爲自然의 삶이다. 모든 것을 본성에 맡겨서 본성이 주체가 되어 살아가기 때문에 아무것도 인위적으로 함이 없지만 그러나 모든 것을 행하면서 살아가는 것이다.

【원문】

子曰, "不有祝鮀之佞, 而有宋朝之美, 難乎免於今之世矣."

【우리말】

공자가 말하였다. "축관祝官인 타鮀의 말재주와 송宋나라의 조朝와 같은 미색美色을 갖고 있지 않으면 지금 세상에서 환난患難을 면하기가 어렵다."

【논어순역】

축타는 위衛나라의 대부로 말재주가 있었다고 한다. 그리고 조는 송나라의 공자로 미모가 있었는데 그것을 바탕으로 음란淫亂한 삶을 살았다고 한다. 당시에 이러한 말재주와 미색이 없으면 행세를 할 수가 없었다는 것은 세상에 도가 행하여지지 않았음을 뜻한다. 이 부분 뿐만 아니라 공자가 『논어』의 여러 부분에서 나타난 것처럼 당시의 세태를 언급하였는데 그것이 단순하게 도가 행해지지 않음을 한탄한 것일 뿐인가?

그것은 공자가 선천先天의 세계가 학문을 통하여 자신을 다스려야할 때임을 밝힌 것이라고 할 수 있다. 선천先天의 때에는 말재주와 미모를 통하여 남에게 아첨하지 않으면 물리적 생명마저도 유지하기가 어려운 때이다. 그것은 달리 말하면 자기의 주체성主體性을 확립하는 학문學問이 절실하게 필요한 때가 바로 선천先天임을 뜻한다. 그러므로 선천에는 오직 자신의 본성을 주체로 덕德을 향상시키는 수기修己에 몰두해야 한다.

『주역』에서는 선천先天의 때를 어머니의 자궁子宮에서 어머니의 영양을 먹고 자라는 아이에 비유하여 "용龍의 덕德을 가지고 숨어 있는 사람이다. 세태에 자신의 뜻을 바꾸지 않으며, 이름이 널리 나기를 바라지 않아서, 세상에 물러나 있어도 근심하지 않고, 세상에서 옳음이 행하지지 않음을 보아도 근심하지 않는다."[126]라고 하였다. 이처럼 세상에서 물러나서 그냥 있는 것이 아니라 어머니로부터 공급되는 영양營養을 발판으로 자신의 키우는 것이다. 그것은 곧 군자가 학문을 통하여 자신을 닦는 과정을 뜻한다.

---

126) 『周易』 重天乾卦 初爻文言, "龍德而隱者也니 不易乎世하며 不成乎名하야 遯世无悶하며 不見是而无悶하야"

그런데 잉태孕胎한 상태에서 자라서 자궁 밖으로 출생出生하여서도 다시 어른이 되기까지 성장해야 한다. 그러므로 출생하여 장성하는 것도 역시 선천先天의 일이다.

【원문】

子曰, "誰能出不由戶? 何莫由斯道也?"

【우리말】

공자가 말하였다. "누가 능히 문을 말미암지 않고 나가겠는가? 어찌 이 도를 말미암지 않는가?"

【논어순역】

앞부분에서 당시가 선천先天으로 학문을 통하여 자신을 닦아서 자기의 정체성을 확립하고 그것을 바탕으로 끊임없이 살아가는 방법을 연습하는 때로 규정하였는데 이어서 이 부분에도 사람이라면 반드시 살아가면서 지켜야할 길이 있음을 밝히고 있다.

사람이 밖으로 나아갈 때는 반드시 문을 통하여 나아가듯이 자신의 마음을 언행을 통하여 표현할 때는 반드시 근거로 해야 할 기준이 있다. 그것이 바로 군자의 도이다. 사람들은 반드시 군자의 도를 근거로 살아가야 하는 것이다. 그러면 군자의 도의 내용은 무엇인가?

이인里仁에서는 "인仁을 주체로 살아가는 것이 곧 아름다우니 가려서 처하되 인仁으로 하지 않으면 어찌 지혜롭다고 하겠는가?"[127]라고 하였다. 맹자는 "공자가 말하기를 '인에 사는 것이 아름다우니 가려서 인에 거처하지 않으면 어찌 지혜롭다고 하겠는가?'라고 하였다. 대저 인은 천

---

127) 『論語』 里仁篇, "子曰 里仁爲美. 擇不處仁, 焉得知?"

작天爵으로 사람의 편안한 집이니 그것을 막는 사람이 없음에도 불구하고 인仁하지 못하니 그것은 지혜롭지 못한 것이다."[128]고 하였다. 이는 인간이 자신의 본성을 주체로 삶을 살아야함을 밝힌 것으로 그것이 바로 군자의 도를 실천함이다.

『주역』에서는 군자는 인예의지仁禮義智의 사덕四德을 실천하는 존재[129]라고 하였다. 사덕은 인간이 자신이 본성을 자각하였을 때 갖추게 되는 덕성德性으로 곧 본성의 내용이라고 할 수 있다. 그렇기 때문에 공자는 인仁을 중심으로 본성을 하나로 집약하여 "도道는 둘이니 인仁과 불인不仁일 따름이다."[130]라고 하였다. 맹자도 "인仁은 사람의 편안한 집이며, 예禮는 안팎을 출입하는 문이고, 의義는 바른 길이다."[131]고 하여 그 점을 밝히고 있다.

【원문】

子曰, "質勝文則野, 文勝質則史. 文質彬彬, 然後君子."

【우리말】

공자가 말하였다. "바탕이 문식을 이기면 거칠고, 문식이 바탕을 이기면 겉치레만 요란하다. 문식과 바탕이 모두 빛나야 비로소 군자이다."

---

128) 『孟子』, 梁惠王下, "孔子曰, '里仁爲美. 擇不處仁, 焉得智?' 夫仁, 天之尊爵也, 人之安宅也. 莫之禦而不仁, 是不智也."

129) 『周易』 重天乾卦 文言, "君子 體仁足以長人, 嘉會足以合禮, 利物足以和義, 貞固足以幹事. 君子行此四德者, 故曰 乾 元亨利貞."

130) 『孟子』, 離婁上, "孔子曰 道二 仁與不仁而已矣."

131) 『孟子』, 離婁上, "仁 人之安宅也 義, 人之安路也. 曠安宅而弗居, 舍正路而不由 哀哉!"

【논어순역】

이 부분에서도 타고난 바탕과 학문의 결과를 중심으로 군자가 어떤 존재인지를 밝히고 있다. 원문에서 질質은 타고난 바탕을 가리키며, 문文은 학문을 통하여 기질을 탁마琢磨한 결과를 가리킨다. 훌륭한 자질을 가진 사람이 그에 걸맞게 학문을 통하여 자신을 닦음으로써 양자가 모두 빛날 때 그 사람을 군자라고 하였다. 그러면 바탕과 학문의 결과가 모두 빛남은 무엇을 뜻하는가?

원문에서는 바탕과 학문을 통한 닦음의 결과 어느 일면이 강하여 양자가 조화를 이루지 못한 상태를 들어서 그것을 밝히고 있다. 아무리 타고난 자질이 훌륭할지라도 닦지 않으면 자신의 주체성을 세울 수 없다. 그것을 나타내는 것이 "질승문즉야質勝文則野"이다.

"질승문즉야質勝文則野"는 자질이 뛰어난 사람이 학문을 하지 않으면 자신이 어떤 존재인지 어떻게 살아가야하는지를 모르기 때문에 세상을 살아가는데 있어서 사고와 언행이 원만하지 못하고 거칠은 상태를 나타낸다.

학문의 측면에서는 타고난 자질이 뛰어난 사람이 본성本性이 본래 구족具足되어 부족함이 없음을 알고 더 닦아서 자유롭게 사용하고자 하지 않고 현재의 상태에 만족하게 되어 다른 사람을 대할 때 세련되지 못하고 거칠게 대함을 나타낸다.

자질이 훌륭한 사람은 마음이 밖으로 달려가 지식을 추구하지 않고 항상 내면을 따라가기 때문에 남보다 빨리 자신의 본성을 깨닫게 된다. 자질이 뛰어난 사람은 모든 답이 자기 자신에게 있음을 알고 쓸데없는 지식에 휘둘리지 않는 것이다. 그렇기 때문에 자기의 정체성을 쉽게 파악하지만 그 후 자기를 닦는 일을 게을리 하여 결국 남, 세상, 자연, 우주와 자연스런 관계를 맺지 못하는 것이다.

『맹자』에서는 자신이 어떤 존재인지를 깨닫는 것을 지성知性으로 표현하고 있는데 불교에서는 자신의 성품을 보는 견성見性으로 규정하고 있다. 성품을 아는 것이나 보는 것만으로는 아직 성품과 하나가 되었다고 할 수 없다. 그것은 아직 공부가 설익은 것으로 본격적인 공부는 그때부터 시작된다.

『논어』에서는 본성을 깨달아서 항상 그것을 주체로 함을 집중으로 규정하고 있다. 그것은 본성을 깨달은 후에도 여전히 천도를 자각하는 과정이 필요할 뿐만 아니라 천도를 깨달은 후에도 중도를 그대로 정도로 실천하는 중용이 필요함을 나타낸 것이다.

성품을 깨달은 후에는 자신의 성품과 하나가 되고, 타인과 하나가 되고, 우주와 하나가 되어 자유자재自由自在할 때까지 끊임없이 닦아야 한다. 그렇기 때문에 『맹자』는 성품을 알면 곧 천도를 안다고 하여 양자를 구분하면서도 일체적임을 밝히고 있고, 『논어』에서는 학문을 통하여 천명을 자각하여야 비로소 군자가 될 수 있음을 밝히고 있다.

학문을 하는 사람이 자신의 본성이라는 학문의 바탕을 염두에 두지 않고 학문의 목표를 외적인 지식으로 한정할 때 겉으로는 화려하고 아름답지만 내용이 없는 빈껍데기와 같은 학문이 된다. 그러한 사람의 사고와 언행은 모두 진실하지 못하고 오직 자신의 이익만을 추구하는 욕심의 발로에 불과하게 된다. 그러한 상태를 나타내는 것이 "문승질즉사文勝質則史"이다. 그러한 사람의 언행은 아름답지만 자신의 본성이라는 주체성이 결여되어 있기 때문에 결코 인간다운 언행이 아니다.

"문질빈빈文質彬彬"은 타고난 바탕으로서의 본성本性과 수기修己가 함께 갖추어짐을 뜻한다. 그것은 본성을 주체로 살아가면서도 몸이 살아가는 현실과 어긋나지 않아서 항상 조화로운 것을 뜻한다. 이러한 군자의 언행은 인지仁智의 성性을 주체로 예의禮義에 근거하기 때문에 항상 시의성時義性에 적중하는 시중을 이룬다.

이처럼 군자의 언행言行이 시의성時義性에 부합符合됨을 문文이 빛난다고 하고, 군자의 타고난 기질이 본성을 어기지 않음을 질質이 빛난다고 하였다. 따라서 군자가 학문을 통하여 기질을 변화시켜서 시의성에 부합된 언행을 행하며 살아감을 문질文質이 빈빈彬彬하다고 한 것이다.

【원문】

子曰, "人之生也直, 罔之生也幸而免."

【우리말】

공자께서 말씀하였다. "사람은 태어나면서는 정직하다. 정직하지 않으면서 살아있음은 요행히 죽음을 면한 것이다."

【논어순역】

원문은 그 내용에 따라서 "인지생야직人之生也直"과 나머지 부분으로 구분하여 이해할 수 있다. 앞부분은 보편적인 사람의 특성을 나타내는 내용이고, 뒷부분은 특수한 경우를 나타내는 내용이다.

앞부분을 과거적 측면에서 이해하면 사람이 태어날 때는 모두 정직하다는 의미이고, 현재적 측면에서 이해하면 사람의 삶이란 곧 그 내용이 정직임을 나타낸 것이다. 어떻게 이해를 하던지 사람의 본질을 정직으로 규정하고 있다고 할 수 있다. 『논어』의 다른 부분에서는 "사람의 성품은 서로 가까우나 습으로 인하여 서로 멀어진다."[132]고 하여 사람의 타고난 성품이 다르지 않음을 밝히고 있다. 그러면 '직直'이란 무엇인가?

『주역』에서는 천도를 나타내면서 본체를 '전專'으로 그리고 작용을 '직直'으로 규정[133]하고 있다. 이 때 전專은 강건하고 중정하고 순수한 근본이라는 의미이며, 직直은 마치면 다시 시작함으로써 항구하여 그침이 없는 작용을 나타낸다. 그러므로 "인지생야직人之生也直"은 사람이 태어나

---

132) 『論語』 陽貨, "子曰 性相近也, 習相遠也."

133) 『周易』 繫辭上篇 第六章, "夫乾, 其靜也專, 其動也直, 是以大生焉, 夫坤, 其靜也翕, 其動也闢, 是以廣生焉."

면서 천도天道를 본성으로 함을 뜻하는 동시에 사람이 살아감은 천도에 근거하여 인사人事에 응하는 것이어야 함을 뜻한다. 인간은 천지의 도를 본래성으로 하는 존재이기 때문에 본래성이 주체가 되어 살아가는 것이 인간다운 삶임을 나타내는 것이다.

그리고 "망지생야행이면罔之生也幸而免"의 "망지罔之"는 '속이다.'의 의미도 있지만 '없다.'의 의미도 있다. 그러므로 "망지생야罔之生也"는 "천성天性을 속이면서도 사는 것"으로 이해할 수도 있고, "타고난 성품性品에 어두우면서도 물리적 생명을 유지하는 것"이라고 할 수 있다. 어떤 경우를 막론하고 전체의 내용은 타고난 성품을 보존하지 않으면서 살아 있는 것은 곧 요행히 죽음을 면한 것이라고 할 수 있다. 그것은 타고난 성품을 주체로 하지 않고 본성과 어긋나게 사는 것은 설사 오래 살아도 죽은 것과 같은 삶이라는 것이다.

【원문】

子曰 知之者不如好之者 好之者不如樂之者

【우리말】

공자께서 말씀하였다. "아는 자는 좋아하는 자와 같지 않고, 좋아하는 자는 즐겨하는 자와 같지 않다."

【논어순역】

위의 내용은 학문의 방법을 나타낸 것이라고 할 수 있다. 도가 무엇인지를 아는 것도 중요하지만 그로부터 더 나아가서 도를 좋아해야 하고, 좋아하는 것으로부터 더 나아가서 그것을 즐겨야 한다.

도를 아는 것은 도와 일체가 되지 못하고 지식으로 남아있기 때문에 도를 좋아하는 사람보다 못하며, 좋아하기만 하고 일체가 되어서 즐기지 않으면 아직도 대상적 상태를 벗어나지 못한 것이다. 그러므로 군자는 도와 일체가 되어 그것을 즐기는 도락道樂 가운데서 살아가게 된다.

도를 즐긴다는 것은 도와 일체가 되었다는 것으로 그것은 도를 실천하며 살아가는 것을 뜻한다. 군자가 학문을 통하여 도를 아는 것도 중요하지만 더 나아가서 도를 좋아해야하고, 좋아하는 것으로 그치지 않고 더 나아가서 그것을 실천하며 살아야함을 밝힌 것이다.

원문의 내용은 처음부터 시작하여 점점 그 강도가 강해지는 것이라고 할 수 있다. 처음에는 아는 나와 앎의 내용 그리고 앎의 대상으로서의 도가 둘이었다가 점점 가까워져서 결국은 하나가 되어 자유자재自由自在함을 나타낸 것이다.

"지지知之"와 "호지好之"는 아는 대상인 도와 아는 내가 둘로 남아 있음을 나타낸다. 그러나 "락지樂之"는 도와 내가 일체一體인 관점을 나타낸다. 앞의 두 경우는 배움과 실천, 앎과 실천을 둘로 보는 것으로 "락지樂之"의 경지에 이르러서야 비로소 앎의 대상과 아는 주체인 나 그리고 앎의 내용이 하나가 되어 실천이 이루어지게 된다. 그러므로 "락지"의 차원에서는 실천實踐이 중요重要하게 된다.

원문의 내용은 다른 부분에서는 널리 학문을 배워서 예로 주체화하여 자신의 본성과 일체가 되는 박문약례博文約禮로 규정하고 있고, 그것을 다시 학문을 주체인 나를 중심으로 자신을 이겨서 예로 돌아감으로써 인仁을 주체로 하는 극기복례위인克己復禮爲仁으로 규정하고 있다.

【원문】

子曰, "中人以上, 可以語上也, 中人以下, 不可以語上也."

【우리말】

공자가 말하였다. "중인中人 이상이라야 형이상의 근원적인 세계를 말할 수 있으니, 중인中人 이하는 형이상의 세계를 말할 수 없다."

【논어순역】

이 부분은 사람의 기질이 본래 타고난 것이어서 아무리 노력을 해도 어찌할 수 없음을 나타낸 것이 아니다. 중인中人은 보통 사람들의 차원을 가리키는 것이다. 이를 학문을 중심으로 살펴보면 중인 이상은 학문이 어느 정도 성취된 사람을 가리키는 개념이다. 구체적으로는 본성의 세계에 발을 내 디딘 사람이라고 할 수 있다. 그래야 비로소 형이상의 세계, 천도天道, 신도神道의 세계에 관하여 말을 해도 수용이 가능한 것이다.

반면에 중인 이하는 학문의 정도가 근원적인 문제를 드러내어 보여주기에는 아직 준비가 되지 않은 사람을 가리킨다. 공자는 "어찌할 것인가 어찌할 것인가 하지 않으면 나도 어찌할 수 없다."[134]고 하여 근원적 문제에 대한 문제의식이 확고하여 그야말로 목숨을 걸고 달려드는 사람이 아니면 가르쳐 줄 수 없음을 밝히고 있다. 이는 학문에 대한 열정, 진정성 그리고 문제의식을 가져야함을 밝힌 것이라고 할 수 있다.

그러나 학문은 열정이나 순수성, 진정성, 문제의식만으로는 진전이 없다. 근원적인 문제를 해결하기 위해서는 그만큼 의식이 고양되어야 한다. 그렇기 때문에 공자는 "한 모퉁이를 가르쳐 주면 나머지 세 모퉁이 반을 알지 못하면 더 이상 가르침을 베풀지 않는다."[135]고 하였다. 이는 가르침을 수용할 준비되어 있는 사람만이 그것을 받을 수 있음을 밝힌 것이다.

반대로 가르침을 베푸는 사람의 관점에서 보면 가르침을 베풀 때는 상대의 근기와 학문의 정도에 따라서 그에 알맞은 내용과 방법을 사용해야 한다. 공자는 "말을 하지 말아야 할 사람에게 말을 하면 말을 잃고, 말을 해야 할 사람에게 말을 하지 않으면 사람을 잃는다. 지혜로운 사람을 사

---

134) 『論語』 季氏, "子日 不日如之何, 如之何者, 吾末如之何也已矣."

135) 『論語』 述而, "子日 不憤不啓, 不悱不發. 擧一隅, 不以三隅反, 則不復也."

람도 잃지 않으며, 말도 잃지 않는다."[136]고 하여 그 사람에 따라서 가르침을 베풀어야함을 밝히고 있다.

【원문】

樊遲問知. 子曰, "務民之義, 敬鬼神而遠之, 可謂知矣." 問仁. 曰, "仁者先難而後獲, 可謂仁矣."

【우리말】

번지樊遲가 지知에 관하여 묻자 공자가 말하였다. "백성들의 의義를 힘쓰고, 귀신鬼神을 공경하면서도 멀리하면 지혜롭다고 말할 수 있다." 인仁에 대하여 묻자 공자가 말하였다. "어진 사람은 어려움을 먼저하고 얻음을 뒤로 하니 그러면 인하다고 말할 수 있다."

【논어순역】

공자는 앎에 대한 물음에 대하여 그것이 무엇이라고 정의하지 않고 그것을 실천하는 측면에서 언급하고 있다. 즉 지혜로운 사람의 행동을 통하여 앎의 문제를 제시하고 있는 것이다. 공자는 먼저 백성의 의義를 힘쓰라고 한 후에 이어서 귀신을 공경하지만 멀리하라고 하였다. 이는 그가 죽음의 세계, 귀신을 공경하는 방법을 묻는 제자의 질문에 대하여 살아있는 사람을 섬기는 것, 삶을 사랑하는 것이 우선임을 밝히고 있는 부분과 일맥상통한다.

공자는 철저하게 현재의 삶을 중심으로 그의 도를 제시하고 있다. 그리고 살아가는 삶의 주체가 인간이기 때문에 인간이 중심이 되어 인간의

---

136) 『論語』衛靈公, "子曰 可與言而不與言, 失人, 不可與言而與之言, 失言. 知者不失人, 亦不失言."

삶의 길을 제시하고 있다. 그렇기 때문에 가장 지혜로운 존재라고 여겨지는 신마저도 비록 공경을 할지라도 멀리하고 백성들을 먼저 하라고 한 것이다.

『주역』에서는 재물을 다스리고 사람들의 언사를 바르게 하며, 교육을 통하여 백성들로 하여금 사람이 아닌 길을 걸어가지 않도록 이끄는 것을 의義[137]로 규정하고 있다. 이는 인이 주체가 되어 이루어지는 백성을 위한 정치, 도덕적인 정치인 왕도정치를 실천하는 원리라고 할 수 있다. 따라서 이 부분은 백성들을 위한 정치를 행하는 것이 곧 지혜로운 사람의 행위임을 밝힌 것이라고 할 수 있다.

인仁이 무엇인지를 묻는 물음에도 역시 실천의 측면에서 언급하고 있다. 나에게 어려운 일은 남도 역시 어려울 것이므로 내가 먼저 하고, 이로움을 얻는 것은 내가 원하듯이 남도 원할 것이기 때문에 남에게 먼저 준다면 그것이 곧 어진 사람의 행동이고 또한 그러한 행동을 일러서 어질다고 할 수 있다는 것이다.

앞에서 언급된 인仁과 지知는 백성과 나, 남과 나를 일체로 여겨 남을 나처럼 대하고, 백성을 나처럼 대하는 마음과 더불어 그것을 실천하지 않고는 못 견디는 사람의 마음이 아니면 실천할 수 없는 것이다. 나와 남을 구분해보는 마음이 없는 무아無我, 무심無心의 상태에서 나와 남을 일체一體로 여기는 사랑하는 마음이 나오고 그것이 나보다도 남을, 백성을 위하는 행동이 나오며, 그것이 지혜로운 사람의 행동이고, 어진 사람의 행동인 것이다.

【원문】

子曰, "知者樂水, 仁者樂山. 知者動, 仁者靜. 知者樂, 仁者壽."

---

137) 『周易』 繫辭下篇 第一章, "理財正辭禁民爲非曰義."

【우리말】

공자가 말하였다. "지혜로운 사람은 물을 즐기고, 어진 사람은 산을 즐긴다. 지혜로운 사람은 움직이고, 어진 사람은 고요하니, 지혜로운 사람은 즐기고, 어진 사람은 오래 산다."

【논어순역】

현상적 측면에서 보면 물은 언제나 아래로 흐르기를 좋아하며, 장애가 있으면 자신의 힘이 모아지기를 기다려서 때가 되면 흐른다. 그리고 구덩이가 있으면 반드시 그 부족한 부분을 채워주고 흐른다. 또한 남이 싫어하는 더러운 곳도 마다하지 않고 흐르지만 자신은 결코 더러워짐이 없다. 이는 모두 천도의 성격을 그대로 나타내는 것이다.

산은 자신의 품안에 모든 것을 싣고 그 가운데서 살아가게 할 뿐 그 어떤 대가도 요구하지 않는다. 그렇기 때문에 천하의 백성들을 위하여 수고로운 삶을 살아가면서도 그것을 자신의 공으로 여기지 않는 군자의 삶에 비유한 것이다.

『맹자』를 보면 산과 물을 통하여 천도天道와 인도人道인 군자의 도를 상징적으로 나타내고 있다. 먼저 군자의 도를 밝힌 부분을 보면 "공자孔子가 동산東山에 올라가서 노魯나라가 작음을 알았고, 태산太山을 올라가서 천하天下가 작음을 알았다."[138]고 하였다. 이때의 동산과 태산은 구체적인 산을 가리키는 것으로 이해할 수도 있지만 상징적인 의미를 중심으로 이해할 수도 있다.

동산은 문왕팔괘도文王八卦圖의 팔간산八艮山을 가리키는 것으로 동산에 올라가서 노나라가 작음을 알았다는 것은 노魯나라라는 제후국의 존재근거가 군자의 도임을 밝힌 것이다. 그리고 태산은 지천태괘地天泰卦가 상징하는 후천後天을 가리키는 것으로 천하라는 현실의 존재근거가

---

138) 『孟子』 盡心章句上, "孟子曰 孔子登東山而小魯, 登太山而小天下,"

후천後天의 도이며, 천지비괘天地否卦가 표상하는 선천에서 지천태괘地天泰卦가 상징하는 후천後天을 향하는 것이 천하의 역사의 방향임을 밝힌 것이다.

그리고 이어서 물을 통하여 천도天道를 밝히고 있는데 "그러므로 바다의 물을 본 사람에게 물에 관하여 말하기 어려우며, 성인의 문하에서 노닌 사람에게는 말하기가 어렵다."고 하여 성인의 도를 근거로 학문하는 존재가 군자임을 밝히고 있다. 이 때 바다는 천도를 상징하는 개념으로 성인이 밝힌 천도를 학문하는 군자야말로 진정한 도를 학문하는 존재임을 밝힌 것이다.

그리고 "물을 보는 방법이 있으니 반드시 굽이가 있다. 일월日月이 밝음이 있으니 그 빛을 받아들이면 반드시 비추어 줄 것이다. 흐르는 물의 물건 됨이 구덩이가 있으면 채우지 않고는 흐르지 않으니 군자가 도에 뜻을 두면 성장成章하지 않으면 통달하지 못한다."[139]고 하였다. 물굽이는 천도天道의 내용이 역수원리曆數原理 곧 변화원리임을 밝힌 것이다. 또한 물이 구덩이를 만나면 반드시 채우고 가듯이 항상 안으로 자신을 살펴보아 잘못된 점을 고치고 학문을 해야 함을 뜻한다.

다음 부분에서 일월日月에 밝음이 있다는 것 역시 역수원리를 뜻한다. 일월원리가 음양陰陽원리이며, 그것이 역수원리이다. 그러므로 일월이 밝음이 있다는 것은 성인에 의하여 이미 역수원리가 밝혀졌기 때문에 믿음을 갖고 마음 가운데서 받아들이면 반드시 자각하게 됨을 비추어준다고 하였다. 이는 또한 내가 존재함 자체가 이미 천도인 역수원리가 존재함을 증거한 것으로 내 본성에 내재되어 있기 때문에 본성을 자각하기면 하면 저절로 드러나게 됨을 뜻하는 것이기도 하다.

성장은 학문과 더불어 행이 이루어짐을 나타낸 것이다. "빛남을 이룬

---

139) 『孟子』 盡心章句上, "故觀於海者難爲水, 遊於聖人之門者, 難爲言. 觀水有術, 必觀其瀾. 日月有明, 容光必照焉. 流水之爲物也, 不盈科不行, 君子之志於道也, 不成章不達."

다", "문채를 이룬다."는 것은 학문을 통하여 덕이 쌓이고 그것이 행을 통하여 밖으로 드러남을 가리킨다. 이처럼 지행知行, 학행學行이 일체가 되었을 때 비로소 인도人道인 군자의 도에 통달했다고 할 수 있다.

이 부분을 인간의 성품인 지知와 인仁을 중심으로 이해하면 지자知者는 시의성時義性을 아는 사람으로 변화하는 현상의 근저에 있는 회통원리會通原理를 즐겨하는 사람이다. 따라서 지자知者는 변화원리에 능통하는 사람이라고 할 수 있다. 변화에 능통하는 사람은 활동적이면서도 매 순간에 거침없이 판단하고 행동하는 사람의 특성을 물을 통하여 상징적으로 나타내고 있다. 지혜로운 사람이 물을 좋아하고, 동적이라고 한 것이 그것이다.

그리고 어진 사람은 산과 같이 모든 것을 포용하여 완성시키는 작용을 한다. 그렇기 때문에 움직이는 물과 달리 고요하다. 모든 존재와 하나가 되어 이롭게 해줄 수 있는 아름답게 만나는 원리, 하나가 되는 원리가 인仁인 것이다. 그러므로 지혜로운 사람이 분별이 뛰어난 것과 달리 어진 사람은 하나가 되는 것이 뛰어나다.

지혜로운 사람은 매 순간을 즐기지만 어진 사람은 오랜 시간을 지켜보면서 인내할 줄을 안다. 그렇기 때문에 지혜로운 사람은 즐기고 어진 사람은 오래 산다고 하였다.

【원문】

子曰, "齊一變, 至於魯, 魯一變, 至於道."

【우리말】

공자가 말하였다. "제나라가 한번 변하면 노나라에 이르고, 노나라가 한번 변하면 도에 이른다."

【논어순역】

이 부분은 제齊나라와 노魯나라의 상황을 통하여 도를 밝히고 있다. 제나라는 전형적인 패도覇道정치가 행하여진 나라이며, 노나라는 주공周公에 의하여 확립된 주나라의 문물제도가 그대로 보존된 나라이다. 따라서 이 부분은 패도정치의 차원을 넘어서면 문물제도를 통하여 이루어지는 왕도정치의 세계에 도달하고, 그것을 넘어서면 군자의 도, 천도天道의 세계에 도달함을 밝힌 것이라고 할 수 있다.

이제 제齊에서 노魯로, 노魯에서 도道로의 과정을 단순화하여 나타내면 제齊는 패도정치覇道政治를, 노魯는 선왕先王의 도道의 유풍遺風이 있으나 올바로 시행施行하지 못함을, 도道는 선왕先王의 도道의 주체적主體的 자각自覺을 통하여 도道의 세계에 도달함을 각각 뜻한다.

이 부분을 학문과 관련하여 이해하면 "박문약례博文約禮"와 같은 의미라고 할 수 있다. 대상적 관점에서 힘에 의하여 정치를 하려던 방향에서 주체적 관점에서 덕을 중심으로 정치를 하고자 하게 되고, 그 과정에서 더욱 주체화하여 자신의 주체성을 자각함으로써 도를 자각하는 경지에게 이르는 것이 바로 학문의 과정이자 방법인 동시에 정치의 원리이기도 하다.

【원문】

子曰, "觚不觚, 觚哉! 觚哉!"

【우리말】

공자가 말하였다. "네모난 그릇이 네모나지 않으면 네모난 그릇이겠는가! 네모난 그릇이겠는가!"

【논어순역】

이 부분은 제기祭器의 일종인 고觚를 통하여 정명正名을 밝힌 것이라고 할 수 있다. 고觚는 사각형의 필통과 같은 필기구를 보관하는 통으로 여기기도 하고 술잔으로 여기기도 한다.

그것이 무엇을 가리키는 개념으로 이해하든 중요한 것은 고불고觚不觚가 고觚라는 이름에 걸맞게 고觚답지 않음을 뜻한다는 점이다. 그런데 그릇자체가 스스로 이름을 붙이고 자신의 기능을 하는 것은 아니다. 물건의 이름을 붙여주고 이름에 걸맞게 사용하는 존재는 인간이다. 따라서 이름에 걸맞게 대하는 것은 인간의 문제이지 고 자체의 문제가 아니다.

『논어』의 다른 부분에서는 "임금이 임금답고 신하가 신하다우며, 부모가 부모답고 자식이 자식답다."[140]라고 하여 임금, 신하, 부모, 자식이라고 불리는 존재가 그 이름에 걸맞게 임금답고, 신하답고, 부모답고 자식다움을 정명正名으로 규정하고 있다. 그리고 『주역』에서는 "군자는 생각이 그 위를 벗어나지 않는다."[141]고 하였다. 이는 사람이라는 이름을 가진 존재가 사람이라는 이름에 걸맞게 사람다워야 함을 밝힌 것이다. 사람이 사람답지 못하면 어찌 사람이라고 할 수 있겠는가? 그러면 사람답게 산다는 것은 무엇인가?

사람답게 산다는 것은 사람은 반드시 자신의 본성本性을 주체로 살아가야 함을 뜻한다. 그리고 자신의 본성을 주체로 살아가는 사람을 군자라고 한다. 따라서 정명은 곧 군자君子가 되어야함을 밝힌 것이라고 할 수 있다. 군자는 학문을 통하여 자신이 어떤 존재인가를 알아야하고, 알았으면 다른 존재로 하여금 사람다운 존재가 되도록 이끌어야 한다. 그것이 바로 군자의 삶이다. 공자가 이 부분에서 강조한 것도 사람답게 사는 것이다.

일반적으로 이해하는 것과 같이 정명을 이름에 걸맞음으로만 이해하는 것은 역逆의 방법이라고 할 수 있다. 이미 어떤 존재가 있고 그에 따

---

140) 『論語』 顔淵, "齊景公問政於孔子. 孔子對曰, 君君, 臣臣, 父父, 子子 公曰, 善哉 信如君不君, 臣不臣, 父不父, 子不子, 雖有粟, 吾得而食諸"

141) 『周易』 重山艮卦 大象, "象曰 兼山艮, 君子以 思不出其位."

른 이름이 있어서 이름과 이름이 가리키는 대상이 일치하는 것으로만 이해할 수 있기 때문이다. 그렇다면 "군자는 그릇처럼 고정되지 않는다."[142)] 라는 말과 모순이 되지 않을 수 없다.

순順의 관점에서 보면 모든 생각의 출처出處는 곧 본성本性이며, 모든 언행의 출처出處 역시 본성이다. 그러므로 군자의 언행이 그대로 정명正名일 뿐 따로 정명正名이라는 것이 없다. 그것이 『중용』에서 밝히고 있는 시중時中이다.

정명을 시중의 관점에서 이해하면 임금으로 자신의 본성을 드러내야 할 때는 임금으로 드러내고, 자식으로 자신의 본성을 드러내야할 때는 자식 노릇하는 것이 바로 정명인 것이다. 따라서 그 어떤 것에도 걸림이 없이 자연스럽게 부모를 만나서 자식 노릇을 하고, 임금을 만나서 신하 노릇을 하는 것이 바로 군자의 삶임을 나타낸 것이다.

시중의 관점에서 보면 군자는 어떤 상황에 처하여도 어떤 행동을 하여도 마음에 걸림이 없다. 그렇기 때문에 『중용』에서는 군자는 "자신이 처한 시위에 따라서 행할 뿐 그 밖의 것을 원하지 않는다. 가난에 처하여서는 가난한 사람의 행동을 하고 부유한 상황에 처해서는 부유한 사람의 행동을 할 뿐이다."[143)]고 하였다.

【원문】

宰我問曰 仁者雖告之曰 井有仁焉 其從之也 子曰 何爲其然也 君子可逝也 不可陷也 可欺也不可罔也

---

142) 『論語』 爲政, "子曰 君子不器."

143) 朱熹 『中庸章句』 第十四章, "君子 素其位而行 不願乎其外 素富貴 行乎富貴 素貧賤 行乎貧賤 素夷狄 行乎夷狄 素患難 行乎患難 君子 無入而 不自得焉."

【우리말】

재아가 물어 말하였다. "어진 사람은 비록 고하여 말하기를 '우물 가운데 사람이 있다.'고 할지라도 쫓아 들어갑니까?" 공자가 말하였다. "어찌 그러하겠느냐? 군자는 가히 갈수 있지만 우물에 빠지지는 않으니 가히 속일 수는 있지만 없앨 수는 없다."

【논어순역】

군자는 무아無我의 상태로 살아가는 존재이기 때문에 천지와 더불어 덕을 함께하고, 사시四時와 더불어 차례를 함께하고, 일월日月과 더불어 밝음을 함께 하는 존재이다. 그것은 군자가 어떤 존재와도 항상 하나가 되어주는 존재임을 뜻한다. 그렇기 때문에 설사 소인小人이 어떤 이해利害를 통하여 군자를 청할지라도 응하여준다.

그렇다고 하여 소인과 부화뇌동附和雷同하여 자신의 천명天命을 버리지 않는다. 그렇기 때문에 비록 소인이 우물에 사람이 빠져 죽는다고 거짓을 행하여도 비록 우물에까지는 따르지만 스스로 우물에 뛰어들어 빠져 죽는 어리석음을 행하지는 않는다. 하나의 생명을 건지기 위하여 천하의 생명을 버리는 어리석음을 범하지 않는 것이다.

그것은 자기라는 생각이 있고, 어진 사람이라는 생각이 있으며, 백성을 제도한다는 생각이 있기 때문에 일어나는 현상이다. 내가 없다면 구하여도 구한다는 생각이 없기 때문에 결코 상대방의 마음을 모르지 않는다. 군자가 비록 인성仁性을 자각한 어진 사람이지만 역시 지성知性을 자각한 존재이기 때문에 정명正命하지 않을 수 없다.

【원문】

子曰, "君子博學於文, 約之以禮, 亦可以弗畔矣夫!"

【우리말】

공자가 말하였다. “군자가 널리 문장을 배워서 예로 주체화하면 또한 도와 어긋나지 않을 것이다.”

【논어순역】

공자는 이 부분을 통하여 학문의 방법을 구체적으로 밝히고 있다. 학문을 하는 군자가 많은 문장을 스승으로부터 배우는 것은 학문의 시작이며, 그것을 예禮로 주체화하는 것이 그 다음의 과정이다.

예는 군자의 본성의 내용이기 때문에 예로 묶는다는 것은 문장을 통하여 배운 이치를 본성의 내용인 예와 일치를 시켜서 자각해야 함을 뜻한다. 이는 결국 문장을 배우는 것에서 시작하여 자신의 본성을 자각하는데 이르러야 비로소 학문을 이루었다고 할 수 있음을 밝힌 것이다.

학문을 이루었다는 것은 덕을 쌓았음을 의미한다. 덕을 쌓았으면 반드시 그것을 실천하게 된다. 그렇기 때문에 학문은 실천을 통하여 비로소 완성된다. 도와 어긋나지 않는다고 한 것은 바로 실천의 관점에서 언급한 것이다. 문장을 배움이 본성을 자각함에 이르면 반드시 그것을 행하게 되므로 군자의 도와 어긋남이 없게 되는 것이다.

위의 내용을 역수원리를 중심으로 살펴보면 박문약례博文約禮는 십오존공위체十五尊空爲體원리를 나타낸 것이며, 불반弗畔은 구육합덕위용九六合德爲用을 나타낸 것이다. 결국 군자의 도의 내용은 천인天人 관계를 중심으로 나타내면 천지의 부모의 뜻을 알고 그와 하나가 되는 과정으로서의 학문과 부모가 되어 부모의 일을 대행하는 구육합덕위용의 실천이 그 내용이다.

십오존공위체는 군자가 학문을 통하여 본성의 자각을 통하여 천지 부모의 뜻을 자각하고 그것을 자신의 주체로 삼음이며, 구육합덕위용은 천지의 작용인 인지仁智를 본체로 하여 예의禮義를 실천하는 것이다.

【원문】

子見南子, 子路不說. 夫子矢之曰, "予所否者, 天厭之! 天厭之!"

【우리말】

공자가 남자南子를 만나자 자로子路가 기뻐하지 않았다. 그러자 선생님께서 맹세하여 말하기를 "내가 잘못한 것이 있으면 하늘이 싫어할 것이다. 하늘이 싫어할 것이다."라고 하였다.

【논어순역】

헌문편憲問篇에서 공자는 "천을 원망하지 않고, 사람을 원망하지 않으며, 아래로 배워서 위로 도달하니 나를 아는 존재는 천이로다."[144]라고 하여 자신의 존재근거가 천이라고 하였다.

이 부분에서도 역시 만약 자신이 올바르지 못한 행동을 한다면 천이 싫어할 것이라고 하였다. 이는 공자의 삶이 천도에 근거하여 이루어짐을 스스로 밝힌 것이다. 수제자인 안연顔淵이 죽었을 때에도 "천이 나를 버렸구나. 천이 나를 버렸구나."[145]라고 하여 그 점을 밝히고 있다.

공자는 "칠십에 마음이 하고자 하는 바를 쫓아도 법도에 어긋남이 없었다."[146]고 하였다. 이는 공자孔子가 언급한 천天이 마음 안에 내재된 천으로 공자의 마음과 천이 일체가 되어 자신의 언행이 곧 천의 행임을 나타낸 것이다. 이처럼 인간의 마음속에 내재화된 천은 곧 본성이다. 인간이 자신의 본성을 자각하였을 때 천도가 천명天命으로 자각된다.

역학易學에서 밝히고 있는 천도天道의 내용인 역수원리를 중심으로 위의 내용을 살펴보면 다음과 같다. 본체를 나타내는 십오十五라는 수는

---

144) 『論語』 憲問, "子曰 莫我知也夫 子貢曰 何爲其莫知子也 子曰 不怨天 不尤人 下學而上達 知我者其天乎"

145) 『論語』 先進, "顔淵死 子曰 噫 天喪予 天喪予."

146) 『論語』 爲政, "七十而從心所欲, 不踰矩."

각각 하늘과 땅의 본성을 상징적으로 나타낸 것이다. 천의 본성을 십十으로 나타내고, 그리고 땅의 본성을 오로 나타낸 것이다. 이러한 십오의 본성, 뜻을 받들어서 공空, 본체, 주체로 하는 것을 역학易學에서는 십오존공위체十五尊空爲體라고 한다.

십오十五가 존공尊空되어 본체가 됨으로써 이루어지는 천지의 합덕작용을 역학에서는 구육합덕위용九六合德爲用이라고 한다. 그것은 천명을 자각하고 그것을 일상의 삶 가운데서 실천하는 공자의 관점에서 보면 공자의 마음을 통하여 나타나는 언행 곧 공자의 삶이다. 그렇기 때문에 공자는 "칠십에 마음이 하고자 하는 것을 좇아서 행하여도 법도에 어긋남이 없다."고 하였던 것이다.

위의 내용은 공자가 스스로 매 순간의 삶을 천명을 봉행하고 있으며, 그것이 그대로 하늘의 일을 대행하는 것임을 밝힌 것이다. 만약 자로가 생각하였듯이 공자의 언행이 하늘의 뜻과 어긋났다면 하늘은 결코 그것을 용납하지 않을 것이다. 그러면 도대체 공자가 삶의 근거로 삼고 있는 하늘은 어떤 존재인가?

일단 맹자가 밝혔듯이 자신의 본성을 자각함이 곧 하늘을 자각함이라는 측면에서 보면 본성의 세계를 떠나서 존재하지 않음을 알 수 있다. 그것은 하늘이 심성心性 내면에서 자각되어질 수 있는 존재라는 점에서 대상적 존재가 아님을 뜻한다.

【원문】

子曰, "中庸之爲德也, 其至矣乎! 民鮮久矣."

【우리말】

공자가 말하였다. "중용中庸의 덕德됨이 지극至極하구나. 백성들이 중용中庸하지 못한 것이 오래 되었다."

【논어순역】

이 부분을 통하여 공자는 자신이 살았던 당시를 아직 도道가 행해지지 않는 선천先天으로 인식하고 있음을 알 수 있다. 공자는 다른 부분에서도 도가 행하여지지 않음을 한탄하고 있다. 공야장公冶長에서는 "도가 행하여지지 않으니 뗏목을 타고 바다로 가고 싶구나."[147]라고 하였고, 미자微子에서는 "도가 행하여지지 않음을 내가 알고 있다."[148]고 하였다. 또한 이를 통하여 공자가 선천적 사명을 받은 성인임을 알 수 있다.

선천의 시대를 살아가는 성인은 자신이 사는 시대에 비록 도가 행하여지지 않을 지라도 다가오는 후천을 위하여 그 시대를 살아갈 군자로 하여금 천도에 순응하는 삶을 살아가도록 하기 위하여 천도를 밝힐 뿐만 아니라 인도 역시 밝히고 있다. 따라서 이 부분은 당시의 세태를 보고 한탄하는 것에 그치는 것이 아니라 더 나아가서 자신에게 주어진 천명天命이 막중함을 자임하는 부분이라고 할 수 있다.

원문을 역수원리를 중심으로 이해하면 역逆의 관점에서는 선천에는 윤역閏曆이 운행하여 음양陰陽이 합덕合德되지 못함을 나타낸다. 따라서 음양이 합덕된 후천의 세계를 염원하는 공자의 마음을 나타낸 것이라고 할 수 있다. 다시 말하면 천하의 미래 세계를 근심하는 성인의 우환의식憂患意識을 나타낸 것이라고 할 수 있다. 그것은 중도中道를 실천할 존재인 군자를 그리워하는 우환의식이라고 할 수 있다. 공자가 도가 행하여지지 않을 것을 알면서도 천하를 돌면서 성인의 도를 밝힌 것이 바로 그러한 우환의식의 발로인 것이다.

순順의 관점에서 보면 후천后天 뿐만 아니라 선천 역시 본체인 원역原曆의 작용이다. 다시 말하면 중용中庸이 행하여지지 않는 것도 곧 도의 작용인 것이다. 그러므로 원문을 도 자체의 관점에서 나타내면 그 의미

---

147) 『論語』 公冶長, "子曰 道不行, 乘桴浮于海. 從我者其由與 子路聞之喜. 子曰 由也好勇過我, 無所取材."

148) 『論語』 微子, "道之不行, 已知之矣."

가 달라진다. 순順의 관점에서 원문을 우리말로 옮기면 "중용의 덕德됨이 지극하구나. 백성들이 아름답게 여김이 오래되었구나."라고 할 수 있다. 그것은 공자가 중용의 영원함을 찬미한 것이다.

중용을 역수원리를 중심으로 나타내면 구육합덕위용원리라고 할 수 있다. 구九와 육六은 체십용구體十用九와 체오용육體五用六의 용구用九, 용육用六을 나타내는 도수이다. 체십용구는 천天의 본체와 작용을 도수를 통하여 상징적으로 나타낸 것이며, 체오용육은 지地의 본체와 작용을 도수를 통하여 상징적으로 나타낸 것이다. 그러므로 구육합덕위용은 천과 지가 합덕하여 작용하는 것을 뜻한다.

인간의 본성은 천지의 도이기 때문에 천지의 작용이 인간을 통하여 대행代行되어지게 된다. 그렇기 때문에 구육합덕위용은 천지의 도를 나타내는 동시에 본성을 주체로 사덕을 실천하는 인간의 삶을 나타낸다. 그것은 인간이 천지와 더불어 만물을 화육하는 사업에 동참하는 것을 뜻한다.

【원문】

子貢曰 如有博施於民而能濟衆 何如 可謂仁乎 子曰 何事於仁 必也聖乎 堯舜其猶病諸 夫仁者 己欲立而立人 己欲達而達人 能近取譬 可謂仁之方也已

【우리말】

자공子貢이 말하였다. "만약 백성들에게 널리 베풀고 능히 많은 사람들을 제도한다면 어떻습니까? 인仁하다고 말할 수 있습니까?" 공자가 말하였다. "어찌 인仁을 일삼는 정도이겠는가. 반드시 성인聖人이라고 할 수 있으니 요순堯舜도 오히려 그것을 자신의 병病으로 여겼다. 대저 인仁이라는 것은 자신이 서고 싶으면 남을 서게 해주고, 자기가 도달하고 싶으면 다른 사람이 도달하게 하여준다. 능히 가까운 곳에서 취하여 그것을 비유하여 알면 그것이 인仁을 실천하는 방법이라고 말할 수 있다."

【논어순역】

자공이 인仁에 대하여 질문을 하면서 백성들에게 베풀고 많은 사람들을 구제하는 일을 통하여 묻자 공자는 먼저 자기를 알아서 그것을 남에게 베푸는 것으로부터 시작해야함을 밝히고 있다. 만약 자신을 알지 못하면 남도 알 수 없으며, 백성들을 알 수가 없다. 이어서 공자는 만약 백성들에게 널리 베풀 수 있다면 단순하게 인에 그치는 것이 아니라 천지와 합덕된 성인과 같은 경지라고 하였다. 그렇기 때문에 성인인 요순도 역시 그것을 자신들의 천명으로 여겼음을 밝힌 것이다.

그 다음 부분은 나와 남을 구분하여 남을 중심으로 극기복예위인克己復禮爲仁하는 방법을 밝히고 있다. 백성들에게 널리 베풀어 그들을 제도하기 위해서는 극기복예위인이 되어야 한다. 그것을 세 단계를 중심으로 나타내면 극기복예위인이 한번 이루어져서 개체적인 나, 유아有我적인 나, 나와 남을 구분하여 가치를 부여하여 차별함으로써 자신에 집착執着하는 나를 벗어나서 본성을 주체로 하게 되고, 두 번 이루어져서 자신의 본성을 자신의 본성만으로 여기지 않고 곧 천지와 일체임을 자각함으로써 본성을 개체적 관점에서 자각하는 것을 벗어나며, 세 번 이루어짐으로써 비로소 천지와 하나임을 알면서도 하나임마저도 벗어나서 자유로운 상태에 이르게 된다.

결국 유有와 무無, 나와 남, 천지와 나, 극기克己와 유기由己, 유아有我와 무아無我 등의 모든 대립적인 것들을 벗어나서 때에 따라서 자유롭게 사용할 수 있는 경지에 이르러서야 비로소 천지와 더불어 병립하는 군자라고 할 수 있는 것이다.

제칠장 술이述而

【원문】

子曰, 述而不作, 信而好古 竊比於我老彭.

【우리말】

공자께서 말씀하시기를 "서술하였을 뿐 짓지 않으며, 믿음으로 옛 것을 좋아하니 문득 나를 노팽老彭에 비유하여 본다."고 하였다.

【논어순역】

원문에서 "술이부작述而不作"의 '부작'은 개체적個體的인 나가 없어서 인위적인 어떤 행위도 하지 않음을 뜻한다. 곧 '부작'은 무아無我, 무지無知의 상태를 나타낸 것이라고 할 수 있다. 그리고 '술述'은 어떤 행위를 나타낸다. 따라서 "술이부작"은 지었지만 지은 것이 없음을 뜻한다. 그것은 모든 것을 하면서도 스스로 무엇을 한다는 의식이 없이 하였음을 뜻한다. 이것이 『노자』가 "함이 없으면서도 하지 않음이 없음"[149]으로 규정하고 있는 무위자연이라고 할 수 있다.

다음 부분은 그것이 가능한 전제조건을 나타내고 있다. "신이호고信而好古"는 "믿음으로 옛 것을 좋아함"으로 풀이하기도 하고, "옛 것을 신험하였고, 좋아함"으로 풀이할 수도 있다. 이 때 '고古'는 원리적 측면에서는 성통聖統을 따라서 전하여진 성인聖人의 도道라고 할 수 있고, 개체적 측면에서 살펴보면 자기의 본성本性이라고 할 수 있다. 그러므로 "신이호고"는 자신의 본성을 주체로 함이 된다.

『주역』에서는 "충신忠信이 덕을 향상시키는 매개이다."[150]고 하였을 뿐만 아니라 『논어』에서도 "충신忠信을 주로 한다."[151]고 하여 학문의 주

---

149) 『老子』 第三十七章, ".道常無爲而無不爲,"

150) 『周易』 重天乾卦 三爻 文言, "忠信所以進德也"

체가 진실한 믿음이어야 함을 밝히고 있다. 그러므로 위의 내용은 자신의 본성이 내재화한 천도天道임을 믿고 그것을 주체로 함의 의미로 곧 충신忠信을 주로 하여 언제나 천지天地의 마음을 내 마음으로 함을 뜻한다.

천지의 마음을 내 마음으로 모든 일을 할 때 그것은 나라는 개체의 행동이 아니라 천지의 언행이 된다. 그렇기 때문에 『서경』에서 말한 "하늘의 일을 인간이 대신한 것"[152]이다. 이를 역수원리를 중심으로 살펴보면 "술이부작"은 구육합덕위용九六合德爲用을 나타낸 것이며, "신이호고"는 십오존공위체十五尊空爲體를 나타낸 것이라고 할 수 있다. 이를 다시 인도人道를 중심으로 나타내면 신이호고信而好古가 집중執中의 관점이라면 술이부작述而不作은 중용中庸의 관점이라고 할 수 있다.

끝 부분에서 노팽老彭이라는 실존의 인물을 예로 들어 말한 까닭은 사람들이 공자의 말이 어려워서 그 의도를 올바로 파악하지 못하고 곡해할 것을 염려하였기 때문이다. 이 부분에서도 역시 후학들을 위하여 세심하게 배려하는 공자의 따스한 마음이 나타나고 있다.

【원문】

子曰, "默而識之하며, 學而不厭하며, 誨人不倦이 何有於我哉?"오

【우리말】

공자가 말하였다. "묵묵히 알며, 배움에 싫증내지 않고, 다른 사람을 가르치기를 게을리 하지 않으니 나에게 무슨 어려움이 있으랴!"

---

151) 『論語』 學而, "子曰 君子不重, 則不威, 學則不固. 主忠信. 無友不如己者. 過則勿憚改."

152) 『書經』 虞書 皐陶謨, "天工人其代之."

【논어순역】

위의 내용을 학문의 관점에서 살펴보면 학문을 세 단계로 나누어서 나타낸 것이라고 할 수 있다. 묵이식지黙而識之는 마음 가운데서 문제의식이 발생한 것을 뜻하며, 학이불염學而不厭은 문제를 해결하고자 한순간도 게을리 하지 않고 학문을 함을 뜻하며, 회인불권誨人不倦은 해결된 문제를 현실에서 남에게 베풀어서 남을 이롭게 함으로써 그것을 마무리함을 뜻한다.

끝부분의 하유어아재何有於我哉는 겸손의 의미로 "세 가지의 무엇이 나에게 있겠는가?"로 이해하기도 하고, "그것 외에 다른 것이 없다.", "세상 사람들에게는 없으나 나에게는 있다." 등의 여러 의미로 풀이할 수 있다.

이를 학문의 단계를 중심으로 이해한다면 내가 이미 그렇게 학문을 하고 있기 때문에 나에게는 어떤 어려움도 없다는 의미로 이해할 수 있다. 묵이식지黙而識之는 학문을 하겠다는 뜻이 분명하게 세워져서 살아가면서 만나는 모든 일들이 학문의 문제로 수렴되어짐을 뜻한다.

학이불염學而不厭은 경전을 연구하거나 남을 통하여 배우거나 사물과 만나거나를 막론하고 안과 밖에서 일어나는 모든 일들이 학문의 재료가 되어 끊임없이 배움에 그침이 없음을 뜻한다. 싫어하지 않음은 열락悅樂의 소극적 표현으로 학문을 통하여 날마다 새롭고 다시 새로워짐을 뜻한다.

회인불권誨人不倦은 다른 사람을 가르침으로써 남과 더불어 배움을 함께 함을 뜻한다. 다른 사람을 가르치는 것은 남을 통하여 내 학문을 완성시키는 동시에 다른 사람으로 하여금 나와 같이 학문함에 동참시키는 것이다. 따라서 앞의 두 단계가 수기修己의 단계라면 이 부분은 안인安人의 단계라고 할 수 있다. 그리고 게으름을 피우지 않는다는 것은 소극적 표현이지만 사실은 남을 나와 같이 여기는 자비가 없으면 실천할 수 없는 점에서 보면 자비를 실천함의 다른 표현이라고 할 수 있다.

비록 학문의 단계를 셋으로 나누어서 설명하고 있지만 셋이 시종의 관계가 되어 일체가 되지 않으면 안 된다. 인간의 모든 언행이 본성의 작용이라는 측면에서 보면 어떤 문제에 봉착하여 그 해결 방법을 찾아서 같은 문제로 어려움을 겪는 다른 사람에게 알려줌으로써 그 사람으로 하여금 문제를 해결하게 해주는 것이라고 할 수 있다.

공자가 제시하고 있는 문제의 내용은 인간으로서의 자신이 어떤 존재이며, 어떻게 사는 것이 사람답게 하는 것인가? 하는 도의 문제이다. 그렇기 때문에 이상적 인격체인 군자를 중심으로 그것을 나타내면 군자의 도를 밝히고 그것을 실천하며 살아가는 문제라고 할 수 있다.

【원문】

子曰, "德之不脩와 學之不講과 聞義不能徙와 不善不能改가 是吾憂也니라."

【우리말】

공자孔子께서 말씀하시기를 "덕德을 닦지 않음과 배운 것을 익히지 않음과 의義를 듣고 능히 실천하지 못함과 불선不善을 능히 고치지 못함 그것이 나의 근심이다."고 하였다.

【논어순역】

위의 글을 보면 외면상으로는 공자 자신의 근심을 나타내고 있다. 그러나 사실은 이를 통하여 군자가 학문을 하면서 무엇을 근심할 것인가를 밝힌 부분이라고 할 수 있다. 그것은 학문을 하는 군자가 항상 마음에 두어야할 문제를 제기한 것이라고 할 수 있다.

덕을 닦는 것과 배운 것을 익히는 것 그리고 의를 실천함, 불선을 고치는 것 그것이 바로 군자가 힘을 써야할 내용이다. 이를 수기修己와 안인安人으로 구분하여 나타내면 "덕지불수德之不脩 학지불강學之不講"은 수기修己에 관한 내용이며, "문의불능사聞義不能徙 불선불능개不善不能改"

는 안인安人에 관한 내용이다. 그리고 "시오우야是吾憂也"는 수기와 안인이 군자君子가 마땅히 해야 할 일임을 뜻한다.

순順의 관점에서 보면 수기안인修己安人이 모두 개체적 존재가 행하는 것이 아니라 나와 남이 일체인 본성本性이 주체가 되어 이루어지는 것이기 때문에 근심할 것이 없다.

【원문】

子之燕居에 申申如也하시며, 夭夭如也러시다.

【우리말】

선생님께서 평소 거처할 때에 활짝 편 듯하며, 온화한 듯하였다.

【논어순역】

이 부분은 공자의 평상시의 모습을 나타낸 것으로 이해할 수 있다. "신신여申申如"는 평상시의 공자의 용모容貌가 활짝 펴 있음을 뜻하고, "요요여夭夭如"는 안색顔色이 온화溫和함을 뜻한다.

평상시의 모습에 어둡거나 우울한 기색이 없고 감추어진 부분이 없이 밝으려면 그의 마음에 두려움이 없고, 근심이 없으며, 흔들림이 없어야 한다. 그것은 다시 말하면 이것을 옳고 저것은 그르다는 가불가可不可의 마음이 없어야 한다.

시비是非를 가리지 않는 군자의 마음은 곧 "의도적인 마음이 없고, 반드시 무엇을 하겠다는 마음도 없으며, 오직 이것만을 고수하는 집착도 없으며, 나라는 마음이 없다.[153]" 나라는 고정된 마음이 없기 때문에 무엇을 알고 모른다는 마음이 없다.

---

153) 『論語』 子罕, "子絕四, 毋意, 毋必, 毋固, 毋我."

공자의 마음이 인물人物을 접할 때나 홀로 있을 때를 막론하고 집중이 되어 있기 때문에 무엇을 하여도 걸림이 없다. 마음에서 일어나는 대로 행하여도 법도에 어긋남이 없으니 그 어떤 것에도 걸릴 것이 없을 수밖에 없다.

집중執中이 되면 길을 가거나 달려가거나 앉아 있거나 누워있거나 말을 하거나 침묵을 지키거나 움직이거나 고요하거나를 막론하고 그의 모든 사고와 언행은 때에 적중하는 시중時中이 되는 동시에 중도를 본체로 하여 정도를 실천하는 중용中庸이 된다. 따라서 "신신여야申申如也, 요요여야夭夭如也"는 공자를 통하여 중용을 나타낸 것이라고 할 수 있다.

【원문】

子曰, "甚矣라 吾衰也여! 久矣라 吾不復夢見周公이로다!"

【우리말】

공자가 말하였다. "심하구나, 나의 쇠함이여. 오래 되었구나, 내가 다시 꿈속에서 주공周公을 보지 못하는구나."

【논어순역】

위의 내용을 피상적으로 보면 공자 자신의 노쇠함을 한탄한 것으로 이해하고 말 수 있다. 평소에 공자가 주공을 지극하게 생각하여 꿈속에서도 만났는데 이제는 몸이 노쇠하여 더 이상 주공을 만날 수 없다는 것이다. 그런데 공자는 칠십七十이 되어 마음이 하고자 하는 대로 행하여도 도리에 어긋남이 없다고 하였다. 그것은 몸과 마음이 건강하지 않고서는 이루어질 수 없는 것이다.

이 부분을 학문의 관점에서 이해하면 다음과 같다. 공자는 주공周公으로부터 성인의 도를 계승하였다. 그렇기 때문에 평소에 주공을 스승으로 여기고 지극하게 생각하지 않을 수 없었다. 그렇기 때문에 꿈속에서도 주공을 만날 수 있었던 것이다. 꿈속에서 주공과 만났다는 것은 평상시는 물론이고 꿈속에서도 성인의 도를 잃지 않았음을 뜻한다.

공자가 그랬듯이 군자도 역시 그래야 한다. 군자 역시 어떤 문제의식을 가졌을 때는 의식이 깨어 있을 때 움직이거나 고요할 때를 막론하고 항상 마음 가운데서 잊지 말아야 하며, 그것이 깊어지면 꿈속에서도 잊지 않게 된다. 그러한 상태가 되면 자신의 의식의 차원을 넘어서 본성에 이르는 극기克己가 이루어지고 무아無我를 경험하게 된다.

이처럼 깨어있거나 잠을 자거나 한결같은 진실한 마음이 진덕進德의 소이所以가 된다. 『시경詩經』의 관저關雎에서는 "올망졸망 마름을 이리저리 뜯네. 아리따운 아가씨를 자나 깨나 구하네. 구해도 얻지 못해 자나 깨나 생각하니 그리움은 끝이 없어 이리저리 뒤척이네."[154]라고 하였다. 이 시詩는 남녀 간의 지극한 사랑을 나타내는 아름다운 시로 애송이 되지만 학문의 관점에서는 군자가 자신의 본성을 그리워하는 마음이 아리다운 아가씨를 찾듯이 간절하고 꿈속에서도 그 마음을 갖고 있음을 나타낸 것이다.

여분汝墳에서는 "여수의 방죽을 따라서 잔 나뭇가지를 베었네. 당신을 만나지 못해 아침을 굶은 듯 그립네. 여수의 방죽을 따라서 잔 나뭇가지를 베었네. 이제 당신을 만났으니 영원히 나를 버리지 마소서. 방어는 꼬리가 붉어지고 왕실은 불타듯 어지럽네. 불타듯 어지럽지만 부모님은 더욱 가까이 있다오."[155]라고 하였다. 이 시 역시 부부 사이에 애틋한 사랑을 나타낸 것이지만 학문의 관점에서는 인간의 삶이 비록 어려워도 항상 근원적인 존재인 천지가 함께 함을 나타낸 것이라고 할 수 있다. 내면에

---

154) 『詩經』 國風 周南, "參差荇菜, 左右流之. 窈窕淑女, 寤寐求之. 求之不得, 寤寐思服. 悠哉悠哉, 輾轉反側"

155) 『詩經』 國風 周南 汝墳, "遵彼汝墳, 伐其條枚. 未見君子, 惄如調飢. 遵彼汝墳, 伐其條肄. 既見君子, 不我遐棄. 魴魚赬尾, 王室如燬. 雖則如燬, 父母孔邇."

서 천지 부모가 항상 함께 함을 알고 천지 부모의 마음으로 살아가는 것이 바로 집중執中이다.

이러한 상태가 개체적 차원을 넘어서 극기克己의 상태, 나와 남을 구분하여 가치를 부여하고 집착하는 분별심分別心이 없는 무아無我의 상태라고 하였지만 학문을 통하여 수기修己함으로써 그러한 상태에 도달하는 것이 아니라 본래 무아無我였음을 확인할 뿐이다. 그런 점에서 학문을 통하여 지혜나 지식을 얻는다거나 군자가 된다는 생각을 하게 되면 오히려 그것은 극기가 아니라 자기를 굳건하게 견지하게 되어 퇴보하게 된다.

【원문】

子曰, "志於道하며, 據於德하며, 依於仁하며, 遊於藝니라."

【우리말】

공자가 말하였다. "도에 뜻을 두고, 덕에 근거하며, 인에 의하여, 예에 노닐어야 한다."

【논어순역】

이 부분은 학문의 구체적인 방법을 논한 것으로 도덕道德과 인예仁禮를 중심으로 논하고 있다. 가장 근원적 문제는 도道이며, 도道를 주체적으로 자각하여 체득體得하였을 때 비로소 덕德이 된다. 그렇기 때문에 학문의 관점에서는 도와 덕이 체용體用이 되지만 실천의 관점에서는 덕德이 체體가 되고, 도道는 용用이 된다.

실천의 관점에서 인仁을 주체로 하여 예藝를 실천하며 살아야 함을 나타내는 것이 다음 부분이다. 예는 기예技藝, 예술藝術을 나타내기도 하지만 궁극의 경지를 나타내기도 한다. 예에서 노닌다는 것은 곧 궁극적인 경지에 도달하였음을 뜻한다. 궁극의 경지는 일상의 삶을 떠나서 존재하지 않기 때문에 예악禮樂을 비롯하여 일상의 모든 일이 곧 예가 된다.

위의 내용을 지志, 거據, 의依, 유遊를 중심으로 살펴보면 "지어도志於道"는 학문學問의 시작始作인 입지立志를 논한 것이며, "거어덕據於德"은 도道의 개체적 표현인 덕德을 중심으로 도道를 주체화하여 덕으로 체득해야함을 밝힌 것이다. 그리고 "의어인依於仁"은 덕德이 곧 본성本性의 내용으로서의 인예의지仁禮義智의 사덕四德임을 밝힌 것이다. 따라서 입지立志 이후 박문博文을 거쳐서 본성을 자각하고 그것을 주체성으로 확립하였음을 뜻한다.

"유어예遊於藝"는 천지인天地人의 삼재三才가 성도합덕成道合德된 세계인 예藝의 세계에서 살아감을 나타낸 것으로 이는 곧 학문學問의 종말終末이자 마지막 목표라고 할 수 있다. 유遊는 일상의 삶 가운데서 궁극적인 경지와 하나가 되어 살아감을 나타낸다.

그러나 본래 도와 덕이 둘이 아니며, 주체성으로서의 사덕 역시 학문을 하기 전에도 존재했기 때문에 주체성의 확립이라는 개념도 올바른 것은 아니다. 그러므로 처음부터 예藝에 노니는 행위가 바로 입지立志이며, 학문을 주체화하는 과정으로서의 거덕據德, 의인依仁이라고 할 수 있다.

【원문】

子曰, "自行束脩以上, 吾未嘗無誨焉."

【우리말】

공자가 말하였다. "속수束脩 이상을 행하면 나는 일찍이 가르침을 베풀지 않음이 없었다."

【논어순역】

앞에서 공자가 학문을 하는 일에 싫증을 내지 않고, 남을 가르치는 일에

게으름을 피우지 않는 것이 군자의 삶의 태도임을 밝힌 것과 같이 이 부분에서는 가르침에 게으름을 피우지 않는 군자의 태도를 나타내고 있다.

본성을 자각한 성인과 군자는 스스로 배움을 청하는 사람을 거절하지 않으며, 배움의 과정에서 학문을 버리고 떠나는 사람을 쫓지 않는다. 이는 자기를 버림으로써 무아無我가 된 상태가 아니면 불가능하다. 왜냐하면 자기가 있으면 배움을 청하는 사람의 태도에 따라서 거절을 할 수도 있으며, 떠나는 사람에 따라서 미워하는 마음을 갖고 갈등을 가질 수도 있기 때문이다.

군자는 "수고로움으로 세상을 위하여 자신을 버려도 그것을 자신의 공으로 여기지 않는다."[156]고 한 것과 같이 가르침을 베풀었을지라도 자기의 공으로 여기지 않기 때문에 가는 사람에 대하여 아무런 마음에 흔적이 없이 보낼 수 있는 것이다.

위의 내용을 학문하는 사람을 중심으로 살펴보면 가르치고 배우는 일은 가르치는 사람의 게으름을 피우지 않는 마음도 중요하지만 배우는 사람의 배우고자 하는 의지가 중요함을 밝힌 것이라고 할 수 있다. 배우고자 하는 의지에 관한 언급이 위의 "속수束脩"라는 개념이다. 일반적으로 속수를 선생에 대한 예물로 이해할 수 있다.

공자가 예를 표시한 사람에게만 가르침을 베푼다는 것은 어딘가 상식적으로 이해할 수 없는 부분이다. 오히려 배우고자 하는 뜻을 가진 사람에게 가르침을 베풀지 않음이 없었음을 나타낸 것으로 이해하는 것이 타당하다. 그런 점에서 보면 "속수束脩"는 자기를 단속하여 닦음, 검속하여 닦음이다. 그러므로 원문의 내용은 공자가 학문을 하고자 하는 뜻을 가진 사람에게는 반드시 가르침을 베풀었음을 나타낸 것이다.

배우고자 하는 사람은 먼저 입지立志가 되어야 한다. 입지立志가 되지

---

156) 『周易』 繫辭上篇 第八章, "勞謙, 君子有終, 吉 子曰 勞而不伐, 有功而不德, 厚之至也. 語以其功下人者也. 德言盛, 禮言恭, 謙也者, 致恭以存其位者也."

않으면 학문이 시작되지 않을 뿐만 아니라 성과를 기약할 수 없다. 이는 비록 사람이라면 모두 하늘로부터 부여받은 본성을 갖고 있기 때문에 본래부터 삶 자체가 그대로 본성의 작용이지만 그러나 학문에 뜻을 두고 그것을 위하여 자기를 닦는 과정이 없다면 본성의 현현이 자연스럽게 이루어지는 시중時中이 되고, 중용中庸이 되기 어렵다. 그것을 역학易學의 관점에서 나타내면 순順과 역逆은 일체이면서도 구분되어지는 관계임을 뜻한다.

【원문】

子曰, "不憤不啓, 不悱不發. 擧一隅, 不以三隅反, 則不復也."

【우리말】

공자가 말하였다. "알지 못하여 고민하지 않으면 열어주지 않으며, 알면서도 표현하지 못하여 갈등하지 않으면 발용發用하여 주지 않는다. 한 모퉁이를 보여주어 세 모퉁이 반을 알지 못하면 다시 반복하지 않는다."

【논어순역】

앞에서 이미 학문을 하는 사람이 가져야할 태도에 관하여 논하였기 때문에 이 부분에서 입지에 대하여 구체적으로 밝히고 있다.

학문을 하려는 사람은 반드시 확고한 입지立志가 되어야 한다. 그렇지 않으면 아무리 학문을 하여도 효과가 없다. 입지가 이루어진 사람은 알고자 하는 의문으로 가득차서 그것을 해결하지 않고는 견딜 수 없는 상태에 이르게 된다. 천지가 온통 하나의 문제로 가득 차서 무엇을 하여도 하였는지를 모르고 오직 하나의 의심하는 마음으로 꽉 차 있는 것이다. 이러한 상태를 공자는 "'어찌할 것인가? 어찌할 것인가?'라고 말하지 않는 사람에게는 나도 어찌할 수 없다."157)고 하였다.

원문의 "불분불계不憤不啓, 불비불발不悱不發" 역시 입지가 되고 문제 의식을 가진 사람에게 가르침을 베풀 때 그 효과가 있음을 나타낸 것이다. "불분불계不憤不啓 불비불발不悱不發"은 배우는 사람이 마음과 언행으로 학문에 대한 분발憤發이 없으면 계발啓發이 이루어지지 않음을 나타낸 것이다.

입지가 되고 문제의식이 가득 찬 사람에게 가르침을 베풀었을 때 나타나는 효과를 밝힌 것이 다음 부분이다. "거일우擧一隅 불이삼우반不以三隅反 즉불부야則不復也"는 입지가 되고 문제의식이 확고한 사람에게 하나의 가르침을 베풀면 일시에 모든 문제가 해결됨을 나타낸다. 『논어』에서는 이러한 상태를 "하나를 들으면 열을 안다."[158]고 표현하기도 하였다.

이 부분을 역수원리의 관점에서 이해하면 배우고자 하는 사람이 반드시 순順의 차원에서 서는 입지가 이루어져야하고, 입지가 되었으면 문제 의식을 바탕으로 그것을 해결하는 역逆의 학문 과정이 있어야 한다. 그런 점에서 보면 입지와 수기修己의 양면이 하나가 되었을 때 비로소 학문이 완성됨을 알 수 있다. 순順과 역逆이 합덕合德하여 일체화가 되었을 때 비로소 학문이 완성되는 것이다. 그것을 본체의 관점에서 나타내면 집중執中이라고 할 수 있고, 작용의 측면에서 나타내면 중용中庸이라고 할 수 있다.

【원문】

子食於有喪者之側, 未嘗飽也. 子於是日哭, 則不歌.

---

157) 『論語』 衛靈公, "子曰 不曰如之何, 如之何者, 吾末如之何也已矣."

158) 『論語』 公冶長, "子謂子貢曰 女與回也孰愈 對曰 賜也何敢望回 回也聞一以知十, 賜也聞一以知二 子曰 弗如也 吾與女弗如也."

【우리말】

공자는 상사喪事가 있는 사람의 곁에서 식사를 할 때는 배부르게 먹지 않으며, 이 날에 곡을 하면 노래를 하지 않았다.

【논어순역】

이 부분은 공자의 삶의 태도를 나타낸 것으로 학문을 통하여 자신의 인격을 완성했을 때 갖게 되는 도덕적 삶의 태도, 인격적 삶의 태도를 밝힌 것이라고 할 수 있다.

공자는 산 사람과 죽은 사람, 상喪을 당한 사람과 자신을 둘로 보지 아니하기 때문에 남의 일을 곧 자신의 일로 여겼다. 그러므로 상을 당한 다른 사람의 곁에서 음식을 먹을 때 그 사람의 슬픔이 나의 슬픔으로 느껴져서 차마 배불리 먹지 못한 것이다. 또한 문상問喪을 가서 곡哭을 한 날에는 차마 다른 사람의 슬픔을 생각하여 노래를 부를 수 없었다.

공자가 밝힌 것과 같이 군자 역시 학문을 통하여 수기修己를 하였을 때 도덕적 주체를 확립하게 되고, 그것이 인예의지仁禮義智의 사덕四德의 실천으로 나타난다. 도덕 주체성은 형이상적인 존재로 개체적 존재를 초월하면서도 떠나지 않는 존재이다.

군자는 개체적 존재를 나로 여기는 마음이 없기 때문에 과거에 얽매이지도 않고 미래에도 얽매이지 않아서 오직 현재를 살아갈 뿐이다. 그러한 삶은 항상 남의 고통을 차마 참지 못하는 인仁의 발현發現으로서의 불인인지심不忍人之心을 확충擴充하여 인仁이 천지에 미치게 한다.

【원문】

子謂顔淵曰, "用之則行, 舍之則藏, 唯我與爾有是夫!" 子路曰, "子行三軍, 則誰與?" 子曰, "暴虎馮河, 死而無悔者, 吾不與也.

必也臨事而懼, 好謀而成者也."

【우리말】

공자가 안연顔淵에게 말하였다. "세상이 등용하면 행하고, 등용하지 않으면 숨는 것은 오직 나와 네가 할 수 있을 것이다." 자로가 말하였다. "선생님께 삼군을 행하면 누구와 함께 하겠습니까?" 공자가 말하였다. "범을 손으로 때려잡으며, 강을 건너다가 죽어도 후회하지 않을 사람과 나는 함께 하지 않으리니 반드시 일에 임하여 두려워하며, 꾀함을 좋아하여 이루는 사람과 함께 할 것이다."

【논어순역】

이 부분을 통에서도 공자의 안연顔淵에 대한 사랑이 각별함을 알 수 있다. 세상이 자신을 필요로 하면 도道를 행하고, 버리면 물러나 돈세遯世하는 일은 도락道樂의 경지境地가 아니고서는 실천할 수 없다.

공자가 안연을 자신과 함께 언급하여 시의성時義性에 따라서 살아갈 수 있음을 밝힌 것은 지극한 칭찬이라고 하지 않을 수 없다. 자로子路에 대하여서는 오직 무모할 뿐 도제천하道濟天下하는 군자의 사업에 대하여서는 두려워하고 잘 계획하여 완성할 수 있는 능력이 갖추어지지 못하였음을 밝히고 있다.

안연과 자로라는 특별한 사람을 중심으로 언급하였지만 두 사람을 통하여 본성을 주체로 하여 시의성을 따르는 삶을 살아가는 군자의 삶과 본성을 주체로 하지 않고 무모하게 사고하고 언행을 행하는 소인의 삶을 나타낸 것이라고 할 수 있다. 따라서 이 부분 역시 군자의 학문의 태도를 나타낸 것이라고 할 수 있다.

"아여이유시我與爾有是" 또한 공자와 안연이라는 특정한 존재가 아닌 그 본성을 중심으로 나타내면 본성과 마음 그리고 몸이 일체임을 뜻한다. 다시 말하면 사고와 언행이 모두 본성을 주체로 이루어짐을 뜻한다.

그리고 "오불여吾不與也"는 본성과 마음, 언행이 일치되지 못함을 뜻한다. 그러므로 이 부분을 통하여 군자가 본성을 주체로 살아가는 집중執中과 중용中庸이 중요한 문제임을 알 수 있다.

【원문】

子曰, "富而可求也, 雖執鞭之士, 吾亦爲之. 如不可求, 從吾所好."

【우리말】

공자가 말하였다. "부유함을 추구할 만하다면 비록 채찍을 잡는 일이라도 내가 또한 하겠지만 만일 추구할만한 일이 아니라면 내가 좋아하는 것을 따르겠다."

【논어순역】

이 부분은 군자가 추구追求해야 할 것이 학문學問임을 다시 밝힌 것이다. 물론 형식은 공자가 자신의 심경을 토로한 것이지만 군자 역시 그러한 태도를 가져야함을 밝힌 것이다. 사람으로서 물리적인 부유富裕함을 추구하는 것이 바람직하다면 그 방법이 무엇이든 상관없이 추구할 것이다. 설사 남들이 천하게 여기는 말을 모는 직업이라도 할 것이다.

사람다운 삶은 물리적인 부유함에 있는 것이 아니라 도덕적인 부유함에 있다. 육체는 단지 본성을 드러내는 매개일 뿐 그것이 주체는 아니다. 육체는 일정한 기간 존재하다가 소멸되는 한정된 존재일 뿐만 아니라 근원적인 존재가 아닌 것이다. 그러므로 군자는 물리적인 생명을 기르는 일에 연연하지 않고 영원한 생명을 추구하는 일을 하는 존재이다.

【원문】

子之所愼, 齊, 戰, 疾.

【우리말】

공자가 삼간 것은 재계齋戒와 전쟁과 질병이었다.

【논어순역】

이 부분에서는 공자가 항상 삼가는 일이 마음을 재계하는 일齊과 전쟁戰爭 그리고 질병疾病임을 밝히고 있다. 재계는 개인적인 일이며, 질병은 개인과 사회 모두 해당되는 일이고, 전쟁은 국가와 국가 사이에 일어나는 일이다. 위의 내용을 둘로 나누면 물리적 생명과 관련된 전쟁과 질병 그리고 마음과 관련된 재계齋戒로 구분할 수 있다.

위의 내용을 형이상적 측면에서 학문원리를 중심으로 나타내면 그 의미를 달리 이해할 수 있다. 질병이나 전쟁이 비록 개인이나 국가사회라는 범위의 크기가 서로 다른 차이는 있을 수 있어도 전쟁이나 질병 역시 마음을 재계하는 일에 포함할 수 있다.

만약 마음이 이리저리 흔들림이 없이 고요하면 그것이 겉으로 나타난 질병이 발생할 이유도 없을 뿐만 아니라 다른 나라와의 전쟁 역시 할 필요가 없다. 개체적 측면에서 재계가 되지 않아서 마음이 흔들리고 근심하고 불안한 상태가 진전되면 질병이 되며, 그러한 사람들이 모여서 다른 나라를 침략하여 물리적으로 힘으로 빼앗고자 하는 전쟁을 일으키게 된다. 그러므로 이 부분을 마음을 중심으로 정리하면 집중執中을 나타내는 재계齋戒와 집중이 되지 않은 상태를 나타내는 전쟁, 질병으로 구분할 수 있어서 집중이라는 하나의 단어로 집약된다.

결국 위의 내용은 현상적 측면 곧 역逆적인 측면에서는 공자라는 개인의 특성이나 관심을 나타낸 것이라고 할 수도 있겠으나 한편으로는 집중이라는 학문원리를 나타낸 것으로 이해할 수 있다.

또한 위의 내용은 순順적인 측면에서 이해하면 재계와 질병, 전쟁이 모두 본성의 현현이라는 점에서 질병과 전쟁이 재계와 다르지 않을 뿐만 아니라 그것이 바로 변화 곧 진화의 과정임을 알 수 있다.

【원문】

子在齊聞韶, 三月不知肉味, 曰, "不圖爲樂之至於斯也."

【우리말】

공자가 제齊나라에서 소韶를 듣고 석 달을 고기 맛을 모르고 말하였다. "음악이 이에 이를 줄은 생각하지 못하였다."

【논어순역】

이 부분은 공자가 제齊나라에서 순舜임금의 음악인 소韶를 듣고서 석 달을 고기의 맛을 알지 못했다는 내용이다. 이는 피상적으로 보면 풍류의 세계에 깊이 빠졌음을 나타낸 것이라고 볼 수 있지만 학문하는 사람의 태도를 나타낸 것이라고 볼 수 있다.

공자는 무아無我의 상태이기 때문에 항상 천지의 마음이 주체가 되어 무엇을 하여도 함이 없이 한다. 그러한 상태를 나타낸 것이 풍류의 즐거움에 빠져서 3개월 동안을 고기 맛을 잊었다는 표현이다. 이는 『대학』에서 말한 "마음이 없으면 무엇을 보아도 보는 바가 없고, 들어도 들은 바가 없으며, 음식을 먹어도 그 맛에 끌려가지 않아서 먹은 바가 없다."159) 는 것과 같은 의미이다.

무아無我, 무지無知의 관점에서 이 부분을 이해하면 "부도위악지지어사야不圖爲樂之至於斯也."의 "부도不圖"는 헤아리지 못하였다거나 알지

---

159) 朱熹『大學章句』傳第七章, "心不在焉 視而不見 聽而不聞 食而不知其味"

못하였음을 나타내는 것이 아니라 "고기의 맛을 몰랐다."와 같이 음악을 만드는 일의 본래적 의미인 소리 없는 음악으로서의 율여성律呂聲을 들었지만 그것마저도 들었다는 생각이 없음을 뜻한다. 다시 말하면 공자가 음악을 듣고 그 지극함을 알았지만 그 지극함을 알았다는 사실마저도 몰랐음을 나타내는 것이다. 이를 통하여 무아無我, 무지無知, 무가무불가無可無不可라는 개념에도 얽매임이 없어야함을 알 수 있다.

【원문】

冉有曰, "夫子爲衛君乎?" 子貢曰, "諾, 吾將問之." 入曰, "伯夷叔齊何人也?" 曰, "古之賢人也." 曰, "怨乎?" 曰, "求仁而得仁, 又何怨? 出曰, "夫子不爲也."

【우리말】

염유冉有가 말하였다. "선생님께서 위衛나라 임금을 위하여 일할까?" 자공이 말하였다. "좋다. 내가 선생님에게 물어보겠다." 들어가서 말하였다. "백이와 숙제는 어떤 사람입니까?" 공자께서 말하였다. "옛날의 어진 사람이다." 자공이 말하였다. "후회하였습니까?" 공자가 말하였다. "인仁을 구하여 인仁을 얻었으니 어찌 후회하였겠는가?" 자공이 나와서 말하였다. "선생님께서는 그를 위하여 일하지 않을 것이다."

【논어순역】

이 부분에서도 역시 일상의 삶을 영위하는 공자의 태도를 통하여 군자의 삶의 태도를 엿볼 수 있다. 당시의 위군衛君은 출공出公 첩輒으로 그의 아버지는 괴외蒯聵이다. 괴외가 세자世子일 당시 할아버지인 영공靈公으로부터 쫓겨났기 때문에 영공이 죽자 나라 사람들이 첩을 세웠다.

그런데 아버지인 괴외가 진晋나라로부터 위나라로 들어가니 첩이 그것을 막았다.

위나라 사람들은 괴외가 아버지로부터 쫓겨났고, 첩은 적손嫡孫이기 때문에 첩이 왕위를 물려받는 것이 마땅하다고 생각하였지만 망명한 아버지를 막는 일은 불효不孝라고 하지 않을 수 없다. 이 때 공자가 위나라에 있었기 때문에 염유가 과연 공자가 불효를 저지른 출공을 도울 것인지의 의문을 제시한 것이다.

염유가 백이伯夷와 숙제叔弟의 예를 들어서 공자의 의중을 묻자 공자 역시 백이와 숙제의 심정을 통하여 자신의 심정을 밝혔다. 염유는 공자의 말을 통하여 공자 자신의 행동을 추측할 수 있었을 뿐만 아니라 이를 통하여 군자의 삶의 태도를 알 수 있었다. 염유가 공자가 출공을 돕지 않을 것이라고 말한 부분이 그 증거이다.

군자는 오직 천지의 마음을 자신의 마음으로 하여 살아가는 존재이다. 오직 본성을 주체로 살아갈 뿐 그 결과가 어떤 것일지라도 연연하지 않는다. 맹자孟子는 군자의 삶에 대하여 "일상에서 일어나는 모든 일은 천명天命이 아닌 것이 없으니 오직 천명을 봉행奉行할 따름이다. 그러므로 천명을 아는 사람은 무너지려는 담장 밑에 서지 않는다. 죄를 저질러서 질곡桎梏에 묶여서 죽는 사람은 천명을 올바로 봉행한 것이 아니다."[160] 라고 하였다.

공자도 군자는 오직 인仁을 주체로 살아야함을 강조하였고, 인仁과 물리적 생명을 동시에 취할 수 없을 때는 몸을 버려서 인仁을 이루어야 함[161]을 강조하였다. 백이와 숙제가 인仁을 추구하다가 인仁을 얻었기 때문에 비록 수양산에서 고사리를 캐먹다가 굶어죽었을지라도 아무런 한恨이 없듯이 군자 역시 인을 주체로 살아갈 뿐 그 밖의 것은 관심을 두

160) 『孟子』 盡心章句上, "孟子曰 莫非命也, 順受其正, 是故知命者不立乎巖牆之下. 盡其道而死者, 正命也, 桎梏死者, 非正命也."

161) 『論語』 衛靈公, "子曰 志士仁人, 無求生以害仁, 有殺身以成仁."

지 않아야함을 밝힌 것이다.

【원문】

子曰, "飯疏食飲水, 曲肱而枕之, 樂亦在其中矣. 不義而富且貴, 於我如浮雲."

【우리말】

공자가 말하였다. "거친 밥을 먹고 물을 마시고 팔을 굽혀서 베게로 삼아 누울지라도 즐거움이 그 가운데 있으니 의롭지 못한 부와 귀는 나에게는 뜬 구름과 같다."

【논어순역】

거친 밥을 먹고 물을 마시고 팔을 굽혀서 베게로 삼아 누울 정도의 상태는 부귀富貴와는 상대되는 빈천貧賤한 삶을 나타낸다. 그렇기 때문에 뒷부분의 "의롭지 못한 부와 귀는 나에게는 뜬 구름과 같다."는 부분과 관련하여 이해하면 의로운 빈천은 굳이 벗어날 필요가 없으나 의롭지 못한 부귀 역시 추구해서도 안 됨을 나타낸 것으로만 생각할 수 있다.

공자가 밝히고자 한 내용은 부귀와 빈천이라는 현상 자체의 문제가 아닐 뿐만 아니라 부귀와 빈천을 취하거나 버리는 문제가 아니다. 여기서 나타내고자 하는 것은 부귀와 빈천이라는 현상을 대하는 군자의 태도 곧 마음을 어떻게 쓰는가의 용심用心을 나타낸다.

역逆의 관점에서 보면 의롭지 못한 부귀는 부운浮雲과 같이 집착執着할 것이 없다는 의미로 이해할 수 있다. 그러나 순順의 관점에서 보면 의義, 불의不義에 관련이 없이 부귀富貴, 빈천貧賤이 모두 집착할 것이 없다. 왜냐하면 군자는 그가 처한 어떤 상황에도 언제나 중심을 잡고 처한 일이나 물건으로부터 자유롭고 자재하기 때문이다.

원문의 "어아여부운於我如浮雲"을 살펴보면 이때의 아我는 도덕적 주체를 나타내는 것으로 『주역』에서 언급된 "득주得主"의 주主를 가리킨다. 그러므로 위의 내용은 본래의 나는 개체적 존재가 아니기 때문에 무아無我, 무지無知여서 그 어떤 것도 내 것이라는 생각이 없이 의롭게 사용할 뿐임을 뜻한다.

【원문】

子曰, "加我數年, 五十以學易, 可以無大過矣."

【우리말】

공자가 말하였다. "나에게 몇 년을 더하여 오십五十으로 역도易道를 연구하면 대과大過가 없을 것이다."

【논어순역】

위의 내용을 보면 "오십五十"이라는 숫자를 나이를 나타내는 것으로 이해하면 여러 가지 문제가 발생한다. 왜냐하면 이 부분을 공자가 나이 오십五十에 『주역』을 연구하기 시작하였거나 오십부터 좀 더 역학易學을 연구하면 큰 허물을 없을 것이라고 말한 것으로 이해할 수밖에 없기 때문이다.

그렇게 되면 공자가 오십에 천명天命을 자각했다는 점을 고려할 때 공자의 삶에서 『주역』은 커다란 영향을 미치지 못하였다고 볼 수밖에 없게 된다. 그가 비록 세 번이나 가죽 끈이 떨어지도록 『주역』을 읽고 연구하여 십익十翼을 편찬하였을지라도 말이다. 그렇기 때문에 주희는 『사기』의 내용을 들어서 "오십五十"은 잘못된 기록임을 의심할 것이 없다고 하였다.

역수원리의 관점에서 보면 "오십五十"이라는 수가 있을 때 비로소 문장의 의미가 더욱 분명하게 된다. 이는 "오십五十"이라는 수를 물리적인 시간을 나타내는 수로 볼 것인가 아니면 역수원리曆數原理를 상징적으로 나타내는 이수理數로 볼 것인가의 차이이다.

『논어』의 위정爲政에서는 "내가 십오 세에 학문에 뜻을 두었고(吾十有五而志于學), 삼십 세에 학문의 세계에 섰으며(三十而立), 사십에 의혹됨이 없었고(四十而不惑), 오십에 천명을 알았으며(五十而知天命), 육십에 귀에 들리는 것이 거스르지 않았고(六十而耳順), 칠십에는 마음이 하고자 하는 바를 좇아도 법도를 벗어남이 없었다(七十而從心所欲, 不踰矩)."라는 문장이 있다. 이 부분에서 나타나는 수를 물리적 시간을 나타내는 것으로 이해하면 위의 내용은 나이에 따라서 학문이 진척되는 단계를 나타낸 것으로 이해할 수 있다. 그러나 학문 자체의 관점에서 보면 수가 모두 학문의 내용, 학문의 과제를 상징적으로 나타내는 것이라고 할 수 있다.

먼저 위의 내용을 역逆의 관점에서 이해하면 "오십五十"은 대연지수大衍之數 오십五十을 가리키는 것으로 이해할 수 있다. "오십"은 하도河圖와 낙서洛書의 본체를 나타내는 수인 십十과 오五의 합덕체로 곧 천지의 본성을 나타내는 동시에 천인天人이 합덕合德된 군자의 마음을 나타낸 것이다. 이렇게 보면 "가아수년加我數年, 오십이학역五十以學易"은 "나에게 더하여진 몇 년 동안 천지의 본성을 자신의 주체로 하여 역도를 연구하였음"을 뜻한다.

그리고 대과大過는 『주역』의 택풍대과괘澤風大過卦를 가리킨다. 택풍대과괘는 선후천변화 현상을 나타내는 괘이다. 그러므로 "가이무대과의可以無大過矣"는 택풍대과괘에서 표상하는 선후천 변화를 통하여 나타나는 환난, 재앙이 없음을 나타내는 것이다. 그것은 다시 말하면 역도易道를 자각하여 그것을 주체로 함으로써 비로소 선천에서 후천으로 변화하는 시기에 나타나는 어려움이 없음을 나타낸 것이다. 이를 통하여 위의 내용은 십오十五가 표상하는 천지의 본성을 존공尊空하여 주체, 본체로 삼는 십오존공위체十五尊空爲體원리 곧 집중執中원리를 자각해야 비로소 선후천변화원리로서의 역도易道를 올바로 이해할 수 있음을 밝힌 것으로 이해할 수 있다.

순順의 관점에서 보면 "가아수년加我數年"의 나我는 개체적 나가 아니라 본성을 나타내는 개념으로 이해할 수 있다. 그러므로 "가아수년加我數年"은 "나에게 몇 년의 세월이 더하여져도"의 의미이다. 그리고 "오십이학역五十以學易"은 "오십의 지천태괘地天泰卦가 표상하는 후천원리를 본받아學 실천하면易"의 의미이다. 또한 "가이무대과의可以無大過矣."는 대과괘大過卦가 표상하는 동요動搖(근본이 흔들리는 執中이 되지 않는 상태)의 흉凶이 없는 세계(後天)에서 살 것임을 뜻한다.

본성을 주체로 살아가는 군자는 비록 선천에 살아도 군자의 도를 실천하며 살아가기 때문에 그의 세계는 후천의 도덕적 세계이기 때문에 선천과 후천을 막론하고 언제나 후천의 삶의 살아감을 나타낸 것이다. 이를 통하여 군자는 학문을 통하여 자신의 주체성을 세워서 도덕적 존재로 거듭나야함을 알 수 있다.

【원문】

子所雅言, 詩 書 執禮, 皆雅言也.

【우리말】

공자께서 말하는 아언雅言은 시詩, 서書와 예禮를 행할 때로 모두 아언雅言이었다.

【논어순역】

원문의 내용은 아언을 어떻게 이해하느냐에 따라서 달리 이해할 수 있다. 속된 말인 사투리가 아니라 표준말의 의미로 이해할 수도 있으며, 아름다운 말이라는 의미에서 근원적인 원리로서의 도를 표상하는 말로 이해할 수도 있다.

아언을 아름다운 말이라는 의미로 이해하면 시詩는 율여律呂원리를 표상하고, 서書는 정령政令원리를 표상하며, 그것을 현상적 측면에서 나타낸 것이 집례執禮이다. 따라서 아언雅言은 군자君子의 도에 관한 말씀을 뜻한다. 시서詩書에서 표상하고 있는 내용이 왕도정치일 뿐만 아니라 구체적인 예禮를 행하는 것 역시 정치의 일부분이라고 할 때 결국 아언은 군자의 도를 나타낸 것이라고 할 수 있는 것이다.

그러나 이를 순順의 관점에서 살펴보면 아언雅言은 곧 본성을 주체로 이루어지는 모든 말씀으로 그것이야말로 『정역正易』에서 이른바 "천지天地는 일부一夫의 말을 말하고, 일부一夫는 천지天地의 말을 말한다."[162]는 의미이다. 군자의 모든 언행이 그대로 본성의 현현顯現인 동시에 천지의 작용인 것이다.

【원문】

葉公問孔子於子路, 子路不對. 子曰, "女奚不曰, 其爲人也, 發憤忘食, 樂以忘憂, 不知老之將至云爾."

【우리말】

섭공葉公이 공자에 관하여 자로에게 물었으나 자로가 대답하지 못하였다. 공자가 말하였다. "너는 어찌 말하기를 그 사람됨이 분발하여 먹기를 잊으며, 즐거워하여 근심을 잊어서 늙음이 장차 이르는 것도 모른다고 하지 않았느냐?"

---

162) 金恒 『正易』 第八張, "嗚呼라 天地无言이시면 一夫何言이리오 天地有言하시니 一夫敢言하노라. 天地는 言一夫言하고 一夫는 言天地言이니라."

【논어순역】

이 부분을 보면 공자가 자신을 학문하는 존재로 밝히고 있음을 알 수 있다. 그것은 또한 후세의 군자君子 역시 그와 같이 학문을 해야 함을 밝힌 것이라고 할 수 있다.

군자가 학문을 할 때 오직 하나의 문제의식만이 가득차서 자신마저도 잊기 때문에 먹는 것도 잊고, 시간이 흐르는 것도 잊게 되는 것이다. 이렇게 했을 때 비로소 상달上達이 가능하게 된다.

역逆의 관점에서 이 부분을 구체적으로 살펴보면 "발분망식發憤忘食, 락이망우樂以忘憂"는 무아無我에 이르렀음을 뜻한다. 무아가 되었기 때문에 물리적 생명을 기르는 먹는 일이나 자신과 관련된 근심을 놓게 된다. "부지노지장지不知老之將至"는 시간을 잊었음을 뜻한다. 그것은 학문을 통하여 자기를 닦아서 시공時空을 벗어났음을 뜻하는 것이다. 이러한 상태는 앎이 지극하여 지혜를 갖춘 것으로 곧 무지無知의 상태라고 할 수 있다. 따라서 역逆의 관점에서 보면 이 부분은 마음속에 담고 담아서 잃어버림이 없는[163] 학문의 방법으로서의 집중執中에 대하여 논한 것이라고 볼 수 있다.

순順의 관점에서 보면 영원한 현재를 살아가는 군자의 삶을 그대로 나타낸 것이다. 본래 개체의식이 없기 때문에 먹어도 먹는 바가 없으며, 근심을 하여도 근심하는 바가 없다. 그리고 늙음이나 젊음이라는 시간에 얽매임이 없기 때문에 세월을 만나도 그것에 얽매임이 없다. 따라서 이 부분은 집중執中하여 중용中庸하는 군자의 삶을 그대로 나타낸 것이라고 할 수 있다.

---

163) 朱熹『中庸章句』第八章, "子曰 回之爲人也 擇乎中庸 得一善則拳拳服膺而弗失之矣."

【원문】

子曰, "我非生而知之者, 好古敏以求之者也."

【우리말】

공자가 말하였다. "나는 태어나면서 아는 사람이 아니다. 옛 것을 좋아해서 민첩하게 구하는 사람이다."

【논어순역】

오늘날의 유학儒學을 전공하는 사람들은 물론이거니와 당시의 공자의 제자들도 공자의 경지가 높기 때문에 태어나면서부터 자신들과 다른 존재로 여긴다. 그리고 공자의 경지는 오늘날의 사람들에게는 단지 이상일 뿐으로 보통의 사람들은 도달할 수 없다고 여긴다.

만약 공자가 말한 차원이 성인이라는 특별한 존재 그것도 공자에 한한 것이라면 오늘날 우리와 무관한 그의 말들을 읽고 연구할 필요가 어디에 있겠는가?

공자는 사람을 태어나면서부터 아는 성인聖人과 학문을 통하여 끊임없이 자기를 닦는 군자君子로 구분하여 말하였을 뿐만 아니라 "오직 가장 지혜로운 사람과 가장 어리석은 사람은 변하지 않는다."[164]고 하여 사람의 근기를 구분하였다. 뿐만 아니라 공자의 차원을 나타내는 "마음이 하고자 하는 바를 쫓아서 행하도 법도에 어긋남이 없다."라거나 "가함도 없고, 불가함도 없다.", "나는 앎이 없다."고 말한 부분을 보면 공자는 보통의 사람들과 다름을 알 수 있다.

그러나 공자는 "성품은 같지만 습에 의하여 서로 멀어진다."[165]고 하여 사람의 성품은 누구나 같으며, 오직 후천적인 노력을 얼마나 하느냐에

---

164) 『論語』 陽貨, "子曰 唯上知與下愚不移."

165) 『論語』 陽貨, "子曰 性相近也, 習相遠也."

따라서 결과가 달라짐을 밝히고 있다. 이는 모든 사람이 학문을 통하여 자신을 닦으면 공자가 제시한 군자의 경지에 이를 수 있을 뿐만 아니라 그것이 모든 사람의 이상임을 밝힌 것이다. 따라서 공자의 경지나 군자의 경지에 감탄하고 있을 것이 아니라 그것을 본받아서 실천하여 내가 군자가 되는 것이 중요하다.

위의 내용은 앎의 문제를 중심으로 군자가 반드시 수기修己를 해야 함을 밝히고 있다. 비록 순順의 관점에서 보면 사람의 본성은 완전한 존재이지만 역逆의 관점에서 보면 반드시 본성이 그대로 발현發現되도록 간단없이 노력하는 것이 필요함을 밝힌 것이다.

본래 공자뿐만 아니라 모든 사람들은 천도天道를 본성本性으로 하기 때문에 지知와 부지不知를 벗어나 있다. 다만 그것을 학문을 통하여 발현하는 연습을 해야 하기 때문에 노력이 없으면 드러나지 않는다. 다시 말하면 순順의 관점에서는 지와 부지가 없을 뿐만 아니라 학문을 하거나 하지 않거나 양자가 서로 다를 것이 없지만 역逆의 관점에서는 반드시 학문을 통하여 하학이상달下學而上達하는 진보의 과정이 있어야 하는 것이다.

【원문】

子不語怪力亂神.

【우리말】

공자는 괴력과 난신을 말하지 않았다.

【논어순역】

이 부분은 괴怪, 력力, 난亂, 신神의 네 가지로 구분하여 이해하기도 한다. 사량좌謝良佐는 "성인은 일상의 것을 말하고 괴이한 것을 말하지 않으며, 덕을 말하고 힘을 말하지 않고, 다스림을 말하고 어지러움을 말하지 않으며, 사람을 말하고 신神을 말하지 않는다."[166]고 하였다.

위의 내용을 학문을 중심으로 이해하면 괴력怪力은 수기의 결과로 얻어지는 힘을 뜻하고, 난신亂神은 수기의 결과로 얻어지는 지혜를 가리킨다. 이 때 힘과 지혜를 괴이하고 어지러운 것으로 표현한 것은 힘과 지혜가 인간의 본래성과 일체화된 주체적 존재가 되었을 때 올바른 것이며, 그렇지 못한 상태에서 얻어지는 힘과 지혜는 대상적 존재에 불과함을 나타낸 것이다. 다시 말하면 도덕 주체성이 바탕이 되어 나타나는 힘과 지혜가 진정한 의미의 능력과 지혜임을 나타낸 것이다.

군자君子는 도덕道德 주체아主體我인 인예의지仁禮義智의 사덕四德을 주체로 하는 존재이다. 그렇기 때문에 맹자孟子가 말한 호연지기浩然之氣와 같이 도덕적인 능력을 갖추게 된다.

또한 군자는 개체적인 존재의 이해타산을 헤아려서 자재自在하는 능력을 가진 난신亂神을 얻는 것이 아니라 신명神明원리, 신도神道를 주체적으로 자각함으로써 지혜를 갖게 된다.

그런 점에서 자신의 본래성을 자각하지 못하고 다른 존재의 능력을 빌려서 일시적이고 제한적으로 갖게 되는 무당이나 점쟁이와 같은 사람들의 능력이나 지식을 괴력과 난신이라고 규정하고 그것은 공자가 제시하고자 하는 학문의 내용이나 대상이 아님을 밝힌 것이다.

【원문】

子曰, "三人行, 必有我師焉, 擇其善者而從之, 其不善者而改之."

---

166) 朱熹『論語集註』, "謝氏曰 聖人 語常而不語怪 語德而不語力 語治而不語亂 語人而不語神"

【우리말】

공자孔子께서 말씀하시기를 "세 사람이 길을 가면 반드시 나의 스승이 있다. 선善한 사람의 행동을 택擇하여 그것을 행하며, 불선不善한 사람의 행동은 택擇하여 나의 행동을 고친다."고 하였다.

【논어순역】

이 부분 역시 군자의 학문하는 태도를 나타내고 있다. 학문을 하는 군자는 자기를 버리고 무아無我가 되어야 비로소 본성을 자각하고 천명天命을 자각하여 상달上達하게 된다. 그렇기 때문에 군자는 모든 존재를 자신과 하나로 여길 뿐만 아니라 스승으로 여기게 된다. 그런 점에서 보면 진정한 스승은 밖에 있는 것이 아니라 내 안에 존재하는 것이다.

역도曆數原理의 관점에서 "삼인행三人行 필유아사언必有我師焉"을 이해하면 이 부분은 선천先天의 관점에서 학문원리를 밝힌 것이다. 이 부분이 선천이 위주가 되었음을 확인할 수 있는 부분은 "삼인행三人行"과 "유아사有我師"이다. 세 사람이 가는 세계는 내괘內卦가 표상하는 선천先天의 세계이며, 스승의 가르침을 통하여 학문하는 세계가 바로 수기修己가 위주가 되는 선천이다.

수기修己의 과정에서는 선善과 불선不善을 막론하고 모두 스승으로 삼아야 한다. 왜냐하면 선과 불선이 모두 본성으로부터 나타난 현상이기 때문이다. 이를 인간을 중심으로 나타내면 스승으로서의 성인聖人과 수기修己의 주체인 군자 그리고 성인과 반대의 인격체인 소인小人의 세 사람으로 구분하여 나타낼 수 있다. 이 세 사람이 길을 갈 때 성인만이 스승이 되는 것이 아니라 소인도 역시 스승이 될 수 있음을 나타낸다. 그것은 성인과 소인이 같다는 것이 아니라 군자가 선과 불선, 성인과 군자를 모두 본성이라는 하나의 곳으로 귀결시켜서 볼 수 있어야함을 나타내는 것이다.

순順의 관점에서 보면 군자는 다른 사람의 언행에 대하여 선과 불선으로 구분하여 보지 않고 오직 시의성時義性에 따라서 살아갈 뿐이다. 왜냐하면 인간의 모든 언행言行은 그대로 선과 불선이 없이 오직 본성의 현현일 따름이기 때문이다. 그러므로 성인과 군자 그리고 소인이 세 사람이 아니라 하나의 사람이라고 볼 수 있는 차원은 사람의 본성이다. 그런 점에서 이 부분은 본성의 차원에서 학문의 방법을 밝힌 것이라고 할 수 있다.

본성을 주체로 다른 사람의 언행을 보면 가함도 없고 불가함도 없기 때문에 선은 그대로 받아들여 좇아서 행하고, 불선도 받아들여서 자신의 불선을 고치게 된다. 그러므로 마음을 열고 나를 고집하지 않으면 모든 존재가 스승의 되어 자신을 닦도록 도와준다.

현상적인 측면에서는 성인, 소인 그리고 학문을 하는 내가 구분되어 세 사람이지만 본성의 차원에서는 세 사람의 본성이 동일하기 때문에 하나일 뿐만 아니라 그 본성은 누구의 본성도 아닌 모두의 본성이기 때문에 본성이라고 할 수 도 없어서 유무有無를 넘어서게 된다. 그런 점에서 보면 그냥 삶 자체를 그대로 살아가는 것이라고 할 수 있다.

【원문】

子曰, "天生德於予, 桓魋其如予何?"

【우리말】

공자가 말하였다. "하늘이 나에게 덕을 베풀었으니 환퇴桓魋가 나를 어찌할 것인가?"

【논어순역】

공자가 천하를 주유周遊하다가 송宋나라에 이르자 당시의 사마司馬인 환퇴桓魋가 공자를 해치고자 하였다. 그 때 공자가 제자들에게 한 말이 위의 내용이다. 위의 내용을 순역順逆의 관점에서 분석하여 살펴보면 다음과 같다.

"하늘이 나에게 덕을 베풀었다."는 순順의 관점에서 이해하면 천성天性이 내 본래성임을 밝힌 것이다. 위의 문장이 비록 공자라는 특수한 존재를 중심으로 그의 본성의 근원이 하늘임을 나타낸 것이지만 그것을 보편화하여 이해하면 공자를 통하여 하늘이 자신의 본성을 모든 사람에게 주체성으로 부여하였음을 밝힌 것이라고 할 수 있다. 이를 『논어』의 다른 부분에서는 천도의 내용인 역수원리를 중심으로 그것이 인간의 본래성으로 주체화되었음으로 밝히고 있다.

"환퇴桓魋가 나에게 어떻게 할 것인가?"는 역逆의 관점에서 이해하면 이미 모든 사람의 본성은 하늘로부터 부여받았을 뿐만 아니라 공자는 그것을 자각하고 자신의 주체로 살아가기 때문에 다른 존재가 그것을 방해할 수 없음을 나타낸 것이다. 그것은 바꾸어 말하면 사람이 모두 자신의 본래성을 자각하여 그것을 주체로 살아가는 것이 사람다운 삶의 길인 도道임을 밝힌 것이다.

두 문장을 연결하여 이해하면 공자 자신이 천명天命을 부여받은 존재이기 때문에 하늘이 스스로 자신을 멸滅하지 않을 것임을 나타낸 것이다. 본래 사람은 본성의 관점에서 보면 공자孔子나 환퇴桓魋나 다르지 않다. 그러므로 자신이 자기를 스스로 해칠 수 없어서 환퇴가 결코 공자를 어찌할 수 없음을 밝힌 것이다. 이 부분을 통하여 학문을 하는 군자는 자신의 본성에 대한 지극한 믿음이 있어야 함을 알 수 있다.

【원문】

子曰, "二三子以我爲隱乎? 吾無隱乎爾. 吾無行而不與二三子者, 是丘也."

【우리말】

공자가 말하였다. "너희들은 네가 숨긴 것이 있다고 여기느냐? 나는 너희들에게 감춘 것이 없노라. 나는 너희들과 함께 하지 않고는 행함이 없으니 이것이 바로 구丘이다."

【논어순역】

이 부분은 공자가 자신이 제자들에게 감춘 것이 없음을 밝힘으로써 공자와 제자가 본성에 있어서는 다름이 없음을 밝힌 것이다. 공자孔子의 일상의 언행言行은 그대로 본성의 현현이며, 제자의 언행 역시 그대로 본성의 현현이다. 그리고 공자와 제자들의 본성은 둘이 아니라 하나이다. 그런 점에서 보면 공자는 제자와 함께 행하지 않은 것이 없다.

비록 모든 공자와 제자들의 본성이 같을지라도 공자와 제자는 다른 면이 있다. 공자는 이미 학문을 마친 사람이며, 제자들은 공자의 가르침을 통하여 학문을 하는 사람들이다. 따라서 공자가 그러했듯이 제자들도 반드시 끊임없이 학문을 통하여 자기를 닦아서 본성本性을 자각하고 더불어 천명天命을 자각하여야 한다.

이 부분을 보편적 관점에서 보면 형이상의 도의 세계는 형이하의 현상으로 나타나기 때문에 그 어떤 것도 드러나지 않음이 없다. 따라서 현상세계를 떠나서 다시 도道의 세계를 추구하거나 자기 자신을 떠나서 진리의 세계를 추구하는 것은 어리석은 것이다. 설사 성인聖人인 공자孔子라고 하여도 오직 자신과 동일하게 볼 뿐 자신과 다른 존재로 둘로 보아서는 안 된다.

【원문】

子以四教, 文, 行, 忠, 信.

【우리말】

선생님은 넷으로 가르쳤으니 문文과 행行 그리고 충忠과 신信이다.

【논어순역】

위 부분에서 문文과 행行은 글과 실천으로 글 속에 도가 담겨 있으므로 글을 통하여 도를 깨달아야 하며, 행실을 닦아서 도를 실천해야 한다. 이는 앎이라는 내면의 문제와 시공 상에서 그것을 실천하는 밖의 문제를 함께 언급한 것이다. 이는 결국 앎과 행실이 일치하는 지행합일知行合一, 내외합일內外合一의 관계를 나타낸 것이라고 할 수 있다.

충忠과 신信 역시 내외 관계를 이룬다. 충忠은 본성이 그대로 드러난 마음으로 곧 정심正心, 도심道心이라고 할 수 있다. 반면에 신信은 밖에서 얻어지는 신험으로 충은 순順의 관점에서 나타낸 것이며, 신信은 역逆의 관점에서 나타낸 것이다. 따라서 충忠과 행行이 순順의 관점이라면 문文과 신信은 역逆의 관점이라고 할 수 있다. 결국 이 부분은 내외內外 합덕, 순역順逆 합덕, 지행知行, 학행學行의 일치를 표상한다고 할 수 있다.

학문의 선행조건은 충신忠信으로 그것을 바탕으로 학문과 수행이 이루어진다. 그렇기 때문에 공자는 "충신을 주로 한다."고 하여 학문의 바탕이 충신임을 밝히고 있다. 학문을 통하여 지식을 지극하게 하고, 행실을 닦아서 그것을 실천하게 된다.

실천은 앎으로부터 시작되며, 앎은 성인의 말씀 가운데 담긴 도에 대한 진실한 믿음을 바탕으로 궁리窮理할 때 비로소 이루어진다. 그렇기 때문에 가르침의 내용을 네 가지라고 하였지만 사실은 충신忠信을 바탕으로 하는 학문과 실천이기 때문에 일체라고 할 수 있다.

【원문】

子曰, "聖人, 吾不得而見之矣, 得見君子者, 斯可矣." 子曰, "善人, 吾不得而見之矣, 得見有恆者, 斯可矣. 亡而爲有, 虛而爲盈, 約而爲泰, 難乎有恆矣."

【우리말】

공자께서 말씀하시기를 "성인聖人을 내가 만나볼 수 없다면 군자君子만이라도 만나볼 수 있으면 된다." 공자孔子께서 말씀하시기를 "선인善人을 내가 만나 볼 수 없다면 항심恒心을 가진 사람만이라도 만날 수 있으면 된다. 덕德이 없으면서도 있는 것처럼, 도道를 모르면서도 아는 것처럼, 구차苟且하면서도 태평泰平한 것처럼 항상恒常하기는 어렵다."

【논어순역】

위의 내용을 보면 사람을 학문의 관점에서 성인과 군자, 선인善人, 항인恒人으로 구분하여 나타내고 있음을 볼 수 있다.

학문을 하는 사람은 성인聖人과 군자君子를 지향志向해야 하지만 아직 학문이 완성되지 못하였을 때는 비록 아직 때가 이르지 않아서 실천을 하지 못하더라도 선인善人이 되어야 하고, 선인善人이 되지 못할 때는 항심을 가진 사람이 되어야함을 알 수 있다.

맹자는 학문에 뜻을 둔 선비라야 항심을 가질 수 있다고 하였다. 그러한 관점에서 보면 위에서 언급된 항심을 가진 사람은 학문에 뜻을 둔 사람, 부동심不動心을 가진 사람, 입지立志가 된 학문하는 사람임을 알 수 있다.

항심을 가진 사람은 자신에게 없는 것을 있는 것처럼 하거나 있는 것을 없는 것처럼 꾸미지는 않는다. 오히려 그러한 자기를 버려서 주체성을 찾고자 하는 수기修己를 한다.

항심을 가진 사람이 수기를 통하여 자신의 본성을 주체로 그것이 그대로 행하여지는 선인善人이 되고, 자신이 본성을 주체로 살아갈 뿐만 아니라 남으로 하여금 자신과 같이 도덕적 존재로 살아가게 해주는 군자가 된다. 맹자는 도덕 주체성을 세운 사람 곧 대체大體를 추구하는 사람을 대인大人이라고 하였다.

항심을 갖지 못하는 사람은 덕德이 없으면서도 있는 것처럼 행세하고, 도道를 모르면서도 아는 것처럼 행세하며, 구차苟且하면서도 태평한 것처럼 행동하는 소인이다. 그가 비록 겉으로는 항심이 있는 것처럼 꾸미지만 속으로는 항상 마음이 이리저리 흔들리고, 근심이 떠나지 않아서, 두려움 속에서 살아간다.

그렇기 때문에 모름지기 사람은 군자에 뜻을 두고 학문하는 입지가 된 학자가 되어야 하며, 더 나아가서 학문을 올바르게 행하는 선인善人이 되어야 하고, 성덕이 된 군자가 되어야 하고, 성인과 합덕合德되어 삼재三才가 합덕 성도成道된 후천의 세계를 살아야 한다.

그것은 역逆의 관점에서 언급된 것으로 순順의 관점에서는 성인과 군자가 둘이 아니며, 선인善人과 항인恒人이 둘이 아니다. 본래 성인과 군자는 주어진 천명天命에 따라서 양태가 다른 삶을 영위할 뿐 그 본성은 같다. 뿐만 아니라 선인과 항인 역시 그 본성은 성인, 군자와 다르지 않다. 왜냐하면 순順과 역逆 역시 하나의 표현일 뿐 일체적 관계일 뿐만 아니라 본래 나누어서 나타낼 수 없는 것이기 때문이다.

【원문】

子釣而不綱, 弋不射宿.

【우리말】

선생님은 낚시질을 하여도 그물질을 하지 않았으며, 주살을 사용하여도 자는 새를 쏘지 않았다.

【논어순역】

이 부분에서는 공자 역시 다른 사람과 다름이 없이 일상생활을 영위하지만 그러나 모든 언행 가운데는 항상 인仁이 전제되어 있음을 나타내고 있다. 공자가 비록 물리적 생명과 제례祭禮와 같은 예禮를 행하기 위하여 고기와 짐승을 잡지만 항상 인仁을 주체로 사물을 아낀다.

그렇기 때문에 낚시질을 하여 물고기를 잡지만 필요한 만큼만 잡을 뿐 그물을 던져서 많은 물고기를 잡지 않고, 주살을 던져서 짐승을 잡지만 필요한 만큼만을 잡을 뿐 많이 잡지 않는다. 그리고 설사 필요에 의하여 잡더라도 잠을 자는 짐승을 잡지 않는다.

공자가 항상 인仁을 강조하였기 때문에 "낚시는 무엇이며, 그물은 무엇인가? 그가 진정한 인자仁者라면 낚시도 주살도 모두 버려야 할 것이다."라고 생각할 수 있다. 공자는 무아無我이기 때문에 모든 존재가 일체임을 알고, 사물과 나를 일체로 여기는 인仁을 주체로 살았다. 그렇기 때문에 그가 비록 물고기를 잡거나 짐승을 잡아도 그것은 살생이 아니라 물고기, 짐승들을 제도濟度하는 것이다.

그러나 제도하기 위하여 물고기나 짐승을 잡는 것은 아니다. 단지 본성에 따라서 때에 알맞은 행동을 하였을 뿐이다. 다시 말하면 순順의 관점에서 보면 낚시도 그물도 주살도 모두 하나여서 오직 인仁을 실천할 따름으로 공자의 마음에는 물고기도 없고, 낚시도 없으며, 자신도 없어서 인仁을 행한다는 생각조차 없다.

【원문】

子曰, "蓋有不知而作之者, 我無是也. 多聞, 擇其善者而從之, 多見而識之, 知之次也."

【우리말】

공자가 말하였다. "대개 알지 못하고 행하는 사람이 있는가? 나는 그러함이 없다. 많이 들어서 그 선을 가려서 행하며, 많이 보아서 인식한다. 그것이 앎의 방법이다."

【논어순역】

이 부분에서는 앎과 실천이 둘이 아님을 밝히고 있다. 다만 실천이 수반되기 위해서는 앎이 앞서야 하기 때문에 앎도 필요하다. 그러므로 많이 듣고 많이 보아 선을 행하고 인식하는 것도 필요함을 밝히고 있다.

원문의 내용을 역逆의 관점에서 살펴보면 공자 자신에 관한 내용을 언급한 것으로 생각할 수 있다. 그러므로 "유부지이작지자有不知而作之者"는 알지 못하면서 행함을 가리키며, "아무시야我無是也"는 곧 공자가 그렇지 않음을 뜻한다. 이를 통하여 알지 못하고 행함은 곧 올바른 행일 수 없음을 알 수 있다.

순順의 관점에서 보면 아我는 개체적 존재로서의 공자를 가리킨 것이 아니라 공자의 본성을 가리킨다. 그러므로 위의 내용은 개체적 존재가 아닌 도덕 주체아主體我, 본성을 주체로 하였을 때 그러한 상태에서는 알지 못하고 행하는 어리석음이 없음을 뜻한다. 다시 말하며 집중執中이 되면 인성仁性과 지성智性을 주체로 예의禮義를 행하기 때문에 어느 일면에 치우치거나 과불급過不及이 없게 된다.

입지立志가 되지 않아서 역逆의 관점에서 학문하는 사람은 다른 사람의 선善을 따라서 행하고(擇其善者而從之), 다른 사람의 식견識見을 통하여 배워야 한다(多見而識之). 다만 그것은 앎의 방법에 있어서 아직 직접적이고 주체적인 것이 아니다.

위 전체의 내용을 박문약례博文約禮를 중심으로 살펴보면 "다문택기선자이종지多聞擇其善者而從之 다견이식지多見而識之"는 널리 많은 문장들을 통하여 그 가운데 담겨 있는 이치를 배우는 박문博文으로 약례를 목표로 일차적으로 지성智性과 일체화시켜가는 과정이라고 할 수 있다. 그리고 "유부지이작지자아무시야有不知而作之者我無是也"는 약례禮를 가리킨다고 볼 수 있다. 비록 부정적으로 표현하였지만 약례約禮를 통하여 앎과 본성이 회통會通하여 합덕合德되면 비로소 그것을 주체로 살아가기 때문에 언제나 앎과 실천이 일체인 것이다.

【원문】

互鄕難與言, 童子見, 門人惑. 子曰, "與其進也, 不與其退也, 唯何甚? 人絜己以進, 與其絜也, 不保其往也."

【우리말】

호향互鄕이라는 곳의 사람들은 더불어 말하기가 어려웠는데 동자가 공자를 뵈니 문인들이 의혹을 가졌다. 공자가 말하였다. "그 진보함과 함께하며, 퇴보함과 함께하지 않으니 어찌 심하게 하겠는가? 사람이 자신을 깨끗하게 하여 진보하면 그 깨끗함을 함께 할 뿐 그 지난 것을 문제 삼지 않는다."

【논어순역】

이는 집중執中된 삶을 살아가는 군자의 삶의 태도를 나타낸 것이다. 호향互鄕의 사람들은 불선不善에 익숙하여 더불어 선善을 논하기가 어려웠었다. 그렇기 때문에 그 마을의 동자童子가 공자를 뵙기를 청하자 공자의 제자들이 동자를 만나지 말아야하는 것이 아닌가하고 의구심을 가졌던 것이다.

공자는 사람을 만날 때 과거를 염두에 두지 않고 현재를 보아야함을 말하고 있다. 만약 어떤 사람이 과거에 비록 불선不善한 행위를 하였을지라도 현재 수기修己하여 선善을 행한다면 과거의 것을 마음 가운데 담아두지 않아야함을 밝힌 것이다.

사람은 누구나 허물을 지을 수 있다. 학문을 하는 사람은 과거를 반성하여 그 허물을 고치는 사람이다. 그렇기 때문에 학문을 하는 사람은 날로 진보進步한다. 그러므로 스스로 반성하여 잘못을 고치면 지난 허물을 문제로 삼지 않고 사람을 대하는 것이 옳다.

원문을 통하여 과거에도 집착하지 않고, 미래에도 집착하지 않으며, 현재에도 집착함이 없이 오직 본성本性을 주체로 그것이 발현된 예禮에 의하여 사람과 만나야함을 알 수 있다.

그것은 순順을 바탕으로 역逆의 삶을 살아감을 뜻한다. 순順은 영원한 세계, 도의 세계, 형이상의 세계, 후천의 세계이며, 역逆은 순간의 세계, 만물의 세계, 형이하의 세계, 선천의 세계이다. 본래의 세계인 원천原天의 세계는 선천先天과 후천後天, 형이상과 형이하, 도道와 만물이 하나인 세계이다.

그것은 나타난 실다움의 세계인 현실現實이다. 현실은 시간의 측면에서는 영원한 현재이다. 이러한 영원한 현재를 살아가는 존재가 이상적 인격체인 성인聖人과 군자君子이다.

【원문】

子曰, "仁遠乎哉? 我欲仁, 斯仁至矣."

【우리말】

공자가 말하였다. "인이 멀리 있는가? 내가 인을 행하고자 하면 여기에 인이 이른다."

【논어순역】

이 부분을 통하여 인仁이 모든 사람의 본성이기 때문에 그대로 자신의 본래성을 주체로 살아가면 됨을 알 수 있다. 사람은 누구나 본래 천도天道를 본성本性으로 하는 존재이며, 그 내용은 인예의지仁禮義智의 사덕四德이다. 그러므로 내가 스스로 실천하고자 하면 그대로 인仁이 나를 통하여 시공時空에서 언행言行을 통하여 드러나게 된다.

그런데 본성을 주체로 사덕을 실천하는 것은 마음을 쓰는 용심用心을 통하여 이루어진다. 그렇기 때문에 마음을 쓰는 것을 떠나서 별개의 본래성이나 도가 있는 것으로 착각하여 밖으로 찾게 되고, 알려고 한다.

만약 본성을 깨닫는다거나 인仁을 깨닫는다고 하면 그것은 이미 자신을 대상화하는 것이기 때문에 그릇된 것이다. 인仁을 대상화하여 찾거나 알려고 하지 말고 오직 이미 내 본성이 인예의지仁禮義智의 사덕四德임을 믿고 그것을 실천하면 된다. 그런 점에서 보면 학문과 실천이 둘이 아님을 알 수 있다.

【원문】

陳司敗問昭公知禮乎, 孔子曰, "知禮." 孔子退, 揖巫馬期而進之, 曰, "吾聞君子不黨, 君子亦黨乎? 君取於吳爲同姓, 謂之吳孟子. 君而知禮, 孰不知禮?" 巫馬期以告. 子曰, "丘也幸, 苟有過, 人必知之."

【우리말】

진陳나라 사패司敗가 묻기를 "소공이 예를 압니까?"라고 하자 공자가 "예를 안다."고 말하였다. 공자가 물러나자 사패가 무마기巫馬期에게 읍하며 나와서 말하였다. "내가 들으니 군자는 편을 들지 않는다고 하였는데 군자도 또한 편을 듭니까? 임금이 오吳나라에 장가를 들었는데 동성이므로 오맹자吳孟子라고 한 것이니 임금이 예를 알면 누가 예를 알지 못하겠습니까?" 무마기가 이것을 알리자 공자가 말하였다. "나는 다행이다. 허물이 있으면 반드시 다른 사람들이 아는 구나."

【논어순역】

이 부분은 진陳나라의 사패司敗가 공자에게 노魯나라의 소공昭公이 오吳나라에서 여자를 취한 사건과 관련하여 그것이 예禮에 맞는지를 물어본 것이다. 노魯나라와 오吳나라는 같은 희성姬姓이다. 그러므로 오희라고 해야 마땅하나 동성동본은 결혼을 할 수 없기 때문에 오맹자吳孟子라고 하였다.

이 사건을 들어서 공자에게 소공이 예를 아는 것이냐고 물었다. 그러나 공자는 노나라가 고향이었으며, 소공은 선대先代의 임금이었기 때문에 차마 예禮를 모른다고 할 수 없어서 예禮를 안다고 말하였던 것이다.

그런데 진사패가 군자가 편당을 짓는 것은 부당하다고 말하고 공자가 소공을 감싸는 것을 질책하였다. 그러자 공자는 다행으로 여기면서 허물이 있으면 다른 사람이 알고 알려준다고 하였다.

선유先儒들은 공자의 태도에 대하여 비록 소공의 잘못을 알고 있을지라도 한번은 그렇게 대답하는 것이 예에 맞는 것으로 생각하였다. 그런데 이 부분의 핵심은 "구야행丘也幸, 구유과苟有過, 인필지지人必知之."에 있다고 할 수 있다.

공자 자신이 예를 모르지 않을 뿐만 아니라 자신과 관련되었다고 하여 사사私事로운 마음을 갖지 않는다. 왜냐하면 그는 무아無我이면서 무지無知이기 때문이다. 그러므로 진사패가 물을 때는 예를 안다고 하여 시비是非에 관련이 없이 소공에 대한 예를 다하였고, 다시 묻자 그것을 자신의 허물로 돌림으로써 사패의 마음도 흡족하게 하였다.

결국 공자가 진사패에게 가르쳐 주고자 한 것은 시비是非를 벗어나서 오직 상대방을 인仁으로 대하는 지혜로운 행동이었다. 이를 통하여 군자 역시 공자처럼 무아無我이기 때문에 모든 존재를 일체로 여기고, 무지無

知이기 때문에 시간상의 과거, 미래에도 얽매임이 없을 뿐만 아니라 현재 자체에도 얽매임이 없어서 자유로운 삶을 살아야함을 알 수 있다.

【원문】

子與人歌而善, 必使反之, 而後和之.

【우리말】

공자가 남과 함께 노래를 할 때 잘하면 반드시 다시 부르게 하여 뒤에 화답하였다.

【논어순역】

이 부분 역시 무아無我의 상태에서 다른 사람과 일체一體가 되어 살아가는 공자의 모습을 통하여 군자 역시 천지와 더불어 그 덕德을 함께 하고, 만물과 더불어 그 삶이 하나가 되어야함을 알 수 있다. 나와 남이 없기 때문에 다른 사람의 선善한 행위를 아름답게 여겨서 자신도 함께 하는 것이다.

그러나 학문의 관점에서 보면 무아無我이기 때문에 모든 존재를 스승으로 하여 배울 수 있음을 나타낸 것이라고 할 수 있다. 그런 점에서 보면 모든 존재가 서로에게 스승이 되어서 가르치고 배우면서 살기 때문에 사제師弟 관계는 어떤 특정한 사람 사이에만 성립되는 고정된 관계가 아님을 알 수 있다. 그것은 하루에도 한 순간도 놓치지 않고 24시간을 모두 배워 익히는 학문을 하여야함을 뜻한다.

이 부분을 역수원리의 관점에서 이해하면 노래는 율여律呂원리를 상징적으로 나타내는 것으로 이해할 수 있다. 그러므로 다른 사람과 더불어 노래를 부른다는 것은 제자들에게 율여律呂원리, 역수원리를 가르칠 때 잘 이해를 하면 반드시 다시 진술하게 하여 앎을 확인하고 다시 가르쳐서 제자로 하여금 명쾌하게 알도록 하였음을 나타낸 것이라고 할 수 있다.

【원문】

子曰, "文莫吾猶人也. 躬行君子, 則吾未之有得."

【우리말】

공자가 말하였다. "문장은 내가 다른 사람과 같지 아니함이 없다. 그러나 군자의 도를 몸으로 실천함은 나에게는 아직 얻은 바가 없다."

【논어순역】

이 부분은 문장을 배워서 익히는 것은 공자 자신을 다른 사람과 비교하여 모자랄 것이 없지만 군자의 도를 실천궁행함에 있어서는 얻음이 없음을 나타내고 있다. 이는 도를 실천함이 어려움을 밝히기 위하여 겸손하게 말씀한 것이라고 이해할 수 있다.

그러나 이는 성인과 군자의 사명을 다름을 밝힌 것이다. 성인은 문장을 통하여 진리를 천하에 밝혀서 그것을 통하여 군자를 기르는 존재이며, 군자는 성인이 밝힌 도를 실천하는 존재이다. 그렇기 때문에 성인인 공자에게는 군자의 도를 실천궁행하는 사명이 주어지지 않았기 때문에 내가 얻음이 있지 않다고 하였던 것이다.

성인과 군자의 삶의 양상이 서로 다름을 형이상과 형이하를 중심으로 살펴보면 형이상의 관점에서 보면 모든 존재의 본성이 같지만 현상의 측면, 형이하의 관점에서 보면 만물의 삶의 양태가 서로 다르기 때문에 서로 조화를 이루면서 살게 됨을 밝힌 것이다.

원문의 "문막오유인야文莫吾猶人也"에서 문文은 천문天文, 인문人文을 가리킨다. 그러므로 위의 문장은 천지天地의 도道를 드러내어 밝히는 천명天命은 공자가 다른 성인과 같이 부여받았음을 밝힌 것이다.

그러나 "궁행군자躬行君子, 즉오미지유득則吾未之有得."에서 공자가 성인이 밝힌 도를 몸으로 실천하는 군자를 얻지 못하였다는 것은 군자적인 사명이 주어지지 않았음을 뜻한다. 물론 공자 역시 군자처럼 몸으로 실천하며 살아간 존재이다. 다만 주어진 천명이 군자와 다름을 밝힌 것으로 이 부분은 군자의 사명을 강조한 것이라고 할 수 있다.

【원문】

子曰, "若聖與仁, 則吾豈敢? 抑爲之不厭, 誨人不倦, 則可謂云爾已矣." 公西華曰, "正唯弟子不能學也."

【우리말】

공자께서 말씀하시기를 "성스러움聖과 어짐仁은 내가 어찌 감당堪當하겠는가? 그러나 도를 실천함을 싫어하지 않으며, 가르침에 게으르지 않는 일은 그렇다고 말할 수 있을 뿐이다." 공서화公西華가 말하기를 "참으로 저희들이 배울 수 없는 것입니다."

【논어순역】

이 부분을 보면 공자가 성인聖人과 인仁을 스스로 감당할 수 없으며 단지 그것을 실천함을 싫어하지 않고 군자를 가르치는데 게으름을 피우지 않는다고 겸손하게 말한 것으로만 이해할 수 있다. 물론 스스로 자신을 낮추는 겸손을 나타낸 것이기도 하다. 그러나 단지 그러한 뜻만을 담고 있는 것은 아니다.

본래 성스럽다는 것과 인仁하다는 것을 논하면 그 이면에는 "성스럽지 않다", "어질지 않다."는 생각이 반드시 전제가 된다. 그것은 다시 말하면 본성本性을 자각하여 성덕成德된 존재를 성聖이나 인仁이라는 특정한 개념으로 규정하는 순간 이미 그것은 빗나가게 됨을 뜻한다. 그러므로 덕을 특정한 존재로 한정지어서 규정할 수 없음을 나타낸 것이라고 할 수 있다.

이를 통하여 개념을 규정하고 그것을 바탕으로 그 의미를 파악하려는 대상적 사고를 학문의 방법으로서의 궁리窮理로 착각하는 것을 벗어나야함을 알 수 있다. 학문은 실천과 함께 이루어지는 것이기 때문에 반드시 날마다 그 새로움을 볼 수 있도록 성덕成德의 결과가 언행言行을 통하여 드러나야 하는 것이다. 그렇기 때문에 싫어함이 없이 끊임없이 실천하고, 게으름을 피우지 않고 가르침을 베푸는 것이 그대로 덕을 보여주는 것이다.

공자에 대하여 그의 제자들은 무아無我임을 밝히고 있다. 그러므로 "약성여인若聖與仁, 즉오기감則吾豈敢?"은 단순한 겸손이 아니라 성스러움과 속됨, 인仁과 불인不仁을 구분하여 집착하는 마음이 없음을 그대로 나타낸다. 그러므로 성인과 군자는 오직 본성을 주체로 살아가는 집중執中하여 중용中庸하는 삶을 살아간다. 따라서 "억위지불염抑爲之不厭, 회인불권誨人不倦, 즉가위운이의則可謂云爾已矣"는 함이 없이 그렇게 살아가는 성인과 군자의 자유로운 삶을 나타낸 것이다.

【원문】

子疾病, 子路請禱. 子曰, "有諸?" 子路對曰, "有之, 誄曰, '禱爾于上下神祇.'" 子曰, "丘之禱久矣."

【우리말】

공자가 병이 깊어지자 자로가 기도하기를 청하자 공자가 말하였다. "그런 이치가 있느냐?"자로가 대답하여 말하였다. "있습니다. 뇌문誄文에 말하기를 '너를 상하의 신지神祇에게 기도한다.'고 하였습니다." 공자가 말하였다. "내가 기도함이 오래되었다."

【논어순역】

이 부분은 자로와 공자가 기도에 관하여 문답한 것을 내용으로 하고 있다. 이를 통하여 공자가 밝힌 기도의 의미를 파악할 수 있다.

공자의 병이 깊어지자 자로가 기도를 청하였다는 것은 병을 나으려는 목적에서 기도를 하려고 하였음을 알 수 있다. 그리고 자로가 생각하는 기도는 상하의 신지神祇라는 대상이 있다. 따라서 자로가 생각하는 기도는 대상과 목적이 있는 것임을 알 수 있다.

공자는 이미 자신이 기도한지가 오래되었다고 하여 자로가 생각하고 있는 기도의 의미를 부정하고 있다. 그것은 공자가 대상이 없으며, 목적이 없는 기도가 진정한 기도임을 밝힌 것이다. 그것은 나라는 개체성을 벗어나서 이루어지는 기도임을 뜻한다. 그렇게 보면 공자의 병이 깊은 것도 이미 기도 가운데서 이루어지는 것이기 때문에 병을 나와 둘로 보아 병에서 벗어나려고 하거나 고통스러워하지 않음을 알 수 있다.

성인은 성덕된 존재이며, 성덕은 극기克己를 통하여 이루어진다. 그리고 극기는 개체성을 벗어난 상태를 가리킨다. 즉 본성을 주체로 살아가는 존재가 바로 극기된 존재로 그것을 『논어』에서는 "자기를 이겨서 예禮를 회복하여 인仁을 주체로 함"[167]이라고 하였다. 이 때 위인爲仁은 인과 더불어 일체가 된 존재를 가리키는 것으로 그것이 바로 군자이며, 성인이다. 그러므로 성인은 항상 본성과 더불어 일체가 되어 살아가기 때문에 모든 시간에 어디서나 항상 기도를 하고 사는 것이다.

【원문】

子曰, "奢則不孫, 儉則固. 與其不孫也, 寧固."

---

167) 『論語』 顔淵, "顔淵問仁. 子曰, 克己復禮爲仁. 一日克己復禮, 天下歸仁焉. 爲仁由己, 而由人乎哉 顔淵曰, 請問其目. 子曰, 非禮勿視, 非禮勿聽, 非禮勿言, 非禮勿動. 顔淵曰, 回雖不敏, 請事斯語矣."

【우리말】

공자가 말하였다. "사치스러운 사람은 공손하지 아니하고, 검소하면 고루하니 불손함과 함께 할 바에는 차라리 고루함이 낫다."

【논어순역】

사치스러움과 고루함은 모두 중도中道를 잃은 사람의 행위이다. 그는 본성을 주체로 살아가는 존재가 아니라 사물에 얽매여 살아가는 존재이다. 그렇기 때문에 사물을 사용해야 할 때에 사용하지 않는 고루한 행동과 쓰지 말아야 할 때에 사용하는 사치스러운 행동으로 나타나는 것이다. 따라서 양자를 비교하여 고루함이 사치함보다는 낫다고 하여 고루함을 허여한 것은 아니다.

이 부분은 소인의 태도를 통하여 군자의 덕을 나타내고 있다. 사치하면 겸손하지 아니하고, 검소하면 고루하게 되는 것은 소인이다. 군자는 시의성時義性에 따라서 써야 할 때는 쓰고 쓰지 말아야 할 때는 쓰지 않는다. 그것이 바로 진정한 의미의 검소함이다. 다만 그렇지 못할 때는 차라리 고루하더라도 검소한 것이 낫다고 말씀하였을 따름이다.

사물은 인간에 의하여 다스려지는 존재이다. 그렇기 때문에 사물은 사람에 의하여 어떻게 다스려지는가에 따라서 그 가치가 달라진다. 본래 사물의 본질은 용도성用途性이기 때문에 그 용도성에 따라서 사물을 사용하되 그것을 인간의 본성을 발현하는 매개로 삼는다면 그것이 바로 의롭게 사용하는 것이다. 그것을 『주역』에서는 "군자는 사물을 해치는 것이 아니라 이롭게 한다."[168]고 하였다. 그렇기 때문에 사치스럽게 사용하거나 너무 아끼는 것은 사물을 해치는 것이다.

『중용』에서 "중화를 이루면 천지가 제 자리를 잡고 만물이 길러진다."[169]

168) 『周易』의 水澤節卦 彖辭에서는 "天地節而四時成, 節以制度, 不傷財不害民."라고 하였고, 重天乾卦의 文言에서 "利物足以和義"라고 하였다.

169) 朱熹『中庸章句』第一章, "喜怒哀樂之未發 謂之中 發而皆中節 謂之和 中

고 하였는데 이를 사물의 관점에서 이해하면 인간이 자기의 본성을 주체로 사물을 다스릴 때 비로소 사물과 내가 하나가 되어 사물의 차원이 고양됨을 밝힌 것이다.

그렇기 때문에 "인仁은 자기를 완성시키는 것이며, 지智는 사물을 완성시키는 것이니 성性의 덕德으로 내외를 합덕合德시키는 도이다."[170]고 하였다. 내외內外는 인간의 마음과 마음 밖의 사물을 가리킨다. 그러므로 인간의 본성인 인성仁性과 지성智性을 통하여 사물과 내가 완성됨으로서 합덕이 가능하게 된다. 이처럼 사물을 내 본래성과 합덕合德하여 그 차원을 고양高揚시킴으로써 완성시키는 것이 사물을 이롭게 하는 이물利物인 것이다.

【원문】

子曰, "君子坦蕩蕩, 小人長戚戚."

【우리말】

공자가 말하였다. "군자는 평탄하여 탕탕하고, 소인은 항상 근심하고 근심한다."

【논어순역】

이 부분은 군자와 소인의 마음을 나타낸 것이다. 군자의 마음은 근심걱정이 없을 뿐만 아니라 유혹됨이 없고, 두려움도 없어서 항상 너그럽고 여유롭다. 다시 말하면 어떤 일을 만나거나 어떤 물건 또는 사람을 만날지라도 항상 여유로운 것이다. 그것은 군자가 극기克己가 되어 자기가

也者 天下之大本也 和也者 天下之達 道也 致中和 天地位焉 萬物育焉."

170) 朱熹『中庸章句』第二十五章, "誠者 非自成己而已也 所以成物也 成己 仁也 成物 知也 性之德也 合內外之道也 故 時措之宜也."

없이 모든 존재와 일체가 되어 살아가기 때문이다.

소인은 극기克己가 이루어지지 않았기 때문에 어떤 사건과 물건 그리고 사람을 만나더라도 항상 걸려서 넘어지게 된다. 그렇기 때문에 늘 근심하게 된다. 군자는 항상 천지天地의 마음을 마음으로 하기 때문에 당당하면서도 막힘이 없어서 탕탕하지만 소인은 중심이 없기 때문에 항상 근심하게 되는 것이다.

그러나 군자와 소인의 본성이 다르지 않다. 따라서 군자와 소인이 다른 존재인 것이 아니라 다만 동일한 본성을 달리 발현시킴으로써 나타나는 군자적인 행동과 소인적인 행동이 있을 뿐이다. 따라서 이 부분은 본성을 그대로 나타낸 것이라고 할 수 있다.

【원문】

子溫而厲, 威而不猛, 恭而安.

【우리말】

선생님은 온화하면서도 엄숙하고, 위엄이 있으면서도 사납지 않으며, 공손하면서도 편안하였다.

【논어순역】

이 부분은 공자의 덕을 그 태도를 통하여 밝히고 있는 것으로 볼 수 있다. 물론 『논어』에 기록된 공자의 모든 말씀이 군자라는 이상적 인격체를 지향하여 이루어지고 있는 점에서 보면 공자의 덕을 나타냄으로써 군자가 도달해야 할 덕의 상태를 밝힌 것이라고 할 수 있다.

군자는 학문을 통하여 중도中道를 자각하는 집중執中을 하고, 그것을 정도正道로 실천하는 행정行正, 중용中庸하는 존재이다. 그러한 덕위德位를 가진 군자는 어느 일면에 치우침이 없다. 그것을 온화하면서도 우유

부단하지 않고 엄숙하며, 위엄이 있으면서도 모질거나 사납지 않고, 공손하면서도 비굴함이 없이 편안하다고 하였다.

"따뜻하면서도 엄숙하고, 위엄이 있으면서도 사납지 않고, 공손하면서도 편안하다."는 것은 곧 인예의지仁禮義智의 사덕四德이 그대로 드러난 상태를 나타낸 것이다. 그러므로 군자 역시 사덕四德을 주체로 살아가면 위와 같은 태도가 될 수밖에 없다.

제팔장 태백泰伯

【원문】

子曰, "泰伯, 其可謂至德也已矣. 三以天下讓, 民無得而稱焉."

【우리말】

공자가 말하였다. "태백泰伯은 지극한 덕을 가진 사람이라고 이를 만하다. 세 번 천하를 사양하였지만 백성들이 칭송함을 얻을 수 없다."

【논어순역】

태백泰伯은 주周나라 태왕太王의 장자長子로 그 동생은 중옹中雍과 계력季歷이다. 태왕은 상商나라를 치려는 뜻을 갖고 있었고, 장자인 태백은 이를 반대하였다. 그렇기 때문에 태왕은 창昌이라는 뛰어난 아들을 가진 계력에게 왕위王位를 물려주고자 하였다. 이를 안 태백은 중옹을 설득하여 멀리 남만南蠻으로 도망을 하여 자취를 감추고 살았다.

그런데 태백과 중옹이 그 사실마저도 철저하게 감추었기 때문에 백성들이 이를 칭송할 수 없었을 뿐만 아니라 사관史官 역시 사실을 밝혀서 저술할 수 없었던 것이다. 그렇기 때문에 공자가 태백泰伯의 지덕至德을 칭송하였던 것이다.

이 부분을 순順의 관점에서 살펴보면 이는 지덕至德의 특성을 나타낸 것이라고 볼 수 있다. 지덕은 곧 지선至善으로 그것은 본성을 주체로 시의성時義性에 따라서 행하여지는 인예의지仁禮義智의 사덕四德이다. 본성本性은 형이상적形而上的 존재로 개체적 존재가 아니다.

그렇기 때문에 남에게 국가나 천하를 양보讓步하여도 남에게 양보한 것이 아니라 또 다른 나에게 물려준 것이기 때문에 양보라고 내세울 것이 없다. 칭송할 것도 없고, 칭송받을 것도 없는 것이 지덕至德이므로 공자孔子가 칭송한 것이다.

그러면 공자는 단순하게 두 사람이 왕위를 양보한 사실 만으로 지덕으로 규정한 것인가?

공자는 무지無知와 무가무불가無可無不可를 언급하였고, 제자들의 언급을 통하여 무아無我 역시 제시되었다. 그리고 그것을 집중執中과 중용中庸으로 언급하기도 하였다. 이렇게 보면 그들의 행위가 무아無我, 무지無知의 상태에서 이루어지는 자연스러운 행위라는 점에서 지덕이라고 규정한 것이라고 볼 수 있다. 마음이 하고자 하는 대로 따라도 법도에 어긋남이 없는 상태에서 이루어진 행위로 규정한 것이다. 그런 점에서 보면 『노자老子』에서 언급된 함이 없이 모든 것을 다하는 무위자연無爲自然이 바로 지덕至德으로 나타나는 중용中庸이라고 할 수 있다.

【원문】

子曰, "恭而無禮則勞, 愼而無禮則葸, 勇而無禮則亂, 直而無禮則絞. 君子篤於親, 則民興於仁, 故舊不遺, 則民不偸."

【우리말】

공자가 말하였다. "공손하면서 예가 없으면 수고로울 따름이고, 삼가면서 예가 없으면 두려워할 따름이며, 용감하면서 예가 없으면 어지러울 따름이고, 곧으면서 예가 없으면 급할 따름이다. 군자가 양친에게 돈독하면 백성들이 인仁을 흥작興作하며, 옛 친구를 버리지 않으면 백성들이 야박野薄해지지 않는다."

【논어순역】

이 부분은 한 장으로 붙어 있으나 군자독어친君子篤於親이하는 다른 내용이라는 의견도 있다. 그런데 하나로 붙여서 이해할 수도 있고, 둘로 나누어서 이해할 수도 있다. 다만 여기서는 하나로 붙여서 이해하고자 한다.

전체 내용을 하나로 이해하면 그 내용은 예禮를 통하여 인간의 모든 언행言行이 본성本性을 주체로 하지 않으면 중도中道를 잃어 정도正道가 되지 못하며, 그러므로 중용中庸이 되지 않음을 구체적인 행위를 통하여 밝힌 것이다.

공손함과 삼감 그리고 용맹과 곧음은 모두 예禮의 구체적인 절목이다. 그렇기 때문에 예禮가 없으면 그것이 모두 헛된 수고와 두려움, 어지러움, 급함이 되는 것이다. 그것을 가정과 국가라는 사회를 중심으로 밝힌 것이 다음 부분이다.

군자君子가 양친兩親 부모를 비롯하여 가까운 친지들에게 예禮로 대하면 백성들 역시 그것을 본받아서 인仁을 체득體得하여 예禮를 주체로 살게 된다. 그리고 오랜 동안 함께 했던 사람들이나 친구들을 변함없이 대하면 백성들의 마음이 넉넉하여 각박해지지 않는다.

이 때 고구故舊를 형이상적 측면에서 이해하면 그것은 옛 도古道 곧 성인聖人의 도道를 버리지 않으면 백성들 역시 인격적으로 넉넉하고 여유롭게 됨을 뜻한다.

【원문】

曾子有疾, 召門弟子曰, "啓予足! 啓予手! 詩云, '戰戰兢兢, 如臨深淵, 如履薄氷.' 而今而後, 吾知免夫! 小子!"

【우리말】

증자曾子가 병이 깊어지자 제자들을 불러 말하였다. "내 발을 펴고 내 팔을 펴다오. 시詩에서 말하기를 '두려워하고 두려워하며, 조심하고 조심하기를 깊은 못에 도달한 듯 얇은 얼음을 밟듯이 한다.'고 하였으니 지금 후에야 비로소 내가 벗어남을 알겠다. 제자들아!"

【논어순역】

증자는 공자의 제자인 증삼曾參으로 그를 증자로 기록한 것은 이 글이 증삼의 제자들에 의하여 기록된 것임을 나타낸다. 그는 『효경孝經』을 지어서 효孝를 강조하였을 뿐만 아니라 실제로 효를 실천하였다. 그렇기 때문에 『효경』에서 "몸은 부모로부터 받은 것이기 때문에 감히 훼손하지 않는 것이 효의 시작"[171]이라고 하였을 뿐만 아니라 이 부분을 통하여 알 수 있듯이 죽음에 이르러서 손과 발을 펴보고 일생 동안 감히 훼손하지 않았음을 확인한 것으로 이해할 수 있다.

그러나 그것은 증자 자신이 밝힌 것과 같이 효의 시작일 뿐 끝은 아니다. 몸은 본성本性의 내용인 덕德을 실천하기 위하여 필요한 것이지 몸 자체가 소중해서 그런 것은 아니다. 몸은 물건과 같아서 수명이 다하면 더 이상 사용할 수 없게 될 따름이다. 따라서 이 부분을 형이상적 관점에서 이해하는 것이 타당하다.

우리는 일반적으로 생명을 논할 때 물리적 관점에서 이해하는데 그치고 만다. 그러나 생명을 형이상적 관점에서 이해하면 물리적 생명을 가리키는 것이 아니라 역사적 사명, 사회적 사명으로서의 천명天命을 가리킨다. 그러므로 군자의 삶은 몸을 통하여 천명을 봉행奉行하는 과정일 따름이다. 증자는 스스로 본성을 주체로 사덕四德을 실천하며 살아가는 것이 학문을 하는 사람에게 주어진 천명天命임을 다음과 같이 밝히고 있다.

> 학문을 하는 사람이 뜻을 크게 갖지 않을 수 없다. 왜냐하면 임무가 막중하고 가야할 길이 멀기 때문이다. 인仁으로 자기의 임무를 삼았으니 또한 막중하지 않는가? 죽은 이후에야 그만 둘 수 있으니 또한 멀지 않는가?"[172]

위의 내용을 통하여 죽음에 이르러서 비로소 천명의 봉행이 마무리됨

---

171) 『孝經』 開宗明義章第一, "身體髮膚受之父母不敢毁傷孝之始也."

172) 『論語』 泰伯篇, "士不可以不弘毅, 任重而道遠. 仁以爲己任, 不亦重乎? 死而後已, 不亦遠乎?"

을 나타내고 있음을 알 수 있다. 그러므로 죽음은 물리적 생명의 단절이 아니라 천명의 봉행의 완수이다. 그리고 천명을 완수하면 또 다른 천명이 주어지기 때문에 군자에게 본래 죽음은 없다.

형이상적 관점에서 생명을 이해하면 자신에게 주어진 상황이 어렵다고 하여 물리적 생명을 버리는 자살은 곧 천명을 거역하는 것이 된다. 그리고 효孝가 비록 예의 구체적인 절목의 하나이지만 예를 대표하는 전형적인 것이다. 그러므로 효의 궁극적인 경지는 자신의 본성으로서의 사덕四德을 실천하는 것이다.

『효경』에서는 "자신의 주체성을 세워서 도道를 행하여 후세에 그 이름을 날리는 것이 효孝의 끝이다."[173]고 하여 본성을 자각하고 그것을 주체로 사덕四德을 실천함으로써 모든 존재에게 모범이 되는 것이 곧 효도의 궁극적인 목적임을 밝히고 있다.

【원문】

曾子有疾, 孟敬子問之. 曾子言曰, "鳥之將死, 其鳴也哀, 人之將死, 其言也善. 君子所貴乎道者三, 動容貌, 斯遠暴慢矣, 正顏色, 斯近信矣, 出辭氣, 斯遠鄙倍矣. 籩豆之事, 則有司存."

【우리말】

증자曾子가 병이 깊어지자 맹경자孟敬子가 문병을 하였더니 증자가 일러 말하였다. "새가 죽음에 이르러서는 그 울음이 구슬프고 사람이 장차 죽음에 이르러서는 그 말이 선하다. 군자가 도道 가운데 귀중하게 여기는 것이 셋이니 몸을 움직임에 사납고 포악한 용모를 멀리하며, 안색을 바르게 함에 신실함에 가깝고, 말을 함에 비루하고 도에 어긋나는 것을 멀

---

173) 『孝經』 開宗明義章第一, "一立身行道揚名於後世以顯父母孝之終也."

리할 것이니 제기를 취급하는 일은 유사有司가 있다."

【논어순역】

위의 내용은 증자曾子의 병이 깊어지자 노魯나라의 대부大夫인 중손첩仲孫捷이 문안을 왔을 때 증자曾子가 그에게 한 말이다.

먼저 "새가 죽음에 이르러서는 그 울음이 구슬프고 사람이 장차 죽음에 이르러서는 그 말이 선하다."를 역逆의 관점에서 이해하면 물리적 생명의 끊어지는 죽음에 이르러서는 사람의 마음이 욕심慾心이 없게 되기 때문에 처음 태어났을 때의 상태와 같이 진실眞實해짐을 나타낸 것이라고 볼 수 있다.

수기修己의 관점에서 보면 죽음은 극기克己를 나타낸 것으로 곧 무아無我의 경지境地에 도달함을 뜻한다. 그러므로 죽음에 그 말이 선善하다는 것은 무아無我, 무지無知가 되어야 비로소 진실하게 됨을 뜻한다. 따라서 증자曾子는 자신이 무아無我의 상태에서 함이 없이 말을 하고 있음을 밝힌 것이라고 할 수 있다.

이어서 증자曾子는 제기祭器를 취급하는 것과 같은 예禮의 구체적인 실천 절목節目은 그것을 맡아서 집행하는 유사有司를 통하여 해결하면 됨을 밝혀서 그것이 근본적인 문제가 아님을 밝히고 있다. 그리고 이어서 군자君子가 노력해야 할 세 가지에 관하여 말하고 있다.

증자가 언급한 군자君子가 노력해야 할 세 가지는 결국 군자가 해야 할 학문의 내용이라고 할 수 있다. 우선 그 내용을 보면 용모容貌에 포악暴惡하고 사나움을 멀리하고, 안색顔色을 바르게 함에 신실信實함에 가깝게 하며, 말을 함에 비루鄙陋하고 도道에 어긋남이 없게 할 것을 주문하였다.

그런데 비록 세 가지이지만 안색과 몸가짐은 행동이고 언사言辭의 기운氣運을 배출하는 것은 언言이다. 그러므로 군자君子의 언행言行을 어떻게 할 것인지를 밝힌 것이라고 할 수 있다. 말에 비루하거나 어긋남이 없다는 것은 진리를 담고 있어야함을 밝힌 것이고, 몸가짐에 사나움과 포악함이 없고, 안색을 바로 함에 신실함에 가깝다는 것은 안색과 몸가짐이 항심恒心의 표출이어야 함을 밝힌 것이다. 『주역』에서는 "군자君子는 말에는 도道가 담겨있고, 행위에는 항심恒心이 담겨 있다."[174]고 하여 이점을 밝히고 있다.

군자의 언행言行은 마음의 표현이고, 마음은 또한 본성本性의 현현顯現이다. 그러므로 앞에서 언급한 세 가지가 이루어지기 위해서는 군자가 자신의 본성本性을 주체로 사덕四德을 실천해야 한다. 따라서 증자曾子가 밝힌 군자君子가 귀하게 여겨야할 세 가지의 내용을 요약하여 한마디로 나타내면 집중執中하여 중용中庸을 실천함이라고 할 수 있다.

【원문】

曾子曰, "以能問於不能, 以多問於寡, 有若無, 實若虛, 犯而不校, 昔者吾友嘗從事於斯矣."

【우리말】

증자가 말하였다. "능한 사람이 능하지 못한 사람에게 물으며, 많이 아는 사람이 적게 아는 사람에게 묻고, 있으면서 없는 듯이 하며, 실다우면서도 빈 듯이 하여, 범하여도 그의 언행에 대하여 시비를 따지지 않음을 예전에 일찍이 내 벗이 일삼았었다."

【논어순역】

선유先儒인 마융馬融은 이 부분을 안연顔淵의 학문 태도를 가리키는 것이라고 하였다. 그러나 그가 누구이든 상관이 없이 오늘날의 우리가

---

174) 『周易』 風火家人卦 大象, "君子以 言有物而行有恒"

본받아서 행하여야 할 내용을 담고 있다는 점이 중요하다. 다시 말하면 위의 내용을 이상적 인격체인 군자君子의 학문하는 태도를 중심으로 이해하는 것이 중요하다.

군자는 학문을 통하여 자기를 버림으로서 예禮를 회복하여 인仁과 하나가 된 존재이다. 즉 인仁과 예禮 그리고 지智와 의義를 내용으로 하는 본성本性을 자각하여 그것을 주체로 살아가는 존재가 군자인 것이다.

그런데 본성은 형이상적 존재로 그 가운데는 피아彼我가 없다. 그러므로 군자는 자기가 없어서 천지天地의 마음을 자신의 마음으로 살아가는 것이다. 그것은 군자가 무아無我이면서 무지無知임을 뜻한다. 무지이기 때문에 이것과 저것을 나누어서 가치를 부여하고 집착執着하는 마음이 없다.

남이 능력이 있거나 없거나를 막론하고 둘로 보지 않으며, 남의 지식이 많고 적음을 구분하여 보지 않기 때문에 있어도 없는 것 같으며, 지혜가 가득 찼어도 비어 있는 듯하다. 그렇기 때문에 능력이 있으면서도 능력이 없는 사람에게 묻고, 지식이 많으면서도 적은 사람에게 물을 수 있다.

또한 무아無我이기 때문에 다른 사람을 만나거나 사물을 다스릴 때 오직 예의禮義로 대할 뿐 이해타산利害打算에 의하여 만나지 않는다. 그렇기 때문에 설사 다른 사람이 무례無禮하게 대들어도 그것을 헤아리지 않고 오직 예禮로 대할 따름이다.

【원문】

曾子曰, "可以託六尺之孤, 可以寄百里之命, 臨大節而不可奪也, 君子人與? 君子人也."

【우리말】

증자曾子가 말하였다. "여섯 척의 어린 임금을 맡길 만하고, 백리가 되는 국가의 운명을 부탁할 만하며, 큰 전환기에 임하여서도 그 마음을 빼앗을 수 없다면 군자다운 사람인가? 군자다운 사람이다."

【논어순역】

선유先儒들은 이 부분을 정치의 관점에서 이해하여 "가이탁육척지고可以託六尺之孤 가이기백리지명可以寄百里之命"은 어린 왕을 도와서 섭정할 수 있는 재주를 나타내고, "임대절이불가탈臨大節而不可奪也"은 죽음에 이르러서도 뺏을 수 없는 절개를 나타내며, "군자인여君子人與? 군자인야君子人也."는 그러한 사람이 군자임을 밝힌 것이라고 하였다.

그러나 이 부분을 수기修己의 관점에서 살펴보면 "가이탁육척지고可以託六尺之孤"는 홀아비와 홀어미 그리고 고아와 늙어서 자식이 없는 사람(鰥寡孤獨)을 보호하고자 하는 어진 마음을 나타내고, 가이기백리지명可以寄百里之命"은 백성들에게 널리 베풀어서 능히 많은 사람들을 제도濟度[175)]할 수 있는 지혜智慧를 가리키며, "임대절이불가탈야臨大節而不可奪也"는 인류와 우주 역사의 변혁기變革期를 당하여 빼앗을 수 없는 확고한 충신忠信, 용기勇氣, 성誠을 가리킨다고 할 수 있다.

위의 내용을 종합하여 보면 군자는 인성仁性과 지성智性 그리고 그것을 실천할 수 있는 용기, 믿음, 진실함을 주체로 하여야함을 밝힌 것이다. 그것은 자신의 중심을 세우는 것으로 곧 중도를 주체성으로 확립하는 집중執中이 되어야 군자라고 할 수 있음을 밝힌 것이다. 그리고 집중이 되면 어떤 상황에서도 변함이 없이 자신의 본성을 주체로 인도人道를 실천하는 중용中庸이 가능하다. 따라서 이 부분은 군자가 집중하고 중용해야함을 밝힌 것이라고 할 수 있다.

---

175) 『論語』 雍也, "子貢曰 如有博施於民而能濟衆, 何如 可謂仁乎 子曰 何事於仁 必也聖乎 堯舜其猶病諸 夫仁者, 己欲立而立人, 己欲達而達人. 能近取譬, 可謂仁之方也已."

【원문】

曾子曰, "士不可以不弘毅, 任重而道遠. 仁以爲己任, 不亦重乎? 死而後已, 不亦遠乎?"

【우리말】

증자가 말하였다. "선비는 뜻을 크고 굳세게 하지 않을 수 없으니 맡은 임무가 무겁고 가야할 길이 멀기 때문이다. 인仁으로 자기 책임을 삼으니 무겁지 아니한가? 죽은 뒤에야 비로소 마칠 수 있으니 또한 멀지 않은가?"

【논어순역】

위의 내용은 증자가 사士에 대하여 정의를 내린 것이다. 어떤 존재가 사람으로 태어났음은 곧 그에게 사람답게 살아가야 할 사명이 주어졌음을 뜻한다. 그렇기 때문에 사람이라는 이름에 걸맞게 사람답게 살아가는 것이 모든 사람에게 주어진 공통적인 사명이다. 『논어』에서는 사람답게 살아가는 것을 그 이름에 부합하는 정명正名으로 규정하고 있다.

그런데 사람답게 살아가는 것은 생긴 대로 살아가는 것으로 그것은 다시 말하면 본성대로 살아가는 것이다. 『주역』에서는 인간의 본성을 인예의지仁禮義智의 사덕四德[176]으로 규정하고 있고, 『맹자』에서도 "인仁은 사람이다."[177]라고 하여 인이 사람의 본성임을 밝히고 있다. 그리고 공자는 사람답게 살아가고자 하는 뜻을 세우고 살아가는 군자라면 그는 반드시 한 순간도 인仁을 떠나지 않고 오로지 인을 주체로 살아야함[178]을 밝

176) 『周易』 重天乾卦 文言, "文言曰 元者善之長也 亨者嘉之會也 利者義之和也 貞者事之幹也 君子 體仁足以長人, 嘉會足以合禮, 利物足以和義, 貞固足以幹事. 君子 行此四德者, 故曰乾元亨利貞."

177) 『孟子』 盡心章句下, "孟子曰 仁也者人也 合而言之道也."

178) 『論語』 里仁, "君子去仁, 惡乎成名 君子 無終食之間違仁, 造次必於是, 顚沛必於是."

히고 있다.

자신의 본성本性을 주체로 살아가는 것이 곧 사람답게 사는 것임을 인仁을 중심으로 밝히고 있는 것이 위의 부분이다. 증자는 인仁에 뜻을 두고 그것을 죽을 때까지 굳세게 붙들고 놓지 않는 존재가 선비임을 밝히고 있다.

원문에서 "인仁으로 자신의 임무를 삼으니 또한 무겁지 않겠는가?"는 본성을 주체로 사는 것이 모든 사람에게 주어진 천명天命임을 밝힌 것이며, "죽은 후에 그만 둘 수 있으니 또한 멀지 않는가?"는 그 사명이 죽음에 이르러서 마치게 됨을 뜻한다.

그러나 순順의 관점에서 보면 물리적 생명은 본성本性의 현현顯現일 따름이다. 그러므로 탄생도 죽음도 모두 천명天命의 현현顯現이다. 그런 점에서 보면 인仁이라는 천명天命을 완수完遂하였을 때 그것이 물리적 측면에서는 물리적 생명의 소멸消滅인 죽음으로 나타난다. 그러므로 "책임은 무겁고 갈 길은 멀다."는 것은 사람이면 모두 봉행奉行해야 할 가장 근본적인 임무가 바로 천명天命이며, 그것은 출생으로부터 죽음에 이르러서 끝나는 것이 아니라 그것을 완수完遂하였을 때 비로소 끝나게 됨을 밝힌 것이라고 할 수 있다.

【원문】

子曰, "興於詩, 立於禮, 成於樂."

【우리말】

공자가 말하였다. "시詩를 통하여 기흥하고, 예禮에서 서며, 악樂에서 이룬다."

【논어순역】

『논어』의 전편을 통하여 공자가 말하고자 하는 내용은 군자君子의 도道이며, 그 대상은 사람답게 살고자 하는 뜻을 세우고 살아가는 사람이다. 그렇기 때문에 이 부분 역시 군자의 도를 중심으로 이해하지 않을 수 없다.

일반적으로 위의 내용은 군자가 시詩를 공부함으로써 그것을 통하여 도덕적 존재가 되어 인간다운 삶을 살고자하는 뜻을 일으키게 되고, 예禮[179]를 통하여 자신을 검속檢束하여 불선不善을 버리고 선善을 취하여 도덕적 주체성을 세우며, 악樂을 통하여 사람의 성정性情을 기르고, 그 간사奸邪하고 더러움을 깨끗이 씻어 그 찌꺼기를 없애서 융화融和시켜서 인격을 완성함[180]으로 이해한다.

그런데 예 자체는 인간의 심성 내면적 존재이기 때문에 자신이 자신을 검속하는 것이 될 뿐만 아니라 본성의 세계에는 선과 불선이 없고, 간사하고 더러움이 없어서 씻어내고 깨끗하게 할 것이 없다. 또한 인격 역시 완성할 것이 없이 본래부터 갖추어져 있는 것이다.

역逆의 관점에서 수기修己를 통하여 자신이 어떤 존재인지를 알아가는 "하학이상달下學而上達"의 측면만을 이해하면 그 본래의 세계를 알 수 없다. 그렇기 때문에 순順의 관점에서 본성 자체가 마음과 몸을 통하여 어떻게 드러나는지 그리고 그것이 세계와는 어떤 관계이며, 어떤 영향을 미치는지를 논하지 않을 수 없다.

먼저 역逆의 관점에서 이 부분을 이해하기 위하여 예의禮義를 중심으

---

179) 이 때의 禮는 인간 본래성의 내용을 구성하는 仁禮義智의 四德 가운데 하나가 아니라 그러한 禮를 바탕으로 실천되어지는 구체적인 節目들을 가리키는 개념이다. 그러므로 『論語』를 비롯하여 原始儒家의 典籍들 가운데서 사용되는 禮는 그 문맥에 따라서 어떤 用途로 사용되는지를 잘 살펴보아야 한다.

180) 朱熹 『論語集註』, "樂有五聲十二律 更唱迭和 以爲歌舞八音之節 可以養人之性情 而蕩滌其邪穢 消融其查滓 故 學者之終 所以至於義精仁熟而自和順於道德者 必於此而得之 是學之成也"

로 인격성을 확립하는 과정에 대하여 살펴보자. 『주역』에서는 "경敬으로 마음 안을 곧게 하고, 의義로 마음 밖을 방정方正하게 한다."[181]고 하여 예로 마음을 검속하고, 의를 통하여 행동을 방정하게 함을 밝히고 있다. 『서경』에서도 "예로 마음을 다스리고, 의로 일을 다스린다."[182]고 하여 예의를 통하여 안팎을 다스려야함을 밝히고 있다.

역수원리의 관점에서 보면 시詩와 악樂은 모두 율여원리에 근거하여 형성된 것이며, 예는 정령원리에 의하여 형성된 것이다. 그러므로 정령과 율여원리를 중심으로 위의 내용을 고찰할 수 있다.

정령원리는 외면적 작용이며, 율여원리는 내면적 작용이다. 정치의 측면에서는 악樂은 사람의 심성 내면의 측면에서 인격을 형성하는 작용을 하며, 구체적인 예의 절목은 밖에서 법령을 통하여 시행된다.

그런데 시는 감성을 자극하여 그 마음을 움직이게 하는 작용을 하기 때문에 시를 통하여 인격적 존재가 되고자 하는 뜻을 세울 수 있다. 그렇기 때문에 시에 의하여 군자가 되고자 하는 뜻을 일으킨다고 하였다.

시를 통하여 세운 뜻을 실천하는 과정이 예를 통하여 인격 주체성을 확립한다는 말이다. 이는 구체적으로는 이미 나보다 먼저 그 길을 걸어간 사람의 안내를 통하여 인격 주체성을 세움을 뜻한다. 이를 『논어』에서는 "널리 문장을 배워서 예로 묶는다."[183]고 하였다. 이 때 묶는다는 것은 예로 표상되는 인간 본래성과 일체화시키는 것을 뜻한다.

그리고 악을 통하여 완성한다는 것은 율여원리를 통하여 천도天道를 천명天命으로 자각自覺함을 뜻한다. 악樂은 본래 형이상적 존재의 존재원리인 도를 상징적으로 나타낸 것이다. 그러므로 고저장단高低長短의 소리를 통하여 형성된 음악을 그 상징성을 중심으로 이해하면 율여원리

---

181) 『周易』 重地坤卦 文言, "直其正也, 方其義也. 君子敬以直內, 義以方外. 敬義立而德不孤. 直方大, 不習无不利 則不疑其所行也."

182) 『書經』 夏書 仲虺之誥, "以義制事, 以禮制心"

183) 『論語』 雍也, "子曰 君子博學於文, 約之以禮, 亦可以弗畔矣夫"

律呂原理를 자각할 수 있다. 그러므로 악樂에서 이룬다는 것은 곧 율여원리를 자각하고 그것을 주체로 하였을 때 비로소 인격 주체성의 확립이 완성됨을 뜻한다.

율여원리와 정령원리는 음양의 관계로 일체적이다. 그렇기 때문에 율여원리를 자각함은 곧 정령원리와 율여원리를 동시에 자각함으로 그것은 곧 천도天道인 역수원리曆數原理를 주체적으로 자각하여 천명天命으로 자각自覺함을 뜻한다.

【원문】

子曰, "民可使由之, 不可使知之."

【우리말】

공자가 말하였다. "백성들은 가히 하여금 말미암을 수 있으나 하여금 알게 할 수 없다."

【논어순역】

이 부분에 대하여 논란이 많다. 만약 이 부분을 백성들의 본질本質을 나타내는 것으로 이해하면 백성은 본래 학문을 할 수 없는 존재라고 규정하는 것이 되어 다른 부분의 말과 논리적 모순을 일으킨다.

그렇다고 하여 당시에 형세가 백성들에게 학문을 가르쳐서 도道를 알게 할 수 없기 때문이라고 그렇게 말한 것이라고 하여도 역시 허물을 면치 못하게 된다. 그것은 학문과 일상의 삶을 구분하여 보는 폐단을 갖게 되는 것이다. 따라서 이 부분은 다른 관점에서 이해되어야 한다.

『논어』에서는 형이하의 관점에서 학문을 통하여 형이상의 세계에 도달함(下學而上達)을 밝히고 있고, 자기를 닦아서 다른 사람을 편안하게 함(修己安人)을 언급하여 학문을 통하여 자신의 본성을 자각하는 것이 필요함을 논하였다.

그런데 이 부분을 학문을 중심으로 이해하는 것은 역逆의 관점에서 이해한 것이다. 역逆의 관점은 반드시 순順의 관점을 전제로 한다. 순順의 관점에서 이 부분을 이해하면 본래 학문學問은 현상적 문제일 뿐으로 본질적인 문제가 아니다.

순順의 관점에서 보면 학문을 통하여 깨닫는 것이 아니라 본래 깨달아 있음을 확인할 따름이다. 수기의 과정 역시 본성을 주체로 이루어지는 현상일 뿐 불완전한 상태에서 완전을 향하여 나아가는 것이 아니다. 그러므로 학문을 하지 않는 백성들이라고 하여 알게 할 수 없는 것은 아니다.

순順의 관점에서 이 부분을 이해하면 "민가사유지民可使由之"는 백성 자체가 본래 주체적 존재임을 나타낸 것이다. 그것은 백성들로 하여금 스스로 자신의 존재근거가 되게 할 수 있다는 의미로 모두가 자유인自由人으로 살아가게 할 수 있음을 뜻한다.

백성들이 주체적 존재임을 나타낸 앞과는 반대로 다음의 부분은 백성들은 객체적 존재가 아님을 밝히고 있다. "불가사지지不可使知之."는 백성들을 앎의 대상인 지식知識으로 대할 수 없음을 뜻한다. 그것은 지식으로 드러낼 수 없는 존재가 백성임을 뜻하는 것으로 다스리는 사람이 백성들을 자신과 분리하여 대상화, 지식화, 객관화가 불가능함을 나타낸 것이다.

위의 내용을 통하여 백성이라는 존재는 본래 스스로 자신의 본성을 자각하여 그것을 주체로 살아가는 자유로운 존재가 될 수는 있지만 대상화하여 통치의 대상으로 삼거나 인식의 대상으로 삼아서는 안 됨을 알 수 있다.

【원문】

子曰, "好勇疾貧, 亂也. 人而不仁, 疾之已甚, 亂也."

【우리말】

공자가 말하였다. "용맹을 좋아하고 가난함을 싫어함이 난을 일으키고, 다른 사람의 불인不仁을 싫어함이 심하면 난을 일으킨다."

【논어순역】

만약 이 부분을 구체적인 현실을 중심으로 이해하면 그 전체적인 내용을 체제를 옹호하고 순응하는 발언으로 이해할 수 있다. 그렇다고 하여 이를 추상적인 측면에서 사실을 통하여 상징적으로 나타내는 도덕적인 언사로만 이해하여도 너무 현실과 멀어지는 단점을 면할 수 없다. 다만 이미 수많은 주석들이 현실적 측면에서 이루어지고 있기 때문에 여기서는 용심用心의 문제를 중심으로 학문, 수기修己의 관점에서 이해하고자 한다.

이 부분은 자기를 내세워서 지식을 추구할 때 자신의 내면은 물론 밖도 어지러워짐을 나타낸 것으로 곧 나와 남을 구분하여 보는 이분법적 사고에 의하여 갈등이 야기되고, 나와 남, 나와 자연, 나와 세계가 조화를 이루지 못함을 나타낸 것이다.

"호용질빈난야好勇疾貧亂也"는 가난과 부유함을 가려서 가치價値를 부여하고 집착執着하는 마음을 갖고 용맹勇猛을 좋아하면 마음이 흔들림을 나타내며, "인이불인人而不仁 질지이심疾之已甚, 난야亂也."는 어짊과 어질지 않음, 가난과 부유함, 선과 악을 가치를 부여하고 집착하는 마음이 있으면 자신도 어질지 못하면서 남의 어질지 못함을 보면 마음에 갈등葛藤이 일어나게 됨을 밝힌 것이다.

사람이 자기 내면을 향하여 근원적 존재인 도를 도모하여 안으로 편안함을 느끼지 못하면 재력財力, 권력權力, 지력知力과 같은 외적인 힘을 추구하여 밖에서 편안함을 찾는다. 그리고 재력財力이 없는 가난을 싫어하여 부유한 사람을 보면 더욱 마음이 어지러워진다. 뿐만 아니라 설사 외적인 힘을 갖추었을지라도 그 힘을 올바로 사용할 수 없음은 물론 더 나아가서 그 힘 때문에 불안하게 된다.

또한 외적인 힘을 좋아하는 사람은 다른 사람이 어질지 못함을 보면 매우 미워하여 역시 마음이 편안하지 못하고 어지러워진다. 그것이 행동으로 드러나면 정치의 관점에서 볼 때 난을 일으키는 결과를 초래하게 된다.

이 부분이 비록 부정적 측면에서 논하고 있지만 집중과 중용에 대하여 언급한 것이라고 할 수 있다. 위의 내용은 용심用心에 있어서 중도中道를 좇지 못하였을 때 마음이 고요하지 못하고 그것이 밖으로 어지러운 행동이나 난을 일으키는 행동으로 드러나게 됨을 밝혔기 때문이다. 따라서 형이상形而上과 형이하形而下, 선善과 불선不善, 빈貧과 부富 그 어느 일면에도 걸림이 없는 집중執中의 상태에서 마음을 쓰고 언행言行을 행하면 그것이 바로 중용中庸이 된다.

【원문】

子曰, "如有周公之才之美, 使驕且吝, 其餘不足觀也已."

【우리말】

공자가 말하였다. "주공周公의 재주의 아름다움을 지니고도 만약 교만하고 인색하면 그 나머지는 볼 것이 없다."

【논어순역】

이 부분은 공자가 인간의 삶의 주체가 본래성임을 다시 강조한 것이다. 사람의 근본은 본성으로 그것은 몸이라는 물질적 존재의 속성이 아니라 물질적 존재를 운용하는 주체이다. 그러므로 몸이 갖는 재주가 아무리 아름다울지라도 그것을 운용하는 마음을 올바로 사용하지 못하면 그 아름다움을 올바로 드러낼 수 없음을 밝힌 것이다.

주공周公은 본성을 자각하여 그것을 주체로 살아가는 성인聖人으로 평소에 공자孔子가 꿈에서도 잊지 못하는 스승이다. 그럼에도 불구하고 주공周公의 재주와 같은 지극한 아름다움을 가질지라도 교만驕慢하고 인색吝嗇하면 아무런 의미가 없다고 하였다.

교만과 인색은 모두 용심用心에 있어서 중용中庸을 벗어난 것이다. 군자는 예禮와 의義를 주체로 용심用心하는 존재로 그것이 중용中庸이다. 이러한 중용中庸을 벗어난 것이 교만驕慢하고 인색吝嗇한 것으로 양자가 모두 아직 극기克己가 이루어지지 못하여 자기중심의 사고가 충만充滿한 사람의 언행言行이다.

【원문】

子曰, "三年學, 不至於穀, 不易得也."

【우리말】

공자가 말하였다. "삼년을 배움에 녹봉에 뜻을 두지 않는 사람을 쉽게 얻지 못할 것이다."

【논어순역】

일상적인 관점에서 원문을 이해하면 일정한 기간 동안 학문을 하여 욕심을 부리지 않는 사람을 얻기가 쉽지 않음을 나타낸 것이다. 그것은 학문을 하는 과정에서 올바로 학문하는 것이 어려움을 나타내는 것이다. 학문은 형이상적 세계인 도道를 추구하기 때문에 현상적 삶에 마음을 빼앗겨서는 안 된다.

『논어』에서는 "군자는 도道를 도모할 뿐 의식주를 도모하지 않는다. 밭을 갈아도 굶주릴 수 있지만 학문을 하면 녹을 얻을 수 있다. 군자는 도道를 걱정할 뿐 가난을 걱정하지 않는다."[184]고 하였을 뿐만 아니라 『맹자』에서도 "군자는 하루아침에 사라지는 우환憂患은 없으나 평생의 우환이 있다."185)고 하였다. 이는 군자는 일단 돈이 생기는 순간 사라지는 의식주를 걱정하는 하루아침의 우환은 없지만 자신의 인격을 완성하고자 하는 평생의 우환을 갖고 있음을 나타낸 것이다.

그런데 학문은 마음을 쓰는 용심用心에 의하여 이루어진다. 용심을 중심으로 학문의 방법을 구체적으로 나타내면 형이상적 세계와 형이하적 세계에 두루 밝아서 그 어느 면에서 얽매임이 없이 마음을 써야 하는 것이다. 그것을 『논어』에서는 나와 남을 구분하여 자기를 중심으로 사고하는 것을 떠나서 형이상적 존재인 자신의 본성을 주체로 함(克己復禮爲仁)으로 밝히고 있다. 그리고 집중執中으로 규정하기도 하였다.

그럼에도 불구하고 학문을 통하여 형이상의 세계, 본성의 세계, 도의 세계에 도달하려는 뜻은 없고 오로지 지식을 습득하여 그것을 수단으로 재력, 권력, 지력을 얻고자하는 마음을 갖는다면 그 사람은 학문을 올바로 하지 못한 사람이다. 공자가 3년이라는 짧은 시간 동안 학문을 하면서 자기 한 몸의 부귀와 영달을 추구하지 않는 사람을 만나기가 어렵다는 것은 올바로 학문을 하는 사람을 만나기가 어려움을 나타낸 것이다.

역학易學의 관점에서 역수원리曆數原理를 중심으로 위의 내용을 이해하면 다음과 같다. 3년은 괘효卦爻 역학易學의 관점에서 내괘內卦의 삼효三爻가 표상하는 선천先天을 가리키는 것으로 이해할 수 있다. 그러므로 3년 동안 학문을 한다는 것은 선천에 학문을 하는 사람을 가리키는 것이라고 할 수 있다. 그리고 곡식穀食에 도달함은 학문을 통하여 의식주를 도모함을 뜻한다.

---

184) 『論語』 衛靈公, "子曰 君子謀道不謀食 耕也餒在其中矣 學也祿在其中矣. 君子憂道不憂貧."

185) 『孟子』 離婁章句下, "是故君子有終身之憂, 無一朝之患也. 乃若所憂則有之, 舜人也我亦人也. 舜爲法於天下, 可傳於後世, 我由未免爲鄕人也, 是則可憂也. 憂之如何 如舜而已矣. 若夫君子所患則亡矣 非仁無爲也, 非禮無行也. 如有一朝之患, 則君子不患矣."

원문의 내용은 선천 곧 학문을 하는 동안 자기를 닦아서 인격 주체성을 확립하고자 하는 태도를 시종일관始終一貫 견지堅持하는 사람이 거의 없고 오히려 학문을 자신의 삶의 수단으로 삼아서 먹고사는 일에 매달리는 사람이 많음을 한탄한 것이다.

공자가 살았던 시대에도 학문을 하면서 자신이 어떤 존재이며, 어떻게 살아야하는지를 알아서 그렇게 살고자 하는 뜻을 세우고 학문하는 사람이 드물었다. 하물며 학문을 경제적 가치로 평가하고 경쟁을 유도하는 오늘날 학계의 풍토는 참으로 개탄스럽다고 하지 않을 수 없다.

학문을 지식의 누적으로 여기고, 지식이 많음을 학문을 잘하는 것으로 여기는 오늘날의 풍토에서 자기를 닦아서 세상을 아름답고 선善하게 하려는 군자에 뜻을 둔 사람은 학계에서 소외당하고 세상에서 소외당할 수밖에 없다.

아무리 외적인 지식이 많아도 정작 지식을 갖고자 하는 자신을 모른다면 어찌 그를 현명하다고 할 수 있겠는가? 아무리 자신이 세상에서 가장 소중하다고 생각할지라도 정작 자신이 어떤 존재인지 관심조차 갖지 않는데 어찌 자기를 사랑할 줄 안다고 할 수 있을까? 아무리 세상을 향하여 변하라고 외친들 정작 자신이 변화하지 않아서 자신이 점점 세상으로부터 멀어지고 있는데 그것이 어찌 세상을 위한 것일까?

이제는 제발 자신을 위하여 학문을 할 수 있는 세상이 되면 좋겠다. 학문을 통하여 인간으로서의 자신이 얼마나 아름답고 소중한 존재인지를 진지하고 순수하게 추구했으면 좋겠다. 남의 주장에 대하여 시비是非를 가려서 상대방을 이기는 투쟁鬪爭이 아니라 나와 남이 하나가 되는 그래서 모두가 행복해지는 학문을 했으면 좋겠다. 나를 사랑하고 남도 사랑하고 자연도 사랑하고 우주도 사랑하여 그래서 우주와 더불어 일체가 되어 살아갈 수 있는 학문을 했으면 좋겠다.

그러나 학문이 자기를 닦는 수기修己라고 하여 학문을 하는 사람이 스스로를 평가하여 닦아야 할 부분을 갖고 있는 불완전한 존재로 여기는 것도 잘못된 생각이다. 사람의 본성은 수기 이전이나 이후를 막론하고 변함이 없다. 인간의 본래성은 내재화內在化한 천도天道이기 때문에 모든 것이 갖추어져 있음을 믿고 본성을 주체로 하여 천명天命을 봉행하고자 하는 뜻을 세우는 입지立志가 필요하다. 그것은 학문을 하는 사람은 반드시 순順을 바탕으로 역逆의 관점에서 자기를 닦아서 남을 편안하게 하는 "하학이상달下學而上達"을 해야 함을 뜻한다.

【원문】

子曰, "篤信好學, 守死善道. 危邦不入, 亂邦不居. 天下有道則見, 無道則隱. 邦有道, 貧且賤焉, 恥也, 邦無道, 富且貴焉, 恥也."

【우리말】

공자가 말하였다. "독실篤實하게 믿어서 학문을 좋아하고, 죽음으로 지키면서도 도道를 잘 실천해야 한다. 위태로운 나라에는 들어가지 않고, 어지러운 나라에는 살지 않으며, 천하에 도가 있으면 자신을 드러내고 도가 없으면 숨는다. 나라에 도가 있을 때 가난하고 천賤한 것이 부끄럽지만 나라에 도가 없을 때 부유富裕하고 귀貴한 것이 부끄럽다."

【논어순역】

이 부분 역시 군자가 학문하는 태도를 어떻게 가져야 할 것인지를 밝히고 있다. 원문 가운데서 "독신호학篤信好學 수사선도守死善道"는 학문의 태도를 나타낸 것이며, 그 뒤 부분은 실천의 관점에 군자의 도를 나타낸 것이라고 할 수 있다.

학문은 진실한 믿음을 바탕으로 시작된다. 그렇기 때문에 『논어』에서 충신을 강조하였다. 그러나 충신만으로는 부족하며 그것을 바탕으로 호학好學해야 한다. 학이學而에서는 "군자가 먹음에 배부름을 구하지 않으며, 거처함에 편안함을 구하지 않으며, 일에 민첩하며, 말에 삼가고 도가 있는데 나아가서 바로 잡으면 배움을 좋아한다고 할만하다."[186)]라고 하여 먹고 사는 일보다는 학문을 하는데 힘써야 함을 밝히고 있다. 그리고 옹야雍也에서는 공자가 유일하게 호학好學하는 제자로 인정한 안회에 대하여 "안회顏回라고 하는 사람은 노여움을 옮기지 않으며, 허물을 두 번 다시 하지 않았다."[187)]라고 하였다.

양화陽貨에서는 "인仁을 좋아하고 배우기를 좋아하지 않으면 그 폐단이 어리석게 되고, 지혜만 좋아하고 배우기를 좋아하지 않으면 그 폐단이 지나치게 호탕하게 되고, 믿음만 좋아하고 배우기를 좋아하지 않으면 그 폐단은 해치게 되고, 정직한 것만 좋아하고 배우기를 좋아하지 않으면 그 폐단은 급하게 되고, 용맹만 좋아하고 배우기를 좋아하지 않으면 그 폐단은 어지럽게 되고, 강한 것만 좋아하고 배우기를 좋아하지 않으면 그 폐단은 경솔하게 된다."[188)]라고 하여 호학好學의 필요성을 밝히고 있다. 위의 내용을 종합하면 학문은 결코 앎에 그치는 것이 아니라 실천을 해야 함을 알 수 있다.

다음 부분에서는 학문하는 태도를 구체적으로 나타내고 있다. "수사선도守死善道"는 군자의 도를 실천의 관점에서 나타낸 것으로 물리적 죽음마저도 초월하여 지켜야 할 것이 본성本性이자 천명天命임을 뜻한다. 다시 말하면 학문을 할 때는 "수사守死"가 나타내듯이 물리적 생명을 걸고 학문을 할 뿐만 아니라 실천을 해야 함을 밝힌 것이다.

그러나 본성, 천명을 지키는 것은 집착執着이 아니라 그것을 주체로 실천하는 일이다. 그러므로 이어서 도를 잘 드러나게 한다고 하여 군자

---

186) 『論語』 學而, "子曰 君子食無求飽, 居無求安, 敏於事而愼於言, 就有道而正焉, 可謂好學也已."

187) 『論語』 雍也, "有顏回者好學, 不遷怒, 不貳過."

188) 『論語』 陽貨, "好仁不好學, 其蔽也愚, 好知不好學, 其蔽也蕩, 好信不好學, 其蔽也賊, 好直不好學, 其蔽也絞, 好勇不好學, 其蔽也亂, 好剛不好學, 其蔽也狂."

의 도를 주체로 그것을 실천해야함을 밝히고 있다. 따라서 "수사선도守死善道"는 목숨을 걸고 학문을 실천해야 함을 밝힌 것이라고 할 수 있다.

다음 부분은 공간적 관점에서 학문하는 태도를 나타내고 있다. "위방불입危邦不入, 난방불거亂邦不居."는 우선 물리적 생명의 관점에서 이해할 수도 있다. 군자의 도는 언행言行을 통하여 실천되고, 언행은 몸을 주체로 이루어지기 때문이다.

우선 자신의 주체성이 확립되지 않아서 학문을 통하여 자기를 닦아가는 과정에서는 현실에 관심을 가져서는 안 된다. 그렇기 때문에 『주역』에서는 초효初爻를 설명하면서 "용龍의 덕德을 가지고 숨어 있는 사람이니 세상과 자기의 뜻을 바꾸지 않으며, 세상에 이름을 드러내지 않아서, 세상에서 멀리 물러나서 근심하지 않으며, 옳은 것을 보지 못하여도 근심하지 않는다."[189]고 하였다.

그러나 형이상적 관점에서 논하면 본래 위태롭고 어지럽거나 편안하고 잘 다스려지는 나라가 따로 있는 것이 아니다. 그것은 오직 마음의 문제일 따름이다. 위태롭고 어지러운 나라는 소인의 세계이다. 군자는 그러한 소인의 세계에서 살아가지만 그러나 물들지 않는다.

『논어』에서는 "군자는 모든 사람과 두루 어울리지만 그들과 같은 무리가 되지 않는다."[190]라고 하기도 하고 "군자는 모든 존재와 조화롭게 지내지만 그러나 그들과 동화되지 않는다."[191]라고 하였다.

다음의 "천하유도즉현天下有道則見, 무도즉은無道則隱."은 실천의 관점에서 군자의 삶에 대하여 논한 것이다. 본래 도 자체는 유무有無로 규정지을 수 없는 존재일 뿐만 아니라 천하天下에 도道가 드러나지 않은 때가 없었다. 그렇기 때문에 이 부분은 군자君子를 중심으로 군자의 도道

---

189) 『周易』 重天乾卦 文言, "德而隱者也니 不易乎世하며 不成乎名하야 遯世无悶하며 不見是而无悶하야 樂則行之하고 憂則違之하야 確乎其不可拔이 潛龍也라"

190) 『論語』 爲政, "子曰 君子周而不比, 小人比而不周.

191) 『論語』 子路, "子曰 君子和而不同, 小人同而不和."

를 실천해야할 때와 그렇지 않을 때를 밝힌 것이다.

천하에 도가 있을 때는 후천后天이지만 천하에 도道가 없을 때는 선천先天이다. 군자는 학문해야할 때인 선천先天에는 자기를 닦는 일을 열심히 할 뿐 자기를 드러내지 않으며, 학문이 완성되어 실천이 가능한 후천에는 천하에 자기를 드러내어 실천을 해야 한다.

다음 부분은 군자의 삶의 결과를 부귀와 빈천을 중심으로 나타내고 있다. "방유도빈차천언치야邦有道貧且賤焉恥也"는 후천의 관점에서 군자의 삶을 나타낸 것이다. 후천은 군자가 이미 학문을 통하여 수기修己를 하여 자신의 본래성을 자각自覺하였기 때문에 그것을 주체로 사덕四德을 천하에 널리 실천을 해야 할 때이다. 『중용』에서 밝힌 것과 같이 덕德이 갖추어지면 반드시 천명天命이 주어지고, 천명이 주어지면 그것을 행할 수 있는 일정한 세계가 주어지며, 더불어 재물이 주어지고 함께 할 사람이 주어진다. 그렇기 때문에 후천에도 빈천貧賤함은 수기修己를 제대로 못하여 천명을 자각하지 못하였음을 뜻한다. 그러므로 학문을 하는 사람이라면 부끄러워하지 않을 수 없다.

반면에 "방무도빈차귀언치야邦無道富且貴焉恥也."는 선천에는 학문을 통하여 수기에 힘써야할 때이기 때문에 부귀가 오히려 부끄러워해야할 일임을 밝힌 것이다. 도道가 없을 때 부귀富貴하다는 것은 실천하지 말아야 할 때 실천하였음을 뜻한다. 그것은 자신의 덕이 이루어지지 못하였을 때 실천하였기 때문에 필연적으로 덕德에 의하여 얻어진 부귀가 아니라 힘에 의하여 얻어진 부귀임에 틀림이 없다. 그렇기 때문에 부끄러울 수밖에 없는 것이다.

【원문】

子曰, "不在其位, 不謀其政."

【우리말】

공자가 말하였다. "그 위에 있지 않으면 그 정사를 도모하지 않는다."

【논어순역】

이 부분은 역逆의 관점에서 이해하면 정사政事를 행할 수 있는 적당한 지위地位가 없으면 정사를 도모圖謀해서는 안됨을 나타내는 것으로 이해할 수 있다.

위位를 군자를 중심으로 주체화하여 이해하면 위位는 현실적인 정치적 지위地位가 아니라 덕위德位를 나타낸다. 그러므로 위의 내용은 정사의 주체인 덕위德位를 갖지 않으면 정사를 도모해서는 안 됨을 밝힌 것이라고 할 수 있다.

맹자는 덕을 천작天爵으로 그리고 현실적인 지위를 인작人爵으로 규정하여 천작天爵을 닦은 후에 인작人爵을 추구해야함을 밝히고 있다. 이는 정사를 행하는 주체가 바로 인간의 본래성임을 뜻한다. 맹자는 본래성을 자각하였을 때 나타나는 도덕 주체성으로서의 사덕四德을 인仁을 중심으로 나타내어 그것이 주체가 되어 이루어지는 것을 정사仁政로 규정함으로써 왕도정치의 주체가 사덕임을 밝히고 있다.

역수원리를 중심으로 위의 내용을 이해하면 이 부분은 군자가 시의성時義性에 적중的中하는 삶을 살아야 함을 밝힌 것이라고 할 수 있다. 『주역』에서는 사고를 중심으로 "군자는 생각이 그 위를 벗어나지 않는다."[192]고 하여 사고 자체가 시의성에 어긋나서는 안 됨을 밝히고 있다.

사고의 결과는 언행으로 드러나기 때문에 『주역』에서는 "생각이 그 시위를 벗어나지 않음(思不出其位)"을 시의성時義性의 관점에서 "진퇴進退, 존망存亡의 때를 알아서 그 바름을 잃지 않음"[193]으로 규정하고 있다. 생

---

192) 『周易』 重山艮卦 大象, "象曰 兼山艮 君子以 思不出其位."

193) 『周易』의 重山艮卦 彖辭에서는 "艮止也. 時止則止, 時行則行, 動靜不失其時, 其道光明."라고 하여 군자가 時中의 言行을 해야 함을 밝히고 있고, 重

각이 시의성을 벗어나지 않아서 진퇴, 존망의 때를 알아서 그 시위에 맞게 행하는 것이 바로 생각이 그 시위를 벗어나지 않음인 것이다.

그러나 이 부분을 순順의 관점에서 살펴보면 "부재기위不在其位"는 그 사람의 마음이 일정한 지위에 얽매여 있지 않음을 뜻한다. 그러므로 그 사람이 설사 정사政事에 참여하여 행하여도 인위적으로 도모함이 없기 때문에 하여도 함이 없다. 그러므로 무엇을 이루어도 자신의 공功으로 여기지 않기 때문에 항상 마음이 고요하고 평화롭다.

【원문】

子曰, "師摯之始, 關雎之亂, 洋洋乎, 盈耳哉!"

【우리말】

공자가 말하였다. "악사 지摯가 음악을 연주할 때에 관저關雎의 마지막 장이 양양하여 귀에 가득하구나."

【논어순역】

관저는 『시경詩經』 국풍國風의 첫 번째 편인 주남周南의 첫 번째 시이다. 주周나라 당시에는 가사와 더불어 음악을 연주하였기 때문에 음악도 함께 들었으나 지금은 음악은 사라지고 오직 가사만이 전하여 진 것이다.

『논어』의 곳곳에서는 예禮와 악樂을 함께 언급하고 있다. 태백泰伯에서는 "예禮로 서고, 악樂으로 완성한다."[194]고 하여 예와 악이 도덕적 존재인 군자의 인격을 완성하는 수단임을 밝히고 있다. 그리고 팔일八佾에

天乾卦의 上爻 文言에서도 "亢之爲言也, 知進而不知退, 知存而不知亡, 知得而不知喪, 其唯聖人乎 知進退存亡, 而不失其正者, 其唯聖人乎."라고 하여 聖人 역시 時中된 언행을 행하는 존재임을 밝히고 있다.

194) 『論語』 泰伯, "子曰 興於詩, 立於禮, 成於樂."

서는 "인仁이 아니면 예禮는 무엇이며, 악樂은 무엇인가"[195]라고 하여 예악이 모두 인仁이라는 인간 본래성을 근거로 함을 밝히고 있다. 결국 악은 인간의 도덕적 품성을 완성시켜주는 매개이기 때문에 음악을 연주하는 목적이 단순하게 마음의 쾌락을 추구하는데 있지 않음을 알 수 있다.

그런데 이 부분을 순順의 관점에서 살펴보면 『시경詩經』의 시詩와 음악이 공자의 마음 가운데서 어우러져서 무아無我의 지경에 이름을 나타낸 것이라고 할 수 있다. 유가儒家의 전적들 속에서 밝히고 있는 이상적 인격체인 군자는 자기를 닦아서 다른 사람들을 편안하게 해주는 삶을 살아가는 존재이다. 그는 어떤 일을 행할 때나 항상 그 일 자체와 하나가 되어 나도 없고, 일도 없는 경지에서 살아간다. 그것을 시간의 관점에서 나타내면 군자는 영원한 현재現在를 살아가는 존재라고 할 수 있다.

영원한 현재를 살아가는 군자의 삶을 한마디로 나타내면 역易이다. 삶을 살아가는 주체인 나를 때로는 부모로, 때로는 자식으로 때로는 스승으로 때로는 제자弟子로 변화하여 드러내는 점에서 변화(易)이다. 또한 남도 세계도 사물도 모두 변화하기 때문에 그 어떤 것도 고정되게 무엇이라고 규정할 것이 없는 점에서 군자의 삶은 그냥 변화일 뿐이다.

나와 내 밖의 세상이 항상 변화하고 있어서 고정되어 있지 않다는 것은 다시 말하면 그 어떤 것에도 집착할 것이 없는 자유로운 세계가 바로 세상 자체임을 뜻한다. 물론 변화 가운데 회통會通하는 존재가 있어서 그것을 변화원리 또는 역도易道라고 한다. 그러나 역도 자체도 고정되어 있지 않는 점에서 역도라고 하였다.

음악을 들으면서 듣는 사람으로서의 나와 연주하는 악사가 따로 있지만 음악과 하나가 되면 나와 연주자가 둘이 아니어서 오직 음악 자체만이 존재하게 된다. 그러므로 음악을 따라서 시작하고 끝이 날 때까지 이어지는 변화의 흐름과 더불어 그냥 함께 할 뿐이다. 우리가 음악을 들으면서 음악과 하나가 되었을 때 마음이 편안하고 근심이나 걱정이 사라지

---

195) 『論語』 八佾, "子曰 人而不仁, 如禮何 人而不仁, 如樂何."

는 것도 음악과 하나가 되는 순간 나와 남을 잊고 무심이 되어 음악의 흐름을 따라가기 때문이다.

【원문】

子曰, "狂而不直, 侗而不愿, 悾悾而不信, 吾不知之矣."

【우리말】

공자가 말하였다. "뜻은 크지만 곧지 않으며, 우직하면서 진실하지 않고, 정성스러우면서 미덥지 않는 사람을 나는 알지 못하노라."

【논어순역】

이 부분은 소인의 삶의 태도를 통하여 군자의 삶의 태도를 밝힌 것이라고 할 수 있다. 사람은 누구나 타고난 성품은 같지만 타고난 기질이 다를 뿐만 아니라 살아오면서 겪는 경험들이 서로 다르기 때문에 각각 다른 병통들을 갖지 않을 수 없다.

군자는 자기를 닦아서 다른 존재를 편안하게 해주고자 하는 뜻을 세우고 살아가는 존재이다. 그렇기 때문에 매 순간 자신을 돌아보고 항상 부족함을 느끼는 정직함을 갖고 있다. 군자의 도를 기준으로 자신의 삶을 비추어 보아 부족함을 알기 때문에 정직하고, 자신의 지혜가 아직 성인에 미치지 못함을 알기 때문에 덕을 두텁게 하고자 하며 말과 행동을 삼가고, 정성스러움으로 믿음을 갖게 하는 것이다.

그러나 소인은 본질적인 변화를 통하여 이상적인 삶을 살고자 하는 뜻이 없이 오로지 자신의 물질적인 풍요로움만을 추구하기 때문에 설사 뜻을 크게 세울지라도 그것이 모두 자신의 이익을 위한 거짓된 것이며, 우직하면서도 그것을 감추고 포장할 뿐 지혜를 추구하지 않으며, 간절하지만 진실하지 않다.

마지막 부분에서 공자가 "나는 그것을 알지 못한다."고 한 까닭은 자신이 제시하는 것은 앞에서 언급된 소인적인 삶이 아니라 군자적인 삶임을 밝힌 것이다. 공자가 사람이 밖으로 나갈 때는 문을 통하여 나갈 줄 알면서도 왜 살아가면서는 도를 통하여 살아가지 않는지를 한탄한 것을 보면 이 점을 알 수 있다.

【원문】

子曰, "學如不及, 猶恐失之."

【우리말】

공자께서 말씀하시기를 "배움은 미치지 못한 듯하고 오히려 잃지 않을까 두려워해야 한다."

【논어순역】

이 부분을 역逆의 관점에서 보면 배움을 통하여 얻어지는 지식을 잊어버릴까 염려하여 잊지 않도록 기억하는 것으로 생각할 수 있다.

그러나 순順의 관점에서 보면 "학여불급學如不及"은 실천의 관점에서 언급한 것으로 배움의 내용을 실천하지 못할까 염려해야함을 뜻한다. 그것은 다시 말하면 지식과 그 주체인 내 본성이 일체가 됨으로써 지혜가 되어야함을 밝힌 것이라고 할 수 있다.

지혜가 이루어지면 반드시 실천하게 된다. 그것은 본성을 주체로 매 순간을 살아가게 됨을 뜻한다. 그러한 삶은 시의성時義性에 적중的中하는 시중時中이 된다. 그러므로 군자는 시의성에 적중하는 때를 놓치지 않을까 하는 걱정을 하게 되는데 그것을 나타내는 것이 "유공실지猶恐失之."이다. "유공실지猶恐失之."는 시의성을 놓치지 않으려고 걱정하는 군자의 마음을 나타낸 것이다. 따라서 이 부분은 널리 문장을 배워서 예禮

로 주체화하는 학문의 방법을 밝힌 것이라고 할 수 있다.

【원문】

子曰, "巍巍乎, 舜禹之有天下也而不與焉!"

【우리말】

공자가 말하였다. "우뚝하구나, 순임금과 우임금은 천하를 소유하고도 그것을 관여하지 않음이여!"

【논어순역】

이 부분은 공자가 순舜과 우禹의 덕을 찬미한 것으로 이를 통하여 본성을 주체로 살아가는 군자의 삶이 어떻게 이루어져야하는지를 알 수 있다. 순과 우는 천자가 되어 천하를 소유하였지만 자신이 천자라는 생각을 갖지 않고 오직 천지의 마음을 자신의 마음으로 하고, 백성의 마음을 자기의 마음으로 하였다.

그렇기 때문에 천자의 직분을 수행하면서도 스스로 무엇을 한다는 생각이 없었다. 『주역』에서는 "황제黃帝와 요순堯舜이 의상을 드리워서 천하를 다스렸으니 모두 건곤괘乾坤卦부터 취하였다."[196]고 하여 순이 무위無爲의 정치를 행하였음을 밝히고 있다.

【원문】

子曰, "大哉堯之爲君也! 巍巍乎! 唯天爲大, 唯堯則之. 蕩蕩乎, 民無能名焉. 巍巍乎! 其有成功也, 煥乎其有文章!"

---

196) 『周易』 繫辭下篇 第二章, "黃帝堯舜垂衣裳而天下治, 蓋取諸乾坤."

【우리말】

공자가 말하였다. "위대하다, 요의 임금됨이여! 우뚝하고 우뚝하구나. 오직 저 하늘이 위대한데 요임금이 법칙으로 삼았구나. 탕탕하고 탕탕하여 백성들이 무어라고 규정하지 못한다. 우뚝하구나, 그 공을 이룸이여, 환하구나, 그 문장을 이룸이여"

【논어순역】

이 부분에서는 요임금의 훌륭함을 칭송하고 있다. 그가 훌륭한 까닭은 하늘을 본받았다는 점과 그것을 실천한 큰 공이 있다는 점이다. 이는 결국 군자가 이상으로 삼아야 할 목표를 제시한 것으로이라고 할 수 있다. 요가 하늘을 본받았듯이 군자는 천도天道를 체득體得하는 수기修己를 해야 하며, 그것을 바탕으로 백성들을 편안하게 해주는 안인安人을 실천해야 한다.

요임금의 요임금다운 면모는 그가 덕을 갖추었다는 점이다. 그가 덕을 갖추게 된 것은 곧 하늘을 법도로 삼았기 때문이다. 『주역周易』에서는 "천지의 위대한 덕은 만물을 끊임없이 낳고 길러주는 것이다."[197]라고 하였다. 요임금도 이러한 하늘의 덕을 체득體得하여 백성들에게 베풀었던 것이다.

천지의 마음은 사심이 없는 공심公心이다. 공심은 천지의 마음, 만물의 마음과 일체인 점에서 나라는 개체적 의식이 없다. 공심이 모든 마음과 일체인 마음이라는 점에서 보면 어느 특정한 마음으로 나타낼 수 없기 때문에 무심無心이라고 할 수 있다. 무심이 마음이 없음을 나타내는 것이 아니라 각각의 마음이라는 점에서 공심共心이라고 한 것이다.

천지의 마음이 공심公心, 무심無心, 공심共心이기 때문에 그것을 체득한 요임금의 마음 역시 공심共心이면서 무심無心이고 공심公心이다. 천

---

197) 『周易』 繫辭下篇 第一章, "天地之大德曰生"

지는 만물을 낳고 길러주는 위대한 덕을 갖고 있지만 그것을 자신의 공功으로 여겨 사람과 사물을 소유所有하려는 마음이 없다. 그러므로 천지의 마음을 자신의 마음으로 하는 요임금 역시 백성들을 위하여 자신의 삶을 다하였지만 자신이 하였다는 생각이 없었다.

요임금의 정치는 백성들에게 성공成功한 정치라고 할 수 있다. 그 점은 공자 자신이 "문장이 빛났다."고 하여 요임금의 치도治道가 널리 빛났음을 밝히고 있는 것을 보면 알 수 있다. 그럼에도 불구하고 후대의 정치가들이 무위정치의 표본으로 삼고 있는 점에서 보이듯이 백성들이 요임금에 대하여 무엇이라고 규정할 수 없었다. 요임금의 통치를 받았던 백성들마저도 자신들이 통치를 받았는지를 알지 못하는 것이야말로 정치의 지극한 것이라고 할 수 있다.

【원문】

舜有臣五人而天下治. 武王曰, "予有亂臣十人." 孔子曰, "才難, 不其然乎? 唐虞之際, 於斯爲盛. 有婦人焉, 九人而已. 三分天下有其二, 以服事殷. 周之德, 其可謂至德也已矣."

【우리말】

순舜은 신하 다섯이 있어서 천하를 다스렸다. 무왕武王이 말하였다. "나에게는 다스리는 신하 열사람이 있다." 공자가 말하였다. "인재를 얻기가 어려우니 그렇지 않은가? 요와 순의 때에만 이보다 성하였을 뿐이며, 그 가운데 부인이 있으니 아홉 사람일 뿐이다. 천하를 삼분하여 그 둘을 소유하고도 은나라에 복종하여 섬겼으니 주나라의 덕이 지극하다고 말할 만하다."

【논어순역】

이 부분을 통하여 공자는 나라를 다스리는 수단이 무력武力이나 법률法律, 제도制度가 아니라 덕德임을 다시 밝히고 있다. 순舜임금은 신하 다섯으로 천하를 다스렸고, 무왕武王은 열 명의 신하로 천하를 다스렸다. 열 명의 신하 가운데는 한명의 부인이 있어서 밖에서 정사政事를 볼 수 있는 신하는 아홉이었다. 당우唐虞의 시대에도 다섯의 신하가 있었을 뿐이고, 무왕武王에게도 열 명의 신하가 있었을 뿐이니 인재人才를 얻기가 참으로 어렵다고 할 수 있다.

그러나 요순이 요순일 수 있었던 까닭은 인재가 많아서도 아니고 어진 신하가 많아서도 아니다. 오히려 본인이 갖추고 있었던 덕 때문이다. 문왕과 무왕이 상商나라를 무너뜨리고 주周나라를 세울 수 있었던 것도 어진 신하가 많고 무력이 강성해서만은 아니다. 문왕文王이 천하의 삼분三分의 이二를 소유하고도 상商나라를 섬기는 지극한 덕德을 가지고 천하를 다스렸기 때문에 무왕이 비로소 주왕紂王을 정벌할 수 있었던 것이다.

【원문】

子曰 禹吾無間然矣 菲飮食而致孝乎鬼神 惡衣服而致美乎黻冕 卑宮室而盡力乎溝洫 禹吾無間然矣."

【우리말】

공자가 말하였다. "우禹임금에 대하여서는 내가 흠을 잡을 수가 없다. 음식은 보잘것없이 먹으면서도 하늘과 땅의 신神에게 효도를 다하고, 의복은 초라하게 하면서도 제복인 불면黻冕에는 아름다움을 지극하게 하였다. 궁실은 나지막하게 하면서도 도랑을 파는 일에는 힘을 다하였으니 우임금에 대하여서는 내가 흠잡을 것이 없다."

【논어순역】

이 부분 역시 우왕禹王의 삶의 태도를 통하여 군자의 삶을 밝히고 있다. 우임금은 산을 다스리고 물을 다스려서 백성들의 삶을 안락하게 한 공功을 세워서 천자天子의 위에 오른 사람이다. 그는 자신의 삶을 버리고 오직 백성들을 위하여 살았다. 원문에서 확인할 수 있는 바와 같이 자신은 최소한의 허기를 채울만한 음식을 먹으면서도 백성들과 신명神明들에게는 후하게 대하였고, 자신은 나쁜 옷을 입었으나 의례용 옷을 화려하게 입었고, 자신의 궁실은 낮았으나 백성들을 구휼救恤하는 일에는 힘을 다하였다.

우임금이 그러하였듯이 군자는 본성을 주체로 살아가는 존재이다. 사람의 본성은 천지의 본성이 주체화하였기 때문에 본성을 주체로 살아가는 군자는 천지天地의 마음을 자신의 마음으로 살아가게 된다. 그렇기 때문에 군자는 백성과 더불어 일체가 되고, 천하와 더불어 일체가 되며, 우주와 더불어 일체가 되어 살아간다. 그러한 대표적인 존재가 우禹임금으로 맹자가 말한 왕도정치를 몸소 실천하여 그 모범을 보여준 사람이라고 할 수 있다.

제구장 자한子罕

【원문】

子罕言利與命與仁.

【우리말】

공자께서는 이利와 명命과 인仁을 말씀하는 것이 드물었다.

【논어순역】

이 부분의 내용을 『논어』 자체만으로 이해하면 인仁에 대하여서는 자주 언급이 되고 있고, 명命에 대하여도 몇 번의 언급이 있을 뿐만 아니라 이利에 대하여서도 몇 번의 언급이 있다. 빈도수로 본다면 이利와 관련된 언급이 가장 적고, 그 다음이 명과 관련된 언급이며, 인仁과 관련하여서는 비교적 많은 언급이 있다.

주희朱熹는 이정二程의 설을 따라서 이利, 명命, 인仁은 자주 말하지 않을 수 없지만 배우는 사람들이 어긋날까 염려되어 자주 언급하지 않았다고 이해하였다. 그러나 위의 내용을 살펴보면 이利와 명命은 드물게 말했다고 할 수 있지만 인仁을 드물게 말하였다고 이해하기는 어렵다.

그런데 여기서 가장 문제가 되는 개념은 이利이다. 이利는 형이상적 측면과 형이하적 측면이 있다. 형이상적 측면에서는 천도天道의 내용이며, 형이하적 측면에서는 의義에 상대적인 개체적인 이로움이 된다. 따라서 이利를 어떤 관점에서 사용하느냐에 따라서 의義와의 관계 역시 달라진다. 주희는 이 부분에서 사용된 이利를 형이하적 측면에서 의義에 상대적인 이로 이해하였다.

『주역』에서는 이利의 양면적 내용을 모두 밝히고 있다. 『주역』에서는 천도天道의 내용을 원형이정元亨利貞의 사상四象으로 밝히고 있다. 그리고 그것을 인간 주체적으로 자각하였을 때 밝혀지는 인간 본래성의 내용인 사덕四德을 인예의지仁禮義智[198]로 밝히고 있다. 천도의 사상을 구성하는 이利와 사덕의 의義는 천도와 인도의 관계이다. 그러므로 양자는 체용體用의 관계라고 할 수 있다.

그런데 사덕과 사물의 관계를 밝히는 부분에서는 "사물을 이利롭게 함으로써 족히 의義와 화합和合한다."고 하여 이利를 의義의 작용으로 나타내고 있다. 이러한 관점에서는 의義가 체體가 되고 이利가 용用이 된다고 할 수 있다. 맹자는 이러한 의와 이利의 관계를 선의후리先義後利라고 하였다.

명命도 형이상적 측면과 물리적 측면에서 이해할 수 있다. 형이상적 측면에서는 천도天道를 인간 주체적으로 자각했을 때 밝혀지는 천명天命을 나타낸다. 천명은 미래적 이상理想으로 그것을 과거적 측면에서 나타내면 인간이 어쩔 수 없는 타고난 것이라는 측면에서 운명론적인 의미를 갖게 된다. 반면에 물리적 측면에서는 생명을 가리키는 개념으로 사용되기도 한다.

형이상의 측면에서 보면 이利와 인仁은 각각 천도와 인도의 내용이다. 그리고 명命 역시 천명天命의 의미가 되어 모두 형이상적 존재이다. 형이상적 존재는 일상의 사고에 의하여 쉽게 이해할 수 없는 개념이다. 그것은 개념으로 설명이 어려운 존재라는 의미도 된다. 그렇기 때문에 말을 자주 하지 않았다는 의미가 아니라 상세하게 언급하지 않고 제자들로 하여금 스스로 체득體得하기를 기다렸다는 의미가 된다.

반면에 형이하적 측면에서는 이로움과 물리적 생명 그리고 인仁을 함께 말하는 것이 드물었다는 의미가 된다. 왜냐하면 공자가 제시하고자 한 것은 도道이지 물리적 생명이나 개체적인 이로움이 아니었기 때문이다. 만약에 양자와 인仁을 함께 자주 말하면 제자들이 같은 차원의 개념

---

198) 『周易』 重天乾卦 文言, "文言曰 元者善之長也 亨者嘉之會也 利者義之和也 貞者事之幹也 君子 體仁足以長人, 嘉會足以合禮, 利物足以和義, 貞固足以幹事. 君子 行此四德者, 故曰乾元亨利貞."

으로 혼동하였을 것이다.

그러나 형이상과 형이하를 함께 이해하면 형이상적 세계를 나타내는 명命, 인仁과 형이하적 세계를 나타내는 이로움을 함께 말하는 것이 드물었다는 것은 형이상과 형이하로 구분하기 이전의 세계 자체에 관하여 드물게 말하였음을 뜻한다. 왜냐하면 본래의 세계 자체는 언어를 통하여 드러낼 수 없기 때문이다. 그러므로 공자는 "나는 말을 하고 싶지 않다." 고 하였다. 이에 대하여 자공子貢이 말하기를 "선생님께서 말씀을 하지 않으면 저희들은 어떻게 전할까요?"라고 묻자 공자가 말하기를 "천天이 무슨 말을 하더냐? 사시가 운행하고, 만물을 생육함에 천이 무슨 말을 하더냐?"[199]라고 하였다.

【원문】

達巷黨人曰, "大哉孔子! 博學而無所成名." 子聞之, 謂門弟子曰, "吾何執? 執御乎? 執射乎? 吾執御矣."

【우리말】

달항達巷이란 고을의 사람이 말하였다. "위대하다, 공자여! 널리 배웠으나 (어느 한가지로) 이름을 이룬 것이 없구나." 공자가 듣고 제자들에게 말하였다. "내가 무엇을 잡을까? 말을 몰까? 활을 잡을까? 나는 말을 몰리라."

【논어순역】

이 부분에서는 달항의 마을 사람들이 공자를 이해한 것을 통하여 당시의 사람들이 공자를 어떻게 이해하였는가를 알 수 있다. 일반적인 사람

---

199) 『論語』 陽貨, "子曰 予欲無言 子貢曰 子如不言, 則小子何述焉 子曰 天何言哉 四時行焉, 百物生焉, 天何言哉."

들은 이利를 중심으로 생각하기 때문에 재주가 많으면 그것이 그대로 이로움으로 연결되기를 바란다. 그렇기 때문에 "박학이무소성명博學而無所成名."이라고 하여 많은 것을 알고 있지만 어느 하나 전문가로서의 이름이 나지 않음을 밝히고 있다.

그러나 공자가 가진 많은 재주는 그것을 통하여 이익을 얻고자 하는 것이 아니라 단지 삶의 과정에서 자연스럽게 얻어진 것일 뿐 그것이 공자의 본래 면목은 아니다. 그렇기 때문에 공자는 제자들에게 자신이 어떤 존재인가를 분명하게 밝히고 있다.

원문에서 말을 모는 것은 덕이라는 수레를 타고 도제천하道濟天下하는 일을 상징적으로 나타낸 것이다. 그리고 활을 잡은 것은 무력으로 천하를 다스리는 것을 뜻한다. 공자는 덕을 통하여 천하를 제도하고자 하였기 때문에 현상적인 측면에서 무력으로 천하를 통일하여 강한 나라와 강한 군대를 가진 강한 군주가 되려는 그런 일에 뜻이 없음을 밝힌 것이다.

그런데 인류 역사상에서 실제로 도제천하를 실천하는 존재는 군자이다. 군자가 왕도정치를 통하여 천하를 제도하는 것을 수레를 타고 천하를 다스리는 것으로 비유한다. 그러므로 "오집어의吾執御矣."는 군자의 도를 천명闡明하는 것이 공자에게 주어진 천명天命임을 밝힌 것이라고 할 수 있다.

【원문】

子曰, "麻冕, 禮也, 今也純, 儉, 吾從衆. 拜下, 禮也, 今拜乎上, 泰也. 雖違衆, 吾從下."

【우리말】

공자가 말하였다. "삼베로 만든 면류관이 예에 맞지만 지금은 생사로 만드니 검소하기 때문에 나는 대중을 따르겠다. 아래에서 절하는 것이 예인데 지금은 위에서 절을 하니 이는 교만하다. 나는 비록 대중과 어긋나더라도 아래에서 절하겠다."

【논어순역】

공자의 언행을 피상적으로 이해하면 무너져가는 주周나라를 맹목적으로 추종하는 보수주의자라고 오해하기 쉽다. 그러나 공자는 시의성時義性에 따라서 언행言行을 행하는 시중時中을 주장하였다. 따라서 그를 보수와 진보라는 일정한 틀로 이해하려는 시도 자체가 빗나간 것이다.

원문을 보면 공자가 무조건 과거에 매달리거나 반대하는 것이 아님을 알 수 있다. 공자가 상례喪禮에 있어서는 당시의 검소한 예禮를 행하였고, 사람이 만나서 서로 인사를 할 때 무릎을 꿇지 않고 인사하는 당시의 예법을 따르지 않고 무릎을 꿇고 행하는 옛날의 예법을 따른다고 하였다.

공자는 군자는 반드시 인仁을 주체로 해야 함을 밝히고 있다. 그리고 예악禮樂이 모두 인仁을 내용으로 해야 함도 밝히고 있다. 따라서 위의 내용은 인仁을 주체로 하여 구체적인 예禮의 절목節目을 행하여야함을 나타낸 것이라고 할 수 있다.

인仁은 지智와 더불어 인간의 본래성을 구성한다. 그러므로 인仁이 주체가 되어 예禮가 행하여져야 한다는 것은 곧 본성을 주체로 인예의지仁禮義智의 사덕四德이 실천되어야 함을 뜻한다. 군자가 자신의 본성을 주체로 살아갈 때 모든 언행이 시의성에 적중하게 되고, 그것이 바로 중화中和를 이룬 언행言行이 된다. 『논어』에서는 시의성時義性에 적중한 언행을 정명正名으로 규정하고 있다.

【원문】

子絕四, 毋意, 毋必, 毋固, 毋我.

【우리말】

공자께서는 네 가지가 없었으니 사의私意가 없으며, 반드시 기약期約함이 없으며, 고집스러움이 없으며, 사욕私慾에 물든 자기自己가 없었다.

【논어순역】

이 부분은 공자의 경지를 나타낸 것이지만 군자가 학문을 통하여 도달해야할 경지를 나타낸 것이라고 할 수 있다. 공자가 네 가지를 끊었다는 것은 네 가지를 벗어났다는 것이다. 그 내용을 보면 비록 네 가지이지만 무아無我로 집약하여 나타낼 수 있다.

나라는 생각이 없기 때문에 너라는 생각이 없고, 그렇기 때문에 무엇을 하겠다는 인위적인 뜻이 없어서 무의毋意이다. 무엇을 하겠다는 인위적인 뜻이 없기 때문에 반드시 무엇을 하겠다는 기약함이 없어서 무필毋必이다. 의도적인 뜻이나 반드시라는 기약이 없기 때문에 어떤 것에도 걸림이 없어서 자유롭기 때문에 무고毋固이다.

위의 네 가지를 시간의 관점에서 이해하면 무의, 무필은 미래에 관한 것이며, 무고는 과거에 관한 것이다. 과거와 미래에 관하여 집착함이 없으면 그것이 현재적 관점에서는 무아가 된다.

시간상의 과거와 미래가 따로 없이 모두 현재에 갖추어져 있으며, 현재는 끊임없이 변화하기 때문에 그 어떤 것도 고정된 것이 없다. 그러므로 모든 것을 행하여도 아무 것도 행함이 없을 뿐만 아니라 그렇기 때문에 항상 법도에 어긋남이 없다. 그것을 한마디로 나타내어 중용中庸이라고 하고, 시중時中이라고 하며, 정명正名이라고 한다.

이 부분을 형이상적 관점에서 이해하면 자子는 공자가 아니라 천天과의 관계를 통하여 모든 존재를 나타낸 것이다. 다시 말하면 천天이라는 근원적인 존재와 그를 근거로 하는 모든 존재를 부父와 자子의 관점에서 나타낸 것이라고 할 수 있다. 그러므로 "자절사子絕四"는 모든 존재가 본래 네 가지를 초월하였음을 뜻한다.

사람의 관점에서 보면 자子는 곧 마음을 나타내며, 부父는 곧 본성을 나타낸다. 그러므로 "자절사子絕四"는 마음의 모든 작용이 본래 네 가지를 초월超越하였음을 뜻한다. 의도적인 것이 없고, 기필하는 것도 없으며, 고루함이 없고, 나라는 것이 없는 것이 본래의 마음임을 뜻한다. 그것은 다시 말하면 모든 마음이 곧 본성의 작용임을 뜻한다.

【원문】

子畏於匡, 曰, "文王旣沒, 文不在玆乎? 天之將喪斯文也, 後死者不得與於斯文也, 天之未喪斯文也, 匡人其如予何?"

【우리말】

공자께서 광匡지역에서 곤궁을 당하자 말하였다. "문왕文王이 이미 돌아갔으니 문文이 여기에 있지 아니한가? 하늘이 장차 이 문을 없애려 하였다면 뒤에 죽을 사람이 이 문에 참여하지 못하였을 것이다. 그러나 하늘이 이 문을 없애지 않으려 한다면 광匡 땅의 사람들이 나를 어찌 하겠는가?

【논어순역】

이 부분은 공자가 자신에게 주어진 천명이 무엇인지를 자각하였음을 보여주는 대목이다.

공자는 스스로 "요순堯舜의 도道를 조술祖述하고, 문왕과 무왕의 도를 헌장憲章하였다."[200]고 하였다. 이는 자신이 요순堯舜으로부터 우禹, 탕湯, 문왕文王, 무왕武王, 주공周公에게 전하여진 성인의 도를 자각하였음을 나타낸 것이다.

만약 하늘이 자신에게 천명을 주지 않았다면 문왕으로부터 주공으로

---

200) 朱熹『中庸章句』第三十章, "仲尼 祖述堯舜 憲章文武 上律天時 下襲水土."

전승된 성인의 도를 전수하지 못하였을 것이다. 그렇기 때문에 아무리 어려운 일이 닥쳐도 천명을 봉행奉行하겠다는 의지와 더불어 천에 대한 믿음을 천명한 것이다.

공자는 "아래로 배워서 위에 도달하였으니 나를 아는 존재는 그 오직 천이다."[201]고 하였다. 이는 공자가 학문을 통하여 형이상의 세계에 도달함으로써 천명을 자각하였음을 나타내는 것이다. 그는 오직 천명을 주체로 살아갈 뿐 나라는 개체적 의식이 없는 무아無我이다.

무아이지만 본성을 주체로 살아가기 때문에 안과 밖에서 일어나는 어떤 일에도 마음이 흔들림이 없이 평온하다. "지혜로운 사람은 유혹됨이 없고, 어진 사람은 근심이 없으며, 용감한 사람은 두려움이 없다."[202] 이는 본성을 자각하고 그것을 주체로 살아가는 사람의 삶을 나타낸 것이다. 바로 원문에서 밝히고 있는 공자의 삶이 그러한 삶이라고 할 수 있다.

이 부분을 순順의 관점에서 이해하면 공자를 통하여 모든 존재가 천명天命을 부여받았음을 밝힌 것이라고 할 수 있다. 『중용』에서는 "천명天命을 일러 본성本性이라고 한다."[203]고 하였다. 모든 사물은 천명의 유행이기 때문에 자기가 자기를 해치는 경우는 있지 않다. 이는 삶 자체가 본래 근심도 없고, 두려움도 없고, 이리저리 흔들림도 없어서 항상 자유로움을 뜻한다.

【원문】

大宰問於子貢曰, "夫子聖者與? 何其多能也?" 子貢曰, "固天縱之將聖, 又多能也." 子聞之曰, "大宰知我乎! 吾少也賤, 故多能

---

201) 『論語』 憲問, "子曰 莫我知也夫 子貢曰, 何爲其莫知子也 子曰 不怨天, 不尤人, 下學而上達. 知我者其天乎."

202) 『論語』 子罕, "子曰 知者不惑, 仁者不憂, 勇者不懼."

203) 朱熹 『中庸章句』 第一章, "天命之謂性 率性之謂道 脩道之謂教."

鄙事. 君子多乎哉? 不多也." 牢曰, "子云, '吾不試, 故藝.'"

【우리말】

태재太宰가 자공子貢에게 물었다. "공자는 성인이신가? 어찌 그렇게 능한 것이 많은가?" 자공이 말하였다. "진실로 하늘이 낳은 성인이시고 또한 능한 것이 많다." 공자께서 이 말을 들으시고 말씀하였다. "태재가 나를 아는구나. 내가 젊었을 때 미천하였기 때문에 많은 비천한 일에 능하다. 군자가 능한 일이 많은가? 많지 않다." 뢰牢가 말하였다. "선생님께서 말씀하기를 '내가 세상에 등용되지 못했기 때문에 재주가 많다.'고 하였다."

【논어순역】

이 부분에서는 성인에 관한 일반인들의 생각이 어떤 것인지를 나타내고 있다. 태재太宰는 국정을 총괄하는 관직의 이름으로 구체적으로 누구를 가리키는지 분명하지 않다. 태재가 공자의 다능함이 성인이 갖는 속성으로 인식하고 물음을 제기하고 있고, 자공의 대답 역시 그러한 차원에서 이루어지고 있다.

그러나 성인은 성덕成德된 존재를 일컫는 말이지 재능이 많음을 일컫는 것이 아니다. 그렇기 때문에 공자는 자신이 어려서 미천했기 때문에 의식주를 해결하기 위하여 비천한 일을 많이 하여 다능하게 되었을 뿐 그것이 덕위와 관계가 없음을 밝히고 있다.

다음의 내용 역시 공자의 삶의 태도를 나타내고 있다. 뢰牢는 위衛나라의 금뢰金牢로 자字는 자개子開, 자장子張으로 공자의 제자라는 설이 있다. 금뢰의 말을 통해서도 알 수 있듯이 공자가 비록 재주가 많았지만 그것이 벼슬에 나아가서 부귀와 영달을 얻기 위하여 일부러 갖춘 것이 아니라 삶의 과정에서 저절로 습득된 것일 뿐 그것이 공자의 본질이 아님을 알 수 있다.

【원문】

子曰, "吾有知乎哉? 無知也. 有鄙夫問於我, 空空如也. 我叩其兩端而竭焉."

【우리말】

공자가 말하였다. "내가 앎이 있는 것으로 아느냐? 앎이 없노라. 비루한 사람이 나에게 물어오되 전혀 알맹이가 없는 것 같을지라도 나는 그 양단兩端을 두드려서 드러나지 않는 것을 나타낼 따름이다."

【논어순역】

이 부분은 공자의 앎에 대한 태도를 나타내고 있다. 이는 군자 역시 그래야함을 밝힌 것이다. 군자는 자기라는 생각이 없다. 이를 공자는 "무아毋我"라고 하였다. 그렇기 때문에 내가 안다거나 모른다는 생각이 없다. 다만 다른 사람이 말을 하면 그 말을 순順과 역逆의 두 관점에서 살펴보고 그것을 바탕으로 그 의미를 드러낼 따름이다.

공자는 "나의 도는 하나로 꿰어져 있다."[204]고 하였다. 이를 순順과 역逆의 두 작용을 중심으로 이해하면 순에서 역으로 일관할 뿐만 아니라 역에서 순으로도 일관함을 나타낸 것이다.

순順과 역逆을 도道와 기器의 관계를 중심으로 나타내면 형이상과 형이하의 두 차원이다. 그리고 형이상과 형이하의 상하 관계를 중심으로 순역順逆을 나타내면 아래에서 위로 도달하는 상달上達과 위에서 아래에 도달하는 하달下達이라고 할 수 있다.

이 부분에서는 순역을 양단兩端으로 규정하고, 일이관지一以貫之를 집기양단執其兩端이라고 한 것으로 생각할 수 있다. 다시 말하면 순順과 역

---

204) 『論語』衛靈公, "子曰 賜也 女以予爲多學而識之者與 對曰 然非與 曰 非也予一以貫之."

逆의 관점에서 형이상과 형이하를 일관하여 보면 지知와 부지不知로 구분하여 나타낼 수 없기 때문에 무지無知라고 하였던 것이다. 따라서 무지無知는 앎 자체가 없음을 뜻하는 것이 아니라 무엇을 안다는 의식이 없음을 뜻한다고 할 수 있다.

무지無知를 주체를 중심으로 나타내면 무아無我이다. 무아이기 때문에 무엇을 알아도 내가 안다는 의식이 없으며, 그렇기 때문에 무엇을 행하여도 내가 했다는 의식이 없다. 그러므로 공을 세워도 자만하여 자랑하지 않고 남보다 자신의 덕이 낮다고 겸손할 수 있다.

무지無知이기 때문에 지식이 없지만 그러나 지식을 때에 맞게 사용할 수 있는 지혜가 있다. 그러므로 지식은 없지만 지혜智慧가 없다고 할 수는 없다. 지식이 없기 때문에 어떤 앎에도 얽매임이 없고, 내가 없기 때문에 어떤 욕망이나 의도도 없어서 자유롭다. 그렇기 때문에 근심도, 유혹됨도 두려움도 없다.

이 부분을 체용體用의 관점에서 보면 사고思考도 없고, 행위도 없는 본체本體의 세계를 나타내는 것이 무지無知이며, 다양한 작용을 나타내는 것이 그 다음 부분의 내용이다.

인간의 본성이라는 주체성의 상태를 앎의 측면에서 무지無知로 나타내고, 질문자를 통하여 앎으로 나타나는 지혜의 작용을 나타낸 것이다. 따라서 무지無知는 인간의 본성을 나타내며, "고기양단이갈언叩其兩端而竭焉"은 사물을 만나서 그것을 주간하는 지혜의 작용을 나타낸다. 이를 『주역』에서는 "정고貞固의 지성智性이 주체가 되어 일을 주관한다."[205]고 하였다.

【원문】

子曰, "鳳鳥不至, 河不出圖, 吾已矣夫!"

---

205) 『周易』 重天乾卦 文言, "貞固 足以幹事."

【우리말】

공자께서 말씀하였다. "봉황새가 오지 않고, 하에서 도가 나오지 않으니 나는 그만두리라."

【논어순역】

일반적으로 봉황鳳凰은 태평성대를 상징하는 신령한 새로 인식되고 있다. 순舜임금 때와 문왕文王이 기산岐山에 있을 때 봉황이 울었다고 전한다.

그리고 복희伏羲 때 황하黃河에서 용마龍馬가 등에 지고 나온 도상圖象이 하도河圖로 성왕聖王의 출현을 상징한다고 이해한다. 그렇기 때문에 위의 내용을 보면 공자가 자신의 도道가 펼쳐져서 태평성대가 이루어지기를 바랐건만 희망이 없음을 탄식하였다고 이해한다.

『주역』에서는 봉황새는 천도天道를 지상에 전하는 메신저로서의 성인을 상징한다. 하도河圖 역시 천도를 상징적으로 나타낸 도상이다. 그러므로 봉황새가 오지 않고, 하수河水에서 도圖가 나오지 않는다는 것은 공자가 당한 시위가 선천先天임을 뜻한다. 다시 말하면 천도가 천명闡明되고, 그것이 군자에 의하여 인도人道로 실천될 후천後天의 때가 아님을 나타낸 것이다. 공자는 그 시의성時義性을 알았기 때문에 인도를 천명闡明하여 자신의 사명을 완수하였던 것이다.

공자가 자신의 천명을 유감없이 다하였음을 나타내는 개념이 뒷부분이다. "나는 끝났다."는 것은 개체적 관점에서 자기의 희망이 사라졌음을 나타내는 탄식이라고 할 수 도 있지만 "이제 내가 할 일을 다 하였다."라는 의미로 이해할 수도 있다.

성인으로서의 공자의 천명은 『주역』을 비롯한 여러 전적典籍들을 통하여 인도人道를 천명闡明함으로써 끝났다. 남은 것은 오직 군자에 의하여 사덕四德이 행하여짐으로써 인도가 실천되어 천하가 도로 제도되는 세상을 기다리는 것이다.

【원문】

子見齊衰者冕衣裳者與瞽者, 見之, 雖少必作, 過之必趨.

【우리말】

공자께서는 자최齊衰를 입은 사람과 관을 쓰고 의상을 차린 사람, 장님을 보면 그들이 다가올 때 비록 나이가 적더라도 반드시 일어났고, 그 곁을 지나갈 때는 반드시 종종걸음을 하였다.

【논어순역】

이 부분에서도 일상의 삶 가운데서 항상 남을 배려하는 공자의 세심한 마음을 읽을 수 있다. 비록 이 부분에서 상을 당하여 상복을 입은 사람, 관복을 입은 사람 그리고 장님을 언급하였지만 공자는 무아無我이고 무지無知이기 때문에 자신의 마음이 없어서 천지天地의 마음을 자신의 마음으로 한다.

그것은 천지의 마음이라는 어떤 마음이 있는 것이 아니라 매 순간 만나는 사람의 마음을 자신의 마음으로 하는 것이다. 다시 말하면 혼자 있을 때는 고요하지만 사물을 만날 때는 사물과 하나가 되어주는 것이다. 그렇기 때문에 상喪을 당하여 아픈 사람을 만나면 아픈 마음이 되고, 관복을 입은 사람을 만나면 공무를 행하는 사람의 마음이 되며, 장님을 만나면 장님의 안타깝고 답답한 마음이 되어 그가 편안하도록 행동하는 것이다.

【원문】

顔淵喟然歎曰, "仰之彌高, 鑽之彌堅. 瞻之在前, 忽焉在後. 夫子循循然善誘人, 博我以文, 約我以禮, 欲罷不能. 旣竭吾才, 如有所立卓爾. 雖欲從之, 末由也已."

【우리말】

안연顔淵이 한숨을 쉬며 탄식하여 말하였다. "우러러보면 더욱 높고, 뚫고자 하면 더욱 견고하며, 바라보면 앞에 있는 것 같으나 홀연히 뒤에 있다. 선생님께서는 차근차근하게 사람을 잘 이끌어 문으로 나를 넓혀주고, 예로 나를 묶어 주었다. 그만두고자 하여도 그만둘 수 없어서 이미 나의 재주를 다하게 하였으며, 내 앞에 우뚝 서있는 것 같아서 비록 따르고자 하여도 그 말미암을 바를 모르겠다."

【논어순역】

이 부분에서는 안연顔淵의 학문하는 태도를 알 수 있을 뿐만 아니라 공자의 제자를 대하는 태도를 알 수 있다. 옹야雍也와 안연顔淵에서는 "군자가 널리 문장을 배우고 묶되 예로하면 또한 도道에서 벗어나지 않을 것이다."[206]고 하여 박문약예博文約禮가 군자의 학문 방법임을 밝히고 있다. 이 부분에서는 "박아이문博我以文, 약아이례約我以禮"라고 하여 공자가 안연을 가르치는 방법 역시 박문약예임을 밝히고 있다. 이를 통하여 『논어』에서 제시하고 있는 학문 방법이 박문약예임을 알 수 있다.

그런데 박문약예의 방법으로 제자들을 지도할 때 공자의 태도를 엿볼 수 있는 부분이 "부자순순연선유인夫子循循然善誘人, 박아이문博我以文, 약아이예約我以禮, 욕파불능欲罷不能. 기갈오재旣竭吾才"이다. 공자는 제자들을 가르칠 때 그 사람의 재능과 차원을 파악하고 그에 맞도록 잘 유도誘導하여 스스로 자신의 재주를 다할 때까지 그만둘 수 없도록 하였다. 이는 일방적으로 가르치고 배우는 관계가 아니라 배우는 사람의 입장에서 그가 가진 능력을 스스로 펼칠 수 있도록 도와주는 방법이다.

---

206) 『論語』 顔淵, "子曰 博學於文, 約之以禮, 亦可以弗畔矣夫."

그리고 안연이 공자를 "앙지미고仰之彌高, 찬지미견鑽之彌堅. 첨지재전瞻之在前, 홀언재후忽焉在後"라고 하였지만 군자의 관점에서 보면 학문을 완성하여 덕을 이루었을 때의 상태를 나타내는 부분으로 이해할 수 있다. 도道 자체와 더불어 하나가 되어 살아가는 군자는 무엇라고 규정할 수 없는 존재이다. 그렇기 때문에 나와 둘로 보아서 올려 보면 더욱 높아 보이고, 단단하게 여겨서 뚫으려고 하면 더욱 단단해 보이고, 앞에 있는 것으로 보면 홀연히 뒤에 있는 것처럼 여겨지는 것이다.

끝 부분은 그러한 상태를 더욱 분명하게 나타낸다. "여유소입탁이如有所立卓爾 수욕종지雖欲從之, 말유야이末由也已."는 안연이 자신을 공자와 둘로 보아서 공자의 차원을 자신과 별개의 것으로 보기 때문에 마치 자신과 달리 우뚝 솟은 다른 차원이 있는 것처럼 느껴지는 것이다. 그렇기 때문에 공자를 좇고자 하여도 그 방법을 알 수 없는 것이다.

【원문】

子疾病, 子路使門人爲臣. 病間, 曰, "久矣哉, 由之行詐也! 無臣而爲有臣. 吾誰欺? 欺天乎! 且予與其死於臣之手也, 無寧死於二三子之手乎! 且予縱不得大葬, 予死於道路乎?"

【우리말】

공자의 병이 심해지자 자로子路가 문인으로 하여금 가신家臣을 삼았다. 병이 덜하여지자 말하였다. "오래되었구나. 유由가 거짓을 행함이! 나는 가신이 없어야 하는데 가신을 두었으니 내가 누구를 속인 것인가? 하늘을 속였나 보다. 또 내가 가신의 손에 죽기보다는 차라리 너희들 손에 죽는 것이 낫지 않겠는가? 또 내 장례식을 크게 치르지는 못하더라도 내가 길에서 죽기야 하겠는가?"

【논어순역】

이 부분을 피상적으로 이해하면 공자의 병시중을 드는 사람을 두어 그를 편하게 모시고자 하는 자로의 제자로서의 마음이 잘못된 것을 꾸짖는 것으로만 이해할 수 있다. 만약 보통의 사람들이 병석에 있는 사람을 위하여 시중을 드는 사람을 보내주었다면 오직 고마워할 뿐 시중을 받는 것이 올바른 것인지를 헤아리지 않을 것이다.

그러나 공자는 제자들을 가르침에 있어서 철저하게 대하였다. 그렇기 때문에 공자가 이미 벼슬이 그만두어 가신을 둘 수 없음에도 불구하고 가신을 두어 상喪에 대비하는 자로의 태도를 꾸짖었던 것이다.

그런데 공자의 말의 근저에는 가신을 두거나 두지 않는 것의 문제가 아니라 시의성時義性에 적중的中하는 언행인가 아닌가의 정명正名의 문제가 전제되어 있다. 벼슬에 있지 않는 사람은 관리라는 이름이 없기 때문에 관리가 행할 공무를 행할 수 없다. 그러므로 관리가 아닌 사람이 공무를 본다면 그것은 정명正名이 아니다.

정명은 명名과 실實의 관계를 중심으로 이해할 수 있지만 그것을 시간의 관점에서 살펴보면 시의성에 적중하는 시중時中의 문제가 된다. 군자는 시의성에 적중하는 행위를 하여 부모가 되어야 할 때 부모노릇을 하고 자식이 되어야할 때 자식노릇을 할 뿐이다.

공자가 자로를 꾸짖는 것도 시중時中된 언행言行을 해야 함을 밝힌 것이다. 그러므로 이 부분은 자로만을 꾸짖는 것이 아니라 모든 후학들에게 정명正名원리, 시중時中원리를 밝힌 것이라고 할 수 있다.

【원문】

子貢曰, "有美玉於斯, 韞匵而藏諸? 求善賈而沽諸?" 子曰, "沽之哉! 沽之哉! 我待賈者也."

【우리말】

자공이 말하였다. “여기에 아름다운 옥이 있다면 궤 속에 넣어 감추어 두시겠습니까? 좋은 상인을 구하여 파시겠습니까?” 공자께서 말하였다. “팔아야지, 팔아야지. 나는 좋은 값을 기다리는 사람이다.”

【논어순역】

이 부분은 맹자가 말한 천작天爵과 인작人爵의 관계를 나타내고 있다. 자공은 공자가 도道가 있음에도 불구하고 벼슬을 하지 않는 것을 보고 “아름다운 옥을 팔 것인가? 아니면 궤에 감추어둘 것인가?”라고 비유하여 물었다. 이는 천작天爵이 있으면 인작을 통하여 백성들을 이롭게 하는 것이 덕이 있는 사람의 도리라고 생각하였기 때문이다.

공자는 자신이 팔기 위하여 좋은 값을 기다리는 사람이라고 하였다. 이 때 좋은 값이란 단순하게 인작人爵의 높낮이를 가리키는 것이 아니다. 그것은 때를 기다리는 것이라고 할 수 있다. 왜냐하면 비록 천하天下에 도道를 행하고자 하여도 그 때가 아니면 행하여질 수 없기 때문이다.

그러나 순順의 관점에서 보면 공자가 이미 밝혔듯이 관청에 나아가서 정치를 행하는 것만이 도를 행하는 것은 아니다. 일상의 삶의 과정에서 만나는 모든 유형, 무형, 유생有生, 무생無生의 사건과 물건을 대함이 모두 도를 행함이다. 그렇기 때문에 군자는 제도화된 세계에서 정치를 행하는 것도 그 때에 따라서 행할 뿐 그것만을 위하여 삶을 살아가지 않는다.

【원문】

子欲居九夷 或曰, “陋如之何? 子曰, “君子居之, 何陋之有?”

【우리말】

공자가 구이九夷에 가서 살고자 하자 어떤 사람이 말하였다. “누추한데 어떻게 하시겠습니까?" 공자가 말하였다. "군자가 거주하는데 무슨 누추함이 있겠는가?"

【논어순역】

이 부분에서는 공자의 삶의 태도를 엿볼 수 있다. 공자는 동방東方의 아홉 이족異族들의 지방인 구이九夷에 가서 살고 싶다고 하였다. 원문의 내용과 비슷한 내용이 공야장公冶長에도 보인다. "공자가 말하기를 '도道가 행하여지지 않으니 뗏목을 타고 바다를 건너고 싶구나. 나를 따라올 사람은 유由일까?'"207)라고 한 부분이 있다. 이를 통하여 공자가 구이九夷에 가서 살고 싶은 까닭은 도가 행하여지지 않음을 한탄한 것임을 알 수 있다.

그런데 이 부분에서 유의할 점은 묻는 사람이 구이의 나라를 누추하여 살수 없는 지방으로 규정하자 공자가 "군자가 살고 있는 곳이니 어찌 누추함이 있겠는가?"라고 말한 점이다. 이를 통하여 공자가 비록 주周나라에서 살아가지만 주나라와 구이라는 형이하의 땅을 중심으로 사는 사람이 아니라 군자의 나라라는 형이상의 세계에서 살아가는 존재임을 알 수 있다.

군자는 중국이나 한국이라는 물리적인 나라를 중심으로 살아가는 존재가 아니라 도道의 세계에서 살아가는 존재이다. 그렇기 때문에 공자가 비록 중국에서 살지만 중국이 아니라 천하를 위하여 살아가며, 군자 역시 특정한 나라에서 살아가지만 천하를 위하고, 우주를 위하여 살아가는 존재일 수밖에 없다.

천도天道의 내용인 역수원리曆數原理의 관점에서 이 부분을 이해하면 구이九夷의 나라는 군자가 살아가는 나라 곧 군자의 세계이다. 그러므로 구이는 곧 군자의 도가 행하여지는 후천後天의 세계를 가리킨다고 할 수

---

207) 『論語』 公冶長, "子曰 道不行, 乘桴浮于海. 從我者其由與."

있다. 그리고 뗏목을 타고 떠나고 싶어 한 세계는 군자의 도가 행하여지지 않고, 소인小人의 도가 횡행하는 선천先天의 세계이다. 그러므로 뗏목을 타고 바다를 건너는 것은 곧 선천에서 후천으로 건너감을 뜻한다.

선천과 후천의 관점에서 보면 공자가 구이의 나라에 가서 살고 싶어 함은 군자의 도가 행하여지는 후천의 세계를 그리워함을 뜻한다. 이렇게 보면 이 부분이 후천의 주체적 존재인 군자를 기다리는 성인聖人의 우환의식憂患意識을 나타낸다고 할 수 있다.

【원문】

子曰, "吾自衛反魯, 然後樂正, 雅頌各得其所."

【우리말】

공자가 말하였다. "내가 위나라로부터 노나라로 돌아온 후로 음악이 바르게 되어 아雅와 송頌이 각각 제자리를 찾게 되었다."

【논어순역】

주희는 이 부분을 "노魯나라의 애공哀公 11년에 공자가 위나라로부터 노나라로 돌아왔을 때 비록 주례周禮가 노나라에 있었지만 시와 음악이 자못 없어지거나 빠져서 차례를 잃어버린 부분이 있었다. 그러므로 사방을 주류周流하면서 각 나라의 것들을 상고하고 조사하여 그 내용을 알게 되었다. 말년에 끝내 도道가 행하여지지 않을 것임을 알고 노나라로 돌아와 음악을 바로잡은 것이다."[208]고 하였다.

공자 당시에는 오늘날 전하여진 『시경』의 시詩와 음악이 함께 있었다.

---

208) 朱熹『論語集註』, "魯哀公十一年冬 孔子自衛反魯 是時 周禮在魯 然 時樂亦頗殘缺失次 孔子周流四方 參互考訂 以知其說 晚知道終不行 故歸而正之"

그렇기 때문에 공자가 악을 바로 잡아서 아와 송이 각각 바르게 되었다는 것은 주희가 밝히고 있는 바와 같이 음악과 가사의 일부가 빠진 것을 보충하고 차례를 정한 것으로 이해할 수 있다.

그런데 공자가 아雅와 송頌을 바로잡았다는 것은 공자가 『시경』을 편집했다는 "산시설刪詩說"의 성격을 이해할 수 있는 단서가 된다. 일반적으로 "산시刪詩"는 공자가 당시에 존재하는 3,000여 편의 시詩를 취사선택取捨選擇하여 300여 편의 시로 편집編輯하였다는 의미로 이해한다. 이러한 주장에 대하여 많은 논란이 있다.

산시刪詩의 의미는 사실적 관점에서의 이해도 중요하지만 형이상적 관점에서 보면 공자가 비로소 시詩를 형이상적 관점에서 이해함으로써 그 경전적經典的 가치를 드러내어 밝혔음을 뜻하는 것으로 이해할 수 있다. 문학 작품으로서의 시가 경전으로서의 『시경』이 될 수 있었던 것은 공자에 의하여 시에 담긴 형이상적 세계가 드러났기 때문이다.

【원문】

子曰, "出則事公卿, 入則事父兄, 喪事不敢不勉, 不爲酒困, 何有於我哉?"

【우리말】

공자가 말하였다. "나아가서는 공경公卿을 섬기고, 들어와서는 부형父兄을 섬기며, 상사喪事에 감히 힘쓰지 않음이 없고, 술로 인하여 곤란을 당하지 않는 것 가운데 나에게 무엇이 있겠는가?"

【논어순역】

위의 내용은 공자의 일상의 삶을 나타내고 있다. 조정에 나아가서 공무를 행하고, 가정으로 돌아와서 가정을 다스리며, 죽은 사람과 이별하는 이웃의 슬픔을 함께 나누고, 술을 마시면서 즐거움을 함께하지만 그것으로 인하여 곤란을 당하는 일이 없다. 이는 일상의 생활이 물이 흐르듯이 자연스럽게 이루어지고 있음을 나타낸 것이다.

위에서 언급되고 있는 내용을 보면 공자의 삶은 일상을 벗어난 기이한 일이 하나도 없다. 그것은 자신이 밝힌 것과 같이 일상이 마음이 하고자 하는 것을 좇아도 법도를 어긋남이 없는 삶임을 뜻하는 동시에 일상의 삶 자체와 하나가 되어서 자신이 없는 그래서 무슨 일을 하더라도 의도적으로 하지 않고, 반드시 하겠다는 것도 없고, 어느 것에 집착하지 않는 삶을 나타내고 있다. 그러나 스스로는 평범하다는 생각마저도 없다. "나에게 무엇이 있겠는가?"는 바로 그러한 뜻을 나타내는 것이다.

【원문】

子在川上曰, "逝者如斯夫! 不舍晝夜."

【우리말】

공자가 시냇가에 서서 말하였다. "가는 것이 이와 같구나. 밤낮을 그치지 않는구나."

【논어순역】

이 부분은 물이 끊임없이 흐르듯이 어떤 것도 고정됨이 없이 끊임없이 변화함을 뜻한다. 이를 통하여 공자가 만물을 시간적 관점에서 보고 있음을 알 수 있다. 시간은 미래가 현재가 되고 다시 과거가 되면서 사라진다. 그것은 현재가 쌓여서 과거가 되면서 미래를 향하여 나아감을 뜻한다.

시간의 관점에서 보면 세상의 그 어떤 존재도 항상恒常하지 않고 끊임없이 변화한다. 사람의 모습도 삶도 끊임없이 변화하기 때문에 어느 때 무엇을 하는 나를 나라고 고집할 수 없다. 그리고 이로움도 해로움도 부귀富貴도 빈천도 모두 항상恒常한 것이 아니라 끊임없이 변화하기 때문에 어느 한 때를 이해利害, 빈부貧富, 귀천貴賤의 어느 일면으로 규정할 수 없다.

변화의 관점에서 보면 나라고 주장할 고정된 존재가 없기 때문에 무아無我이고, 무아이기 때문에 의도적으로 무엇을 하겠다는 의지작용이 없고, 반드시 하겠다는 생각이 없으며, 어느 하나에 집착된 고루함이 없다.

또한 옳다거나 그르다는 생각도 없어서 모든 것을 수용할 수 있는 넓은 도량을 가지고 있어서 시비是非에 얽매이지 않고, 지식을 얻어도 그것을 자신의 것으로 여기지 않기 때문에 스스로 무엇인가를 알았다고 생각하지 않아서 무지無知이다.

내가 없기 때문에 현상적인 지위의 높고 낮음이나 가난하거나 부유함, 지식의 정도에 상관없이 누구라도 그가 되어줄 수 있어서 천지와 그 덕을 함께하고 일월과 밝음을 함께하며, 사시四時와 차례를 함께하고, 귀신鬼神과도 길흉吉凶을 함께 한다.

【원문】

子曰, "吾未見好德如好色者也."

【우리말】

공자께서 말씀하였다. "나는 덕을 좋아함이 여색女色을 좋아함과 같은 사람을 보지 못하였다."

【논어순역】

이 부분에서도 역시 군자의 삶의 태도를 밝히고 있다. 위의 원문에서 밝히고 있는 여색을 좋아함은 본능을 따름을 의미하고, 덕을 좋아함은 본성을 따름을 의미한다. 따라서 여색을 좋아함은 물리적 생명을 위하여 살아가는 소인적인 삶을 가리키고, 덕을 좋아함은 도덕 주체성을 주체로 살아가는 군자의 삶을 가리키는 것이라고 할 수 있다.

그런데 공자가 여색을 좋아하듯이 덕을 좋아하는 사람을 보지 못하였다고 한 것을 보면 당시에는 군자적인 삶을 살아가는 사람보다는 소인적인 삶을 살아가는 사람이 더 많았음을 알 수 있다. 그렇기 때문에 "군자는 도道를 도모圖謀할 뿐 먹는 일을 도모하지 않는다."고 하여 군자적인 삶을 살아갈 것을 강조하였던 것이다.

사람은 몸을 갖고 있기 때문에 태어나 자라면서 본능本能을 따라서 살아가는 방법을 터득하게 된다. 그것은 물리적인 생명을 유지하고자 하는 자연스런 현상이라고 할 수 있다. 그러나 사람은 몸만 있는 것이 아니라 마음이 있고, 마음의 근저에는 그 본체가 되는 본성을 갖고 있다. 그렇기 때문에 사람은 성장의 과정에서 교육을 통하여 본성을 주체로 본능을 잘 다스리면서 살아가는 것이 이상적理想的인 삶이라는 것을 알게 된다.

처음부터 본성을 주체로 살기는 어렵다. 먼저 본능의 유혹誘惑을 넘어서 본성을 자각하는 과정을 거쳐야 비로소 그것을 주체로 살아갈 수 있기 때문이다. 『논어』에서 본능적인 자기를 이겨서 도덕적인 자기를 주체로 하는 것이 군자가 살아가야할 길임을 밝히고 있는 까닭이 여기에 있다.

그러나 순順의 관점에서 보면 미색을 좋아하는 것도 역시 본성의 작용이다. 그것을 안다면 내가 미색을 좋아함을 미루어서 남이 미색을 좋아함을 알 수 있고, 그것을 알게 되면 남으로 하여금 그 뜻을 이루도록 해줄 수도 있고, 그것을 통하여 자신의 쾌락만이 아닌 모든 존재의 쾌락을 추구하게 됨으로서 결국은 본능을 넘어서서 본성을 주체로 살아갈 수 있도록 해줄 수 있다. 이처럼 나와 남을 둘로 보지 않고 일체로 보는 지혜를 통하여 보면 미색을 좋아하는 나도 대상도 그리고 미색을 좋아함도 없어서 좋아하되 좋아함이 없음을 알게 된다.

【원문】

子曰, "譬如爲山, 未成一簣, 止吾止也. 譬如平地, 雖覆一簣, 進吾往也."

【우리말】

공자가 말하였다. "비유하자면 산을 만드는데 흙 한 삼태기가 모자라 이루지 못하고 그치는 것도 내가 그치는 것이며, 비유하자면 땅을 고를 때 비록 흙 한 삼태기를 부어서 메우는 것도 내가 메우는 것이다."

【논어순역】

이 부분은 학문하는 사람이 지녀야할 태도를 상징적으로 나타낸 것이라고 할 수 있다. 원문에서 "일궤一簣"는 "일이관지"의 의미와 같다. 산을 쌓기 위해서는 한 삼태기의 흙이 모이고 또 모여서 이루어진다. 그리고 구덩이를 메워서 땅을 고르게 하는 것도 역시 한 삼태기의 흙을 덮는 것으로 시작하여 끊임없이 계속됨으로서 가능하다.

그럼에도 불구하고 한 삼태기만 더하면 산이 될지라도 그만두는 것도 자기 자신이고, 구덩이를 메우기 위하여 한 삼태기를 덮기 시작하는 것도 자기 자신이다. 따라서 이 부분은 학자들로 하여금 학문하는 태도가 꾸준하고 성실해야함을 밝힌 것이라고 할 수 있다. 비록 작은 것이라도 스스로 판단하여 작은 일이라고 포기하지 말고 열심히 하여야함을 밝힌 것이다.

『서경書經』에서는 "산을 만들면서 아홉 길을 만들었을 지라도 그 공이 한 삼태기에 무너진다."[209]라고 하였고, 『맹자孟子』에서는 "무슨 일을 하는 것은 비유하자면 우물을 파는 것과 같다. 우물을 아홉 자를 팠을 때 샘에 이르지 못하였다고 하여 그만두면 그것은 우물 파기를 포기하는 것

209) 『書經』 周書 旅獒, "爲山九仞에 功虧一簣."

과 같다."[210]고 하였다. 이때의 아홉 길, 아홉 자는 원문의 "일궤一簣"와 같이 한 길, 한 자가 거듭되어 형성된 것이다.

그런데 공功을 이룬 상태를 나타내는 열 길, 열 자와는 한 길, 한 자의 차이다. 이는 십十이라는 수가 어떤 일의 완성의 상태를 상징적으로 나타내는 수數인 동시에 성공 직전의 상태를 나타내는 수가 구九임을 뜻한다. 그러므로 하나에서 아홉까지는 비록 서로의 차이는 있어도 십과 비교하면 동질의 것일 뿐 십과는 다르다. 공야장公冶長에서도 안회顔回와 자공子貢의 차원을 비유하여 "하나를 듣고 둘을 아는" 자공과 "하나를 듣고 열을 아는"[211] 안회를 구분하여 나타내고 있다.

그러면 위의 내용을 좀 더 구체적으로 살펴보자. 산을 쌓는 일과 구덩이를 메우는 일은 본래 하나의 양면이다. 산을 덜어서 구덩이를 메워서 평지로 만들어야 비로소 산을 만들 수 있고, 반대로 평지의 흙을 덜어내어 쌓아야 산을 만들 수 있다. 그런 점에서 보면 양자는 둘이면서 일체적인 양면이라고 할 수 있다.

산을 쌓거나 구덩이를 메우는 일을 일에서 십까지의 수를 통하여 상징적으로 나타낸 것이 위의 언급이라고 할 수 있다. 일에서 십까지의 기준을 오를 중심으로 나타내면 평지를 기준으로 일에서 산을 완성하기까지를 오라고 할 수도 있고, 구덩이를 일로 하여 산을 완성하기까지를 십으로 규정할 수도 있다.

그러나 중요한 것은 아홉을 거쳐서 십에 이르러서야 비로소 구덩이를 파거나 산을 쌓는 일이 완성된다는 점이다. 그리고 일에서 아홉까지는 아무리 높이 흙을 쌓고, 구덩이를 깊이 파도 산이나 우물이 아니며, 열 길, 열 자라는 십수로 표상된 상태에 이르러서야 비로소 산이 되고 우물이 된다는 점이다.

---

210) 『孟子』 盡心章句上, "孟子曰 有爲者辟若掘井 掘井九軔而不及泉, 猶爲棄井也."

211) 『論語』 公冶長, "子謂子貢曰 女與回也孰愈 對曰, 賜也何敢望回 回也聞一以知十, 賜也聞一以知二. 子曰 弗如也, 吾與女弗如也."

위의 내용을 마음을 쓰는 방법을 중심으로 살펴보면 산은 장점을 키워 나가는 것을 나타내고, 구덩이는 단점을 메워가는 것으로 볼 수 있다. 산은 덕을 쌓아가는 성덕盛德의 일을 상징한다면 구덩이를 메우는 것은 집착執着, 욕심慾心을 덜어가는 일을 상징한다고 할 수 있다. 그것은 달리 말하면 선善을 쌓아가는 일을 산을 쌓는 일로 나타내고, 불선不善을 제거하는 일을 구덩이를 메우는 일로 나타낸 것이라고 할 수 있다.

그런데 덕을 쌓는 일과 욕심을 제거하는 일은 하나의 일이다. 양자가 함께 되지 않으면 안 된다. 그것은 다시 말하면 "일궤一簣"를 중심으로 살펴보면 덜거나 더하여지는 흙은 모두 한 삼태기가 더하여지고 덜어져서 산이 되고 구덩이가 파지거나 평지가 된다는 것이다.

이제 산이나 구덩이라는 결과에 상관없이 더하고 더는 외적인 결과에 상관없이 덜고 더하는 그 주체가 무엇인가를 생각하여 보자. 욕심을 버리고 무아無我, 무지無知의 상태에서 무엇인가를 하는 것은 모두 주체가 본성이다. 욕심을 덜어내는 것도 본성이며, 덕을 쌓는 것도 본성이다. 그 본성의 자리에는 더하고 덜함도 없다. 덜어야할 불선不善, 단점短點도 없으며, 쌓아야할 덕德이나 선善이라는 것도 없다. 그런 점에서 보면 "일궤一簣"는 한 삼태에 담긴 내용물을 가리키는 것이 아니라 한결같은 동일한 하나의 삼태기를 뜻하게 된다. 이제 위의 내용을 정리하여 보자.

> 산을 만든다하고 우물을 판다고 하지만
> 산의 흙, 우물의 흙이 둘이 아니니
> 산이라 우물이라 할 뿐 산도 우물도 없어서
> 온갖 풀 나무 자라고, 짐승들 오가며 물 마실 뿐이네.

【원문】

子曰, "語之而不惰者, 其回也與!"

【우리말】

공자가 말하였다. "말을 해주면 게으름을 피우지 않는 사람은 안회로구나."

【논어순역】

이 부분에서도 안회의 학문하는 태도를 언급함으로써 군자의 학문 태도를 밝히고 있다. 일반적으로 말을 하기는 쉽지만 그것을 실천하기는 어렵다. 옛 사람들이 함부로 말을 하지 않았던 까닭도 실천을 하지 못함을 부끄러워하였기 때문이다."[212] 뿐만 아니라 말을 어눌하게 하고 행동을 민첩하게 하여[213] 말과 행동을 일치시키고자 노력하였다.

그러나 안회는 스승인 공자로부터 하나의 말을 들으면 게으름을 피우지 않고 반드시 실천하였다. 『중용中庸』에서는 안회顔回가 "하나의 선善을 들으면 마음에 담고 담아서 잃지 않았다."[214]고 하였다. 이처럼 스승을 말을 잊지 않으려는 것은 곧 그것을 실천하기 위함이다.

공자는 "내가 회回와 더불어 종일終日 말하여도 어기지 않아서 어리석은 것 같더니 물러나서 평상시의 모습을 살펴보니 또한 족이 실천함이 있으니 회回는 어리석지 않구나."[215]라고 하였다. 그렇기 때문에 공자는 유일하게 안회를 호학好學하는 제자로 규정하였던 것이다.

위에서 언급하고 있는 것과 같이 공자는 학문을 하는 일이 단순하게 지식을 축적하는 것이 아니라 지혜知慧를 체득體得하여 그것을 실천하는 것으로 인식하고 있음을 알 수 있다. 실천은 몸을 통하여 말과 행동으로 드러나게 된다. 따라서 실천의 문제는 언행의 문제라고 할 수 있다.

---

212) 『論語』 里仁, "子曰 古者言之不出, 恥躬之不逮也."

213) 『論語』 里仁, "子曰 君子 欲訥於言而敏於行."

214) 朱熹 『中庸章句』 第八章, "子曰 回之爲人也 擇乎中庸 得一善則拳拳服膺而弗失之矣."

215) 『論語』 爲政, "子曰 吾與回言終日, 不違如愚. 退而省其私, 亦足以發, 回也不愚."

말과 행동은 내용도 중요하지만 동일한 내용을 언제 말하고 행동할 것인가의 때도 중요하다. 그렇기 때문에 "말을 해야 할 때 말을 하지 않으면 사람을 잃고, 말을 하지 말아야 할 때 말을 하면 말을 잃는다. 지혜로운 사람은 말도 잃지 않고 사람도 잃지 않는다."라고 하여 말과 행동이 시의성時義性에 적중的中해야 함을 밝히고 있다.

【원문】

子謂顏淵曰, "惜乎! 吾見其進也, 未見其止也."

【우리말】

공자가 안연에게 말하였다. "애석하구나. 나는 그가 나아가는 것을 보았을 뿐 멈추는 것을 보지 못하였다."

【논어순역】

이 부분은 안회의 죽음을 애석哀惜하게 여기는 공자의 마음을 나타내고 있다. 안회는 생전生前에 학문하는 것을 매우 좋아했었고 공자가 오직 그만이 호학함을 인정하였을 따름이다. 그가 만약 요절하지 않았다면 공자의 기대에 부응하여 학문을 대성하였을 것이다.

안회의 죽음을 접한 공자는 "천이 나를 버렸구나, 천이 나를 버렸구나."하고 비통한 마음을 감추지 않았다. 그러자 제자들이 염려하여 "너무 애통해 하십니다. 몸을 상할까 염려됩니다."라고 말하자 "이를 애통해하지 않으면 무엇을 애통해하랴"라고 하였다.216)

학문은 진정으로 한다면 반드시 그 결과가 있게 되고, 그것이 그 사람의 언행을 통하여 나타나게 된다. 그렇기 때문에 곁에서 그를 지켜보았

---

216) 『論語』 先進, "顏淵死. 子曰 噫 天喪予 天喪予 顏淵死, 子哭之慟. 從者曰, 子慟矣 曰 有慟乎 非夫人之爲慟而誰爲."

던 공자가 안회는 학문을 하면서 끊임없이 진보하였음을 밝힌 것이다.

오늘날 학문을 하는 사람들도 학문을 수단으로 여기지 말고 그것이 목적이 되어야 한다. 자기를 닦아서 남을 편안하게 하고자하는 삶은 모든 인간이 목표로 해야 할 이상적인 삶인 동시에 모든 사람이 태어나면서 하늘부터 부여받은 보편적인 사명이다. 그러므로 스스로 학문에 뜻을 두고 살아가는 사람일수록 더구나 유학에 뜻을 두고 공자의 학문을 연구하는 사람일수록 그가 제시했던 학문의 방법을 따라서 군자의 삶을 살아가야 한다.

【원문】

子曰, "苗而不秀者, 有矣夫! 秀而不實者, 有矣夫!"

【우리말】

공자가 말하였다. "싹이 났으나 꽃이 피지 못하는 것도 있고, 꽃이 피었으나 열매를 맺지 못하는 것도 있다."

【논어순역】

이 부분은 안회의 죽음에 대하여 감회를 나타낸 것으로 이해할 수 있다. 하나의 씨앗이 땅에 심어져서 싹이 나고 잘 자라서 아름다운 꽃을 피우는 경우도 있지만 꽃을 피우지 못하고 시드는 경우도 있고, 꽃을 피웠지만 열매를 맺지 못하고 시드는 경우도 있다.

안회는 다른 제자와 달리 "하나를 들으면 열을 알고", "석 달을 인仁을 어지지 않고" 학문하는 것을 매우 좋아하였지만 끝내 대성大成하지 못하고 마치 열매를 맺지 못하고 시드는 화초처럼 요절하였다. 그렇기 때문에 공자는 "함께 학문을 할 수는 있어도 함께 도道에 나아갈 수 없으며, 함께 도道에 나아갈 수 있어도 함께 설 수 없으며, 함께 설 수 있어도 권도權度를 행할 수 없다."[217]고 하여 함께 학문을 시작하였어도 그 공功을 이루는 것이 쉽지 않음을 밝히고 있다.

그러나 순順의 관점에서 보면 학문을 하는 나도 없고, 학문도 없어서 오직 학문을 하고 실천을 할 뿐 그 결과에 대하여 연연할 필요가 없다. 그렇기 때문에 안연이 요절한 것도 아니고, 그가 요절하였다고 하여 진리가 사라진 것도 아니며, 공자가 애통哀慟해 한 것도 인류를 위하여 공심公心으로 그러한 것일 뿐 개체적인 관점에서 자신의 학문을 계승할 사람이 사라져서 그것을 애통해 한 것은 아니다.

【원문】

子曰, "後生可畏, 焉知來者之不如今也? 四十五十而無聞焉, 斯亦不足畏也已."

【우리말】

공자가 말하였다. "후생을 두려워해야 하니 앞으로 오는 사람이 지금보다 못할 것을 어찌 알겠는가? 그러나 40, 50에도 알려지지 않으면 그 또한 두려울 것이 없다."

【논어순역】

일반적으로 지금의 사람들은 80년을 넘게 살아가지만 옛날에는 오래 살 경우 60년을 살았다. 그러므로 40이나 50의 나이에 이르면 이미 인생의 말년이라고 하지 않을 수 없다. 그러므로 말년에 이르러서도 그 사람의 덕德에 대하여 다른 사람의 일컬음이 없다면 더 이상 기대할 것이 없

---

217) 『論語』 子罕, "子曰 可與共學, 未可與適道, 可與適道, 未可與立, 可與立, 未可與權."

음을 밝히고 있다.

그러나 물리적 생명이 비록 한계가 있지만 그 삶은 끊임없이 변화하여 새로운 생명이 이어짐으로써 영원하다. 그렇기 때문에 물리적 시간의 관점에서 뒤에 태어났다고 나와 본성이 다르지 않고, 먼저 태어나서 먼저 갔다고 하여 나와 본성이 다르지 않다. 그러므로 어린아이와 내 본성이 다르지 않고, 노인과 내 본성이 다르지 않다. 따라서 후생後生을 두려워할 필요가 없다.

그러면 후생이 두렵다는 것은 무엇을 의미하는 것인가? 후생을 개체적 관점에서 이해하면 나보다 뒤에 태어난 다음 세대를 나타내지만 천도天道의 관점에서 보면 곧 후천의 세계, 군자의 세계라고 할 수 있다.

선후천의 관점에서 보면 "금今"은 선천先天을 가리키고, "래자來者"는 후천后天을 가리킨다. 그러므로 위의 내용은 "선천과 후천이 다름을 어찌 알겠는가?"로 이해할 수 있다.

그리고 "사오십이무문언四十五十而無聞焉"에서 문聞은 자신의 내면에서 본성을 자각하고 천명을 자각함을 뜻한다. 그러므로 위의 내용은 사십에 불혹不惑이 되지 못하고, 오십五十이 되어도 천명을 알지 못함을 뜻한다. 학문을 하는 사람이 인생이 끝나갈 때까지 천명天命을 자각自覺하지 못하면 그 사람의 세계는 두려워하기에 부족한 것이다. 그것은 평생 학문을 하면서도 선천의 세계, 소인의 세계를 벗어나지 못한 사람은 다른 사람의 본보기가 되기 어려움을 뜻한다.

【원문】

子曰, "法語之言, 能無從乎? 改之爲貴. 巽與之言, 能無說乎? 繹之爲貴. 說而不繹, 從而不改, 吾末如之何也已矣."

【우리말】

공자가 말하였다. "법으로 하는 말을 따르지 않을 수 있겠는가? 고치는 것이 귀하다. 부드럽게 하는 말을 기뻐하지 않을 수 있겠는가? 연역해 내는 것이 귀하다. 기뻐하기만 하고 연역해내지 않으며, 따르기만 하고 고치지 않으면 나도 그를 어찌할 수 없다."

【논어순역】

이 부분 역시 학문하는 방법에 대하여 언급하고 있다. 진리를 담고 있는 말을 듣고 그것을 거울로 삼아서 실천하지 않는다면 의미가 없다. 그리고 완곡하게 해주는 진리의 말을 듣고 기뻐할 뿐 그 요체를 잡지 못하면 의미가 없다. 그러므로 학문의 방법은 다른 것이 아니라 스승으로부터 진리의 말을 듣고 그 요체를 이해하고 실천하는 것이 중요하다.

『논어』의 다른 부분에서는 학문의 방법에 대하여 "널리 문장을 배워서, 묶되 예禮로 한다."고 하였다. 널리 문장을 배워서 그 안에 담긴 지식을 습득하는 것은 일차적으로 대상화된 지식을 내가 얻는 것이다. 그것은 내 기억 속에 남이 밝힌 진리를 담고 있음을 뜻한다. 나와 일체가 되지 못한 지식은 나를 구속하는 족쇄가 될 뿐이다.

일차적으로 나와 하나가 된 지식을 완전하게 하나가 되도록 하는 과정을 나타내는 것이 "예로 묶는다."로 이해할 수 있다. 예는 형이하적 측면에서의 형식이 아니라 형이상적 측면에서 본성을 구성하는 사덕四德 가운데 하나이다. 따라서 예로 묶음은 지식과 본성을 일체화함을 뜻한다.

앎의 대상, 내용인 지식이 아는 나와 일체가 되었을 때 그것을 지혜라고 한다. 지혜를 체득하게 되면 그것이 그대로 실천으로 드러난다. 그렇기 때문에 지혜를 체득한 사람의 삶은 변화하지 않을 수 없다. 만약 변화하지 않는다면 그것은 학문의 효과가 전혀 없음을 나타낸다. 그렇기 때문에 지식을 습득하는데 기뻐하지만 말고 요체를 찾고, 요체를 찾는 것에 머물지 말고 예로 묶어서 주체화하라고 하였다.

【원문】

子曰, "主忠信, 毋友不如己者, 過則勿憚改."

【우리말】

공자가 말하였다. "충신忠信을 위주로 하여 자신과 같지 않게 여김이 없으며, 허물이 있으면 고치는데 거리낌이 없어야 한다."

【논어순역】

이 부분 역시 학문의 방법을 논하고 있다. 학문을 하는 요체는 진실한 믿음이다. 믿음은 자신에 대한 믿음인 동시에 진리에 대한 믿음이다. 본래 도는 나와 떨어져 있지 않다. 나의 본성을 깨달아서 그대로 살아가면 그것이 바로 삶의 길로서의 도이다. 그렇기 때문에 믿으면 실천하게 되고, 실천하면 그가 곧 이상적 인격체인 군자이다.

그런데 만약 자신이 본래 완전한 본성을 구족具足하고 있고 일상의 삶 자체가 그대로 본성의 나툼이라는 사실을 믿지 않으면 스스로 한계를 그어서 자신을 소인小人으로 규정하는 것이기 때문에 그 사람의 말고 행동이 모두 소인의 말과 행동이 되지 않을 수 없다. 그렇기 때문에 스스로 믿음을 갖지 못하고 소인의 삶을 살아가면 군자의 삶을 살아갈 수 없음을 나타내기 위하여 수레의 굴대가 없는 것과 같아서 멍에를 맬 수 없을 뿐만 아니라 한 걸음도 움직일 수 없음[218]을 밝히고 있다.

진실한 믿음은 대상이 없는 믿음으로 믿음을 가지면 모든 존재를 일체로 여긴다. 그렇기 때문에 "자신과 같지 않은 사람은 없다."고 하였다. 사실 사람뿐만 아니라 모든 존재가 나와 더불어 일체이기 때문에 모두가 스승이 되어 나를 가르쳐 준다.

모든 존재를 나와 둘로 보지 않기 때문에 남의 마음을 알 수 있고, 남

218) 『論語』 爲政, "子曰 人而無信, 不知其可也. 大車無輗, 小車無軏, 其何以行之哉."

의 마음을 알기 때문에 자신을 돌아보아서 허물을 고칠 수 있는 것이다. 사실 허물은 허물이 아니라 자신을 단련시키는 수행修行의 재료일 뿐이다. 그렇기 때문에 끊임없이 자신을 돌아봄으로써 매 순간을 본래의 자기로 돌리는 것이다.

【원문】

子曰, "三軍可奪帥也, 匹夫不可奪志也."

【우리말】

공자가 말하였다. "삼군三軍의 장수도 빼앗을 수 있으나 필부의 뜻은 빼앗을 수 없다."

【논어순역】

앞의 내용에 이어서 이 부분에서는 진실한 마음으로 군자의 도道에 뜻을 세우는 입지立志가 중요함을 밝히고 있다. 『주역』에서는 "진실한 믿음을 바탕으로 본성本性에 순응順應할 것을 생각하고 어진 사람을 숭상崇尙함"[219]으로 입지立志를 설명하고 있다.

진실한 믿음을 바탕으로 세워진 뜻은 결코 그 어떤 존재도 훼손할 수 없다. 그렇기 때문에 원문에서는 밖에 있는 수많은 군사들을 물리치는 것은 쉬운 일이지만 비록 필부일지라도 그의 뜻을 빼앗는 것은 어렵다고 하였다.

『주역』에서는 입지立志를 "변하지 않는 방소方所를 세운다."[220]고 표

---

219) 『周易』 繫辭上篇 第十二章, "易曰 自天祐之, 吉无不利. 子曰 祐者助也 天之所助者順也 人之所助者信也 履信思乎順, 又以尙賢也, 是以自天祐之, 吉无不利也."

220) 『周易』 雷風恒卦 大象, "象曰 雷風恒, 君子以 立不易方."

현하고, 『맹자』에서 "움직이지 않는 마음"[221]으로 표현하기도 하였다. 이처럼 "세운 뜻이 확고하여 뽑아 낼 수 없을 때"[222] 비로소 그 어떤 사건이나 물건을 만나더라도 마음이 고요하여 편안하며, 마음이 편안해야 비로소 사려를 할 수 있을 뿐만 아니라 그것을 통하여 본성을 체득體得하고 천명을 체득體得할 수 있다.

【원문】

子曰, "衣敝縕袍, 與衣狐貉者立, 而不恥者, 其由也與? '不忮不求, 何用不臧?'" 子路終身誦之. 子曰, "是道也, 何足以臧?"

【우리말】

공자가 말하였다. "해진 솜옷을 입고 여우나 담비가죽으로 만든 갖옷을 입은 사람과 함께 서 있으면서도 부끄러워하지 않는 사람은 아마 유由일 것이다. 시에서 말하기를 '남을 해치지 않으며, 남의 것을 탐하지 않는다면 어찌 착하지 않겠는가?'라고 하였다." 자로子路가 종신토록 외우고자 하자 공자가 말하였다. "이 도道가 어찌 평생 동안 간직하기에 족하다고 하겠는가?"

【논어순역】

이 부분에서는 제자인 자로를 통하여 학문을 하는 군자의 심법心法을 밝히고 있다. 자로子路는 용맹勇猛한 사람이었기 때문에 비록 가난할지

---

221) 『孟子』 公孫丑章句上, "公孫丑問曰 夫子加齊之卿相, 得行道焉, 雖由此霸王, 不異矣. 如此, 則動心否乎 孟子曰 否 我四十不動心."

222) 『周易』 重天乾卦 文言, "初九曰 潛龍勿用 何謂也 子曰 龍德而隱者也 不易乎世 不成乎名 遯世无悶 不見是而无悶 樂則行之 憂則違之 確乎其不可拔 潛龍也."

라도 부자와 더불어 위축됨이 없었다. 이는 자로가 가난함과 부유함을 둘로 보지 않았음을 뜻한다.

만약 어떤 사람이 가난함과 부유함을 둘로 본다면 그는 또한 나와 남을 둘로 보는 사람이다. 그러한 사람이 가난한 사람을 만나면 그는 가난한 사람을 업신여길 것이며, 부유한 사람을 만나면 그를 해치고 재물을 빼앗고자 할 것이다. 그러므로 남의 것을 욕심내지 않을 뿐만 아니라 남을 해치려고 하는 마음이 없는 사람이라면 착하다고 할 수 있다.

그러나 착한 것만으로는 군자라고 할 수 없다. 군자는 자기를 닦아서 천하의 사람들로 하여금 편안하게 살도록 하고자 뜻을 세운 사람이다. 그가 단지 남의 것을 욕심내지 않고 남을 해치려는 마음이 없음에 그치면 그는 아직 부족하다.

그는 가난과 부유함에 마음의 동요가 없음을 물론 더 나아가서 부유하여도 거만하지 않을 뿐만 아니라 모든 사람들이 이롭도록 재물財物을 사용하고, 가난한 사람으로 하여금 가난에서 벗어나도록 마음을 내준다. 그것이 바로 어진 사람의 예禮에 맞는 행동이다.

『논어』의 다른 부분에서는 가난할 때나 부유할 때 살아가는 방법에 대하여 다음과 같이 밝히고 있다. 자공子貢이 묻기를 "가난하면서 아첨하지 않고, 부유하면서 교만하지 않으면 어떻습니까?"라고 하였다. 이에 대하여 공자는 "옳기는 하나 가난해도 즐겁고 부유하면서도 예禮를 좋아하는 것만 같지 않다."[223] 이는 군자는 부유할 때나 빈천할 때를 막론하고 오직 사덕四德을 실천하며 살아가야 함을 밝힌 것이다.

그것은 시의성時義性에 따라서 살아가는 정명正名된 삶이다. 아버지 되어야 할 때 아버지가 되고, 자식이 되어야할 때 자식 노릇하는 것이 곧 군자의 삶이다. 그것을 『중용』에서는 "군자는 그 처한 상황에 따라서 살아갈 뿐 다른 것을 원하지 않는다. 부귀에 처해서는 부귀한 사람으로 살

223) 『論語』 學而, "子貢曰 貧而無諂, 富而無驕, 何如 子曰 可也, 未若貧而樂, 富而好禮者也 子貢曰 詩云 如切如磋, 如琢如磨 其斯之謂與."

아가고, 빈천에 처해서는 빈천한 사람으로 살아가고, 이적夷狄에 처해서는 이적으로 살아가며, 환난에 처해서는 환난을 해결한다. (그러므로) 군자는 어떤 상황이든 자득自得하지 않음이 없다."[224]고 하였다.

【원문】

子曰, "歲寒然後知松柏之後彫也."

【우리말】

공자가 말하였다. "날씨가 추운 뒤에야 소나무와 잣나무가 뒤늦게 시드는 것을 알게 된다."

【논어순역】

일상의 관점에서 보면 날이 추운 겨울이 되어 모든 나무의 잎이 떨어진 후에 비로소 잣나무와 소나무가 늦게 시듦을 알 수 있다는 것으로 곧 세상이 어지러울 때 충신忠臣을 알 수 있고, 어려움을 당하였을 때 진정한 친구가 누구인지를 알 수 있다는 의미이다.

그러나 천도天道의 관점에서 보면 때가 추운 연후라는 것은 곧 계절로 보면 가을이 겨울로 변화하는 것으로 그것은 곧 선천에서 후천으로의 변화를 뜻한다. 따라서 이 부분은 선천에서 후천으로 변화하는 선후천 변화가 이루어진 후에 비로소 성인과 군자의 인격성이 밝게 드러남을 밝힌 것이라고 할 수 있다.

---

224) 『中庸』第十四章, "君子 素其位而行 不願乎其外 素富貴 行乎富貴 素貧賤 行乎貧賤 素夷狄 行乎夷狄 素患難 行乎患難 君子 無入而 不自得焉."

【원문】

子曰, "知者不惑, 仁者不憂, 勇者不懼."

【우리말】

공자가 말하였다. "지혜로운 사람은 의혹이 없고, 어진 사람은 근심이 없고, 용기가 있는 사람은 두려움이 없다."

【논어순역】

지智와 인仁 그리고 용勇은 인간의 본래성을 사덕四德을 중심으로 언급한 것이다. 지智와 인仁은 각각 진리의 자각 주체와 실천 주체로 그것을 다시 실천을 중심으로 나타낸 것이 용勇이다.

지혜는 자기가 없는 무아無我를 자각할 때 발생하는데 이는 끊임없이 자기를 놓아가는 극기克己를 통하여 이루어진다. 따라서 자기를 스스로 놓는 용기가 필요하다.

그리고 무아가 이루어졌을 때 모든 존재로 일체로 여기게 되고 이에 따라서 모든 존재를 이롭게 하고자 하는 어진 마음이 발생하게 된다. 그러나 그것을 실천하기 위해서는 다시 용기가 필요하다. 그렇기 때문에 진리의 자각과 실천에 모두 용기가 필요한 것이다.

지혜로운 사람, 어진 사람, 용기가 있는 사람은 곧 본성을 자각한 군자를 가리키는 것으로 군자는 지혜롭기 때문에 마음이 이리저리 흔들리는 일이 없으며, 어질기 때문에 근심이 없고, 용감하기 때문에 두려움이 없다.

의혹과 근심 그리고 두려움이 없는 군자의 삶을 『논어』에서는 탕탕하다고 하였고, 이에 대하여 소인은 항상 근심이 많다.[225]고 하였다.

---

225) 『論語』 述而, "子曰 君子坦蕩蕩, 小人長戚戚."

【원문】

子曰 可與共學未可與適道 可與適道未可與立 可與立未可與權.

【우리말】

공자가 말하였다. "함께 공부를 할 수 있어도 함께 도道에 나아갈 수는 없으며, 함께 도道에 나아갈 수 있어도 함께 설 수 없으며, 함께 설 수 있어도 함께 권도權度를 행할 수 없다."

【논어순역】

이 부분에서는 학문의 단계를 밝히고 있다고 할 수 있다. 학문을 하는 사람들이 아무리 열심히 할지라도 그 방법이 올바르지 않으면 결코 도道의 세계에 나아갈 수 없다. 도는 형이상적 존재이기 때문에 그 특성에 알맞은 방법을 통해서만이 도달할 수 있다. 그것을 나타내는 부분이 "가여공학미가여적도可與共學未可與適道"이다.

이 부분을 『논어』에서 학문의 방법으로 제시하고 있는 박문약례博文約禮를 중심으로 살펴보면 진실한 믿음을 바탕으로 군자君子로 살겠다는 뜻을 세우는 입지立志를 거쳐서 성인의 도를 널리 배우는 박문博文을 나타낸다고 할 수 있다.

그런데 박문을 통하여 얻어진 이치理致는 인예의지仁禮義智의 사덕四德으로 주체화하는 약례約禮를 거쳐야 한다. 사덕四德은 인간의 본성의 내용으로 박문을 통하여 얻은 지식을 사덕으로 주체화한다는 것은 지식으로 얻어진 이치가 내 본래성과 합덕合德하여 일체가 되었음을 뜻한다.

본래성과 일체가 된 이치는 내 주체성이 된다. 그것은 도덕 주체성을 내 삶의 주체로 하였음을 뜻한다. 그것을 나타내는 것이 "가여적도미가여입可與適道未可與立"이다. 이렇게 세워진 도덕 주체성은 사실 없었던 것을 세우거나 얻은 것이 아니라 본래부터 존재하였던 것을 자각한 것이다.

그런데 비록 자기의 주체성을 확립하여 살지라도 다시 천지天地와 더불어 살아가지 않으면 안 된다. 천지의 뜻은 그것을 자각한 인간에게는 사명으로 자각되는 점에서 천명인 동시에 때가 갖는 의미로서의 시의성이 된다. 따라서 본성을 주체로 살지라도 그것을 실천하는 것은 시의성을 따라서 행하여야 한다. 그것을 나타내는 것이 "가여입미가여권可與立未可與權"이다.

권도權度를 행할 수 있다는 것은 시의성時義性에 따라서 자유자재自由自在함을 뜻한다. 공자는 이러한 상태를 "마음이 하고자 하는 바를 따라서 행하여도 법도를 어긋남이 없다."고 하였다. 이는 달리 말하면 중도中道를 본체로 하여(執中) 그것을 실천하는 것(中庸)이라고 할 수 있다.

【원문】

唐棣之華 偏其反而 豈不爾思 室是遠而 子曰 未之思也夫何遠之有

【우리말】

산앵두나무의 꽃이여! 바람에 펄럭이는구나. 어찌 그대를 생각하지 않겠는가마는 집이 멀도다. 공자가 말하였다. "생각하지 않을지언정 어찌 멀겠는가?"

【논어순역】

이 장은 지금은 전하여지지 않는 시詩를 통하여 공자孔子의 학문관學問觀을 나타내고 있다. 군자가 학문을 하면서 자칫 도道의 세계를 자신과 둘로 보고 멀리 있는 것으로 착각하기 쉽다. 도道는 사람의 본성本性을 떠나서 존재하지 않는다. 단지 스스로 그것을 계발啓發하여 사용하고 사용하지 않음의 차이가 있을 따름이다. 그렇기 때문에 스스로 생각하지 않을지언정 어찌 멀겠느냐하고 말한 것이다.

원문을 중심으로 구체적인 내용을 살펴보면 "당체지화唐棣之華 편기반이偏其反而"을 단순하게 자연의 아름다움을 나타내는 것으로 보지 않고 하나의 상징으로 이해하면 꽃은 군자의 본성을 상징하고, 그것이 바람이 흔들거리는 모습은 드러난 본성으로서의 군자의 언행言行을 상징한다. 그것은 곧 본성을 주체로 사덕四德을 실천하며 살아가는 군자의 세계를 상징적으로 나타낸 것이라고 할 수 있다.

앞에서 언급한 내용을 바탕으로 학문을 하는 사람들로 하여금 학문 자체는 자신의 문제일 뿐 도 자체의 문제가 아님을 밝히고 있는 부분이 다음의 내용이다. "기불이사豈不爾思 실시원이室是遠而"는 스스로 자신은 불가능하다고 마음으로 획을 긋는 자포자기自暴自棄를 나타낸다. 공자는 제자인 염구冉求가 "선생님의 도를 기뻐하지 않는 것은 아니나 힘이 부족합니다."라고 말하자 "힘이 부족한 사람은 중도中道에 그만두니 지금 너는 스스로 너를 힘이 부족하다고 여기는 구나."[226]라고 하였다. 이는 자신에 대한 진실한 믿음이 없기 때문에 발생하는 현상이다.

그리고 다음 부분은 하고자 하면 곧 이룰 수 있음을 나타내고 있다. "미지사야未之思也 부하원지유夫何遠之有"는 자신의 본래성이 곧 천지의 도임을 믿고 사려思慮하여 인간답게 살아가는 길을 찾으면 도달할 수 있음에도 불구하고 믿음이 약하여 오직 자신은 사덕四德을 실천하며 살아갈 수 없다고 여기는 것을 나타낸 것이다. 그렇기 때문에 공자는 군자가 수기修己를 할 때는 반드시 진실한 믿음을 위주로 해야 함을 여러 곳에서 밝히고 있다.

226) 『論語』 雍也, "冉求曰 非不說子之道, 力不足也 子曰 力不足者, 中道而廢. 今女畫."

제십장 향당鄕黨

제십장 향당은 공자의 평상시의 언행을 그대로 나타낸 부분이다. 이 부분을 피상적으로 이해하면 형이상적인 고상한 부분이 전혀 없이 그저 매사를 꼼꼼하게 살피고 조심하면서 노심초사勞心焦思하는 참으로 답답하고 한심한 꽁생원과 같은 공자의 모습을 그리고 있다고 생각할 수 있다.

그러나 공자는 스스로 "내 마음이 하고자 하는 바를 따라서 행하여도 법도에 어긋남이 없다."고 하였다. 이는 그가 이미 학문을 통하여 형이상의 차원에 도달함으로써 천명天命을 자각하였음을 뜻한다.

천명을 자각하고 그것을 인仁을 주체로 하여 실천하는 차원에서 보면 언행言行이 모두 도道와 어긋남이 없게 된다. 그것을 『중용』에서는 언행이 항상 시의성時義性에 적중的中하는 시중時中으로 규정하고 있다. 따라서 이 부분이야말로 『논어』 전체의 내용을 요약하여 그대로 보여주고 있는 부분이라고 할 수 있다.

『논어』의 전체 구조가 시간성의 관점에서 천도天道를 중심으로 논한 것이 아니라 그것이 드러난 시간의 관점 곧 공간의 관점에서 군자의 도道를 밝히고 있다. 그것이 『논어』에서는 현실을 중심으로 미래와 과거가 아닌 지금 여기를 중시하는 관점으로 나타나고 있다.

군자의 도 자체는 형이상적 측면과 형이하적 측면을 포함하고 있다. 『논어』에서 때로는 그것을 형이상과 형이하를 구분하여 형이상을 중심으로 밝히기도 하고, 형이상과 형이하가 하나가 되어 구분할 수 없는 본래의 차원에서 형이하를 중심으로 밝히기도 하였다. 예를 들면 무지無知, 무아無我, 무가무불가無可無不可는 형이상의 세계 자체를 그대로 드러내고 있는 언급이라고 할 수 있고, 하학이상달下學而上達은 형이상과 형이하를 구분하여 형이하의 차원에서 형이상의 차원으로 나아가는 것이 학문임을 밝힌 것이라고 할 수 있다.

향당은 형이상과 형이하가 일체인 본래의 차원을 그대로 나타내고 있다. 본래의 차원을 공자의 일상적인 언행을 통하여 담담하게 그리고 있는 것이 향당인 것이다. 그러므로 이미 형이상의 차원에 이르러서 그 세계를 볼 수 있는 심안心眼이 열린 사람에게는 향당편이 단순한 공자의 일상의 기록이 아님을 보게 된다. 그는 향당의 내용을 통하여 공자의 본성本性을 보는 동시에 자기 자신의 본성을 볼 뿐만 아니라 더불어 천天의 본성으로서의 천도天道를 보게 된다.

형이상의 세계는 일상적인 모습을 통하여 나타내지 않고 구체적으로 극기복예위인克己復禮爲仁, 무아無我, 무지無知와 같이 표현할 수도 있다. 그럴 경우 형이상적 존재는 근본이고 형이하적 존재는 지말支末이라는 관계에 얽매여서 작용의 측면을 보지 못할 수도 있을 뿐만 아니라 양자를 둘로 보는 폐단을 낳을 수도 있기 때문에 다른 부분에서 양자를 구분하여 나타내었듯이 본래의 세계에는 양자가 일체적임을 나타내는 향당도 필요하다.

본래의 세계에는 형이상과 형이하라는 구분이 없이 일체적일 뿐만 아니라 본래 그렇기 때문에 양자의 구분이 없이 일체적이라는 말 자체도 필요가 없다. 우리는 이러한 『논어』의 다양한 층차層次로 형성된 구성을 통하여 하나이면서도 다양한 모습으로 드러나 각각의 존재가 모두 의미를 갖는 아름다운 세계를 볼 수 있다.

향당의 내용이 본성을 주체로 그것이 그대로 드러난 언행을 나타내고 있기 때문에 언행 자체를 중심으로 시비是非를 찾으려는 마음을 쉬고 그냥 그대로 이해하는 것이 필요하다. 향당을 보면서 기록된 공자의 언행을 보고 공자의 삶을 그대로 보기도 하고, 그들을 통하여 다양한 언행으로 드러나는 공자의 본성을 느끼기도 하며, 보고 본성을 느끼는 당체인 내 자신의 본성을 볼 수도 있다.

오늘날의 우리가 『논어』를 읽는 것은 나를 통하여 시간상으로는 2500여년 이전의 세계를 오늘에 부활시키는 일이며, 산 사람의 세계와 죽은 사람의 세계를 하나로 연결하는 일이고, 공자孔子와 나라는 구분을 넘어서 인간 그리고 그 이전의 근원의 세계를 맛보는 일이다.

【원문】

孔子於鄕黨, 恂恂如也, 似不能言者. 其在宗廟朝廷 便便言唯謹爾. 朝與下大夫言, 侃侃如也, 與上大夫言, 誾誾如也. 君在, 踧踖如也, 與與如也.

【우리말】

공자께서 마을에 있을 때는 두려워하는 듯하여 마치 말을 못하는 사람과 같았다. 종묘와 조정에 있을 때는 말씀을 분명하게 하면서도 삼갔다. 조정에서 하대부와 말할 때는 강직하게 하고, 상대부와 말할 때는 온화하였다. 임금이 있을 때는 공손하고 근엄하였다.

【논어순역】

이 장은 공자의 평상시의 모습을 나타낸 것이다. 그러나 일상적인 관점, 역逆의 관점에서 보면 공자의 일상의 언행을 나타낸 것에 불과하지만 순順의 관점에서 보면 언행은 곧 본성의 현현이기 때문에 다른 곳과 다름없이 군자의 도에 관한 언급이다.

도의 세계와 그것이 나타난 현상 세계는 서로 구분되면서도 일체인 관계이다. 다만 그것을 형이상적 측면에서 나타내는가 아니면 형이하적 측면에서 나타내는가 그리고 양자로 구분할 수 없는 본래의 측면에서 나타내느냐의 차이만이 있을 뿐이다. 만약 학문을 통하여 본성을 자각自覺하고 천명天命을 자각自覺한 사람이라면 그는『논어』20편의 모든 내용이 이 한편으로 집약되어 있음을 알 수 있을 것이다.

본성을 주체로 살아가는 인격적 존재는 마을에 있으나 조정에 있으나 아랫사람을 대하거나 윗사람을 대하거나 항상 중도中道에 맞게 언행言行을 행하게 된다. 그렇기 때문에 물이 흐르듯이 자연스럽게 만사에 응하게 되는 것이다.

【원문】

君召使擯, 色勃如也, 足躩如也. 揖所與立, 左右手, 衣前後, 襜如也. 趨進, 翼如也. 賓退, 必復命曰, "賓不顧矣."

【우리말】

임금이 불러 나라의 손님을 접대하게 하도록 하면 낯빛을 변하며 발걸음을 조심하였다. 함께 서 있는 사람에게 읍揖할 때는 손을 좌우로 하였는데 옷의 앞 뒷자락이 가지런하였다. 앞으로 빨리 나아갈 때는 새가 날개를 편 것처럼 하였으며, 손님이 물러가면 반드시 복명하여 "손님이 돌아보지 않고 잘 물러갔습니다."라고 하였다.

【논어순역】

임금을 대신하여 나라의 손님을 대접하는 일은 국가를 대신하는 것으로 피상적으로 보면 국익이 걸려 있는 문제이기도 하다. 그러나 근본적으로는 국가와 국가는 평등한 관계로 서로 예禮로 대하는 것이 지당至當한 것이다.

이는 오늘날에도 모든 직종에 종사하는 사람들이 명심해야할 부분이다. 회사를 대표하여 다른 회사와 계약을 체결할 때는 자신이 곧 회사이기 때문에 공적인 관점에서 일을 처리하는 것이 마땅한 태도이다. 결국 모든 사람은 본래 가정을 대표하고, 사회를 대표하고, 민족을 대표하고, 국가를 대표하고, 우주를 대표하기 때문에 언제나 어디에서나 항상 긴장하여 본성本性의 끈을 놓지 않도록 해야 한다.

【원문】

入公門, 鞠躬如也, 如不容. 立不中門, 行不履閾. 過位, 色勃如也, 足躩如也, 其言似不足者. 攝齊升堂, 鞠躬如也, 屛氣似不息者. 出, 降一等, 逞顔色, 怡怡如也. 沒階, 趨進, 翼如也. 復其位, 踧踖如也.

【우리말】

공문에 들어설 때는 몸을 굽혀서 용납하지 못한 듯하였다. 서있을 때는 문 가운데 서있지 않았고, 다닐 때는 문지방을 밟지 않았다. 임금의 자리를 지날 때는 발걸음을 조심하고, 그 말을 마치 부족한 듯하였다. 옷자락을 잡고 마루에 오를 때는 몸을 굽히며, 숨을 죽이고 마치 숨을 쉬지 않는 듯하였다. 나와서 한 층계를 내려와서는 낯빛을 펴서 화평하게 하고, 층계를 다 내려와서는 빨리 걷되 새가 날개를 펴듯하며, 자기 자리에 돌아와서는 공손하였다.

【논어순역】

이 부분을 보면 공문을 들고 나는 공자의 모습이 한 폭의 그림처럼 그려져 있음을 느낄 수 있다. 공자의 모든 태도는 근엄하면서도 화평하고, 모습은 엄숙하면서도 활기차며, 각각의 행동들이 모두 절도에 맞아서 마치 물이 흐르듯이 자연스러워서 보는 사람들로 하여금 아름다움마저 느끼게 한다.

【원문】

執圭, 鞠躬如也, 如不勝. 上如揖, 下如授. 勃如戰色, 足蹜蹜如有循. 享禮, 有容色. 私覿, 愉愉如也.

【우리말】

규圭를 잡을 때는 몸을 굽혀 이기지 못하는 듯이 하였으며, 위로 들어서 읍을 하듯이 하고, 아래로 내리면서는 물건을 줄 때와 같이 하였다. 낯빛을 변하여 두려워하는 빛을 띠고, 발걸음을 좁고 낮게 하여 땅에 끄는 듯이 하였다. 잔치하는 곳에서는 화평한 낯빛을 하였으며, 개인적으로 만날 때는 온화하게 하였다.

【논어순역】

이 부분을 보면 공자의 행동을 보이는 그대로 그리고 있다. 공무를 행하는 공자의 모습을 나타내고 있는 부분이지만 함부로 범접할 수 없는 엄숙함, 장엄함 보다는 봄 냄새 같은 향긋함이 느껴지고, 봄바람 같은 온화함이 느껴지며, 아늑하고 편안함이 느껴진다.

【원문】

君子不以紺緅飾 紅紫不以爲褻服 當暑袗絺綌必表而出之 緇衣羔裘素衣 麑裘黃衣狐裘 褻裘長短右袂 必有寢衣 長一身有半 狐貉之厚以居. 去喪無所不佩 非帷裳必殺之 羔裘玄冠不以弔. 吉月必朝服而朝

【우리말】

군자는 감색과 검붉은 색으로 옷의 선을 두르지 않으며, 다홍색과 자주색으로 평상복을 만들지 않았다. 더울 때에는 가는 갈포와 굵은 갈포로 홑옷을 만들어 반드시 밖에 걸쳐 입었다. 검은 옷에는 염소 가죽으로 만든 갖옷을 입었고, 흰옷에는 사슴 가죽으로 만든 갖옷을 입고, 누런 옷에는 여우 가죽으로 만든 갖옷을 입었다. 평상복으로 입는 갖옷은 길게 하고 오른쪽 소매는 짧게 하였다. 반드시 잠옷이 있었으며, 길이가 한길 반이었다. 여우와 담비의 두터운 털가죽으로 방석을 삼았다. 상喪 중이 아니면 패물을 차지 않은 것이 없으며, 예복이 아니면 반드시 치마의 위 폭에 주름을 잡지 않고 줄여서 꿰매었다. 염소 가죽으로 만든 갖옷을 입거나 검은 관을 쓰고는 조문하지 않았다. 초하루 날에는 반드시 조복을 입고 조회하였다.

【논어순역】

때와 장소에 따라서 알맞게 옷을 입고 자신을 다 드러내지 않는 겸손함이 있으면서도 마음 가운데 감춘 것이 없어서 마음이 하고자 하는 것을 따라서 행하여도 걸림이 없이 자유로운 모습을 느낄 수 있다.

【원문】

齊必有明衣布 齊必變食 居必遷坐 食不厭精 膾不厭細 食饐而餲 魚餒而肉敗 不食 色惡不食 臭惡不食 失飪不食 不時不食 割不正不食 不得其醬不食 肉雖多不使勝食氣 唯酒無量不及亂 沽酒市脯不食 不撤薑食不多食 祭於公不宿肉 祭肉不出三日 出三日不食之矣 食不語寢不言 雖疏食菜羹瓜祭必齊如也.

【우리말】

재계를 할 때는 반드시 명의明衣가 있었으니 베로 만들었고, 재계를 할 때는 반드시 음식을 바꾸었으며, 거처할 때는 반드시 자리를 옮겼다. 밥을 할 때는 정미로 한 것을 싫어하지 않으며, 회는 가늘게 썬 것을 싫어하지 않았고, 밥이 상하여 쉰 것과 생선이 상하고 고기가 부패한 것을 먹지 않았다. 빛깔이 나쁜 것을 먹지 않고, 냄새가 나쁜 것을 먹지 않으며,

잘못 익힌 것을 먹지 않고, 때가 되지 않으면 먹지 않았다. 자른 것이 바르지 않으면 먹지 않고, 장이 갖추어지지 않으면 먹지 않았다. 고기가 비록 많으나 밥 기운을 이기게 먹지 않으며, 술은 일정한 양이 없으며, 어지러운 지경에 이르지 않았다. 시장에서 사온 술과 포를 먹지 않았으며, 생강을 먹는 것을 그만두지 않았다. 많이 먹지 않았으며, 나라에서 제사를 지내면 고기를 밤을 넘기지 않았고, 집에서 제사를 지낸 고기는 3일을 넘기지 않았다. 3일이 지나면 먹지 못하기 때문이다. 음식을 먹을 때는 말을 하지 않았고, 잠자리에 들면 말하지 않았다. 비록 거친 밥과 나물국이라도 반드시 제를 올리되 반드시 공경하게 하였다.

【논어순역】

이 부분 역시 매사를 조심하고, 신중하게 행동하는 공자의 모습을 떠올릴 수 있다. 그러나 중요한 것은 겉으로 드러난 행동이 아니라 드러난 행동의 이면에 있는 마음이다. 만약 공자가 옷이나 고기, 술, 생강, 회와 같은 음식 등의 물리적 생명을 가꾸는 일들에 얽매여서 행동을 하였다면 그가 "가함도 없고 불가함도 없다."고 한 것이나 "마음이 하고자 하는 것을 따라서 행하여도 법도에 어긋남이 없다."는 것은 거짓말이 되고 만다.

공자는 때와 장소에 따라서 생명을 연장하는데 지장이 없도록 자연스럽게 먹고, 입고, 쓰고, 자면 그 뿐 그에 대하여 집착하는 마음이 없다. 그것은 달리 말하면 그의 언행이 본성이 그대로 드러나서 그 어떤 것도 일부러 무엇을 하겠다는 마음이 없이 하기 때문에 저절로 이루어지는 그러한 말과 행동을 그대로 그린 것이다.

그런데 공자가 그냥 하여도 그것이 그대로 때에 알맞고 장소에 알맞아서 예의에 합당하게 되었을 따름이다. 그것이 바로 억지로 함이 없이 자연스러운 언행이고, 때에 적중하는 언행이고, 장소에 알맞은 언행이다.

시의성에 알맞은 자연스러운 언행은 그대로 사물에 영향을 미친다. 사물을 그 본질에 따라서 사용함으로써 사물을 사물답게 하여준다. 그러므로 그의 언행은 사물을 이롭게 하는 것일 뿐만 아니라 사람에게도 의로운 언행이 되는 동시에 예에 합당한 언행이 된다.

【원문】

席不正, 不坐. 鄕人飮酒, 杖者出, 斯出矣. 鄕人儺, 朝服而立於阼階.

【우리말】

자리가 바르지 않으면 앉지 않았으며, 마을 사람들이 술을 마실 때는 지팡이를 짚은 분이 나가면 따라서 나갔다. 마을 사람들이 굿을 할 때는 조복을 입고 동쪽 섬돌에 서 있었다.

【논어순역】

이 부분에서도 역시 한편으로는 자신에게 엄격하고 남에게 관대한 공자의 모습을 볼 수 있다. 자리가 바르지 않으면 앉지 않는 것은 항상 자신의 마음이 중심을 잃지 않도록 하기 위함이다.

그러나 마을 사람과 술을 마실 때라도 지팡이를 짚은 불편한 사람이 나가면 따라 나가서 그의 안전을 살피는 따스한 마음을 보여주고 있다. 그리고 마을 사람들이 역병을 쫓기 위하여 굿을 하면 관복을 입고 함께 참여하고 있다. 이를 통하여 나라는 개체의식이 없이 다른 사람과 함께 하고, 사물과 함께하며, 천지와 함께 하는 군자의 삶을 그대로 볼 수 있다.

【원문】

問人於他邦하실새 再拜而送之러시다. 康子饋藥이어늘 拜而受之

曰, "丘未達이라 不敢嘗."이라하시다.

【우리말】

사람을 다른 나라에 보내어 안부를 물을 때는 두 번 절하고 보내었다. 계강자가 약을 보내오자 절하고 받으면서 말하였다. "나는 이 약에 대하여 알지 못하기 때문에 감히 맛보지 못합니다."

【논어순역】

일상의 모든 말과 행동은 본성으로부터 나타난 것이다. 그리고 예禮는 본성인 인仁을 본체로 이루어지는 작용이라고 하였다. 다른 지방에 있는 사람의 안부를 묻기 위하여 예물과 함께 사람을 보낼 때는 그 사람에 대한 예를 나타내기 위하여 보내는 사람에게 절을 하고 보냈다.

당시 노나라의 실권자였던 계강자가 약을 보내오자 절을 하면서 그것을 받았다. 그러나 그것을 마시지는 않겠다는 뜻을 밝히고 있다. 음식은 필요할 때 먹으면 약이 되나 필요가 없을 때 먹으면 독이 된다. 비록 선물을 받았을지라도 스스로 판단하여 필요가 없는 약일 때는 먹지 않는 것이 자신을 위해서나 상대방을 위해서 그리고 약을 위해서도 이로운 것이다.

당시의 실권자에게 당당하게 마시지 않겠다는 뜻을 나타낸 것으로 보거나 예에 맞는 행동은 먹어야 함에도 불구하고 맛을 보지 않았다고 하거나를 막론하고 어차피 중요한 것이 아니다. 번역이라는 행위 자체가 과거의 특정한 시점의 특정한 사건을 번역하는 사람의 시대에 맞도록 바꾸는 작업이다. 따라서 번역을 하는 사람의 의도에 따라서 다양한 형태로 바꿀 수 있다. 그런 점에서 보면 의미를 부여하는 면에 있어서는 번역 자체에 시비是非의 문제는 없다고 할 수 있다.

【원문】

廏焚이어늘 子退朝曰"傷人乎아?"하시고 不問馬하시다.

【우리말】

마구간에 불이 났었는데 공자께서 조정에서 퇴근하여 말하기를 "사람이 다쳤느냐?"하였을 뿐 말에 대하여는 묻지 않았다.

【논어순역】

위의 내용은 공자의 사람과 사물을 대하는 태도가 서로 다름을 밝힌 것이라고 할 수 있다. 본래 사람과 사물의 본성이 다른 것은 아니지만 사람과 사물은 그 삶의 양상이 서로 다르기 때문에 달리 대하는 것이 예의禮義에 합당한 것이다.

맹자는 "양친 부모와 친親하며, 다른 사람을 어질게 대하고, 사물을 아낀다."[227]고 하여 양친 부모와 다른 사람 그리고 사물에 대한 태도를 구분하여 나타내고 있다. 이는 단순하게 양친 부모와 비교하여 다른 사람과 사물을 가볍게 보는 것을 나타내려는 것이 아니라 군자의 도의 실천 방법인 확충擴充을 나타내고자함이다.

본래 양친兩親 부모와 다른 사람 그리고 사물을 본성의 관점에서 나타내면 구분이 되지 않는다. 그렇기 때문에 군자는 모든 존재를 인仁을 주체로 예禮로 대한다. 따라서 위 부분을 이해할 때 사람에 관하여 묻는 것 가운데 말에 관한 내용까지 물었음을 이해하여야 한다. 다시 말하면 사람과 말을 일체적 관점에서 이해하는 동시에 사람과 말을 구분하여 이해하는 것이 필요하다.

---

227) 『孟子』 盡心章句上, "孟子曰 君子之於物也, 愛之而弗仁, 於民也, 仁之而弗親. 親親而仁民, 仁民而愛物."

【원문】

君이 賜食이어시든 必正席先嘗之하시고. 君이 賜腥이어시든, 必熟而薦之하시고. 君이 賜生이어시든 必畜之러시다. 侍食於君에 君祭어시든 先飯이러시다. 疾에 君이 視之어든 東首하고 加朝服拖紳이러시다. 君命召이어시든 不俟駕行矣러시다. 入太廟하사 每事問이러시다.

【우리말】

임금이 음식을 내려주면 반드시 자리를 바르게 하고 먼저 맛보았으며, 임금이 날고기를 내려주면 반드시 익혀서 조상께 올리고, 임금이 살아있는 것을 내려주시면 반드시 길렀다. 임금을 모시고 식사를 할 때는 임금이 제를 하면 먼저 밥을 먹었다. 임금이 명하여 부르면 수레에 멍에를 채우기를 기다리지 않고 걸어갔다. 태묘에 들어가서는 모든 일을 물었다.

【논어순역】

이 부분에서는 신하로서 임금을 대하는 태도와 태묘에서 조상을 대하는 태도를 나타내고 있다. 그러나 단지 겉으로 드러난 행위만을 본다면 결코 그 의의를 알 수 없을 것이다. 공자의 모든 언행은 인을 주체로 이루어지는 것이다. 그렇기 때문에 그것이 모두 예의에 부합될 뿐만 아니라 그것이 곧 시의에 적중함을 뜻한다.

예를 들면 임금이 음식을 내려주면 자리를 바르게 하고 먼저 음식을 맛보는 것은 음식을 임금을 대하듯이 하는 것이다. 그것은 음식에 대한 예이며, 임금에 대한 예이고, 더불어 음식을 만든 사람, 음식을 가져온 사람, 음식을 만들 수 있도록 그 재료를 키워준 천지에 이르기까지 모두에 대한 예인 것이다. 임금이 날고기를 주었을 때 반드시 익혀서 조상에게 올리는 것 역시 그러하며, 산 것을 주었을 때 반드시 기르는 것 또한 그러하다.

임금과 함께 식사를 할 때 임금이 음식을 만든 사람을 비롯하여 천지에 예를 올리면 먼저 먹음으로서 감히 손님의 자격으로 임금과 함께 음식을 먹지 않음을 통하여 공경을 다하는 것이다. 문병을 온 임금을 대할 때도 관복을 걸치는 것으로 비록 병중에 있을지라도 예를 갖추고자 함이다. 이는 형식적인 틀에 박힌 고루하고 답답한 행위가 아니라 모든 존재를 지극히 사랑하는 인의 발로이다.

『논어』를 보면 여러 곳에서 공자의 일상의 모습을 그리고 있는데 어느 부분에서는 답답할 정도로 형식적인 면에 얽매인 것처럼 느껴지기도 한다. 그러나 어찌 성인인 공자가 형식적 틀에 얽매인 존재이며, 어찌 자유가 방종과 같고, 어찌 거룩함이 일상을 벗어나랴!

공자는 "도道라는 것은 잠시도 떨어질 수 없으니 떨어질 수 있다면 그것은 도가 아니다."[228]고 하였을 뿐만 아니라 군자는 넘어지거나 밥을 먹는 일상의 한 순간도 인仁을 떠나서는 존재할 수 없음을 밝히고 있다.

【원문】

朋友死하여 無所歸어든 曰於我殯이라하시다. 朋友之饋는 雖車馬라도 非祭肉이라도 不拜러시다.

【우리말】

벗이 죽어서 돌아갈 곳이 없으면 "우리 집에 빈소를 차리라."라고 하였으며, 벗의 선물은 비록 수레와 말이라도 제사를 지낸 고기가 아니면 절하지 않았다.

---

228) 朱熹『中庸章句』第一章, "道也者 不可須臾離也 可離 非道也 是故君子戒愼乎其所不睹 恐懼乎其所不聞."

【논어순역】

이 부분에서는 벗이라는 인격적 존재가 예禮를 통하여 맺어진 관계임을 확인할 수 있다. 벗이 죽은 후라도 인仁을 체體로 한 예禮로 대하는 군자의 풍모를 느낄 수 있다. 군자의 사귐은 예를 바탕으로 이루어지기 때문에 재물의 많고 적음에 상관없이 오직 예에 합당合當하게 행할 따름이다. 또한 제사를 지낸 음식을 보내주면 절을 함으로써 벗의 조상을 자신의 조상처럼 공경하는 것이 벗을 사귀는 예임도 알 수 있다. 사람을 대하는 것은 그 바탕에 인仁이 주체가 되어야함을 분명하게 드러내고 있는 부분이다.

【원문】

寢不尸하시며, 居不容이러시다. 見齊衰者하시고, 雖狎이라도, 必變하시며, 見冕者與瞽者하시고, 雖褻이나 必以貌러시다. 凶服者를 式之하시며, 式負版者러시다. 有盛饌이어든 必變色而作이러시다. 迅雷風烈에 必變이러시다.

【우리말】

잠을 잘 때는 죽은 사람처럼 하지 않으며, 집에 거쳐할 때는 모양을 내지 않았고, 상복을 입은 사람을 보면 비록 친하더라도 반드시 낯빛을 변하며, 면류관을 쓴 사람이나 소경을 보면 비록 사석이라도 반드시 예에 맞는 용모로 대하였다. 상복을 입은 사람을 공경하고, 지도와 호적을 짊어진 사람을 공경하였다. 성대한 음식을 대접받으면 반드시 낯빛을 변하고 일어났으며, 빠른 우뢰와 맹렬한 바람에는 반드시 낯빛을 변하였다.

【논어순역】

성인과 군자는 일상의 생활이 모두 덕이 주체가 되어 이루어지기 때문에 항상 예의를 벗어나지 않는다. 잠을 자는 것도 집에서 거처하는 것도 모두 몸을 위한 것이 아니기 때문에 죽은 사람처럼 잠을 자지 않고, 평상시 거처할 때는 몸을 가꾸기 위하여 꾸미지 않는다.

그리고 모든 존재를 예로 대하기 때문에 아픔과 고통을 겪는 사람을 보면 그 사람과 하나가 되어 아파하고, 공무를 행하는 관리를 보면 그 사람과 하나가 되어 모든 사람이 이롭게 되기를 바라고, 나에게 이롭게 대하는 사람을 보면 그 따듯한 마음과 함께 하는 것이다.

성인과 군자라는 대인大人은 단순하게 사람에게만 그러한 것이 아니라 사물과 더불어 한다. 그렇기 때문에 『주역』에서는 "대저 대인大人은 천지天地와 더불어 덕을 함께하고, 일월과 더불어 밝음을 함께하며, 사시와 더불어 차례를 함께하고, 귀신과 더불어 길흉을 함께한다."229)고 하였다.

【원문】

升車하사 必正立執綏러시다. 車中에 不內顧하시며, 不疾言하시며, 不親指러시다.

【우리말】

수레에 올라설 때는 반드시 바르게 서서 끈을 잡았으며, 수레 안에서는 돌아보지 않고, 말을 빨리 하지 않고, 손가락으로 가리키지 않았다.

---

229) 『周易』 重天乾卦 五爻 文言, "夫大人者, 與天地合其德, 與日月合其明, 與四時合其序, 與鬼神合其吉凶. 先天而天弗違, 後天而奉天時. 天且弗違, 而況於人乎 況於鬼神乎"

【논어순역】

이 부분은 평상시에도 항상 공자의 마음이 흔들림이 없이 고요함을 밝힌 것이다. 그렇기 때문에 무엇을 하든 조급함이나 무엇을 하겠다는 의도가 없어서 항상 마음이 여유롭다.

마음이 여유롭기 때문에 수레를 탈 때에는 오직 수레를 탈 뿐 다른 생각이 없어서 이리저리 돌아보고, 주위의 사람들에게 빠르게 말하여 마음을 산란하게 하거나 손가락으로 이것저것을 가리켜서 마음이 흐트러지도록 하지 않는다.

언제 어디서 무엇을 하든 의혹됨도 없고, 근심도 없으며, 두려움이 없이 마음이 하고자 하는 것을 그대로 행하여도 진리에 부합하는 성인의 삶이 담담하게 그려지고 있다. 자기를 닦아서 모든 존재를 행복하게 해 주고자 삶을 살아가는 군자도 이러한 삶을 살아야 한다.

【원문】

色斯擧矣, 翔而後集. 曰, "山梁雌雉, 時哉時哉!" 子路共之, 三嗅而作.

【우리말】

(새는 사람의) 안색을 보고 날아올라 선회하며 (살펴본) 후에 앉는다. 공자가 말하였다. "산속 다리 위에 앉는 암꿩이여, 때에 맞구나, 때에 맞구나." 자로子路가 먹이를 주니 세 번 냄새를 맡고 날아갔다.

【논어순역】

이 부분은 논란이 많은 부분이다. "왈曰" 이하를 나누어서 둘로 읽기도 하고, 하나로 합하여 읽기도 한다. 또한 "삼후이작三嗅而作"의 주체를 공자孔子로 보기도 하고 새로 보기도 하여 그 의미가 서로 다르다. 여기서는 두 부분을 하나로 연결하여 이해하였으며, 자로子路 이후의 부분은 형병邢昺의 주석을 따라서 해석하였다.

주희朱熹는 중간에 빠진 문장이 있어서 함부로 주석할 수가 없다고 하였다. 그러나 위의 문장을 토대로 그대로 의미를 추구한다면 다음과 같이 이해할 수 있다.

이 문장의 핵심은 "시時"에 있다고 할 수 있다. 새가 사람의 안색을 보고 함부로 앉지 않고 위로 빙빙 돌면서 그 사람의 행동을 살펴본 후에 비로소 내려앉음을 통하여 사람이 때에 맞게 언행言行을 행하여야함을 밝히고 이어서 다시 산 속의 다리 위에 앉아있는 암꿩을 보고 앉을 곳을 가려서 앉았을 뿐만 아니라 자로子路가 새를 시험하기 위하여 음식을 던져주자 세 번 냄새를 맡고 날아감을 통하여 군자君子의 언행言行이 시중時中이 되어야함을 밝힌 것이라고 할 수 있다.